河南省教育厅哲学社会科学研究重大课题攻关项目

（编号 :ZY01 河南省社会养老服务体系建设研究）

卢守亭　贾金玲　等/著

# 人口老龄化
# 与养老服务体系建设

THE AGING OF THE POPULATION AND
THE CONSTRUCTION OF
THE ELDERLY SERVICE SYSTEM

## 来自河南省的调查分析

AN INVESTIGATION AND ANALYSIS FROM HENAN PROVINCE

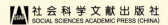
社会科学文献出版社
SOCIAL SCIENCES ACADEMIC PRESS (CHINA)

# 前　言

人口老龄化和老年人口问题是 21 世纪人类社会必须面对的重大社会问题之一，构建养老服务体系，应对人口老龄化，也已成为我国 21 世纪的一项重大战略任务。河南作为老年人口大省，其老龄问题具有一定的代表性，因此，对河南老年人口及其养老问题进行研究具有尤为重要的意义。为此，洛阳理工学院社会工作专业的师生在贾金玲教授的带领下，开展了持续的研究，先后承担多项省部级、市厅级课题，在《河南社会科学》《中国老年学杂志》《调研世界》《地域研究与开发》等专业期刊发表相关论文 20 余篇（其中一些文章或论点已收录或融入本书中），多项成果被政府部门采纳或荣获优秀成果奖励。本书为河南省教育厅哲学社会科学研究重大课题攻关项目"河南省社会养老服务体系建设研究"（编号：ZY01）的最终成果。

洛阳理工学院贾金玲教授为本成果的总策划人，负责总体框架安排和撰写组织工作，各章节具体分工如下。

贾金玲：总论、第五章。

卢守亭：第一章至第四章、第六章至第十五章、第二十二章、第二十五章、第二十九章、第三十一章、第三十三章、附录。

曾洁：第十六章至第二十一章。

张瑞玲：第二十四章、第二十六章、第二十七章、第三十章。

张洪涛（沈阳工程学院辽宁省团校）：第三十二章。

史中瑞（濮阳市人社局）：第二十八章。

王璐（洛阳理工学院社会工作专业 2013 级本科生）：第二十三章。

洛阳理工学院社会工作专业本科生参与了本课题的调研工作。另外，在课题调研和成果撰写过程中还得到洛阳理工学院相关部门领导和同事的帮助，以及河南省教育厅、河南省人民政府发展研究中心、河南省科技厅、河南省社科联、洛阳市社科联等相关部门领导的支持，在此一并感谢。

由于资料来源与作者水平有限，书中的有些结论还只是初步的，提出的一些观点也是探索性的，难免有不当之处，恳请不吝指正。另外，因本书由多位作者完成，书中数据来源于多种渠道，既有国家统计部门公开发布的统计数据，又有课题组自己的问卷调查访谈数据，还用到了相关部门公布的年度报告中的一些数据，再加上原始数据换算过程中"四舍五入"，等等，数据间存在一定的误差，甚至出现极个别数据前后不完全一致的情况。这是阅读本书需要注意的一个问题，敬请各位读者朋友谅解。

# 目 录

## 下篇　河南省养老服务体系研究

# 总　论

人口老龄化是经济社会进步发展的产物，也是 21 世纪人类社会共同面临的重大课题。21 世纪上半叶是我国建成富强、民主、文明、和谐的社会主义现代化国家，实现中华民族伟大复兴的重要时期，也是人口老龄化快速发展、老龄问题日益凸显的时期。快速发展的人口老龄化，已经成为影响国计民生、民族兴旺和国家长治久安的重大战略问题。随着人口老龄化的快速发展，老年人的日常生活、医疗健康、长期照料、精神文化等服务需求，必将发生显著变化，养老服务问题变得日趋严峻。基于此，党的十七大确立了"老有所养"的战略目标，十七届五中全会又提出了"优先发展社会养老服务"的要求，十八大报告再次强调，要"积极应对人口老龄化，大力发展老龄服务事业和产业"。

河南作为发展中的人口大省，其老龄问题不容忽视。正确认识、准确把握其人口老龄化的现状与发展趋势，大力推进养老服务体系建设，既是扩大内需的有效途径，也是改善民生的重要举措，更是弘扬传统文化的重要载体，对新常态下河南经济的发展、社会的进步具有重要意义。

## 一　数据资料

本研究所采用数据主要有两种来源：一是国家统计部门公开发布的统计数据；二是课题组通过问卷调查和访谈收集的调研数据。

### （一）统计数据

研究中所采用的 2000 年数据源自 2000 年第五次全国人口普查，此次普查的标准时点为 2000 年 11 月 1 日零时，普查对象为具有中华人民共和国国籍并在中华人民共和国境内常住的人。2010 年数据源自 2010 年第六次全国人口普查，此次普查的标准时点为 2010 年 11 月 1 日零时，普查对象为普查标准时点在中华人民共和国境内的自然人以及在中华人民共和国境外但未定居的中国公民，不包括在中华人民共和国境内短期停留的境外人员。

2006 年、2007 年、2008 年、2009 年、2011 年、2012 年、2013 年、2014 年和 2015 年数据，一般来自中国统计出版社分别于 2007 年、2008 年、2009 年、2010 年、2012 年、2013 年、2014 年、2015 年和 2016 年出版的《河南统计年鉴》。《河南统计年鉴》中的相关数据均为抽样调查数据，抽样比除 2006 年为 0.48‰外，其他年份均为 0.5‰。

另外，为了即时报告河南老年人口的最新信息，本研究还用到《河南省人民政府工作报告》《河南人口发展报告》等年度报告中的一些数据，在具体章节中已经标注。

### （二）调研数据

为弥补统计数据的不足，课题组于 2015 年开展了河南省城乡老年人生活状况及需求调查，由经过社会调查专业训练的洛阳理工学院社会工作专业的学生负责实施完成。

#### 1. 调查对象

本次调查的对象为具有河南省城市或农村户口的所有年满 60 周岁的老年人。

#### 2. 样本选取

调查采用多阶段随机抽样法抽取样本。具体抽样方法为以下六步。

第一步：按照简单随机抽样的原则从河南省 18 个地级市中选取 5 个市，抽样结果为郑州市、洛阳市、信阳市、焦作市、周口市。

第二步：从上述 5 个市中按照简单随机抽样的原则分别选取 3 个县或区。

第三步：从所选中的县、区中分别抽取 3 个街道办事处（城市）或乡镇（农村）。

第四步：从所选中的街道办事处（城市）或乡镇（农村）中分别抽取3个居委会（城市）或村委会（农村）。

第五步：从选中的居委会（城市）或村委会（农村）中分别抽取3个小区（城市）或自然村（农村）。

第六步：从选中的小区（城市）或自然村（农村）中抽取调查对象。

**3. 问卷发放**

为更精确地获得河南城乡老年人生活状况和养老需求信息，课题组确定问卷发放份数时，在满足抽样调查所必需的样本容量的基础上，参考河南2013年城市农村人口比——2013年河南省城市人口为4643万人，农村人口为5958万人，二者之比为0.78——在城市发放问卷1215份，在农村发放问卷1620份，二者之比为0.75，与河南省城市农村人口比例基本吻合。

城市问卷发放的具体方法是：在根据多阶段随机抽样选中的小区中将所有楼房的单元进行排列，再根据简单随机抽样的原则从每个小区选择1个单元，最后在被选中的单元中继续按简单随机抽样的原则选取3户，每户仅仅调查1位年满60周岁的老年人。被选中的户中如没有年满60周岁的老年人或因其他原因导致该调查对象无法接受调查，则将该户的上一层用户列为调查对象，依此类推。

农村问卷发放的具体方法是：在根据多阶段随机抽样选取的自然村中，按门牌号进行排列，按简单随机抽样原则选取4户，每户仅仅调查1位年满60周岁的老年人。被选中的户中如没有年满60周岁的老年人或因其他原因导致该调查对象无法接受调查，则将该户的下一个门牌号码户列为调查对象，依此类推。

**4. 问卷填答**

鉴于本研究的调查对象为60周岁以上的老年人，考虑到其受教育程度和理解能力，课题组在对每位调查员进行培训时，要求他们在调查时把每道题都读给调查对象，以免由于调查对象对问卷理解的不同而造成失误。但由于部分城市调查对象文化水平较高，不愿意接受调查员读、他们填的方式，所以有一部分城市调查对象是自己阅读、自己填写的。从回收情况中发现，调查对象自己填写的调查问卷废卷率较高。

**5. 样本概况**

本次调查于 2015 年 3 月实施，共发放城市问卷 1215 份，剔除明显存在数据错误及缺乏关键数据的问卷，回收 1187 份，有效回收率为 97.7%；发放农村问卷 1620 份，回收有效问卷 1612 份，有效回收率为 99.5%。农村和城市问卷的回收率都很高，之所以如此，得益于我们对调查过程的严格把控。

# 二 研究方法

## （一）文献研究法

通过网络、查阅图书馆藏书等搜集相关文献来获得资料，从而全面地、正确地了解所要研究的问题，阅读前人的研究成果，对研究问题有一个总体的研究框架，为本课题创新研究提供信息资料支持。主要包括以下方面：一是中国的人口老龄化及其养老服务体系建设；二是发达国家或地区应对人口老龄化建设养老服务体系的理论、政策与实践经验；三是中国应对人口老龄化构建养老服务体系的相关政策、法规等；四是统计数据文献。

## （二）问卷调查与访谈法

通过结构性调查问卷和深度访谈，收集有关老年人口及其需求的相关数据资料。

## （三）统计分析法

运用 SPSS17.0 和 Stata11.0 软件进行定量分析，利用频数分析、相关分析、因子分析、回归分析以及路径分析等方法对调查数据进行分析处理，得出相关结论或检验有关理论假设，构建影响因素模型。

## 三　研究发现与观点

### （一）河南省人口老龄化研究

**1. 人口老龄化发展现状与特征**

①人口老龄化快速发展。河南60岁与65岁及以上老年人口系数在2015年已分别达到15.71%和9.60%，比2000年依次上升了5.53个和2.64个百分点。60岁与65岁及以上老年人口老化指数，在2010年与2015年也已分别达到60.61%和45.4%，比2000年时分别提高了21.3个和17.96个百分点。

②老年人口养老负担急剧加重。以65岁及以上老年人口算，其老年人口负担系数2015年已达到13.9%，比2000年增加了3.3个百分点；若以60岁及以上老年人口算，其老年人口负担系数2010年时已高达19.21%，比2000年增加了3.29个百分点。

③女性人口老龄化程度高于男性。2010年，河南女性60岁与65岁及以上老年人口系数分别为13.4%和9.02%，而男性依次为12.07%和7.71%，女性分别高出男性1.34个和1.31个百分点。60岁及以上老年人口老化指数，2010年女性（71.48%）高于男性（52%）19.48个百分点；65岁及以上老年人口老化指数，2010年女性（48.11%）高于男性（33.22%）14.89个百分点，其增长量也高于男性。

④农村老龄化问题较城市和镇更为严峻。2010年河南60岁与65岁及以上老年人口系数，乡村依次为13.87%和9.10%，分别高于城市（10.74%和7.17%）3.13个和1.93个百分点，高于镇（11.07%和7.17%）2.8个和1.93个百分点，与2000年相比，其增长幅度也均高于城市和镇。2010年河南60岁与65岁及以上老年人口负担系数，乡村依次为22%和13.42%，分别高于城市（14.57%、9.28%）7.43个和4.14个百分点，高于镇（16.04%、9.83%）5.96个和3.59个百分点，与2000年相

比，乡村依次上升 5.08 个和 1.95 个百分点，均高于城市（1.81 个和 1.53 个百分点）和镇（2.6 个和 1.16 个百分点）。

⑤汉族人口老龄化较少数民族严重。2010 年河南 60 岁与 65 岁及以上老年人口系数，汉族依次为 12.74% 和 8.37%，分别高于少数民族（11.36% 和 7.39%）1.38 个和 0.98 个百分点，与 2000 年相比，其增量（2.55 个和 1.26 个百分点）也大于少数民族（2.08 个和 1.06 个百分点）。2010 年河南 60 岁与 65 岁及以上老年人口老化指数，汉族依次为 60.66% 和 39.84%，分别高于少数民族（55.95% 和 36.42%）4.71 个和 3.42 个百分点，与 2000 年相比，其增量（21.31 个和 12.36 个百分点）也高于少数民族（19.93 个和 11.86 个百分点）。60 岁及以上老年人口负担系数，2010 年汉族为 19.24%，高于少数民族（16.62%）2.62 个百分点，比 2000 年上升 3.3 个百分点，而少数民族只升高了 2.33 个百分点；65 岁及以上老年人口负担系数，2010 年汉族为 11.85%，高于少数民族（10.23%）1.62 个百分点，比 2000 年上升 1.23 个百分点，而少数民族仅上升了 0.9 个百分点。河南汉族人口老龄化程度和养老负担都高于少数民族。

⑥不同地市人口老龄化差异较大。从 60 岁及以上老年人口看，2010 年河南老年系数最高的信阳、驻马店和漯河，均超过了 14%，而鹤壁和郑州只有 10.66% 左右；若从 65 岁及以上老年人口看，信阳、驻马店、漯河和商丘的老年系数均超过了 9%，而济源与鹤壁却不足 7%，郑州也只有 7.16%。另外，各地市老龄化的发展速度也有很大不同，与 2000 年相比，2010 年信阳 60 岁及以上老年人口系数上升了 4.57 个百分点，而郑州则仅上升了 0.61 个百分点；2010 年信阳 65 岁及以上老年人口系数上升了 2.97 个百分点，而济源和郑州则分别只上升了 0.04 个和 0.2 个百分点。

⑦劳动力人口的流动对地区老龄化影响很大。农村地区老年人口系数特别是老年人口负担系数及其增长量远远高于城市和镇，但是，其人口老化指数（老少比）却远低于城市（若分别以 60 岁与 65 岁及以上老年人口算，2010 年河南人口老化指数城市、镇、乡村依次为 69.16%、55.64%、60.11% 与 46.18%、36.04%、39.44%）。另外，郑州作为河南省会，其老年人口系数并不高，若分别以 60 岁与 65 岁及以上老年人口算，2010 年依

次为 10.67% 和 7.16%，特别是其老年人口负担系数，若以 60 岁及以上老年人口算，2010 年只有 14.55%，是全省 18 个地市中最低的，此外，与 2000 年相比，这两项指标的增长量也很小，这说明郑州人口老龄化的速度很慢。但是，郑州的人口老化指数很高，若分别以 60 岁与 65 岁及以上老年人口算，2010 年分别达到 66.71% 和 44.75%，位居全省第 4 位。很明显，农村劳动力的大量流出，郑州大量新增就业人口的融入，直接影响了它们的人口老龄化状况与速度。

**2. 老年人口规模与变动**

①老年人口规模大，增长快，尤其是高龄、超高龄老年人迅速增加。2015 年，河南 65 岁及以上老年人口总量已达到 913 万人，比 2000 年（648.24 万人）增加 264.76 万人，增长 40.84%。2010 年，河南高龄（80~89 岁）、超高龄（90 岁及以上）老年人口分别达到 125.28 万和 13.89 万人，比 2000 年分别增长 43.65% 和 88.55%，与此同时，其低龄（60~69 岁）、中龄（70~79 岁）老年人口依次增长 31.38% 和 19%，高龄、超高龄老年人口增长迅速。

②农村和汉族老年人口规模占绝大多数。2010 年，河南省 60 岁及以上乡村老年人口为 801.88 万人，而城市和镇合计为 394.94 万人，乡村是城市和镇老年人口总数的 2.03 倍。2010 年，河南省汉族 60 岁及以上老年人口达 1184.08 万人，占全省的 98.94%；少数民族老年人口只有 12.74 万人，仅占 1.06%。乡村和汉族老年人口占全省老年人口的绝大多数。

③镇老年人口规模增长较快，少数民族老年人口占比略有下降。与 2000 年相比，河南 2010 年镇老年人口增长最快，十年增加 130.89 万人，增长 194.93%；而同期，城市和农村老年人口则分别增加 71.19 万和 66.1 万人，依次增长 56.63% 和 8.98%。镇老年人口数的增长速度快于城市和乡村。2010 年，河南 60 岁及以上少数民族老年人口有 12.74 万人，占全省老年人口总数的 1.06%；与 2000 年相比，所占比重下降了 0.08 个百分点。

④老年人口规模地区差异大。河南省的南阳、周口和驻马店三地市老年

人口最多，2010 年，其 60 岁及以上老年人口合计达 352.51 万人，占全省的 29.45%；济源、鹤壁和三门峡三地市最少，总计 52.14 万人，仅占全省的 4.36%。老年人口最多的三地市的老年人口是最少的三地市的 6.76 倍。

**3. 老年人口性别结构**

①不论从总体看，还是分城乡看，河南男性老年人口占比均低于女性。2010 年，河南 60 岁及以上老年人口中，男性占 47.89%，女性占 52.11%，男性占比低于女性 4.22 个百分点。城市、镇和乡村老年人口中，男性分别占 47.45%、48.12% 和 47.93%，女性依次占 52.55%、51.88% 和 52.07%，男性占比分别低于女性 5.10 个、3.75 个和 4.13 个百分点。

②老年人口性别比整体呈上升状态，但城市和农村则呈下降趋势。2010 年，河南 60 岁及以上老年人口性别比为 91.89，与 2000 年（89.57）相比，上升了 2.32。城市和乡村依次为 90.29 和 92.06，分别比 2000 年（93.29 和 110.74）下降了 3.00 和 18.67。

③低年龄段，河南老年人口性别比普遍较高，有较多年份大于 100，随着年龄段的升高，男性老年人口占比逐渐下降，老年人口性别比也呈持续下降状态。

④除南阳市外，2010 年河南其他 17 个地市老年人口性别比均低于 100，与 2000 年相比，安阳、濮阳、鹤壁、新乡、许昌 5 个地市 60 岁及以上老年人口性别比呈下降趋势，其余 13 个地市则均呈上升趋势，其中漯河、南阳和驻马店 3 个地市上升幅度最大。

⑤不论汉族还是少数民族，老年人口性别比都低于 100，但是与汉族相比，少数民族稍高一些。在回族、蒙古族和满族 3 个主要少数民族中，蒙古族的老年人口性别比最高，满族次之，且这两个民族中，男性老年人口都占大多数；回族老年人口性别比较低，属于女性老年人口占多数的民族。与 2000 年相比，蒙古族和回族老年人口性别比呈增长趋势，满族呈下降趋势。

**4. 老年人口年龄结构**

①总体看，2010 年河南老年人口的年龄结构仍处于中龄型，高龄老年

人口比重位于 7%～14%，低龄老年人口比重位于 50%～60%，平均年龄为 70 岁。但是，与 2000 年相比，高龄老年人口比重有明显提高，中龄老年人口比重显著下降。

②分性别看，2010 年河南男性老年人口的年龄结构较女性要年轻一些。分城乡看，2010 年河南乡村老年人口的年龄结构较城市和镇要老一些，其平均年龄和高龄老年人口比重均高于城市和镇，不过，与 2000 年相比，三者高龄老年人口比重均有明显增长。

③分地区看，2010 年信阳、鹤壁、济源、安阳、濮阳、南阳和三门峡 7 个地市老年人口年龄构成较其余 11 个地市年轻，其平均年龄均在 70 岁以下，高龄老年人口比重也多在 11% 以下。不过，与 2000 年相比，17 个地市（南阳市除外）的高龄老年人口比重均有所上升，其中增幅最大的是三门峡、漯河和郑州。

④分民族看，河南少数民族老年人口年龄结构较汉族年轻，其老化的速度也慢于汉族老年人口。蒙古族、回族和满族 3 个主要少数民族中，老年人口年龄结构最年轻的是蒙古族，其平均年龄和高龄老年人口比重均低于回族和满族，不过，满族老年人口年龄结构老化的速度快于回族和蒙古族。

### 5. 老年人口空间分布

①老年人口分布重心仍在乡村，但向城市和镇转移的趋势明显。2010 年，河南 1196.82 万 60 岁及以上老年人口中，16.45% 的分布在城市，16.55% 的分布在镇，67% 的分布在乡村。尽管乡村老年人口仍占多数，但其占比与 2000 年相比下降了 12.23 个百分点，老年人口的分布重心正逐步向镇和城市转移。

②南阳、周口和驻马店是老年人口最多的地区，合计 352.51 万人，占全省 60 岁及以上老年人口总数的 29.45%。郑州和洛阳是河南省城市老年人口最多的地市，合计 65.85 万人，约占全省城市老年人口总数的 1/3。南阳和周口是河南省镇老年人口最多的地区，合计 48.16 万人，约占全省镇老年人口总数的 1/4。南阳、周口、驻马店、商丘和信阳 5 地市，是河南省乡村老年人口最多的地区，合计 404.05 万人，约占全省乡村老年人口总数的 1/2。

③与 2000 年相比，2010 年河南省老年人口增加最多的地区是南阳和郑

州，分别增加29.99万和25.09万人，合计占全省新增老年人口的20.54%；城市老年人口增加最多的地区是郑州和洛阳，分别增加12.94万和9.76万人，合计占全省新增城市老年人口的31.88%；镇老年人口增加最多的地区是周口（15.91万人）、南阳（15.12万人）和驻马店（12.2万人），占全省新增镇老年人口总数的33.02%。

④河南全省2010年有高龄和超高龄老年人口139.17万人，69.88%的居住在乡村；有46.38%的分布在周口、商丘、南阳、驻马店和郑州5地市。

⑤河南省2010年老年人口平均密度为71.72人/km²，其中，漯河、郑州、许昌和濮阳4地市均超过100人/km²，漯河最高，达到136.53人/km²，其次是郑州，为123.27人/km²。从2000年到2010年，全省老年人口密度平均增长16.07人/km²，漯河和郑州增长最快，分别增加33.61人/km²和33.60人/km²。

整体上看，河南老年人口的空间分布具有以下特征：一是各地区老年人口规模相差较大且差异明显；二是地区间老年人口密度相当悬殊，增长变化差距较大；三是老年人口的空间分布趋向均衡，愈加分散。

**6. 老年人口受教育程度**

①老年人口受教育程度总体水平很低，但提高较快。从60岁及以上老年人口看，2010年河南有文化老年人口比重为73.87%，平均受教育年限只有5.51年，同2000年相比，前者上升了23.71个百分点，后者提高了1.87年。

②男性老年人口受教育程度高于女性，但其提高的速度却慢于女性。2010年河南60岁及以上老年人口中，男性有文化者比例为85.02%，平均受教育年限为6.64年，分别比女性高21.41个百分点和2.15年。同2000年相比，男性老年人口有文化者比例、平均受教育年限分别增长15.97个百分点和1.43年，而女性则依次增长30.38个百分点和2.25年，男性老年人口文化程度提升速度明显慢于女性。

③城市老年人口的受教育程度明显高于镇和乡村。2010年，河南60岁及以上城市老年人口有文化者比例为87.17%，平均受教育年限7.71年，而镇分别为76.84%和5.90年，乡村依次为69.87%和4.88年，城市明显

高于镇和乡村。

④年龄与老年人口的受教育程度呈负相关关系。2010 年，河南省 60 ~ 64 岁、65 ~ 69 岁、70 ~ 74 岁、75 ~ 79 岁、80 ~ 84 岁以及 85 岁及以上老年人口有文化者比例逐次为 87.13%、81.26%、70.71%、58.14%、45.8% 和 36.46%，平均受教育年限逐次为 6.63 年、6.13 年、5.26 年、4.14 年、3.18 年和 2.51 年，随着年龄段的升高，老年人口的受教育水平逐渐下降。

**7. 老年人口健康状况**

①河南省 2010 年 1196.9 万 60 岁及以上老年人口中，身体健康或基本健康者约为 987.4 万人，健康率为 82.5%；生活不能自理者约有 38.2 万人，生活不能自理率为 3.19%。

②分性别看，男性老年人口的身体健康状况整体好于女性。2010 年，河南省男性老年人口为 569.9 万人，健康率为 84.71%，生活不能自理率为 2.57%；女性老年人口 627 万人，健康率为 80.49%，生活不能自理率为 3.75%。男性老年人口的健康率高于女性，生活不能自理率低于女性。

③分城乡看，城市老年人口的健康状况总体好于镇，镇好于乡村。2010 年，河南省城市老年人口健康率和生活不能自理率分别为 89.36% 和 2.56%；镇分别为 83.78% 和 3.05%；乡村分别为 80.55% 和 3.38%。从城市到镇再到乡村，老年人口的健康率呈递减趋势，而生活不能自理率则呈递增趋势，城市老年人口的健康状况远远好于镇和乡村的老年人口。

④分地区看，郑州、开封和新乡老年人口健康率最高，依次为 87.38%、85.6% 和 84.53%；济源、焦作和平顶山老年人口生活不能自理率最高，依次为 4.6%、4.12% 和 4.02%。

⑤分年龄段看，老年人口的健康率随年龄段的升高呈递减趋势，其递减幅度呈先增后减的倒 U 形趋势；生活不能自理率呈上升趋势，上升幅度呈倍增状态。

**8. 失能老年人口状况**

①河南 2010 年失能老年人口约有 38.2 万人，占老年人口总数的 3.19%。其中，男性约 14.6 万人，女性约 23.5 万人，分别占全省失能老年

人口总数的 38.36% 和 61.64%。

②从第六次全国人口普查数据看，河南男性老年人口的失能率为 2.57%，女性为 3.75%，女性高于男性。

③分城乡看，2010 年河南全省失能老年人口的 71.56% 分布在农村，约有 27.3 万人。

④分地区看，约有一半（19.6 万人）的失能老年人口分布在南阳、周口、洛阳、驻马店、郑州和信阳 6 地市。其中，南阳最多，约有 4.4 万人，占全省失能老年人口总数的 11.45%；另外，周口、洛阳、驻马店也均在 3 万人以上。

⑤城市失能老人郑州和洛阳最多，合计约 1.6 万人，占全省城市失能老年人口的 1/3；镇失能老人南阳、周口较多，合计约占全省镇失能老年人口的 1/5 多；乡村失能老人重点分布在南阳、周口、驻马店、洛阳和信阳 5 地市，约占全省乡村失能老年人口的 47.36%。

⑥从年龄看，河南全省失能老人以中龄和高龄年龄段为主，合计占全省失能老年人口总数的 68.52%。

⑦从婚姻状态看，2010 年河南无配偶（丧偶、未婚、离婚）的失能老人约 19.9 万人，占全省失能老人总数的 52.13%，其规模高于有配偶失能老人。

⑧从生活来源看，河南近 4/5 的失能老人以"家庭其他成员供养"为主。分城乡而言，城市有近一半（48.72%）而在镇和乡村都有超过 3/4 的失能老人以"家庭其他成员供养"为主要生活来源。

**9. 老年人口婚姻状况**

①河南老年人口的婚姻总体看是稳定的，但离婚率呈上升的趋势。从第六次全国人口普查数据看，河南老年人口大多数能够白头到老，有近 70% 的老年人都有配偶，比第五次全国人口普查时有了较大（4.57 个百分点）的提升，且丧偶率仍在不断下降。不过，与第五次全国人口普查时相比，老年人口的离婚率呈上升趋势，尽管很小（0.12 个百分点），但其规模已达 8.29 万人。

②分性别看，2010 年河南男性老年人口的有配偶率（76.62%）、未婚率（5.14%）和离婚率（0.87%），都高于女性（63.61%、0.42%、0.53%），而丧偶率（17.37%）远远低于女性（35.44%）。

③受教育程度与老年人口婚姻状态关系密切。具体来讲，与老年人口有配偶率、离婚率呈正相关关系，与其未婚率、丧偶率则呈负相关关系。

④分城乡看，城市老年人口的有配偶率、离婚率高于镇，镇普遍高于乡村；而未婚率、丧偶率则通常城市低于镇，镇低于乡村。

**10. 老年人口就业状况**

①河南 2010 年 60 岁及以上老年经济活动人口为 479.07 万人，比 2000 年增加 71.23 万人，占老年总人口比重下降为 40.03%；非经济活动人口为 717.85 万人，比 2000 年增加 197.06 万人，占老年人口总数的 59.97%。

②分性别看，2010 年河南女性老年人口中非经济活动人口占比（67.58%）高于男性（51.61%）。

③分城乡看，2010 年河南城市老年人口中非经济活动人口占比（90.64%）远远高于镇（69.31%）和乡村（50.42%）。

④河南 2010 年老年就业人口为 475.85 万人，比 2000 年增加 68.59 万人，增长 16.84%。就业率是 39.76%，与 2000 年相比，下降 4.1 个百分点。

⑤分性别看，河南 2010 年 60 岁及以上老年人口的就业率，男性为 48.07%，女性为 32.2%，男性高于女性 15.86 个百分点。

⑥分城乡看，河南 2010 年 60 岁及以上老年人口的就业率，乡村为 49.38%，高于镇（30.32%）和城市（8.93%），是城市的 5 倍多。

⑦分年龄段看，随着年龄段的升高，老年人口的就业率呈现快速下降趋势，且男女之间以及城市、镇和乡村之间，就业率的差距迅速缩小。

⑧河南 2010 年有 60 岁及以上老年失业人口 3.22 万人，比 2000 年增加 2.64 万人，是 2000 年的 5.58 倍。料理家务、离退休、承包土地被征用和"其他"是老年人口失业未工作的主要原因。

⑨从第六次全国人口普查数据看，河南老年就业人口绝大多数（91.66%）都在从事第一产业，农业仍然是老年人就业的主要行业。具体

来讲，男性的就业行业比女性广泛，特别是建筑业，占了较大比重，而女性的就业更多地聚集在农业和批发零售业。

⑩从职业分布看，2010 年河南老年人所从事的职业仍以生产型为主，以体力劳动为主。与 2000 年相比，其职业结构虽然也出现了一些变化，但整个职业构成并未发生根本改变。

⑪河南不同年龄段老年就业人口周平均工作时间，随着年龄段的升高整体呈现下降趋势。在同一年龄段，男性老年就业人口的周平均工作时间都高于女性，但随着年龄段的升高，其差距逐渐缩小。

**11. 老年人口户居状况**

①河南 2010 年有 60 岁及以上老年人口家庭户 817.25 万户，占全省家庭户总数的 31.52%，与 2000 年相比，家庭户增加 158.91 万户，增长 24.14%。其中，城市、镇和乡村分别有 129.41 万户、132.45 万户和 555.38 万户，依次占城市、镇和乡村家庭户总数的 24.19%、29.1% 和 34.65%，与 2000 年相比，家庭户分别增加 42.82 万户、85.53 万户和 30.57 万户，依次增长 49.45%、182.26% 和 5.82%。

②老年人口家庭户分布重心仍在乡村，但已表现出向城市和镇偏移的态势。2010 年，河南 817.25 万户 60 岁及以上老年人口家庭户中，15.83% 的分布在城市，16.21% 的在镇，67.96% 的在乡村。与 2000 年相比，其比重城市和镇分别增加 2.68 个和 9.08 个百分点，乡村则减少 11.76 个百分点，其分布重心向城市和镇转移趋势比较明显。

③从家庭户构成看，2010 年河南 60 岁及以上老年人口家庭户中，一位老人户占 56.7%，两位老人户占 41.97%，三位及以上老人户占 1.33%。同 2000 年相比，一位老人户下降 4.78 个百分点，而两位老人户和三位及以上老人户则分别上升 4.65 个和 0.13 个百分点。

④河南 2010 年有单身老人户 104.77 万户，其中，男性 48.98 万户，女性 55.79 万户，分别占 46.75% 和 53.25%；城市 15.38 万户，镇 15.37 万户，农村 74.03 万户，占比依次为 14.68%、14.67% 和 70.65%。

⑤河南 2010 年有 60 岁及以上空巢老人家庭户 239.96 万户，占全省家

庭户总数的 9.25%，占全省 60 岁及以上老人户总数的 29.36%。同 2000 年相比，增加 82.49 万户，增长 52.39%，占全省家庭户和全省 60 岁及以上老人户比重分别提高 2.76 个和 5.44 个百分点。

⑥从第六次全国人口普查数据看，河南 60 岁及以上老人空巢家庭户，67.24% 的分布于乡村，15.33% 的分布于镇，17.43% 的分布在城市。与 2000 年相比，城市所占比重上升 3.15 个百分点，镇上升 7.95 个百分点，而乡村则相应下降 11.1 个百分点。

**12. 老年人口生活来源状况**

①2010 年河南老年人口的主要生活来源仍然是家庭其他成员供养（41.55%），其次为劳动收入（38.43%），离退休金养老金（13.76%）居第三位。

②分性别看，河南男性老年人口主要生活来源，以劳动收入者（46.82%）为多，家庭其他成员供养（28.29%）排第二位；而女性则以家庭其他成员供养者（53.6%）为多数，劳动收入（30.8%）排第二位。

③分城乡看，城市老年人口靠离退休金养老（56.89%）为多数，家庭其他成员供养（29.15%）次之；镇则以家庭其他成员供养者（45.63%）为多，劳动收入（29.24%）次之；乡村则靠劳动收入者（47.79%）为多，家庭其他成员供养（43.53%）次之。

④从年龄看，随着年龄的增长，以劳动收入为主要生活来源的老年人逐渐减少，而以家庭其他成员供养者迅速增多，家庭在老年人特别是高龄老年人养老中仍起着关键作用。

⑤身体健康的老年人大多以劳动收入（53.52%）为主要生活来源，随着身体状况的恶化，家庭在非健康老年人的供养中逐渐发挥主体作用，特别是在生活不能自理的老年人中，靠家庭其他成员供养者已达到 78.34%。这一点在镇和乡村尤为明显。

⑥未婚、有配偶和离婚的老年人，以劳动收入为主要生活来源者占有相当比重，而丧偶的老年人，大多以家庭其他成员供养（63.94%）为主要生活来源。

### 13. 老年人口流动状况

①河南老年流动人口规模大，发展快。2010 年，河南老年流动人口已达到 62 万人，而 2000 年只有 18.99 万人，2010 年是 2000 年的 3.26 倍，占全省流动人口的比重十年上升了 2.68 个百分点。

②分性别看，2010 年河南省老年流动人口，男性 33.60 万人，女性 28.41 万人，男性规模大于女性，但其增长速度稍慢于女性。

③分城乡看，2010 年河南老年流动人口，城市为 36.92 万人，镇为 16.03 万人，乡村为 9.06 万人，城市远远大于镇和乡村。

④分年龄看，2010 年河南老年流动人口以低龄老年人为最多，占 61.82%；其次为中龄老年人，占 29.71%。

⑤从流向看，2010 年，河南老年流动人口主要是短距离省内流动，省外流动人数很少，只占 4.72%。相比而言，男性省外流动占比（5.1%）高于女性（4.28%），乡村省外流动占比（8.33%）高于城市（4.59%）和镇（3.01%）。

⑥从流动原因看，河南老年流动人口主要是基于"随迁家属""拆迁搬家"两种非经济原因而流动，分别占 19.38% 和 18.49%，其次为"投亲靠友"（13.38%）和"务工经商"（13.11%）。相比而言，男性更侧重于"拆迁搬家"（17.95%）和"务工经商"（16.15%），女性更侧重于"随迁家属"（26.75%）；城市偏重于"拆迁搬家"（24.17%），镇偏重于"随迁家属"（24.6%），乡村则偏重于"投亲靠友"（15.44%）。

### 14. 老年人口死亡状况

①老年死亡人口规模与变动。2010 年，河南老年死亡人口为 38.69 万人，占全省死亡人口总数的 75.92%。与 2000 年相比，占比上升 6.17 个百分点。分性别、城乡来看，男性、城市和镇老年死亡人口的规模在不断扩大，而女性和乡村老年死亡人口的规模在逐渐缩小。

②老年死亡人口的性别、城乡构成。2010 年，河南老年死亡人口中，男性占 55%，女性占 45%，男性占比高丁女性；乡村占 72.87%，城市占 11.40%，镇占 15.73%，乡村高于城市和镇。与 2000 年相比，男性、城市和镇所占比重有所上升，而女性和乡村占比有所下降。

③老年死亡人口的年龄、地区分布。从两次人口普查结果看，老年死亡人口的分布中心有明显的向较高年龄组推移的趋势，老年人口的寿命在不断提高。从地区看，南阳、周口和驻马店的老年死亡人口最多，合计占 2010 年全省老年死亡人口总数的 30.83%。

④老年人口死亡率。2010 年，河南老年人口粗死亡率为 33.27‰，比 2000 年下降了 8.83 个千分点。若按 2010 年河南省老年人口年龄构成进行标准化，消除人口年龄结构的影响，则实际下降了 10.56 个千分点。

⑤老年人口死亡水平。从第六次全国人口普查数据看，河南男性老年人口的死亡水平远高于女性老年人口，乡村远高于城市和镇。老年人口的真实死亡水平的下降速度，男性快于女性，城市快于乡村。另外，从 2000 年到 2010 年，河南老年人口各年龄组（"100 岁及以上"除外）粗死亡率均呈现下降趋势，说明人们的生活水平和医疗健康状况不断得到改善。

## （二）河南省养老服务体系研究

### 1. 需要：养老服务体系建设的基点

从历史的视角看，福利制度始终是一个变化着的连续体，紧紧围绕人类所面临的风险和需要的变迁而调整和发展，"直接和间接地回应人类的需要"。也就是说，风险与需要是福利制度存在的基石，新风险、新需要是福利制度前进和发展的动力。

养老服务体系属于老年福利制度的范畴，从逻辑关系看，老年人的需要的满足，是社会养老服务体系建设的价值目标与归宿。从发展视角看，老年人的需要推动着养老服务体系的建立和发展，是社会养老服务体系发展、变迁的动力。从权利视角看，通过构建养老服务体系去满足老年人的需要，是老年人个体公民权实现的表现。总之，老年人的需要是社会养老服务体系建设的理论基石，也是社会养老服务体系发展的动力；社会养老服务体系则是老年人的需要满足的制度工具与手段。

因此，我们为什么要建设社会养老服务体系，要构建什么样的社会养老服务体系，在不同历史阶段和社会背景下，社会养老服务体系建设的战略规划和具体任务是什么，这一系列问题的回答归根结底取决于老年人的"需要"。所以说，对老年人的需要的研究，是社会养老服务体系建设研究的核心内容。

**2. 河南老年人口的"需要"状况**

（1）经济需要

调查结果显示，河南农村老年人近五成月收入完全没有或在200元及以下，两成在201～500元，只有近三成的老年人月收入在500元以上，儿子媳妇、本人或配偶的劳动收入是其主要的收入来源，子女数、家用电器个数、与子女关系、日常开支情况、对新型农村养老保险的评价、是否有成年子女需负担等变量对农村老年人经济状况满意度有显著影响。

城市老年人经济状况相比而言要好一些，近七成的老年人享有501～3000元数目不等的退休金，其中不到一半的老年人还有平均大约433元的其他经济收入。其他三成没有退休金的老年人，有3/4的月收入在500元及以下，其中有一半老年人仅靠各种社会救助制度和子女接济度日，没有其他收入，生活比较艰难。从维持日常开支看，八成以上的城市老年人可以应付日常开支，其中五成老年人有节余，有不到两成的老年人有困难。城市老年人的经济状况满意度为48.3%，不满意者所占比重为15.7%，回归分析结果显示，退休状况、与子女关系和是否有成年子女需负担三个变量，对城市老年人经济状况满意度有显著影响。

（2）居住需要

总体看，河南城市老年人的居住条件还算宽敞，所调查老年人中，平均居住面积116.7平方米，但是个体间差距很大，最大者为704平方米，最小者为10平方米，标准差为55.9平方米。从居住方式看，更多的老年人是与老伴同住，占比为41.9%，其次是与已婚的儿子同住，占39.3%，老年人独居的比例只占7.6%；与子女分开居住者（包括与老伴同住和独居）和与子女同住者（包括与已婚或未婚的子女同住）所占比重基本相当，差不多各占50%。调查中，63.7%的城市老年人对自己目前的居住状况表示非常或比较满意，只有8.9%的被调查者表示不满意。交叉分析和回归分析结果显示，住房面积、孩子数、与子女关系三个变量对城市老年人居住状况满意度有显著影响。

农村老年人更多的是与老伴同住，占比为 40.6%，其次为与已婚儿子同住，占 37.7%，独居者占 15.5%；与城市相比，农村老年人与子女分开居住的比例稍高，独居或仅与老伴同住者占到了 56.1%，而其余与儿子、女儿等他人合住的比例为 43.9%。对于居住条件，58.7% 的农村老年人认为和其他家人没有差别，21.5% 的老年人认为要稍好，另有 19.7% 的老年人则认为要差一些。从居住状况满意度看，48.5% 的被调查者表示满意，13.4% 的老年人则表示不满意，可见，农村老年人口的居住状况满意度与城市相比低一些。交叉和回归分析结果显示，居住方式、婚姻状况、与子女关系三个变量对农村老年人居住状况满意度有显著影响。

（3）健康需要

调查显示，39.4% 的城市老年人认为自己的身体非常好或比较好，另有22.6% 的被调查者认为比较差或非常差。其中，年龄显著影响老年人对自己的健康评价，80～89 岁组明显比 60～69 岁组和 70～79 岁组的老年人对自己健康状况的评价低。从客观情况看，81.7% 的城市老年人患有不同的慢性疾病，其中，28.6% 的老年人患有两种或两类慢性疾病，7.5% 的老年人则患有三种或三类以上的疾病。对医疗服务，11.7% 的城市老年人表示生病时只有偶尔能得到治疗，另有 3.4% 的老年人则表示从来都不能得到治疗；20% 的老年人认为看病不方便，2.7% 的老年人认为极不方便；16.8% 的城市老年人表示承担日常医疗费用有点困难，另有 5.8% 的人则表示无力承担日常医疗费用；此外，还有 6.5% 的城市老年人没有医疗保险。

农村老年人的自我健康评价比城市老年人稍好一些，认为比较差或非常差者占 21.7%，其患有慢性病者所占比例也比城市低一些，为 80.3%。但在保健意识方面，农村老年人与城市老年人差别很大，只有 37.8% 的农村被调查者在最近一年进行了体检，最近一年未进行体检者占到 62.2%，可见农村大部分老年人对疾病很难做到早发现、早治疗。医疗服务方面，农村老年人偶尔能和从来都不能得到及时治疗者占比分别为 19.1% 和 4.1%，明显高于城市；看病不方便或极不方便者分别占 25.3% 和 6.1%，依次高于城市 5.3 个和 3.4 个百分点；23.3% 的农村老年人在负担自己的日常医疗费用时存在困难，另有 8.7% 表示完全不能负担这一费用，即有超过三成的农村老年人难以负担自己的日常医疗费用。另外，有 95.1% 的农村老年人参加了新型农村合作医疗，但是使用率只有 87.8%。可见，农村老年人在医疗服务可得性、看病便捷性以及医疗费承担能力等方面与城市老年人均有较大差距。

（4）精神需要

调查结果显示，河南省城市老年人的主观幸福指数处于中等偏上水平，为 3.78，高于量表中位数"一般"水平。具体来讲，有 68.5% 的被调查者认为自己生活"非常幸福"或"比较幸福"，只有 8.4% 的人回答"不幸福"或"极不幸福"。研究还表明，尽管影响城市老年人主观幸福的因素有很多，39 个自变量中有 35 个通过了显著性检验，但是相当一部分变量与老年人主观幸福感的相关性极弱，其相关系数小于 0.2。对相关性较强的变量运用不同方法进行多元回归分析的结果表明，在控制其他自变量的情况下，对城市老年人主观幸福感影响最显著的因素有年龄、与子女之间的关系、孤独烦闷感、日常开支承担能力、对目前的生活满意度和经济满意度等 6 个变量。通过因子分析，可提取经济能力、精神感受、家庭关系和生理年龄四个公因子，能够解释总方差的 87.62%。

与城市相比，河南农村老年人的主观幸福指数要低一些，不过也高于量表中位数"一般"水平，为 3.47。具体来看，有 51.1% 的被调查者认为自己生活"非常幸福"或"比较幸福"，有 11.0% 的老年人表示生活"不幸福"或"极不幸福"。对洛阳相关数据的分析显示，生病治疗及时程度、健康自评、孤独烦闷感、自我照料能力、日常开支承担能力和居住类型等 9 个变量对农村老年人主观幸福感有显著影响。通过因子分析，可提取生存保障、自我独立和心理感受三个公因子，能够解释总方差的 58.77%。

（5）社会支持需要

对于老年人口的社会支持，本研究简化为老年人对机构养老的意愿。研究结果显示，城市老年人机构养老意愿水平不高，当问到"您是否愿意（现在或将来）入住养老机构"时，有9.1%的人回答"非常不愿意"，51.8%的人回答"不愿意"，23%的人回答"无所谓"，14.9%的人回答"愿意"，仅有1.2%的人回答"非常愿意"。交叉和回归分析结果表明，影响老年人机构养老的因素主要有个人特征、家庭状况、经济状况、身心状况、医疗状况、对养老机构的知晓程度和生活满意度。与城市相比，农村老年人的机构养老意愿更低，分别有11.6%的和54.1%的被调查者回答"非常不愿意"和"不愿意"，只有13.7%的和1.2%的人回答"愿意"和"非常愿意"。

**3. 养老服务体系框架设计**

（1）现有养老服务体系设计的问题

现有养老服务体系的概念界定和框架设计主要是由政府提出的，并得到了大多数学者的认同，通常表述为"以居家养老为基础、社区服务为依托、机构养老为支撑，资金保障与服务保障相匹配，基本服务与选择性服务相结合，形成'政府主导、社会参与、全民关怀'的服务体系"。这种主要从居住角度定义和布置的养老服务体系，存在诸多局限和不足：一是核心功能不够明确；二是目标人群较为模糊；三是内部诸要素呼应性较差；四是运行机制开放性不足。

（2）基于需要的养老服务体系设计

基于社会需要理论，特别是快速老龄化背景下老年人养老服务需要，以及当前政府关于社会养老服务体系的界定、设计存在的不足和问题，我们提出了养老服务体系的理想架构。即建立"以有效照护服务为核心，以居家为基础，机构为支撑，社区为平台，社会服务为依托，制度、设施、标准、补贴、队伍等各要素相互支持、互为补充，政府主导、社会参与、全民关怀的社会养老服务体系，切实提高老年人的生活质量和生命质量"。如图0-1所示。

新的养老服务体系框架设计，具有以下特点：一是揭示了照护是养老服务的核心；二是前置了养老机构的支撑作用；三是明确了社区是综合性照护

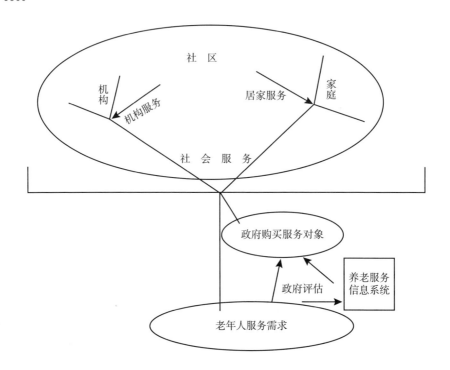

图 0-1 社会养老服务体系构造

服务展开的平台；四是引入了社会服务以发挥市场机制配置资源优势；五是强调了服务传递的载体是资金和设施。通过这些要素引入和重新组合，全新的社会养老服务体系更加明确了以老年人的服务"需要"提供服务，一改以往主要根据服务"供给"进行提供（见图 0-2）。

**4. 养老服务体系构建**

社会问题是社会政策的前提，社会政策是对社会问题的回应。老年福利政策是对老龄化问题的一种积极回应，是满足老龄社会需求、增进老年人福利、保障社会公平的重要工具。就河南省而言，冲破现有养老服务体系设计框架的桎梏，推进新型的基于需要的养老服务体系建设，其关键内容与核心任务在于老年福利政策的转型。这突出表现在以下几个方面。

（1）宏观战略层面

第一，老年福利责任主体：从"补缺"到"普惠"。

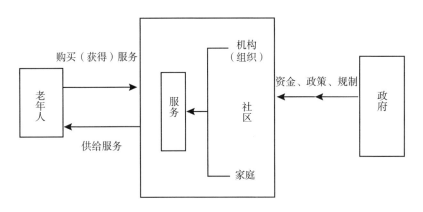

图 0 - 2　社会养老服务供需示意

　　"补缺型"福利，是指过分强调家庭和市场在满足个人福利需求方面的首要性，而国家只有在家庭和市场都失去保护能力且难以提供个人必要的福利待遇时才会承担相应的责任，即过度强调国家福利责任的有限性。与此相对，"制度型"福利则重视国家和政府在个人福利供给中的作用，认为国家对满足个人的福利需求具有不可推卸的责任，主张国家和政府通过一整套完善的法规制度体系，提供公民所需的社会福利。"普惠型"福利，是制度性福利的一种表现，旨在通过一种面向全民的社会政策来提升整个群体的福利水平。发达国家应对人口老龄化的实践表明，老年服务同教育、医疗等一样，属于基本公共服务，政府在老年福利服务供给中发挥着主导作用，保障老龄群体的基本福利权利是国家和政府义不容辞的责任。我国改革开放的经验也表明，政府在基本公共服务领域的"盲目退却"或"缺位"，会引发一系列社会问题，甚至导致部分群体的基本福利危机，政府必须在公民基本福利供给中发挥"兜底"作用。我国《宪法》第二章第四十五条也指出："中华人民共和国公民在年老、疾病或者丧失劳动能力的情况下，有从国家和社会获得物质帮助的权利。"总之，城市化、个体化、家庭小型化，以及快速发展的人口老龄化，要求政府在老年福利供给中发挥更大作用，担负更多责任，"补缺型"福利愈来愈难以同快速老龄化引发的老年福利需求相适应。

　　第二，老年福利政策目标：从"生存"到"发展"。

新中国成立后，由于受经济发展水平的制约或基于经济发展的需要，我们的老年福利政策目标更多地偏重于"维持老龄群体的最低（基本）生活水平（水准）"，即保障其生存权，属于"事后补救"型福利。经过近40年的改革开放，经济社会发展取得了巨大进步，2014年河南人均GDP已达到37116.84元（约合6042.33美元）。与新的经济社会发展水平相适应，面对新形势下人口老龄化表现出的新趋势、新特征，我们的老年福利政策目标也应该由"生存型"向"发展型"做出相应调整。发展型福利政策的基本要义有二：一是通过提升老年人的个体能力，增进其社会参与，来减少不公平和歧视，进而推进机会的公平；二是突出强调消除或减少那些会使老年人陷入不幸或困境的因素，而不仅仅局限于将资源用于减轻老年人的不幸或困境，使其维持基本生活水平。显然，它属于"事前预防"型福利，而不是在风险成为事实后再向他们提供生活保障。发展型老年福利政策目标，也更符合联合国提出的"成功老龄化""健康老龄化"的理念要求。

第三，老年福利分配原则：从"身份"到"需要"。

根据福利分配的原则和基础，可以将老年福利政策划分为基于"身份"的普遍型和基于"需要"的选择型两种类型。前者常常将年龄、性别、职业等身份属性作为福利享受的条件，而不考虑是否"需要"，比如高龄老人津贴、女性55岁可享受退休待遇、干部的特殊福利待遇等。后者福利的享受则主要是根据个人需要（通常是通过家计审查）来决定的，与其身份属性无关，比如最低生活保障。普遍型福利政策，由于将显而易见的身份作为享受条件，故具有容易操作、方便执行的特点，其缺点是大量没有"需要"的人也享受了福利，势必造成福利资源的巨大浪费。选择型福利政策，将复杂难辨的"需要"作为福利享受的条件，特别是家计审查通常要耗费大量的人力物力，因此，操作起来费时费力，难度较大，但同时，由于能将有限的福利资源给予最需要的人，提高了福利供给的效率，也避免了大量不必要的浪费。在人口老龄化初期老年人口规模相对较小、老年福利需求不大、老年福利资源相对充足的情况下，普遍型老年福利政策比较适用。但随着老龄化速度的加快、程度的加深，在老年人口规模迅速扩大、老年福利需求急剧膨胀、老年福利资源相对紧张、政府财政极度困难的情况下，选择型福利政策的优势将变得愈加明显。经过十余年的发展，河南的人口老龄化已经进入加速发展期，再加上全球金融危机影响下经济发展下行压力的加大，河南老年福利政策由普遍型向选择型转型已成为必然趋势。

第四，老年福利政策路径：从"二元"到"一体"。

城乡二元结构是中国社会的一个显著特点。无论是在计划经济体制时期，还是在市场经济体制时期，政府在处理老年福利问题时，都是分城乡进行考虑的：城市老年福利主要靠政府财政来提供，而农村老年福利则主要靠家庭或集体经济来提供。于是，就出现了老年福利上的城乡二元结构：城市老年福利相对全面且水平要高于农村老年福利；农村老年福利残缺不全且水平远远低于城市老年福利。这就是老年福利发展的"二元"路径（或称之为"双轨制"）。当然，随着近年来科学发展观和构建和谐社会理念的提出，政府提出了建立覆盖城乡、统筹城乡的社会福利制度的政策目标设想，并加快了以改善民生为重点的社会建设进程，使这一状况有所改变：新型农村合作医疗制度得以建立，农村最低生活保障制度全面铺开，农村老人养老补贴（包括高龄补贴）政策开始落实，农村老人福利状况有所改善。但是，基于户籍分割的城乡老年福利二元格局并没有被彻底打破。随着城市化、市场化背景下大量农村青壮年劳动力的外出流动，农村的老龄问题尤为严重。截至2010 年，河南农村高龄老人已达到 97. 25 万人，空巢老人家庭户 161. 34 万户，失能老年人口 27. 3 万人。统筹城乡协调发展，打破二元格局，建立城乡一体化的新型老年福利制度，促进农村老年人口的合理流动，是新的老龄化背景下面临的一项重要任务。

第五，老年福利保障内容：从"收入"到"服务"。

从"收入"到"服务"，是老年福利保障发展的两个阶段。前一阶段，旨在通过基本收入，来保障老年人口维持生存所必需的生活资料，解决基本生活问题，并提供安全预期。随着经济和社会的发展，老年人的基本生活得到有效保障后，其服务问题开始突出，迫切要求体系化、制度化的社会服务，即步入服务保障阶段。现代社会福利保障制度的发展历程充分说明了这一发展规律。经过改革开放以来特别是近 10 年的努力，我们相继建立了城镇居民养老保险制度、城乡最低生活保障制度及新型社会救助体系、城镇居民基本医疗制度、新型农村合作医疗制度等，并逐步实现制度全覆盖，保障标准也持续提高，使老年人口的基本生活得到了切实保障。旨在提高生活品质的社会服务需求开始突出，迫切要求社会大力发展养老服务。此外，老龄化程度的全面加深，高龄化、空巢化、少子化、家庭规模小型化的空前发展，以及失能老年群体规模的迅速扩大，也促使老年社会服务从个体性、局部性需求迅速演变为普遍性、整体性的时代需求。党的十七届五中全会顺应了这一趋势，强调要"优先发展社会养老服务，培育壮大老龄服务事业和产业"。党的十八大及十八届三中全会报告继续体现了这一思想，要求"积极应对人口老龄化，加快建立社会养老服务体系和发展老年服务产业"。这表明我们的老年福利保障正经历着由收入保障迈入服务保障的新时代。

第六，老年福利服务政策重心：从"机构"到"家庭"。

改革开放初期，民政部提出了"社会福利社会化"的工作思路，随后制定了一系列政策措施来推动社会化养老服务的发展。就河南省而言，仅 2010 年以来就先后制定并出台了《河南省人民政府关于加快推进社会养老服务体系建设的意见》《河南省社会养老服务体系建设规划（2011～2015 年)》等一系列政策性文件，有力地推动和指导了河南社会养老服务业的发展。但是，总体来看，机构养老突飞猛进，取得快速发展，而居家养老发展相对缓慢。机构养老虽然具有社会化程度高、专业性强、集中供养效率高、安全系数较高等优势，但同时也具有前期投入大、交易成本高、精神支持度低、自由度差、隐私保密难度大、不符合传统养老意愿等缺点。居家养老则具有支出少、收益大、自由度高、整体花费低、隐私受保护、住在熟悉的环境符合老人意愿、精神支持度高等优势。在人口老龄化快速发展、全面加深的情况下，老年福利政策的重心应进一步向居家养老转移，特别是要加大家庭养老政策支持力度，强化家庭养老的造血功能，通过劳务性支持、心理性支持、经济性支持、就业性支持、设施性支持等，鼓励配偶、子女、亲属等承担更多的养护责任。我国新修订的《中华人民共和国老年人权益保障法》，也首次明确了"国家建立健全家庭养老支持政策……为家庭成员照料老年人提供帮助"的规定。

第七，老年福利政策对象：从"一般"到"特殊"。

高龄、失能老人是弱势群体中的弱势群体。高龄、失能老人的养老照料服务问题应该成为社会重点关注的问题，更应该成为老龄工作的核心议题，毫无疑问，它还是养老问题的关键、老龄服务的核心。然而，长期以来，社会关注的焦点都放在了养老金的积累和替代率上，老龄政策的重点往往都放在一般（或整体）老年人的需要满足和福利供给方面，针对高龄、失能老人长期照料的政策至今缺乏应有的关注，长期照护服务体系的建设尚未正式摆上政府部门的议事日程。目前整个社会防范老年期失能的风险意识还比较淡薄，长期照护服务设施和机构发展普遍滞后，服务费用缺乏制度性保障，尽管一些民办养老机构的长期照护服务逐渐受青睐，但其服务价格大多偏高，且服务功能相对有限。面对当前人口老龄化日益表现出来的高龄化、空巢化、失能化趋势，对依托有效的老人长期照护政策为失能老人提供人性化服务应给予足够的重视。其中，探索建立包括长期照护社会保险制度、长期照护补贴制度等在内的老年人长期照护保障制度是其基本前提，应该给予高龄失能老人更多的政策关注。

（2）微观操作层面

第一，政府角色由"直接生产方"向"服务购买方"和"监管方"转变。

政府从市场竞争领域退出，实现政事分开、政企分开，将老年服务发展纳入经济社会发展整体规划，制定实施支持、优惠政策和准入、退出及监管制度，将服务的生产和递送环节交给民间组织或私人部门运作，通过购买服务等形式履行对"三无""五保""低保"等特殊困难老年群体的服务保障责任，同时加强市场监管，营造公平的市场竞争环境，鼓励并规范社会力量参与。

第二，老年服务发展由"供方"驱动向"需方"驱动转变。

要尽快转变政府对老年服务的资金投入方式，实现政府投入重点由"补供方"向"补需方"的转变，变直接补贴老年服务机构为补贴老年人，拓展老年人的有效服务需求，推动老年服务业走向内需驱动的发展道路。为此，要大力发展老年社工机构，有效开展老年需求评估，尽快推出政府购买老年服务，根据老年人的切实需求来设置老年服务项目或岗位，进行资金投入。

第三，养老机构建设重点由单一的"生活供养型"向"医护康复型"转变。

通过改扩建等形式提高现有养老机构的医疗、护理、康复功能，扶持并重点兴建医护康复型机构，发展以失能、半失能老年人为重点对象的机构服务模式。比如，洛阳逸康老年公寓与洛阳第一中医院合作，开创了洛阳"医养"结合老年服务机构发展的先河，其发展模式与经验值得学习和推广，同时也值得政府给予更多的支持与帮助。

第四，老年服务的运营由"零散"经营向"规模"经营转变。

大力培育发展老年服务组织，逐步改变民办老年服务机构"个体经营"的状况，推动社会专业机构以输出管理团队、开展服务指导等方式，参与老年服务机构运营，引导老年服务机构向专业化、连锁化、规模化、集团化方向发展。

# 四　主要创新与不足

## （一）主要创新

第一，立足于统计和问卷调查数据，运用人口学、社会学方法，对河南省人口老龄化特别是老年人口的现状、特征、发展变化，以及老年人口的现实需要状况，进行了具体、系统的研究和分析，并得出了一系列科学的结论，为正确认识河南省人口老龄化和老年人口状况提供了客观依据，为老龄政策的制定提供了数据支撑。该方面的系统研究至今尚不多见。

第二，以人类需要理论为基础，采用文献研究方法，结合河南省人口老龄化和老年人口的发展现状、趋势，针对现有养老服务体系框架设计的不足和问题，提出了基于需要的养老服务体系理想架构，是养老服务体系本质内涵的一大突破，具有一定的理论创新意义。

第三，从宏观和微观的视角，提出了河南老年福利政策的转型发展问题，并指明了其具体的内容和向度，是老年福利政策制定理念的新发展，具有政策创新价值。

（二）不足

第一，由于本研究所采用的统计数据大多源于全国人口普查资料，而普查一般为 10 年一次，因此，在某种程度上具有数据的滞后性。

第二，因时间、精力、经费等条件的限制，对养老服务体系的研究尚不够具体、深入、全面，还只是停留在总体框架设计层面，缺乏具体的建设路径探讨和可操作的政策措施与建议，对老年福利政策的转型同样也缺少具体的路径和措施，尚需进一步深入研究。

# 上篇 河南省人口 老龄化研究

# 第一章 人口老龄化及 其发展研究

　　人口老龄化（Population Aging）是指某一人口总体中老年人口的比重不断增加的过程，特别是指在年龄结构类型已经属于年老型的人口中，老年人口比重继续上升的过程。由于人既是生产者也是消费者，这就决定了人口老龄化影响社会结构变迁，并对社会经济发展过程产生负面影响，由此产生诸多"社会问题"。同时，对人口老龄化及其发展状况的探讨，也是老年人口研究和分析的重要背景和前提。基于此，本章将借助第五次、第六次全国人口普查以及国家统计局的年度抽样数据，对21世纪以来河南人口老龄化状况及其发展情况进行系统的分析，为后面诸章节河南老年人口的研究和分析提供宏观背景和现实基础。

# 一　数据与指标

## （一）数据来源

2000 年第五次全国人口普查①（简称"五普"）和 2010 年第六次全国人口普查②（简称"六普"），都分别对 2000 年和 2010 年河南及各地区分年龄、性别、城乡、民族的老年人口的规模进行了统计，为我们具体分析和研究 21 世纪以来河南人口老龄化状况及其发展奠定了数据基础。另外，河南省统计局、国家统计局河南调查总队编撰的中国统计出版社 2016 年、2015 年、2014 年、2013 年、2012 年、2010 年、2009 年、2007 年、2006 年、2005 年、2004 年和 2003 年出版的《河南统计年鉴》，提供了依据抽样调查资料而进行推算的相应前一年份的河南省及其各地区常住人口年龄结构、抚养系数等方面的数据，为我们了解 2000 年与 2010 年以外的一些年份河南省人口老龄化状况提供了依据。本章所用基础数据均出自上述资料，文中不再一一标注。

## （二）测评指标

全国老龄工作委员会将人口老龄化的指标划分为三类，即反映人口老龄化的程度指标、速度指标和养老负担指标。③

### 1. 人口老龄化程度的衡量

反映人口老龄化程度的常用指标主要有：老年人口系数、人口年龄中位数、少儿人口比例和老少比等。本研究选取老年人口系数和老少比来研究和分析河南省及其各地区人口的老龄化程度。

---

① 河南省人口普查办公室编《河南省 2000 年人口普查资料》上卷，河南人民出版社，2003。
② 河南省统计局、河南省人口普查办公室编《河南省 2010 年人口普查资料》，中国统计出版社，2012。
③ 刘娜：《我国人口老龄化时空分布特征研究》，陕西师范大学硕士学位论文，2012。

（1）老年人口系数

老年人口系数，又称为老年人口比重（例）或老年系数，指的是某一地区老年人口占该地区全部人口的比重。它是反映某一时刻、某一地区老龄化程度的最为常用的指标。具体公式如下：

$$老年人口系数 = \frac{老年人口数}{总人口数} \times 100\%$$

计算老年人口系数，必须明确规定老年人口的年龄起点。联合国将其规定为 60 岁或 65 岁，基于此，老年人口系数，可细分为 60 岁及以上老年人口系数和 65 岁及以上老年人口系数。随着人口预期寿命的不断延长，国际上通常以 65 岁作为老年人口的起点，因此，本研究除特别注明外，老年人口系数（或老年系数）均指 65 岁及以上老年人口系数。

（2）老少比

老少比，又称为人口老化指（系）数，指同一人口总体中老年人口数与 0～14 岁少年儿童人口数的相对比值，其计算公式为：

$$老少比 = \frac{老年人口数}{0～14 岁儿童人口数} \times 100\%$$

根据老年人口年龄起点的不同，老少比又可分为 60 岁及以上老年人口老少比和 65 岁及以上老年人口老少比，本研究除特别注明外，老少比均指 65 岁及以上老年人口老少比。

**2. 人口老龄化速度指标**

老龄化的速度指标，指的是老龄化程度由一种程度提高到另一种程度所需的时间。本研究选择一定时期内老年人口比重总体增加的百分点作为考察河南省及各地区人口老龄化速度的指标。

**3. 养老负担情况衡量**

衡量养老负担情况的指标主要有老年抚养比、总抚养比和家庭养老比等。本研究选取老年抚养比来研究和分析养老负担情况。

老年抚养比，也称为老年人口负担系数或老年抚养系数。它是指人口总体中老年人口数与劳动适龄人口数之比，即平均每 100 名劳动适龄人口负担多少个老年人。计算公式为：

$$老年抚养系数 = \frac{老年人口数}{劳动适龄人口数} \times 100\%$$

若以 60 岁为老年人口起点，则劳动适龄人口为 15 ~ 59 岁的人口；若以 65 岁为老年人口起点，则劳动适龄人口为 15 ~ 64 岁的人口。与此相对应，老年抚养系数可分为 60 岁老年抚养系数和 65 岁老年抚养系数。本研究除特别注明外，老年抚养系数均指 65 岁老年抚养系数。

## 二　人口老龄化程度及发展

### （一）总体状况

人口变动抽样调查机器汇总样本数据显示，2015 年河南省 60 岁及以上老年人口占其常住人口比重为 15.71%[①]，2010 年第六次全国人口普查结果为 12.72%，2000 年第五次全国人口普查结果为 10.18%。与 2010 年和 2000 年相比，2015 年分别提高 2.99 个和 5.53 个百分点。从 65 岁及以上老年人口看，2015 年河南老年人口系数为 9.60%，2010 年为 8.36%，2000 年为 6.96%。同 2010 年和 2000 年相比，2015 年依次提高 1.24 个和 2.64 个百分点（见图 1 - 1）。

从老少比指标来看，以 60 岁及以上老年人口算，2010 年河南人口老化指数为 60.61%，2000 年为 39.31%，十年提高 21.3 个百分点。以 65 岁及以上老年人口算，2015 年河南人口老化指数为 45.4%，2010 年为 39.8%，2000 年为 27.44%，与 2010 年和 2000 年相比，2015 年依次提高 5.6 个和 17.96 个百分点（见图 1 - 2）。

---

① 《河南省老龄事业发展"十二五"规划》，河南省民政厅网站，http://www.henanmz.gov.cn/wtwj/ym/2011/。

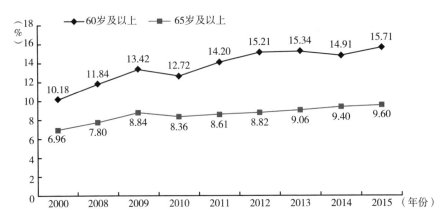

图 1 - 1　2000 ~ 2015 年部分年份河南老年人口系数变化

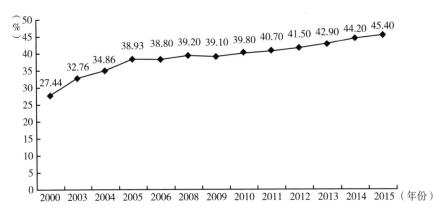

图 1 - 2　2000 ~ 2015 年部分年份河南 65 岁及以上老年人口老少比

## （二）性别差异

第六次全国人口普查结果显示，2010 年河南男性 60 岁及以上老年人口系数为 12.07%，女性为 13.4%，女性高于男性 1.34 个百分点。与 2000 年相比，男性老年人口系数增长 2.74 个百分点，女性增长 2.32 个百分点，男性高于女性。从 65 岁及以上老年人口看，2010 年河南男性老年系数为 7.71%，女性为 9.02%，女性高于男性 1.31 个百分点。与 2000 年相比，男性老年系数增长 1.47 个百分点，女性增长 0.99 个百分点，男性仍高于女性

（见图 1 - 3）。总之，不论从 60 岁还是 65 岁看，河南女性老年人口系数都高于男性，但是女性老年人口系数的增长却慢于男性。

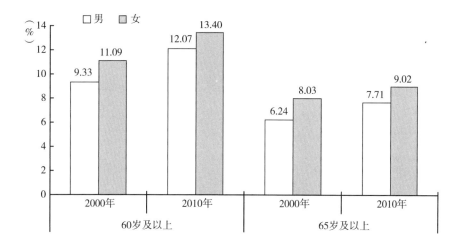

图 1 - 3 2000 年与 2010 年河南老年人口系数男女比较

从老少比指标看，以 60 岁及以上老年人口算，2010 年河南男性人口老化指数为 52%，女性为 71.48%，女性远远高于男性。与 2000 年相比，男性提高 17.71 个百分点，女性提高 26.24 个百分点，女性高于男性。以 65 岁及以上老年人口算，2010 年河南男性人口老化指数为 33.22%，女性为 48.11%，仍然为女性高于男性。同 2000 年相比，男性提高 10.29 个百分点，女性提高 15.34 个百分点，女性也同样高于男性。可见，无论以 60 岁还是 65 岁为起点，河南女性人口老化指数都高于男性，其增长速度也都快于男性（见表 1 - 1）。

（三）城乡差异

第六次全国人口普查结果显示，2010 年河南城市 60 岁及以上老年人口系数为 10.74%，镇为 11.07%，乡村为 13.87%，乡村高于镇，镇又高于城市；与 2000 年相比，城市、镇和乡村老年人口系数依次提高 1.63 个、2.21 个和 3.34 个百分点，增幅最大的是乡村，其次是镇，城市最小（见图 1 -

4）。从65岁及以上老年人口看，2010年河南老年人口系数，城市和镇均为
7.17%，乡村为9.10%，乡村仍高于镇和城市；与2000年相比，城市、镇
和乡村依次增长1.39个、1.21个和1.61个百分点，增长最快的是乡村，
其次为城市（见图1-4）。总之，不论从60岁还是65岁看，河南乡村老年
人口系数都高于镇和城市。

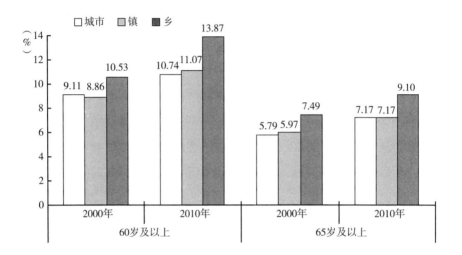

**图1-4　2000年与2010年河南老年人口系数城乡比较**

从老少比指标看，以60岁及以上老年人口算，2010年河南城市人口老
化指数为69.16%，镇为55.64%，乡村为60.11%，城市高于乡村，乡村高
于镇。与2000年相比，2010年城市人口老化指数提高22.58个百分点，镇
提高20.51个百分点，乡村提高21.41个百分点，城市高于乡村，乡村又高
于镇。以65岁及以上老年人口算，2010年河南城市人口老化指数为
46.18%，镇为36.04%，乡村为39.44%，仍然为城市高于乡村，乡村高于
镇。与2000年相比，城市提高16.59个百分点，镇提高12.38个百分点，
乡村提高11.93个百分点，城市增长最多，其次为镇和乡村。可见，无论以
60岁还是65岁算，河南城市人口老化指数都最高，镇最低，从增长速度
看，城市也最快（见表1-1）。

## （四）民族差异

分民族看，2010 年河南 60 岁及以上老年人口中，汉族老年系数为12.74%，少数民族为11.36%，汉族老龄化程度高于少数民族；三个主要少数民族中，回族老年系数最高，为 11.71%，其次为满族9.85%，再次为蒙古族9.27%。与 2000 年相比，汉族老年系数增长 2.55 个百分点，少数民族增长 2.08 个百分点，汉族高于少数民族；三个主要少数民族中，增长最快的是回族，为 2.42 个百分点，其次为满族0.53 个百分点，蒙古族最小，为 −0.08 个百分点（见图 1 − 5）。

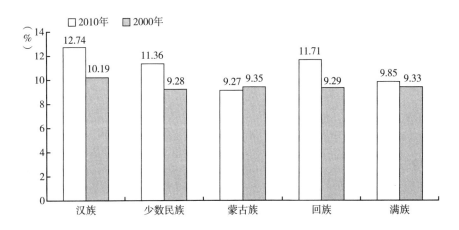

图 1 − 5 2000 年与 2010 年河南各民族 60 岁及以上老年人口系数比较

从 65 岁及以上老年人口看，2010 年河南老年人口系数，汉族为8.37%，少数民族为7.39%，汉族高于少数民族0.98 个百分点；三个主要少数民族中，仍为回族最高（7.6%），其次为满族（6.85%）和蒙古族（6%）。与 2000 年相比，汉族老年系数增长 1.26 个百分点，仍高于少数民族（1.06 个百分点）；三个主要少数民族中，增长最多的仍为回族（1.21 个百分点），其次为满族（0.79 个百分点），蒙古族仍为负增长（见图 1 − 6）。

总之，不论从 60 岁还是 65 岁看，河南老年人口系数都是汉族高于少数民族，其增长也快于少数民族。满族、蒙古族和回族三个主要少数民族中，都是回族老年系数最高，蒙古族最低，满族居中，其增长也是回族最快，满族次之，蒙古族最慢。

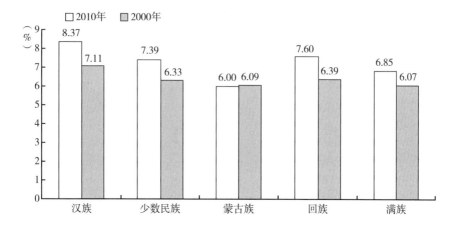

图1-6　2000年与2010年河南各民族65岁及以上老年人口系数比较

从老少比指标看，以60岁及以上老年人口算，2010年河南汉族人口老化指数为60.66%，少数民族为55.95%，汉族高于少数民族。与2000年相比，汉族提高21.31个百分点，少数民族提高19.93个百分点，汉族高于少数民族。以65岁及以上老年人口算，2010年河南汉族人口老化指数为39.84%，少数民族为36.42%，汉族仍高于少数民族。与2000年相比，汉族提高12.36个百分点，少数民族提高11.86个百分点，汉族高于少数民族。可见，不论从60岁还是65岁算，河南人口老化指数都是汉族高于少数民族（见表1-1）。

表1-1　2000年与2010年河南分性别、城乡、民族的老年人口老少比及变化

单位：%，个百分点

| | | 60岁及以上 | | | 65岁及以上 | | |
|---|---|---|---|---|---|---|---|
| | | 2000年 | 2010年 | 增长 | 2000年 | 2010年 | 增长 |
| 分性别 | 男 | 34.29 | 52.00 | 17.71 | 22.93 | 33.22 | 10.29 |
| | 女 | 45.23 | 71.48 | 26.24 | 32.77 | 48.11 | 15.34 |
| 分城乡 | 城市 | 46.58 | 69.16 | 22.58 | 29.60 | 46.18 | 16.59 |

续表

|  |  | 60 岁及以上 | | | 65 岁及以上 | | |
| --- | --- | --- | --- | --- | --- | --- | --- |
|  |  | 2000 年 | 2010 年 | 增长 | 2000 年 | 2010 年 | 增长 |
| 分城乡 | 镇 | 35.13 | 55.64 | 20.51 | 23.66 | 36.04 | 12.38 |
|  | 乡村 | 38.70 | 60.11 | 21.41 | 27.51 | 39.44 | 11.93 |
| 分民族 | 汉族 | 39.35 | 60.66 | 21.31 | 27.47 | 39.84 | 12.36 |
|  | 少数民族 | 36.02 | 55.95 | 19.93 | 24.57 | 36.42 | 11.86 |

## （五）地区差异

从 60 岁及以上老年人口看，2010 年河南老年人口系数高于省平均水平（12.73%）的地市有 8 个。其中超过 14% 的地市有 3 个，依次为信阳（14.57%）、驻马店（14.11）和漯河（14.05%）；位于 13%～14% 的也有 3 个，分别为许昌（13.59%）、周口（13.26%）和商丘（13.17%）；低于 13% 的是平顶山（12.99%）和南阳（12.84%）。另外，河南老年人口系数最低的地市为鹤壁和郑州，分别只有 10.66% 和 10.67%。与 2000 年相比，河南老年人口系数增幅大于省平均水平（2.55 个百分点）的地市有 7 个，其中信阳最大，达到 4.57 个百分点，其次为周口（3.29 个百分点）、三门峡（3.17 个百分点）和安阳（3.01 个百分点），再次为商丘（2.99 个百分点）、驻马店（2.95 个百分点）和濮阳（2.77 个百分点）。另外，河南老年人口系数增幅最小的是郑州，只有 0.61 个百分点（见表 1-2）。从 65 岁及以上老年人口看，2015 年河南老年系数最高的地市为驻马店，达到 12%，其次是漯河，为 11%；老年系数最低的是鹤壁、济源，分别为 8.00% 和 8.40%。与 2000 年相比，老年人口系数增幅最大的地市为信阳（4.34 个百分点）、驻马店（4.08 个百分点），最小的是济源，只有 1.88 个百分点（见表 1-2）。

综合来看，河南老年人口系数最高的地市是信阳、驻马店和漯河，最低的地市是鹤壁、济源和郑州；老年系数增长最快的地市为信阳，增长最慢的地市为郑州。

表 1-2　不同年份河南各地区老年人口系数及增长比较

单位：%，个百分点

| | 60 岁及以上 | | | 65 岁及以上 | | | | |
|---|---|---|---|---|---|---|---|---|
| | 2000 年 | 2010 年 | 增长 | 2000 年 | 2010 年 | 2015 年 | 2010 年比<br>2000 年增长 | 2015 年比<br>2000 年增长 |
| 全省 | 10.18 | 12.73 | 2.55 | 7.10 | 8.36 | 9.60 | 1.25 | 2.50 |
| 郑州 | 10.06 | 10.67 | 0.61 | 6.96 | 7.16 | 9.00 | 0.20 | 2.04 |
| 开封 | 10.10 | 12.62 | 2.52 | 7.43 | 8.28 | 10.10 | 0.85 | 2.67 |
| 洛阳 | 9.90 | 12.25 | 2.35 | 6.77 | 8.11 | 10.10 | 1.34 | 3.33 |
| 平顶山 | 10.51 | 12.99 | 2.48 | 7.27 | 8.80 | 10.30 | 1.54 | 3.03 |
| 安阳 | 9.20 | 12.21 | 3.01 | 6.33 | 7.59 | 9.50 | 1.26 | 3.17 |
| 鹤壁 | 8.68 | 10.66 | 1.98 | 5.86 | 6.66 | 8.00 | 0.80 | 2.14 |
| 新乡 | 9.71 | 12.13 | 2.42 | 6.83 | 7.82 | 9.60 | 0.99 | 2.77 |
| 焦作 | 9.76 | 11.47 | 1.71 | 6.87 | 7.45 | 9.60 | 0.58 | 2.73 |
| 濮阳 | 9.43 | 12.19 | 2.77 | 6.75 | 7.66 | 9.70 | 0.91 | 2.95 |
| 许昌 | 11.46 | 13.59 | 2.13 | 8.19 | 8.88 | 10.90 | 0.69 | 2.71 |
| 漯河 | 11.91 | 14.05 | 2.14 | 8.94 | 9.38 | 11.00 | 0.43 | 2.06 |
| 三门峡 | 9.27 | 12.44 | 3.17 | 6.03 | 8.19 | 9.50 | 2.16 | 3.47 |
| 南阳 | 10.62 | 12.84 | 2.21 | 6.99 | 8.34 | 10.50 | 1.34 | 3.51 |
| 商丘 | 10.18 | 13.17 | 2.99 | 7.44 | 9.01 | 10.30 | 1.57 | 2.86 |
| 信阳 | 10.01 | 14.57 | 4.57 | 6.56 | 9.53 | 10.90 | 2.97 | 4.34 |
| 周口 | 9.98 | 13.26 | 3.29 | 7.12 | 8.67 | 10.70 | 1.54 | 3.58 |
| 驻马店 | 11.15 | 14.11 | 2.95 | 7.92 | 9.45 | 12.00 | 1.53 | 4.08 |
| 济源 | 9.04 | 11.26 | 2.22 | 6.52 | 6.56 | 8.40 | 0.04 | 1.88 |

　　从老少比指标看，以 60 岁及以上老年人口算，2010 年河南 18 个地市中，人口老化指数最高的是三门峡（79.68%）、漯河（78.55%）、许昌（68.96%）、郑州（66.71%）和济源（65.47%），均在 65% 以上。与 2000 年相比，增长最快的是三门峡（40.84 个百分点）、济源（30.96 个百分点）、漯河（28.73 个百分点）、信阳（27.69 个百分点）和商丘（27.54 个百分点），均在 27 个百分点以上。以 65 岁及以上老年人口算，2015 年河南人口老化指数最高的地市为漯河（62.4%）和三门峡（58.7%）。与 2000年相比，增长最快的地市为三门峡，为 33.44 个百分点（见表 1-3）。综合

来看，河南老龄化程度最高的地市为漯河、三门峡，其人口老化指数最高；老龄化速度最快的地市为三门峡，其人口老化指数增长最快。

表 1-3 不同年份河南各地市老年人口老少比及增长比较

单位：%，个百分点

| | 60 岁及以上 | | | 65 岁及以上 | | | | |
|---|---|---|---|---|---|---|---|---|
| | 2000 年 | 2010 年 | 增长 | 2000 年 | 2010 年 | 2015 年 | 2010 年比 2000 年增长 | 2015 年比 2000 年增长 |
| 郑州 | 44.21 | 66.71 | 22.50 | 30.58 | 44.75 | 48.50 | 14.18 | 17.92 |
| 开封 | 37.99 | 59.05 | 21.06 | 27.94 | 38.74 | 45.30 | 10.80 | 17.36 |
| 洛阳 | 38.04 | 61.09 | 23.05 | 26.00 | 40.45 | 51.50 | 14.45 | 25.50 |
| 平顶山 | 44.38 | 64.18 | 19.80 | 30.69 | 43.51 | 45.20 | 12.82 | 14.51 |
| 安阳 | 35.86 | 55.85 | 19.98 | 24.68 | 34.71 | 41.30 | 10.03 | 16.62 |
| 鹤壁 | 32.12 | 47.39 | 15.27 | 21.69 | 29.60 | 38.40 | 7.91 | 16.71 |
| 新乡 | 37.81 | 57.78 | 19.97 | 26.61 | 37.28 | 43.60 | 10.67 | 16.99 |
| 焦作 | 37.05 | 60.82 | 23.78 | 26.06 | 39.49 | 53.70 | 13.42 | 27.64 |
| 濮阳 | 35.98 | 54.88 | 18.89 | 25.74 | 34.47 | 43.70 | 8.72 | 17.96 |
| 许昌 | 46.35 | 68.96 | 22.61 | 33.11 | 45.04 | 51.50 | 11.93 | 18.39 |
| 漯河 | 49.82 | 78.55 | 28.73 | 37.41 | 52.42 | 62.40 | 15.02 | 24.99 |
| 三门峡 | 38.84 | 79.68 | 40.84 | 25.26 | 52.44 | 58.70 | 27.18 | 33.44 |
| 南阳 | 46.88 | 56.08 | 9.20 | 30.86 | 36.42 | 42.20 | 5.56 | 11.34 |
| 商丘 | 34.18 | 61.71 | 27.54 | 24.98 | 42.22 | 49.20 | 17.24 | 24.22 |
| 信阳 | 34.30 | 61.99 | 27.69 | 22.47 | 40.53 | 50.50 | 18.06 | 28.03 |
| 周口 | 35.05 | 55.63 | 20.58 | 25.03 | 36.36 | 47.60 | 11.33 | 22.57 |
| 驻马店 | 44.51 | 61.75 | 17.23 | 31.59 | 41.36 | 51.70 | 9.77 | 20.11 |
| 济源 | 34.51 | 65.47 | 30.96 | 24.87 | 38.12 | 45.90 | 13.24 | 21.03 |

# 三 养老负担及发展

## （一）总体情况

人口变动抽样调查机器汇总样本数据显示，以 65 岁及以上老年人口算，2015 年河南全省老年抚养系数为 13.9%，2010 年第六次全国人口普查时为

11.8%，2000 年第五次全国人口普查时为 10.6%。与 2010 年和 2000 年相比，2015 年分别提高 2.1 个和 3.3 个百分点（见图 1 - 7）。若以 60 岁及以上老年人口算，2010 年河南老年抚养系数为 19.21%，2000 年时为 15.92%，十年增长 3.29 个百分点（见表 1 - 4）。整体看，2000 年以来，河南老年人口负担系数保持持续上升状态。

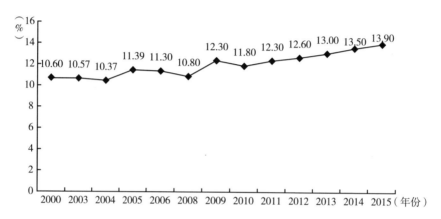

图 1 - 7 2000 ~ 2015 年部分年份河南 65 岁及以上老年人口负担系数

（二）城乡差异

分城乡看，2010 年河南 60 岁及以上城市老年人口负担系数为 14.57%，镇为 16.04%，乡村为 22%，乡村远远高于城市和镇。与 2000 年相比，城市、镇和乡村老年人口负担系数依次上升 1.81 个、2.6 个和 5.08 个百分点（见表 1 - 4），乡村老年人口负担系数的增长也远远快于城市和镇。若以 65 岁及以上老年人算，2010 年河南城市老年人口负担系数为 9.28%，镇为 9.83%，乡村为 13.42%，乡村仍高于城市和镇。与 2000 年相比，城市、镇和乡村老年人口负担系数分别上升 1.53 个、1.16 个和 1.95 个百分点（见表 1 - 4），乡村老年人口负担系数的增长速度仍快于城市和镇。可见，不论以 60 岁还是 65 岁作为老年人的起始年龄，同城市和镇相比，河南农村的养老负担都更重，增长也更快。

表 1 - 4 2000 年与 2010 年河南老年人口负担系数及变化

单位: % , 个百分点

| | 60 岁及以上老年人口负担系数 | | | 65 岁及以上老年人口负担系数 | | |
|---|---|---|---|---|---|---|
| | 2000 年 | 2010 年 | 增长 | 2000 年 | 2010 年 | 增长 |
| 全省 | 15.92 | 19.21 | 3.29 | 10.60 | 11.83 | 1.23 |
| 城市 | 12.76 | 14.57 | 1.81 | 7.75 | 9.28 | 1.53 |
| 镇 | 13.44 | 16.04 | 2.60 | 8.67 | 9.83 | 1.16 |
| 乡村 | 16.92 | 22.00 | 5.08 | 11.47 | 13.42 | 1.95 |

## （三）民族差异

分民族看，2010 年河南汉族 60 岁及以上老年人口负担系数为 19.24%，少数民族为 16.62%，汉族高于少数民族 2.62 个百分点（见图 1 - 8）。与 2000 年相比，汉族老年人口负担系数比上升 3.3 个百分点，少数民族上升 2.33 个百分点，汉族高于少数民族。若以 65 岁及以上老年人口算，2010 年河南汉族老年人口负担系数为 11.85%，少数民族为 10.23%，汉族仍高于少数民族（见图 1 - 8）。与 2000 年相比，汉族提高 1.23 个百分点，少数民族提高 0.9 个百分点，汉族仍高于少数民族。由此可见，无论以 60 岁还是 65 岁作为老年人口起点，河南汉族老年人口负担系数都高于少数民族，其养老负担的增长速度也快于少数民族。

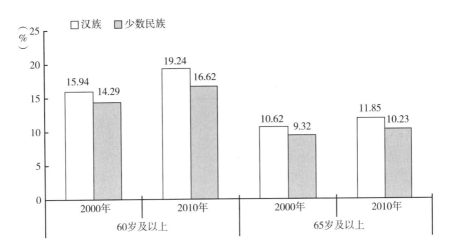

图 1 - 8 2000 年与 2010 年河南分民族老年人口负担系数

（四）地区差异

第六次全国人口普查结果显示，以 60 岁及以上老年人口算，2010 年河南老年人口负担系数最高的地市为信阳（23.54%）、驻马店（22.37%）、周口（21.09%）、漯河（20.64%）、许昌（20.37%）和商丘（20.11%），均超过 20%；最低的地市为郑州（14.55%）、济源（15.74%）与鹤壁（15.95%）。与 2000 年相比，增长最多的是信阳，达到 7.09 个百分点，最少的是郑州，为 -0.42 个百分点（见表 1 - 5）。

表 1 - 5　河南分地区 60 岁及以上老年人口负担系数及增长

单位：%，个百分点

| | 2000 年 | 2010 年 | 增长 |
|---|---|---|---|
| 郑州 | 14.98 | 14.55 | -0.42 |
| 开封 | 15.95 | 19.13 | 3.17 |
| 洛阳 | 15.45 | 18.09 | 2.63 |
| 平顶山 | 15.96 | 19.45 | 3.49 |
| 安阳 | 14.11 | 18.51 | 4.40 |
| 鹤壁 | 13.50 | 15.95 | 2.45 |
| 新乡 | 15.02 | 18.13 | 3.11 |
| 焦作 | 15.28 | 16.47 | 1.19 |
| 濮阳 | 14.65 | 18.59 | 3.95 |
| 许昌 | 17.95 | 20.37 | 2.42 |
| 漯河 | 18.56 | 20.64 | 2.09 |
| 三门峡 | 13.87 | 17.30 | 3.43 |
| 南阳 | 15.93 | 19.97 | 4.05 |
| 商丘 | 16.95 | 20.11 | 3.16 |
| 信阳 | 16.45 | 23.54 | 7.09 |
| 周口 | 16.21 | 21.09 | 4.88 |
| 驻马店 | 17.49 | 22.37 | 4.89 |
| 济源 | 13.97 | 15.74 | 1.78 |

以 65 岁及以上老年人口算，根据人口变动抽样调查机器汇总样本数据，2015 年河南老年人口负担系数最高的地市为驻马店（18.6%）、南阳（16.3%）、信阳（16.1%）和周口（16%），均达到 16%。与 2000 年第五次全国人口普查时相比，增长最多的分别是驻马店和南阳，依次提高 6.79 个和 6.36 个百分点，最少的是济源，只有 1.71 个百分点，郑州排倒数第三位，为 2.5 个百分点（见表 1 - 6）。

表1-6 2000~2015年河南各地区65岁及以上老年人口负担系数

单位：%，个百分点

| 地区 | 2015年 | 2014年 | 2013年 | 2012年 | 2011年 | 2010年 | 2009年 | 2008年 | 2006年 | 2005年 | 2004年 | 2003年 | 2000年 | 2015年比2000年增长 |
|---|---|---|---|---|---|---|---|---|---|---|---|---|---|---|
| 全省 | 13.9 | 13.5 | 12.98 | 12.59 | 12.25 | 11.83 | 12.30 | 10.80 | 11.32 | 11.39 | 10.37 | 10.57 | 10.6 | 3.30 |
| 郑州 | 12.4 | 11.94 | 12.09 | 11.49 | 10.64 | 9.32 | 11.48 | 11.10 | 11.57 | 11.59 | 11.10 | 11.94 | 9.90 | 2.50 |
| 开封 | 14.9 | 14.72 | 13.81 | 13.24 | 12.31 | 11.77 | 11.38 | 11.30 | 11.26 | 11.17 | 10.64 | 10.41 | 11.26 | 3.64 |
| 洛阳 | 14.3 | 13.53 | 12.59 | 12.36 | 12.18 | 11.29 | 11.54 | 11.40 | 11.55 | 11.10 | 11.28 | 11.06 | 10.07 | 4.23 |
| 平顶山 | 15.3 | 14.42 | 14.15 | 13.95 | 12.67 | 12.41 | 12.13 | 12.10 | 12.54 | 12.22 | 11.46 | 10.68 | 10.52 | 4.78 |
| 安阳 | 14 | 14.79 | 13.92 | 13.29 | 12.48 | 10.75 | 11.20 | 10.30 | 9.59 | 9.43 | 8.73 | 9.20 | 9.30 | 4.70 |
| 鹤壁 | 11.3 | 11.21 | 9.90 | 9.52 | 9.55 | 9.40 | 9.08 | 8.50 | 9.63 | 9.69 | 9.19 | 9.17 | 8.73 | 2.57 |
| 新乡 | 14.1 | 14.6 | 13.12 | 12.32 | 11.68 | 10.99 | 10.81 | 10.10 | 9.97 | 10.03 | 9.92 | 10.15 | 10.12 | 3.98 |
| 焦作 | 13.2 | 11.81 | 11.16 | 11.32 | 10.80 | 10.11 | 10.33 | 10.50 | 10.48 | 10.66 | 10.48 | 10.74 | 10.28 | 2.92 |
| 濮阳 | 14.2 | 13.16 | 12.92 | 11.76 | 11.27 | 10.92 | 10.74 | 10.10 | 9.44 | 9.78 | 9.12 | 9.60 | 10.06 | 4.14 |
| 许昌 | 15.9 | 15.83 | 14.50 | 13.81 | 13.34 | 12.43 | 12.03 | 12.00 | 12.65 | 12.55 | 12.60 | 12.52 | 12.20 | 3.70 |
| 漯河 | 15.4 | 15.11 | 15.03 | 14.08 | 12.73 | 12.88 | 12.79 | 12.70 | 13.57 | 13.25 | 12.91 | 12.60 | 13.32 | 2.08 |
| 三门峡 | 12.8 | 13.33 | 13.21 | 12.19 | 11.57 | 10.75 | 10.56 | 9.90 | 10.09 | 10.18 | 9.88 | 8.88 | 8.60 | 4.20 |
| 南阳 | 16.3 | 14.77 | 13.91 | 13.57 | 12.14 | 12.12 | 11.98 | 11.70 | 12.10 | 11.84 | 10.93 | 10.40 | 9.94 | 6.36 |
| 商丘 | 15 | 15.12 | 14.82 | 14.12 | 12.99 | 12.94 | 11.31 | 11.00 | 11.64 | 11.79 | 11.39 | 11.38 | 11.85 | 3.15 |
| 信阳 | 16.1 | 15.9 | 15.26 | 14.30 | 13.65 | 14.23 | 15.00 | 14.40 | 14.07 | 13.43 | 12.10 | 11.70 | 10.20 | 5.90 |
| 周口 | 16 | 15.45 | 14.48 | 14.02 | 13.14 | 12.85 | 11.93 | 12.00 | 11.12 | 11.16 | 10.29 | 10.75 | 11.06 | 4.94 |
| 驻马店 | 18.6 | 17.35 | 16.59 | 15.74 | 14.73 | 13.96 | 14.51 | 13.60 | 13.85 | 13.02 | 12.73 | 11.79 | 11.81 | 6.79 |
| 济源 | 11.4 | 11.58 | 10.10 | 9.79 | 9.14 | 8.60 | 9.26 | 9.60 | 10.02 | 10.53 | 9.25 | 9.40 | 9.69 | 1.71 |

# 四 主要研究发现

通过以上分析，我们得出以下主要发现。

第一，人口老龄化快速发展。河南 60 岁与 65 岁及以上老年人口系数在 2015 年已分别达到 15.71% 和 9.6%，比 2000 年依次上升了 5.53 个和 2.64 个百分点。60 岁与 65 岁及以上老年人口老化指数，在 2010 年与 2015 年也已分别达到 60.61% 和 45.4%，比 2000 年时分别提高了 21.3 个和 17.96 个百分点。

第二，老年人口养老负担急剧加重。以 65 岁及以上老年人口算，其老年人口负担系数 2015 年已达到 13.9%，比 2000 年增加了 3.3 个百分点；若以 60 岁及以上老年人口算，其老年人口负担系数 2010 年时已高达 19.21%，比 2000 年增加了 3.29 个百分点。

第三，女性人口老龄化程度高于男性。2010 年，河南女性 60 岁与 65 岁及以上老年人口系数分别为 13.4% 和 9.02%，而男性依次为 12.07% 和 7.71%，女性分别高出男性 1.34 个和 1.31 个百分点。60 岁及以上老年人口老化指数，2010 年女性（71.48%）高于男性（52%）19.48 个百分点；65 岁及以上老年人口老化指数，2010 年女性（48.11%）高于男性（33.22%）14.89 个百分点，其增长量也高于男性。

第四，农村老龄化问题较城市和镇更为严峻。2010 年河南 60 岁与 65 岁及以上老年人口系数，乡村依次为 13.87% 和 9.10%，分别高于城市（10.74% 和 7.17%）3.13 个和 1.93 个百分点，高于镇（11.07% 和 7.17%）2.8 个和 1.93 个百分点，与 2000 年相比，其增长幅度也均高于城市和镇。2010 年河南 60 岁与 65 岁及以上老年人口负担系数，乡村依次为 22% 和 13.42%，分别高于城市（14.57%、9.28%）7.43 个和 4.14 个百分点，高于镇（16.04%、9.83%）5.96 个和 3.59 个百分点，与 2000 年相比，乡村依次上升 5.08 个和 1.95 个百分点，均高于城市（1.81 个和 1.53 个百分点）和镇（2.6 个和 1.16 个百分点）。

第五，汉族人口老龄化较少数民族严重。2010 年河南 60 岁与 65 岁及以上老年人口系数，汉族依次为 12.74% 和 8.37%，分别高于少数民族（11.36% 和 7.39%）1.38 个和 0.98 个百分点，与 2000 年相比，其增量（2.55 个和 1.26 个百分点）也大于少数民族（2.08 个和 1.06 个百分点）。2010 年河南 60 岁与 65 岁及以上老年人口老化指数，汉族依次为 60.66% 和 39.84%，分别高于少数民族（55.95% 和 36.42%）4.71 个和 3.42 个百分点，与 2000 年相比，其增量（21.31 个和 12.36 个百分点）也高于少数民族（19.93 个和 11.86 个百分点）。60 岁及以上老年人口负担系数，2010 年汉族为 19.24%，高于少数民族（16.62%）2.62 个百分点，比 2000 年上升 3.3 个百分点，而少数民族只升高了 2.33 个百分点；65 岁及以上老年人口负担系数，2010 年汉族为 11.85%，高于少数民族（10.23%）1.62 个百分点，比 2000 年上升 1.23 个百分点，而少数民族仅上升了 0.9 个百分点。河南汉族人口老龄化程度和养老负担都高于少数民族。

第六，不同地市人口老龄化差异较大。从 60 岁及以上老年人口看，2010 年河南老年系数最高的信阳、驻马店和漯河，均超过了 14%，而鹤壁和郑州只有 10.66% 左右；若从 65 岁及以上老年人口看，2015 年驻马店、漯河的老年系数均达到 11% 以上，而鹤壁与济源只有 8% 左右。另外，各地市老龄化的发展速度也有很大不同，与 2000 年相比，2010 年信阳 60 岁及以上老年人口系数上升了 4.57 个百分点，而郑州则仅上升了 0.61 个百分点；2010 年信阳 65 岁及以上老年人口系数上升了 2.97 个百分点，而济源和郑州则分别只上升了 0.04 个和 0.2 个百分点。

第七，劳动力人口的流动对地区老龄化影响很大。农村地区老年人口系数特别是老年人口负担系数及其增长速度远远高于城市和镇，但是，其人口老化指数（老少比）却远低于城市（若分别以 60 岁与 65 岁及以上老年人口算，2010 年河南人口老化指数城市、镇、乡村依次为 69.16%、55.64%、60.11% 与 46.18%、36.04%、39.44%）。另外，郑州作为河南省会，其老年人口系数并不高，若分别以 60 岁与 65 岁及以上老年人口算，2010 年依次为 10.67% 和 7.16%，特别是其老年人口负担系数，若以 60 岁及以上老年人口算，2010 年只有 14.55%，是全省 18 个地市中最低的，此外，与 2000 年相比，这两项指标的增长量也很小，这说明郑州人口老龄化的速度很慢。但是，郑州的人口老化指数很高，若分别以 60 岁与 65 岁及以上老年人口算，2010 年分别达到 66.71% 和 44.75%，位居全省第 4 位。很明显，农村劳动力的大量流出，郑州大量新增就业人口的融入，直接影响了它们的人口老龄化状况与速度。

# 第二章　老年人口规模研究

老年人口，是人口群体的有机构成部分，是生活在一定的社会生产方式、一定时间和一定地域，具有一定数量和一定质量，按年龄序列排列在较高年龄层次以后的那部分队列的人口。[①] 在不同的历史发展阶段，不同国家或地区，老年人口的起始年龄多有不同。在我国，当前一般把60岁作为老年人口约定俗成的起点，因此，本研究也遵循这一惯例，将老年人口界定为生理年龄在60岁及以上的人口。同时，为了便于进行国际比较，适应不同的需要，我们将65岁作为老年人口划分的辅助标准，来描述老年人口群体状况。

此外，为了进一步揭示老年人口群体的内部状况，我们又将老年人划分为低龄老年人（60~69岁）、中龄老年人（70~79岁）、高龄老年人（80~89岁）、超高龄老年人（90岁及以上）。

本章2010年数据源自2010年第六次全国人口普查[②]，2000年数据源自2000年第五次全国人口普查[③]，2015年数据源自《河南统计年鉴2016》[④]（特别标明的除外）。

## 一　老年人口规模与变动

根据河南省统计局2015年人口变动抽样调查汇总数据推算，2015年河

---

[①]　田雪原主编《中国老年人口（人口）》，社会科学文献出版社，2007，第45页。

[②]　河南省统计局、河南省人口普查办公室编《河南省2010年人口普查资料》，中国统计出版社，2012。

[③]　河南省人口普查办公室编《河南省2000年人口普查资料》上卷，河南人民出版社，2003。

[④]　河南省统计局、国家统计局河南调查总队编《河南统计年鉴2016》，中国统计出版社，2016。

南全省有常住人口 9480 万人，65 岁及以上老年人口 913 万人，与 2014 年（884 万人）相比，增加了 29 万人。截至 2015 年底，河南 60 岁及以上老年人口已达 1498 万人，占全省总人口的 15.8%。①

第六次全国人口普查数据显示，2010 年河南有 60 岁及以上老年人口 1196.82 万人，其中男性老年人口 573.1 万人，女性老年人口 623.72 万人；而 2000 年时，60 岁及以上老年人口有 928.64 万人，其中男性 438.76 万人，女性 489.88 万人。同 2000 年相比，2010 年分别增加 268.18 万、134.34 万和 133.84 万人，依次增长 28.88%、30.62% 和 27.32%，老年人口年平均增长 2.89%，其中男性为 3.06%，女性为 2.73%，男性老年人口增长速度高于女性老年人口（见表 2-1）。

表 2-1　2000~2010 年河南省不同年龄老年人口规模及变动

单位：人，%

| | 2010 年人口数 | | | 2000 年人口数 | | |
|---|---|---|---|---|---|---|
| | 合计 | 男 | 女 | 合计 | 男 | 女 |
| 低龄 | 6911886 | 3462378 | 3449508 | 5261136 | 2673298 | 2587838 |
| 中龄 | 3664626 | 1736025 | 1928601 | 3079468 | 1395543 | 1683925 |
| 高龄 | 1252797 | 494702 | 758095 | 872102 | 300789 | 571313 |
| 超高龄 | 138901 | 37943 | 100958 | 73669 | 17993 | 55676 |
| 总计 | 11968210 | 5731048 | 6237162 | 9286375 | 4387623 | 4898752 |
| | 增加额 | | | 增长率 | | |
| | 合计 | 男 | 女 | 合计 | 男 | 女 |
| 低龄 | 1650750 | 789080 | 861670 | 31.38 | 29.52 | 33.30 |
| 中龄 | 585158 | 340482 | 244676 | 19.00 | 24.40 | 14.53 |
| 高龄 | 380695 | 193913 | 186782 | 43.65 | 64.47 | 32.69 |
| 超高龄 | 65232 | 19950 | 45282 | 88.55 | 110.88 | 81.33 |
| 总计 | 2681835 | 1343425 | 1338410 | 28.88 | 30.62 | 27.32 |

2010 年河南有 65 岁及以上老年人口 785.93 万人，其中男性 366.11 万人，女性 419.82 万人；2000 年时有 648.24 万人，其中男性

① 河南省统计局、国家统计局河南调查总队编《河南统计年鉴 2016》，中国统计出版社，2016，第 94、96 页。

293.35 万人，女性 354.88 万人。同 2000 年相比，2010 年河南 65 岁及以上老年人口增加 137.7 万人，其中男性增加 72.76 万人，女性增加 64.94 万人；增长 21.24%，其中男性增长 24.8%，女性增长 18.3%；年平均增长率为 2.12%，其中男性为 2.48%，女性为 1.83%，男性高于女性。

从老年人口的年龄构成看，2010 年，河南低龄、中龄、高龄、超高龄老年人口分别为 691.19 万、366.46 万、125.28 万和 13.89 万人，2000 年时依次为 526.11 万、307.95 万、87.21 万和 7.37 万人，同 2000 年相比，2010 年依次增加 165.08 万、58.52 万、38.07 万和 6.52 万人，增长率分别为 31.38%、19%、43.65% 和 88.55%（见表 2 - 1）。增长最快的是超高龄老年人口，其次为高龄老年人口。

## 二 分城乡的老年人口规模与变动

### （一）城市

第六次全国人口普查数据显示，2010 年，河南有城市 60 岁及以上老年人口 196.9 万人，其中男性 93.43 万人，女性 103.47 万人；2000 年时，有 125.71 万人，其中男性 60.67 万人，女性 65.04 万人。2010 年同 2000 年相比，共增加 71.19 万人，其中男性增加 32.76 万人，女性增加 38.44 万人；十年增长 56.63%，其中男性增长 53.99%，女性增长 59.10%（见表 2 - 2）。城市女性老年人口增长速度快于男性。

以 65 岁为标准看，2010 年河南有城市老年人口 131.48 万人，其中男性 61.81 万人，女性 69.67 万人；2000 年时，有 65 岁及以上城市老年人口 79.87 万人，其中男性 38.12 万人，女性 41.76 万人。2010 年与 2000 年相比，城市 65 岁及以上老年人口增加 51.61 万人，其中男性增加 23.7 万人，女性增加 27.91 万人；十年增长 64.62%，男性增长 62.18%，女性增长 66.85%。女性老年人口增长速度仍然快于男性。

分年龄段来看，2010 年河南 60 岁及以上城市老年人口中，低龄、中龄、高龄和超高龄老年人口依次为 111.78 万、65.37 万、17.91 万和 1.84 万人；2000 年时，分别为 80.66 万、35.3 万、8.84 万和 0.91 万人。2010 年比 2000 年依次增加 31.12 万、30.07 万、9.07 万和 0.93 万人，增长率依次为 38.59%、85.18%、102.6% 和 101.82%（见表 2 - 2）。增长最快的是高龄和超高龄老年人口，十年翻了一番。

表 2 - 2　2000~2010 年河南省城市不同年龄老年人口规模及变动

单位：人，%

| | 2010 年人口数 | | | 2000 年人口数 | | |
|---|---|---|---|---|---|---|
| | 合计 | 男 | 女 | 合计 | 男 | 女 |
| 低龄 | 1117788 | 534992 | 582796 | 806556 | 402467 | 404089 |
| 中龄 | 653720 | 312318 | 341402 | 353013 | 170574 | 182439 |
| 高龄 | 179137 | 81058 | 98079 | 88420 | 31517 | 56903 |
| 超高龄 | 18372 | 5917 | 12455 | 9103 | 2164 | 6939 |
| 总计 | 1969017 | 934285 | 1034732 | 1257092 | 606722 | 650370 |
| | 增加额 | | | 增长率 | | |
| | 合计 | 男 | 女 | 合计 | 男 | 女 |
| 低龄 | 311232 | 132525 | 178707 | 38.59 | 32.93 | 44.22 |
| 中龄 | 300707 | 141744 | 158963 | 85.18 | 83.10 | 87.13 |
| 高龄 | 90717 | 49541 | 41176 | 102.60 | 157.19 | 72.36 |
| 超高龄 | 9269 | 3753 | 5516 | 101.82 | 173.43 | 79.49 |
| 总计 | 711925 | 327563 | 384362 | 56.63 | 53.99 | 59.10 |

（二）镇

2010 年，河南 60 岁及以上镇老年人口为 198.04 万人，其中男性 95.3 万人，女性 102.74 万人；2000 年为 67.15 万人，其中男性 31.9 万人，女性 35.25 万人。2010 年比 2000 年时，增加 130.89 万人，其中男性增加 63.41 万人，女性增加 67.48 万人；总体增长 194.93%，其中男性老年人口增长 198.79%，女性增长 191.43%（见表 2 - 3）。男性老年人口增长速度稍高于女性。

2010 年，河南 65 岁及以上镇老年人口有 128.28 万人，其中男性 60.17 万人，女性 68.11 万人；2000 年时，依次为 45.22 万、20.78 万和 24.44 万人。2010 年比 2000 年分别增加 83.05 万、39.39 万和 43.67 万人，增长率依次为 183.65%、189.54% 和 178.64%。男性老年人口增长仍快于女性。

分年龄段看，2010 年河南 60 岁及以上镇老年人口中，低龄、中龄、高龄和超高龄老年人口分别为 116.3 万、59.58 万、19.85 万和 2.31 万人，2000 年依次为 40.12 万、20.82 万、5.67 万和 0.53 万人。同 2000 年相比，2010 年分别增加 76.17 万、38.76 万、14.18 万和 1.78 万人，增长率依次为 189.84%、186.15%、250.03% 和 334.09%（见表 2－3）。高龄和超高龄老年人口快速增长，2010 年分别达到了 2000 年的 3.5 和 4.34 倍。

表 2－3　2000～2010 年河南省镇不同年龄老年人口规模及变动

单位：人，%

| | 2010 年人口数 | | | 2000 年人口数 | | |
|---|---|---|---|---|---|---|
| | 合计 | 男 | 女 | 合计 | 男 | 女 |
| 低龄 | 1162960 | 582923 | 580037 | 401239 | 202128 | 199111 |
| 中龄 | 595789 | 283059 | 312730 | 208209 | 96560 | 111649 |
| 高龄 | 198532 | 80404 | 118128 | 56719 | 19026 | 37693 |
| 超高龄 | 23137 | 6649 | 16488 | 5330 | 1248 | 4082 |
| 总计 | 1980418 | 953035 | 1027383 | 671497 | 318962 | 352535 |
| | 增加额 | | | 增长率 | | |
| | 合计 | 男 | 女 | 合计 | 男 | 女 |
| 低龄 | 761721 | 380795 | 380926 | 189.84 | 188.39 | 191.31 |
| 中龄 | 387580 | 186499 | 201081 | 186.15 | 193.14 | 180.10 |
| 高龄 | 141813 | 61378 | 80435 | 250.03 | 322.60 | 213.40 |
| 超高龄 | 17807 | 5401 | 12406 | 334.09 | 432.77 | 303.92 |
| 总计 | 1308921 | 634073 | 674848 | 194.93 | 198.79 | 191.43 |

（三）乡村

第六次全国人口普查结果显示，2010 年河南 60 岁及以上乡村老年人口

共 801.88 万人，其中男性 384.37 万人，女性 417.5 万人；2000 年时为
735.78 万人，其中男性 346.19 万人，女性 389.58 万人。2010 年比 2000 年
增加 66.1 万人，其中男性增加 38.18 万人，女性增加 27.92 万人；十年增
长 8.98%，男性增长 11.03%，女性增长 7.17%，男性老年人口增幅大于女
性（见表 2-4）。

表 2-4　2000～2010 年河南省乡村不同年龄老年人口规模及变动

单位：人，%

| | 2010 年人口数 | | | 2000 年人口数 | | |
|---|---|---|---|---|---|---|
| | 合计 | 男 | 女 | 合计 | 男 | 女 |
| 低龄 | 4631138 | 2344463 | 2286675 | 4053341 | 2068703 | 1984638 |
| 中龄 | 2415117 | 1140648 | 1274469 | 2518246 | 1128409 | 1389837 |
| 高龄 | 875128 | 333240 | 541888 | 726963 | 250246 | 476717 |
| 超高龄 | 97392 | 25377 | 72015 | 59236 | 14581 | 44655 |
| 总计 | 8018775 | 3843728 | 4175047 | 7357786 | 3461939 | 3895847 |
| | 增加额 | | | 增长率 | | |
| | 合计 | 男 | 女 | 合计 | 男 | 女 |
| 低龄 | 577797 | 275760 | 302037 | 14.25 | 13.33 | 15.22 |
| 中龄 | -103129 | 12239 | -115368 | -4.10 | 1.08 | -8.30 |
| 高龄 | 148165 | 82994 | 65171 | 20.38 | 33.16 | 13.67 |
| 超高龄 | 38156 | 10796 | 27360 | 64.41 | 74.04 | 61.27 |
| 总计 | 660989 | 381789 | 279200 | 8.98 | 11.03 | 7.17 |

2010 年，河南省 65 岁及以上乡村老年人口为 526.18 万人，其中男性
244.13 万人，女性 282.05 万人；2000 年时为 523.14 万人，其中男性
234.46 万人，女性 288.68 万人。与 2000 年相比，2010 年增加 3.03 万人，
男性增加 9.67 万人，女性减少 6.63 万人；总体增长 0.58%，其中男性为
4.12%，女性为 -2.3%。

分年龄段看，2010 年河南省 60 岁及以上乡村老年人口中，低龄、中
龄、高龄和超高龄老年人口分别为 463.11 万、241.51 万、87.51 万和 9.74
万人；2000 年时依次为 405.33 万、251.82 万、72.7 万和 5.92 万人。2010
年比 2000 年分别增加 57.78 万、-10.31 万、14.82 万和 3.82 万人；依次

增长 14.25%、-4.1%、20.38% 和 64.41%（见表 2-4）。增长最快的依然为高龄和超高龄老年人口。

# 三　分地区的老年人口规模

## （一）60 岁及以上老年人口

第六次全国人口普查结果显示，2010 年河南省 60 岁及以上老年人口最多的地区依次为南阳、周口和驻马店，分别达到 131.75 万、118.76 万和 102.01 万人，依次占全省老年人口总数的 11.01%、9.92% 和 8.52%，最少的地区依次为济源、鹤壁和三门峡，分别为 7.61 万、16.73 万和 27.8 万人，仅占 0.64%、1.4% 和 2.32%（见表 2-5）。

2010 年，河南城市 60 岁及以上老年人口最多的地区依次为郑州、洛阳和新乡，分别达到 42.29 万、23.55 万和 14.75 万人，依次占全省城市老年人口总数的 21.48%、11.96% 和 7.49%，最少的地区依次为济源、驻马店和濮阳，分别只有 2.18 万、4.5 万和 4.88 万人，仅占 1.11%、2.28% 和 2.48%（见表 2-5）。

镇 60 岁及以上老年人口最多的地区依次为南阳、周口和驻马店，分别达到 25.36 万、22.81 万和 18.4 万人，依次占全省镇老年人口总数的 12.8%、11.52% 和 9.29%，最少的地区依次为济源、鹤壁和三门峡，分别只有 1.18 万、2.71 万和 4.59 万人，仅占 0.6%、1.37% 和 2.32%（见表 2-5）。

乡村 60 岁及以上老年人口最多的地区依次为南阳、周口和驻马店，分别达到 95.83 万、89.78 万和 79.11 万人，依次占全省乡村老年人口总数的 11.95%、11.20% 和 9.87%，最少的地区依次为济源、鹤壁和三门峡，分别只有 4.25 万、8.98 万和 17.21 万人，仅占 0.53%、1.12% 和 2.15%（见表 2-5）。

表2-5  2010年河南省各地区60岁及以上老年人口

单位：人，%

| | 合计 | | 城市 | | 镇 | | 乡村 | |
|---|---|---|---|---|---|---|---|---|
| | 人口数 | 比重 | 人口数 | 比重 | 人口数 | 比重 | 人口数 | 比重 |
| 总计 | 11968210 | 100 | 1969017 | 100 | 1980418 | 100 | 8018775 | 100 |
| 郑州 | 920676 | 7.69 | 422925 | 21.48 | 91279 | 4.61 | 406472 | 5.07 |
| 开封 | 590323 | 4.93 | 105415 | 5.35 | 96483 | 4.87 | 388425 | 4.84 |
| 洛阳 | 802198 | 6.70 | 235548 | 11.96 | 106071 | 5.36 | 460579 | 5.74 |
| 平顶山 | 636953 | 5.32 | 129413 | 6.57 | 103535 | 5.23 | 404005 | 5.04 |
| 安阳 | 631467 | 5.28 | 126943 | 6.45 | 87958 | 4.44 | 416566 | 5.19 |
| 鹤壁 | 167296 | 1.40 | 50401 | 2.56 | 27103 | 1.37 | 89792 | 1.12 |
| 新乡 | 692221 | 5.78 | 147540 | 7.49 | 121058 | 6.11 | 423623 | 5.28 |
| 焦作 | 406104 | 3.39 | 103069 | 5.23 | 78491 | 3.96 | 224544 | 2.80 |
| 濮阳 | 438837 | 3.67 | 48772 | 2.48 | 73335 | 3.70 | 316730 | 3.95 |
| 许昌 | 585349 | 4.89 | 102055 | 5.18 | 85356 | 4.31 | 397938 | 4.96 |
| 漯河 | 357444 | 2.99 | 56961 | 2.89 | 65501 | 3.31 | 234982 | 2.93 |
| 三门峡 | 277990 | 2.32 | 59997 | 3.05 | 45911 | 2.32 | 172082 | 2.15 |
| 南阳 | 1317476 | 11.01 | 105644 | 5.37 | 253555 | 12.80 | 958277 | 11.95 |
| 商丘 | 969779 | 8.10 | 87417 | 4.44 | 149086 | 7.53 | 733276 | 9.14 |
| 信阳 | 890373 | 7.44 | 58431 | 2.97 | 171782 | 8.67 | 660160 | 8.23 |
| 周口 | 1187550 | 9.92 | 61714 | 3.13 | 228083 | 11.52 | 897753 | 11.20 |
| 驻马店 | 1020071 | 8.52 | 44950 | 2.28 | 184041 | 9.29 | 791080 | 9.87 |
| 济源 | 76103 | 0.64 | 21822 | 1.11 | 11790 | 0.60 | 42491 | 0.53 |

## （二）65岁及以上老年人口

河南省统计局抽样调查汇总数据显示，2015年河南65岁及以上老年人口最多的地区是南阳（106万人）、周口（94万人）、郑州（86万人）和驻马店（84万人），均超过了80万人，合计占全省65岁及以上老年人口总数的38.22%。最少的地区分别是济源（6万人）、鹤壁（13万人）、三门峡（21万人）和漯河（29万人），合计占全省65岁及以上老年人口总数的7.13%。

从第六次全国人口普查数据看，2010年河南省老年人口最多的地区依次是南阳、周口和驻马店,分别达到 85.55 万、77.62 万和 68.33 万人,依次占全省 65 岁及以上老年人口总数的 10.88%、9.88% 和 8.69%;最少的地区依次为济源、鹤壁和三门峡,分别只有 4.43 万、10.45 万和 18.30 万人,占比为 0.56%、1.33% 和 2.33%(见表 2 - 6)。

2010 年,河南城市老年人口最多的地区依次为郑州、洛阳和新乡,分别达到 28.79 万、16.22 万和 9.9 万人,依次占全省城市老年人口总数的 21.9%、12.34% 和 7.53%;最少的地区依次为济源、濮阳和驻马店,分别只有 1.24 万、2.84 万和 2.94 万人,占比为 0.95%、2.16% 和 2.24%(见表 2 - 6)。

镇老年人口最多的地区依次为南阳、周口和驻马店,分别为 16.26 万、15.06 万和 12.06 万人,依次占全省镇老年人口总数的 12.68%、11.74% 和 9.4%;最少的地区依次为济源、鹤壁和三门峡,分别只有 0.7 万、1.63 万和 3.05 万人,占比为 0.54%、1.27% 和 2.38%(见表 2 - 6)。

乡村老年人口最多的地区依次为南阳、周口和驻马店,分别有 62.5 万、58.6 万和 53.33 万人,依次占全省乡村老年人口总数的 11.88%、11.14% 和 10.14%;最少的地区依次为济源、鹤壁和三门峡,分别只有 2.49 万、5.36 万和 11.25 万人,占比为 0.47%、1.02% 和 2.14%(见表 2 - 6)。

表 2 - 6　2010 年河南省各地区 65 岁及以上老年人口

单位:人,%

| | 合计 | | 城市 | | 镇 | | 乡村 | |
|---|---|---|---|---|---|---|---|---|
| | 人口数 | 比重 | 人口数 | 比重 | 人口数 | 比重 | 人口数 | 比重 |
| 总计 | 7859344 | 100 | 1314816 | 100 | 1282760 | 100 | 5261768 | 100 |
| 郑州 | 617635 | 7.86 | 287947 | 21.90 | 59680 | 4.65 | 270008 | 5.13 |
| 开封 | 387271 | 4.93 | 73506 | 5.59 | 61751 | 4.81 | 252014 | 4.79 |
| 洛阳 | 531176 | 6.76 | 162183 | 12.34 | 68941 | 5.37 | 300052 | 5.70 |
| 平顶山 | 431854 | 5.49 | 85598 | 6.51 | 69067 | 5.38 | 277189 | 5.27 |
| 安阳 | 392443 | 4.99 | 81586 | 6.21 | 53870 | 4.20 | 256987 | 4.88 |
| 鹤壁 | 104490 | 1.33 | 34565 | 2.63 | 16315 | 1.27 | 53610 | 1.02 |
| 新乡 | 446545 | 5.68 | 99021 | 7.53 | 76880 | 5.99 | 270644 | 5.14 |
| 焦作 | 263644 | 3.35 | 69832 | 5.31 | 49943 | 3.89 | 143869 | 2.73 |

| | 合计 | | 城市 | | 镇 | | 乡村 | |
|---|---|---|---|---|---|---|---|---|
| | 人口数 | 比重 | 人口数 | 比重 | 人口数 | 比重 | 人口数 | 比重 |
| 濮阳 | 275632 | 3.51 | 28433 | 2.16 | 44608 | 3.48 | 202591 | 3.85 |
| 许昌 | 382296 | 4.86 | 66672 | 5.07 | 55220 | 4.30 | 260404 | 4.95 |
| 漯河 | 238556 | 3.04 | 38339 | 2.92 | 43263 | 3.37 | 156954 | 2.98 |
| 三门峡 | 182958 | 2.33 | 39938 | 3.04 | 30494 | 2.38 | 112526 | 2.14 |
| 南阳 | 855482 | 10.88 | 67886 | 5.16 | 162604 | 12.68 | 624992 | 11.88 |
| 商丘 | 663385 | 8.44 | 59643 | 4.54 | 101711 | 7.93 | 502031 | 9.54 |
| 信阳 | 582135 | 7.41 | 38245 | 2.91 | 110246 | 8.59 | 433644 | 8.24 |
| 周口 | 776222 | 9.88 | 39551 | 3.01 | 150622 | 11.74 | 586049 | 11.14 |
| 驻马店 | 683310 | 8.69 | 29440 | 2.24 | 120560 | 9.40 | 533310 | 10.14 |
| 济源 | 44310 | 0.56 | 12431 | 0.95 | 6985 | 0.54 | 24894 | 0.47 |

## （三）分年龄段的老年人口

分年龄段来看，2010 年河南省 60 岁及以上老年人口中，低龄老年人口最多的地区依次为南阳、周口和驻马店，分别为 79.13 万、69.37 万和 58.02 万人，依次占全省低龄老年人口总数的 11.45%、10.04% 和 8.39%；最少的地区依次是济源、鹤壁和三门峡，分别只有 4.56 万、10.08 万和 16.06 万人，占比为 0.66%、1.46% 和 2.32%（见表 2-7）。

中龄老年人口最多和最少的地区也分别是南阳、周口、驻马店和济源、鹤壁、三门峡，依次为 39.79 万、34.85 万、31.66 万人和 2.21 万、5 万、9.09 万人，其占全省中龄老年人口总数的比重分别为 10.86%、9.51%、8.64% 和 0.6%、1.37%、2.48%（见表 2-7）。

高龄老年人口最多的地区依次是周口、商丘和南阳，分别为 13.05 万、12.01 万和 11.48 万人，其占全省高龄老年人口总数的比重依次为 10.42%、9.59% 和 9.16%；最少的地区依次为济源、鹤壁和三门峡，分别只有 0.77 万、1.51 万和 2.43 万人，所占比重依次为 0.61%、1.21% 和 1.94%（见表

2-7）。

超高龄老年人口最多和最少的地区也分别是周口、商丘、南阳和济源、鹤壁、三门峡，依次为1.48万、1.45万、1.35万人和0.07万、0.13万、0.22万人，其占全省超高龄老年人口总数的比重分别为10.67%、10.47%、9.72%和0.53%、0.94%、1.58%（见表2-7）。

表2-7　不同年龄段老年人口的地区分布

单位：人，%

| | 低龄 | | 中龄 | | 高龄 | | 超高龄 | |
|---|---|---|---|---|---|---|---|---|
| | 人数 | 比重 | 人数 | 比重 | 人数 | 比重 | 人数 | 比重 |
| 总计 | 6911886 | 100 | 3664626 | 100 | 1252797 | 100 | 138901 | 100 |
| 郑州 | 507687 | 7.35 | 299050 | 8.16 | 102868 | 8.21 | 11071 | 7.97 |
| 开封 | 334277 | 4.84 | 174398 | 4.76 | 72714 | 5.80 | 8934 | 6.43 |
| 洛阳 | 453070 | 6.55 | 259633 | 7.08 | 81082 | 6.47 | 8413 | 6.06 |
| 平顶山 | 350421 | 5.07 | 212182 | 5.79 | 65787 | 5.25 | 8563 | 6.16 |
| 安阳 | 380650 | 5.51 | 183376 | 5.00 | 61089 | 4.88 | 6352 | 4.57 |
| 鹤壁 | 100810 | 1.46 | 50044 | 1.37 | 15139 | 1.21 | 1303 | 0.94 |
| 新乡 | 408444 | 5.91 | 200272 | 5.47 | 74754 | 5.97 | 8751 | 6.30 |
| 焦作 | 229981 | 3.33 | 127066 | 3.47 | 44568 | 3.56 | 4489 | 3.23 |
| 濮阳 | 267942 | 3.88 | 123233 | 3.36 | 43019 | 3.43 | 4643 | 3.34 |
| 许昌 | 326959 | 4.73 | 185827 | 5.07 | 65647 | 5.24 | 6916 | 4.98 |
| 漯河 | 194790 | 2.82 | 110028 | 3.00 | 47008 | 3.75 | 5618 | 4.04 |
| 三门峡 | 160607 | 2.32 | 90920 | 2.48 | 24273 | 1.94 | 2190 | 1.58 |
| 南阳 | 791302 | 11.45 | 397872 | 10.86 | 114794 | 9.16 | 13508 | 9.72 |
| 商丘 | 536822 | 7.77 | 298286 | 8.14 | 120133 | 9.59 | 14538 | 10.47 |
| 信阳 | 548629 | 7.94 | 265234 | 7.24 | 71286 | 5.69 | 5224 | 3.76 |
| 周口 | 693730 | 10.04 | 348490 | 9.51 | 130506 | 10.42 | 14824 | 10.67 |
| 驻马店 | 580193 | 8.39 | 316584 | 8.64 | 110463 | 8.82 | 12831 | 9.24 |
| 济源 | 45572 | 0.66 | 22131 | 0.60 | 7667 | 0.61 | 733 | 0.53 |

## 四 分民族的老年人口规模

2010 年第六次全国人口普查结果显示，河南省 60 岁及以上老年人口中，汉族有 1184.08 万人，占全省老年人口总数的 98.94%；少数民族有 12.74 万人，仅占 1.06%。2000 年时，汉族老年人口为 918.02 万人，占当时老年人口总数的 98.86%；少数民族为 10.61 万人，占 1.14%。与 2000 年相比，2010 年河南省汉族老年人口增加 266.06 万人，所占比重上升 0.08 个百分点；少数民族老年人口增加 2.13 万人，所占比重相应下降了 0.08 个百分点。

以 65 岁为标准看，2010 年河南省汉族老年人口为 777.64 万人，占河南 65 岁及以上老年人口总数的 98.94%；少数民族老年人口为 8.29 万人，占 1.06%。2000 年时，河南汉族和少数民族老年人口依次为 641 万和 7.24 万人，分别占当时河南 65 岁及以上老年人口总数的 98.88% 和 1.12%。2010 年与 2000 年相比，汉族与少数民族老年人口分别增加 136.64 万和 1.05 万人，所占比重汉族上升 0.06 个百分点，少数民族相应下降 0.06 个百分点。

河南省老年人口超过 1000 人的少数民族主要有回族、蒙古族和满族，2010 年其 60 岁及以上老年人口依次为 11.22 万、0.59 万和 0.55 万人，分别占全省少数民族老年人口总数的 88.05%、4.62% 和 4.29%。2000 年时，其老年人口依次为 8.86 万、0.77 万和 0.58 万人，分别占当时全省少数民族老年人口总数的 83.45%、7.24% 和 5.42%。与 2000 年相比，2010 年河南回族老年人口增加了 2.36 万人，蒙古族和满族老年人口则分别减少了 0.18 万和 0.03 万人。

以 65 岁为标准看，2010 年河南省回族、蒙古族和满族老年人口依次为 7.28 万、0.38 万和 0.38 万人，分别占全省 65 岁及以上少数民族老年人口总数的 87.77%、4.6% 和 4.59%。2000 年时，上述三个民族的老年人口依次为 6.09 万、0.5 万和 0.37 万人，分别占当时全省 65 岁及以上少数民族老年人口总数的84.16%、6.91%和5.17%。与2000年相比，2010年回族和满族老年人口分别增加1.19万和0.01万人，蒙古族老年人口减少0.12万人。

# 五　结论

综合上述分析可见，近年来河南省老年人口规模及发展主要表现出如下特征。

第一，老年人口规模大，增长快。

截至2015年，河南省60岁及以上老年人口已达到1498万人，与2000年相比，十五年增加了569.36万人，年均增加37.96万人；65岁及以上老年人口总数也已达到913万人，比2000年增加了264.76万人，年均增加17.65万人。其中，男性老年人口的增速快于女性。

第二，高龄、超高龄老年人口迅速增长。

2010年，河南省高龄、超高龄老年人口分别达到125.28万和13.89万人，比2000年依次增加38.07万和6.52万人，分别增长43.65%和88.55%，与此同时，河南低龄、中龄老年人口仅分别增长31.38%和19%。分城乡来看，仍表现出该趋势。

第三，乡村老年人口最多，镇老年人口增长最快。

2010年时，河南省60岁及以上乡村老年人口为801.88万人，而城市和镇合计仅为394.94万人，乡村是城市和镇老年人口总和的2.03倍。与2000年相比，镇老年人口增长最快，十年增加130.89万人，增长194.93%；而同期，城市和乡村老年人口则分别增加71.19万和66.1万人，依次增长56.63%和8.98%。从65岁及以上老年人口看，也表现出上述特点。

第四，老年人口规模地区差异大。

以河南省65岁及以上老年人口为例，2015年时老年人口最多的南阳、周口、郑州和驻马店4地市，合计达370万人，占比为38.22%；最少的济源、鹤壁、三门峡和漯河，合计为 69 万人，占比为 7.13%。前者老年人口总量是后者的 5.36 倍。此外，不论从 60 岁及以上老年人口看，还是分城乡看以及分年龄段来看，均体现出该特征。

第五，汉族老年人口占绝对优势，所占比重略有增加。

2010 年时，河南省汉族 60 岁及以上老年人口达 1184.08 万人，占全省老年人口总数的 98.94%；少数民族老年人口只有 12.74 万人，仅占 1.06%，与 2000 年相比，少数民族老年人口所占比重下降了 0.08 个百分点。老年人口超过 1000 人的回族、蒙古族和满族三个民族，只有回族增加了 2.36 万人，而蒙古族和满族则分别减少了 0.18 万和 0.03 万人。

# 第三章  老年人口性别结构研究

人口的性别结构，是指一定时点、一定地区男女两性在全体人口中的比重。它是最基本的人口结构，是社会构成的一部分。老年人口性别结构，指一定时点、一定地区老年人口中男性和女性在全体老年人口中的比重，它是老年人口最基本的自然特征之一，关系到老年人口的婚姻、家庭、扶养以及老龄问题的状况。特别是极其异常的高龄老年人口的性别结构，由于涉及婚姻状况和居住方式，严重影响到养老方式和高龄老年人的福祉。本章将重点分析河南省老年人口性别结构的现状及演变，老年人口性别构成的地区差异、年龄差异和民族差异及其变动趋势。

## 一  数据与指标

### （一）数据来源

本章所用 2000 年数据源自 2000 年第五次全国人口普查短表数据[①]，2010 年数据源自 2010 年第六次全国人口普查短表数据[②]。其他各年度数据，除特别注明出处的以外，均源自由中国统计出版社出版的《河南统计年鉴》。

---

① 河南省人口普查办公室编《河南省 2000 年人口普查资料》上卷，河南人民出版社，2003。

② 河南省统计局、河南省人口普查办公室编《河南省 2010 年人口普查资料》，中国统计出版社，2012。

## （二）测量指标

反映老年人口性别结构的指标主要有以下两个。[①]

### 1. 老年人口性比重

老年人口性比重，指男性老年人口数或女性老年人口数在老年人口总数中所占的百分比。其计算公式为：

$$老年人口男性比重 = \frac{老年人口中男性人数}{老年人口总数} \times 100\%$$

$$老年人口女性比重 = \frac{老年人口中女性人数}{老年人口总数} \times 100\%$$

### 2. 老年人口性别比

老年人口性别比，指老年人口总数中男女老年人口数之间的对比比例关系，表明当女性老年人口数为 100 时所对应的男性老年人口的数量。其计算公式为：

$$老年人口性别比 = \frac{老年人口中男性人数}{老年人口中女性人数} \times 100$$

当老年人口性别比大于 100 时，表明老年人口中男性人口数多于女性人口数；当老年人口性别比小于 100 时，表明老年人口中男性人口数少于女性人口数；当老年人口性别比等于 100 时，表明老年人口中男女两性人数相等。

另外，根据老年人口性别比，还可以计算老年人口的分年龄组性别比，计算公式为：

$$某年龄组老年人口性别比 = \frac{某年龄组老年人口中男性人数}{同年龄组老年人口中女性人数} \times 100$$

---

① 温勇、尹勤主编《人口统计学》，东南大学出版社，2006，第 167 页。

## 二　老年人口性别构成及变动

第六次全国人口普查结果显示，2010 年河南 60 岁及以上老年人口中，男性占 47.89%，女性占 52.11%，性别比为 91.89，男性老年人口所占比重低于女性。与 2000 年相比，男性老年人口占比上升了 0.64 个百分点，性别比提高了 2.32，女性老年人口所占比重有所下降（见表 3-1、表 3-2）。

表 3-1　2010 年河南分城乡的老年人口性别构成

| | 60 岁及以上 | | | | 65 岁及以上 | | | |
| | 合计 | 男(%) | 女(%) | 性别比(女=100) | 合计 | 男(%) | 女(%) | 性别比(女=100) |
|---|---|---|---|---|---|---|---|---|
| 总计 | 100 | 47.89 | 52.11 | 91.89 | 100 | 46.58 | 53.42 | 87.21 |
| 城市 | 100 | 47.45 | 52.55 | 90.29 | 100 | 47.01 | 52.99 | 88.73 |
| 镇 | 100 | 48.12 | 51.88 | 92.76 | 100 | 46.91 | 53.09 | 88.34 |
| 乡村 | 100 | 47.93 | 52.07 | 92.06 | 100 | 46.40 | 53.60 | 86.55 |

从 65 岁及以上老年人口看，2010 年河南男性老年人口占 46.58%，女性占 53.42%，性别比为 87.21，男女之间性别比重的差异大于 60 岁及以上老年人口。与 2000 年相比，男性老年人口占比提高 1.33 个百分点，性别比上升 4.54（见表 3-1、表 3-2），女性老年人口所占比重仍呈下降状态。

表 3-2　2000 年河南分城乡的老年人口性别构成

| | 60 岁及以上 | | | | 65 岁及以上 | | | |
| | 合计 | 男(%) | 女(%) | 性别比(女=100) | 合计 | 男(%) | 女(%) | 性别比(女=100) |
|---|---|---|---|---|---|---|---|---|
| 总计 | 100 | 47.25 | 52.75 | 89.57 | 100 | 45.25 | 54.75 | 82.66 |
| 城市 | 100 | 48.26 | 51.74 | 93.29 | 100 | 47.72 | 52.28 | 91.28 |
| 镇 | 100 | 47.50 | 52.50 | 90.48 | 100 | 45.95 | 54.05 | 85.02 |
| 乡村 | 100 | 52.55 | 47.45 | 110.74 | 100 | 49.37 | 50.63 | 97.51 |

总之，不论以 60 岁为起点还是以 65 岁为起点，2010 年时河南省男性老年人口性别比重都低于女性，但是，同 2000 年相比，呈上升状态，这可能与男性老年人口人均寿命的延长有关。

# 三　分城乡的老年人口性别构成

分城乡看，2010 年河南 60 岁及以上城市老年人口，男性占 47.45%，女性占 52.55%，性别比为 90.29，与 2000 年相比，男性性别比重下降 0.81 个百分点，性别比下降 3.00。从 65 岁及以上老年人口看，2010 年男性老年人口占比为 47.01%，女性为 52.99%，性别比为 88.73，与 2000 年相比，男性老年人口性别比重下降 0.71 个百分点，性别比下降 2.56（见表 3－1、表 3－2）。

2010 年河南 60 岁及以上镇老年人口，男性占 48.12%，女性占 51.88%，性别比为 92.76，与 2000 年相比，男性老年人口性别比重上升 0.62 个百分点，性别比上升 2.29。从 65 岁及以上老年人口看，男性占 46.91%，女性占 53.09%，性别比为 88.34，与 2000 年相比，男性老年人口所占比重上升 0.95 个百分点，性别比升高 3.32（见表 3－1、表 3－2）。

2010 年河南 60 岁及以上乡村老年人口，男性占 47.93%，女性占 52.07%，性别比为 92.06，与 2000 年相比，男性比重下降 4.62 个百分点，性别比下降 18.67。从 65 岁及以上老年人口看，男性老年人口占比为 46.40%，女性为 53.60%，性别比为 86.55，与 2000 年相比，男性占比下降 2.97 个百分点，性别比下降 10.96（见表 3－1、表 3－2）。

城乡相比，以 60 岁为起点，镇老年人口性别比（92.76）最高，乡村（92.06）次之，城市（90.29）最低；以 65 岁为起点，城市（88.73）最高，镇（88.34）次之，乡村（86.55）最低（见表 3－1）。这可能与城市男性老年人口平均寿命较镇和乡村长有关。与 2000 年相比，不论 60 岁及以上老年人口还是 65 岁及以上老年人口，城市和乡村老年人口性别比都在下降，而镇则在上升。

## 四 分年龄段的老年人口性别构成

从分年龄段的老年人口性别比指标看，表现出以下特点：一是在60~69岁低年龄段，河南老年人口性别比普遍较高，有较多年份大于100，或者说，男性和女性老年人口所占比重基本相当或稍高于女性；二是在70岁及以上年龄段，老年人口性别比一般都低于100，即男性老年人口占比远低于女性老年人口，且随着年龄段的升高，老年人口的性别比呈进一步下降趋势，也就是说，男性老年人口性别比重逐渐下降，女性老年人口占比持续升高（见表3-3）。

表3-3 2000~2015年河南分年龄老年人口性别比（女=100）

| | 2015年 | 2014年 | 2013年 | 2012年 | 2011年 | 2010年 | 2009年 | 2008年 | 2006年 | 2000年 |
|---|---|---|---|---|---|---|---|---|---|---|
| 60~64岁 | 97.8 | 97.43 | 96.5 | 99.3 | 98.1 | 101.5 | 103.4 | 103.00 | 102.8 | 107.71 |
| 65~69岁 | 101.1 | 99.86 | 107.1 | 103.5 | 105.1 | 98.7 | 94.7 | 91.60 | 105.1 | 98.49 |
| 70~74岁 | 97.1 | 96.52 | 96.3 | 96.3 | 104.0 | 95.4 | 91.3 | 92.90 | 94.8 | 89.59 |
| 75~79岁 | 92.0 | 89.76 | 81.8 | 102.3 | 82.1 | 83.2 | 88.7 | 82.30 | 87.4 | 73.40 |
| 80~84岁 | 76.3 | 75.34 | 77.4 | 68.4 | 74.3 | 71.3 | 81.3 | 70.30 | 58.1 | 56.15 |
| 85~89岁 | 61.7 | 60.99 | 56.1 | 56.8 | 66.2 | 52.8 | 47.5 | 66.10 | 45.2 | 43.23 |
| 90~94岁 | 43.9 | 42.61 | 74.1 | 30.8 | 39.1 | 38.8 | 72.7 | 70.40 | 40.9 | 32.17 |
| 95岁及以上 | 37.0 | 30.3 | 20.0 | 16.7 | 33.3 | 33.4 | 12.5 | — | 30.0 | 32.97 |

## 五 分地区的老年人口性别构成

第六次全国人口普查结果显示，2010年河南除南阳市（107.41）外，其他各地市60岁及以上老年人口性别比均低于100，其中洛阳、郑州、驻马店、许昌、漯河、信阳、三门峡、平顶山8个地市均在90~100之间；而安阳、周口、济源、濮阳、焦作、新乡、商丘、开封、鹤壁9个地市则均在80~90之间（见表3-4）。可见，河南绝大部分地市男性老年人口所占比重都低于女性。

与 2000 年相比，2010 年河南省安阳、濮阳、鹤壁、新乡、许昌 5 个地市 60 岁及以上老年人口性别比呈下降趋势，分别下降 0.95、0.23、0.15、0.14 和 0.03。其他 13 个地市均呈上升趋势，其中，上升幅度最大的是漯河、南阳和驻马店，依次提高 6.85、4.71 和 4.36（见表 3 - 4）。可见，河南大多数地市男性老年人口所占比重呈增长状态。

表 3 - 4　2000 年、2010 年河南各地区 60 岁及以上老年人口性别构成

| | 2010 年 | | | 2000 年 | | |
|---|---|---|---|---|---|---|
| | 男性（%） | 女性（%） | 性别比（女 = 100） | 男性（%） | 女性（%） | 性别比（女 = 100） |
| 总计 | 47.89 | 52.11 | 91.89 | 47.25 | 52.75 | 89.57 |
| 郑州 | 47.76 | 52.24 | 91.42 | 47.66 | 52.34 | 91.05 |
| 开封 | 46.84 | 53.16 | 88.11 | 46.14 | 53.86 | 85.67 |
| 洛阳 | 47.68 | 52.32 | 91.14 | 47.25 | 52.75 | 89.57 |
| 平顶山 | 49.98 | 50.02 | 99.94 | 49.67 | 50.33 | 98.69 |
| 安阳 | 45.63 | 54.37 | 83.92 | 45.91 | 54.09 | 84.86 |
| 鹤壁 | 47.12 | 52.88 | 89.09 | 47.16 | 52.84 | 89.24 |
| 新乡 | 46.77 | 53.23 | 87.86 | 46.81 | 53.19 | 88.00 |
| 焦作 | 46.71 | 53.29 | 87.65 | 46.07 | 53.93 | 85.43 |
| 濮阳 | 46.39 | 53.61 | 86.53 | 46.45 | 53.55 | 86.75 |
| 许昌 | 47.89 | 52.11 | 91.91 | 47.90 | 52.10 | 91.94 |
| 漯河 | 48.41 | 51.59 | 93.85 | 46.52 | 53.48 | 87.00 |
| 三门峡 | 49.07 | 50.93 | 96.36 | 48.92 | 51.08 | 95.76 |
| 南阳 | 51.79 | 48.21 | 107.41 | 50.67 | 49.33 | 102.71 |
| 商丘 | 46.81 | 53.19 | 88.00 | 45.70 | 54.30 | 84.17 |
| 信阳 | 48.70 | 51.30 | 94.93 | 47.70 | 52.30 | 91.21 |
| 周口 | 46.05 | 53.95 | 85.35 | 45.30 | 54.70 | 82.81 |
| 驻马店 | 47.88 | 52.12 | 91.86 | 46.66 | 53.34 | 87.49 |
| 济源 | 46.16 | 53.84 | 85.74 | 45.60 | 54.40 | 83.81 |

# 六 分民族的老年人口性别构成

分民族而言，不论汉族还是少数民族，老年人口性别比都低于100，即都是男性老年人口占比低于女性，但是与汉族相比，河南少数民族老年人口性别比要高一些，也就是说，少数民族老年人口中男性所占比重高于汉族老年人口中男性所占比重。第六次全国人口普查结果显示，2010年河南60岁及以上汉族老年人口中男性占比为47.88%，女性为52.12%，少数民族分别为48.43%和51.57%（见表3－5），男性占比少数民族稍高于汉族，从性别比看，少数民族比汉族高2.06（见表3－6）。65岁及以上老年人口也是如此。

表3－5 河南主要民族老年人口性别比重

单位：%

| | | 汉族 | | 少数民族 | | 回族 | | 蒙古族 | | 满族 | |
| --- | --- | --- | --- | --- | --- | --- | --- | --- | --- | --- | --- |
| | | 男 | 女 | 男 | 女 | 男 | 女 | 男 | 女 | 男 | 女 |
| 2010 年 | 60 岁及以上 | 47.88 | 52.12 | 48.43 | 51.57 | 46.27 | 53.73 | 75.87 | 24.13 | 65.56 | 34.44 |
| | 65 岁及以上 | 46.58 | 53.42 | 47.27 | 52.73 | 44.96 | 55.04 | 75.60 | 24.40 | 64.08 | 35.92 |
| 2000 年 | 60 岁及以上 | 47.24 | 52.76 | 47.57 | 52.43 | 45.70 | 54.30 | 56.18 | 43.82 | 65.97 | 34.03 |
| | 65 岁及以上 | 45.25 | 54.75 | 45.82 | 54.18 | 43.78 | 56.22 | 55.39 | 44.61 | 66.53 | 33.47 |

从发展的视角看，不论汉族还是少数民族，老年人口性别比都在上升，即男性老年人口比重都在增加。从60岁及以上老年人口看，与2000年相比，2010年河南汉族老年人口性别比上升了2.31，少数民族上升了3.19，少数民族增高的幅度大于汉族（见表3－6）。从65岁及以上老年人口看，仍表现出以上特征。

表3－6 河南主要民族老年人口性别比（女＝100）

| | | 汉族 | 少数民族 | 回族 | 蒙古族 | 满族 |
| --- | --- | --- | --- | --- | --- | --- |
| 2010 年 | 60 岁及以上 | 91.86 | 93.93 | 86.13 | 314.44 | 190.39 |
| | 65 岁及以上 | 87.18 | 89.65 | 81.70 | 309.78 | 178.40 |
| 2000 年 | 60 岁及以上 | 89.55 | 90.73 | 84.16 | 128.22 | 193.82 |
| | 65 岁及以上 | 82.64 | 84.55 | 77.88 | 124.16 | 198.80 |

在老年人口总数最多的回族、蒙古族和满族 3 个少数民族中，蒙古族的老年人口性别比最高，2010 年 60 岁及以上老年人口高达 314.44，65 岁及以上老年人口也高达 309.78。其次为满族，其 60 岁及以上与 65 岁及以上老年人口性别比分别为 190.39 和 178.4（见表 3 - 6）。这两个少数民族中，男性老年人口都占多数，其所占比重远远高于女性。相比而言，回族老年人口的性别比较低，2010 年，其 60 岁及以上与 65 岁及以上老年人口性别比分别为 86.13 和 81.7（见表 3 - 6），属于女性老年人口占多数的民族。

与 2000 年相比，2010 年河南蒙古族和回族的老年人口性别比呈增长趋势，而满族则呈下降趋势。具体而言，60 岁及以上与 65 岁及以上老年人口中，蒙古族的性别比依次上升 186.21 和 185.63，回族分别上升 1.97 和 3.82，满族则分别下降 3.44 和 20.4（见表 3 - 6）。

# 七　主要研究发现

通过对第五次、第六次全国人口普查和部分年度抽样调查数据的分析和比较，我们主要有以下几个发现。

第一，不论以 60 岁为起点还是以 65 岁为起点，河南男性老年人口占比都低于女性，但是，十余年来一直呈上升状态。

第二，无论城市、镇还是乡村，2010 年老年人口性别比都低于 100，即男性老年人口所占比重均低于女性。与 2000 年相比，镇老年人口性别比在上升，而城市和乡村则处于下降状态。

第三，在低年龄段，老年人口性别比普遍较高，有较多年份大于 100，随着年龄段的升高，男性老年人口占比逐渐下降，老年人口性别比也表现出持续下降趋势。

第四，除南阳市外，2010 年河南其他 17 个地市老年人口性别比均低于 100，男性老年人口所占比重均低于女性老年人口。与 2000 年相比，安阳、濮阳、鹤壁、新乡、许昌 5 个地市 60 岁及以上老年人口性别比呈下降趋势，而其余 13 个地市则均呈上升趋势，其中漯河、南阳和驻马店 3 个地市上升幅度最大。

第五，分民族而言，不论汉族还是少数民族，老年人口性别比都低于100，但是与汉族相比，少数民族老年人口中男性所占比重稍高。不过，二者中男性老年人口比重都在增加。

第六，在回族、蒙古族和满族3个主要少数民族中，蒙古族的老年人口性别比最高，满族次之，且这两个民族中，男性老年人口都占大多数。相比而言，回族老年人口性别比较低，属于女性老年人口占多数的民族。与2000年相比，蒙古族和回族老年人口性别比呈增长趋势，满族呈下降趋势。

# 第四章　老年人口年龄结构研究

人口的年龄结构，是指人口在年龄特征上的分配状态。与此相应，老年人口的年龄结构，是老年人口在年龄特征上的分配状态。老年人具有一些共同的社会和生理特征，因而他们有共同的需要，也存在一些共同的问题，因此，将老年人口的年龄结构从人口的年龄结构研究中分离出来，作为一个整体进行研究是非常有意义的。

另外，现代社会总人口在不断老化，老年人口的年龄结构也在不断变化，老年人口中高龄老年人口的比例将会不断增加。老年人口的年龄结构，将影响老年人口的消费结构、扶养需求、参与社会活动能力以及死亡率水平，不同的老年人口年龄结构，其对社会经济的影响和存在的问题也均有不同，因此，我们不仅需要了解老年人口年龄结构的现状，还需要了解其发展变化趋势，这样我们就可以做到未雨绸缪，并在发挥老年人口的积极作用方面有所作为。

## 一　数据与指标

### （一）数据来源

2000年第五次全国人口普查[1]和2010年第六次全国人口普查[2]，都分别对2000年和2010年河南分地区、分城乡、分民族、分性别及分年龄的老年人口的规模进行了统计，为我们具体分析和研究河南老年人口的年龄构成及

---

[1]　河南省人口普查办公室编《河南省2000年人口普查资料》上卷，河南人民出版社，2003。

[2]　河南省统计局、河南省人口普查办公室编《河南省2010年人口普查资料》，中国统计出版社，2012。

变动提供了依据。其他各年度数据，除特别注明出处的以外，均源自由中国统计出版社出版的《河南统计年鉴》。

### （二）指标选取

反映老年人口年龄结构状况的主要指标包括各年龄组老年人口比重、老年人口的平均年龄、老年人口的年龄结构类型等。[①]

**1. 各年龄组老年人口比重**

从老年起点年龄开始，可以按 5 岁一组来计算各年龄组老年人口比重，各年龄组老年人口比重之和等于100% 。计算公式为：

$$某年龄组老年人口比重 = \frac{某年龄组老年人口数量}{老年人口总数} \times 100\%$$

若将老年人口分成三个年龄组，即 60~69 岁低龄组、70~79 岁中龄组、80 岁及以上的高龄组，相应地可以计算低龄（中龄、高龄）老年人口比重，其计算公式为：

$$低龄（中龄、高龄）老年人口比重 = \frac{低（中、高）龄老年人口数}{老年人口总数} \times 100\%$$

**2. 老年人口的平均年龄**

老年人口的平均年龄，是根据老年人口各年龄组的人数计算的，反映老年人口代表性年龄水平的统计指标。其计算公式为：

$$老年人口平均年龄 = \frac{\sum \left( x_i + \dfrac{d}{2} \right) P_i}{\sum P_i} = \frac{\sum x_i P_i}{\sum P_i} + \frac{d}{2}$$

式中，$x_i$ 为 $i$ 岁老年人口年龄组年龄下限值；$P_i$ 表示年龄为 $i$ 岁老年人口组之老年人口数；$d$ 为年龄组组距，本研究中 $d = 5$。

**3. 老年人口的年龄结构类型**

根据反映老年人口年龄结构的有关指标，可以将老年人口划分为三种

---

① 温勇、尹勤主编《人口统计学》，东南大学出版社，2006，第168~170页。

不同年龄结构类型，即低龄型、中龄型、高龄型。低龄型是指低龄组老年人口比重较高，而高龄组老年人口比重较低的一种类型；高龄型是指低龄组老年人口比重较低，高龄组老年人口比重较高的一种类型；中龄型则是介于低龄型和高龄型之间的一种老年人口结构类型。通过老年人口年龄结构类型的划分，可以综合地了解老年人口的年龄结构状况。表4－1是用低龄老年人口比重和高龄老年人口比重两个指标对老年人口年龄结构类型的划分。

表4－1　老年人口年龄结构类型的划分标准

| 指标 | 低龄型 | 中龄型 | 高龄型 |
|---|---|---|---|
| 低龄老年人口比重 | 60%以上 | 50%～60% | 50%以下 |
| 高龄老年人口比重 | 7%以下 | 7%～14% | 14%以上 |

# 二　老年人口年龄构成现状与变动

2010年第六次全国人口普查结果显示，河南老年人口年龄结构仍处于中龄型，低龄老年人口比重为57.75%，高龄老年人口比重为11.63%，中龄老年人口比重为30.62%，平均年龄为70岁。与2000年相比，低龄老年人口比重提高了1.1个百分点，高龄老年人口比重提高了1.44个百分点，而中龄老年人口比重则下降了2.54个百分点，平均年龄变化不大，2000年为70.03岁。2010年和2000年河南各年龄组老年人口比重详见表4－2和表4－3。

表4－2　2010年分年龄、性别、城乡的老年人口年龄构成

单位：%

| 指标 | 总体 | 分性别 | | 分城乡 | | |
|---|---|---|---|---|---|---|
| | | 男 | 女 | 城市 | 镇 | 乡村 |
| 合计 | 100 | 100 | 100 | 100 | 100 | 100 |
| 60~64岁 | 34.33 | 36.12 | 32.69 | 33.22 | 35.23 | 34.38 |
| 65~69岁 | 23.42 | 24.30 | 22.62 | 23.54 | 23.50 | 23.37 |

| 指标 | 总体 | 分性别 | | 分城乡 | | |
|---|---|---|---|---|---|---|
| | | 男 | 女 | 城市 | 镇 | 乡村 |
| 70~74 岁 | 17.48 | 17.82 | 17.16 | 19.98 | 17.31 | 16.90 |
| 75~79 岁 | 13.14 | 12.47 | 13.76 | 13.22 | 12.78 | 13.21 |
| 80~84 岁 | 7.30 | 6.35 | 8.18 | 6.57 | 6.99 | 7.55 |
| 85~89 岁 | 3.17 | 2.29 | 3.98 | 2.53 | 3.03 | 3.36 |
| 90~94 岁 | 0.91 | 0.53 | 1.26 | 0.72 | 0.91 | 0.96 |
| 95~99 岁 | 0.22 | 0.12 | 0.32 | 0.19 | 0.24 | 0.23 |
| 100 岁及以上 | 0.02 | 0.01 | 0.04 | 0.02 | 0.02 | 0.03 |
| 平均年龄（岁） | 70.00 | 69.41 | 70.55 | 69.90 | 69.84 | 70.07 |

2015 年人口抽样调查汇总样本数据显示，2015 年河南省低龄老年人口占 60 岁及以上老年人口总数的 63.69%，中龄老年人口占比为 26.11%，高龄老年人口占比为 10.19%。与 2010 年相比，低龄老年人口比重提高了 5.94 个百分点，中龄、高龄老年人口比重则依次下降了 4.51 个百分点和 1.44 个百分点[①]，这可能与河南人口老龄化的速度加快有关。

## 三 分性别老年人口年龄构成

分性别而言，男性老年人口的年龄结构较女性老年人口要年轻一些。从"六普"数据看，2010 年河南男性低龄老年人口比重为 60.41%，高于女性 5.11 个百分点；男性中龄老年人口比重为 30.29%，低于女性 0.63 个百分点；男性高龄老年人口比重为 9.29%，低于女性 4.48 个百分点。女性中、高龄老年人口比重均高于男性，而低龄老年人口比重则低于男性。从平均年龄看，男性（69.41 岁）也稍低于女性（70.55 岁）。不过，从年龄结构类型看，不论男性还是女性老年人口，基本上还都处于中龄型。2010 年和 2000 年河南分性别的各年龄组老年人口比重详见表 4-2 和表 4-3。

---

① 河南省统计局、国家统计局河南调查总队编《河南统计年鉴 2016》，中国统计出版社，2016，第 96 页。

表4-3 2000年分年龄、性别、城乡的老年人口年龄构成

单位：%

| | 总体 | 分性别 | | 分城乡 | | |
|---|---|---|---|---|---|---|
| | | 男 | 女 | 城市 | 镇 | 乡村 |
| 合计 | 100 | 100 | 100 | 100 | 100 | 100 |
| 60~64岁 | 30.19 | 33.14 | 27.56 | 36.46 | 32.65 | 28.90 |
| 65~69岁 | 26.46 | 27.79 | 25.27 | 27.70 | 27.10 | 26.19 |
| 70~74岁 | 20.12 | 20.13 | 20.12 | 17.99 | 19.33 | 20.56 |
| 75~79岁 | 13.04 | 11.68 | 14.25 | 10.09 | 11.68 | 13.67 |
| 80~84岁 | 7.00 | 5.33 | 8.50 | 5.12 | 6.17 | 7.40 |
| 85~89岁 | 2.39 | 1.53 | 3.16 | 1.92 | 2.28 | 2.48 |
| 90~94岁 | 0.65 | 0.33 | 0.93 | 0.58 | 0.65 | 0.66 |
| 95~99岁 | 0.13 | 0.07 | 0.19 | 0.13 | 0.13 | 0.13 |
| 100岁及以上 | 0.01 | 0.01 | 0.02 | 0.01 | 0.02 | 0.01 |
| 平均年龄（岁） | 70.03 | 69.23 | 70.76 | 68.92 | 69.59 | 70.26 |

# 四 分城乡的老年人口年龄构成

分城乡来看，不论城市、镇还是乡村，2010年时老年人口年龄结构类型都处于中龄型，相比而言，从平均年龄看，乡村的老年人口年龄结构较老一些，平均年龄为70.07岁，其次为城市（69.90岁）和镇（69.84岁）。从各年龄组老年人口比重看，乡村的高龄老年人口比重最高，为12.13%，其次为镇（11.19%），城市最低，为10.03%。2010年分城乡的各年龄组老年人口比重具体见表4-2。

与2000年相比，2010年城市和镇的老年人口平均年龄分别提高0.97岁和0.25岁，乡村则下降0.19岁。城市、镇和乡村的高龄老年人口比重都有所提高，分别增长2.27个百分点、1.95个百分点和1.44个百分点。具体可参见表4-2和表4-3并计算。

# 五 分地区的老年人口年龄结构

从第六次全国人口普查结果看，2010 年河南 18 个地市中，老年人口年龄结构较老的地市有郑州、开封、洛阳、平顶山、焦作、许昌、漯河、商丘、周口、驻马店和新乡，其老年人口平均年龄大都在 70 岁以上（新乡除外，为 69.89 岁），高龄老年人口比重也大多在 12% 以上（平顶山和洛阳除外，分别为 11.67% 和 11.16%）。其中平均年龄最高的是漯河和商丘，分别为 70.7 岁和 70.6 岁，同时，其高龄老年人口比重也最高，依次为 14.72% 和 13.89%。信阳、鹤壁、济源、安阳、濮阳、南阳和三门峡 7 个地市的老年人口年龄构成则相对较年轻，其平均年龄均在 70 岁以下，高龄老年人口比重也多在 11% 以下（济源稍高一些，为 11.04%），其中信阳的老年人口平均年龄和高龄老年人口比重均为最低，分别为 69.31 岁和 8.59%（见表 4 - 4）。

表 4 - 4 2010 年河南各地市老年人口年龄结构状况

单位：%，岁

| 地市 | 低龄老年人口比重 | 中龄老年人口比重 | 高龄老年人口比重 | 平均年龄 |
|---|---|---|---|---|
| 郑州 | 55.14 | 32.48 | 12.38 | 70.33 |
| 开封 | 56.63 | 29.54 | 13.83 | 70.36 |
| 洛阳 | 56.48 | 32.37 | 11.16 | 70.05 |
| 平顶山 | 55.02 | 33.31 | 11.67 | 70.36 |
| 安阳 | 60.28 | 29.04 | 10.68 | 69.53 |
| 鹤壁 | 60.26 | 29.91 | 9.83 | 69.41 |
| 新乡 | 59.00 | 28.93 | 12.06 | 69.89 |
| 焦作 | 56.63 | 31.29 | 12.08 | 70.08 |
| 濮阳 | 61.06 | 28.08 | 10.86 | 69.55 |
| 许昌 | 55.86 | 31.75 | 12.40 | 70.22 |
| 漯河 | 54.50 | 30.78 | 14.72 | 70.70 |
| 三门峡 | 57.77 | 32.71 | 9.52 | 69.73 |
| 南阳 | 60.06 | 30.20 | 9.74 | 69.59 |
| 商丘 | 55.36 | 30.76 | 13.89 | 70.60 |

续表

| 地市 | 低龄老年人口比重 | 中龄老年人口比重 | 高龄老年人口比重 | 平均年龄 |
|---|---|---|---|---|
| 信阳 | 61.62 | 29.79 | 8.59 | 69.31 |
| 周口 | 58.42 | 29.35 | 12.24 | 70.00 |
| 驻马店 | 56.88 | 31.04 | 12.09 | 70.21 |
| 济源 | 59.88 | 29.08 | 11.04 | 69.44 |

从高龄老年人口比重看，与2000年相比，除南阳市下降0.05个百分点外，其余17个地市的高龄老年人口比重均有所上升，其中增长最多的是三门峡，提高了2.74个百分点，其次为漯河和郑州，分别提高2.48个百分点和2.32个百分点。2000年河南各地市老年人口年龄构成状况参见表4-5。

表4-5  2000年河南各地市老年人口年龄构成

单位：%，岁

| 地市 | 低龄老年人口比重 | 中龄老年人口比重 | 高龄老年人口比重 | 平均年龄 |
|---|---|---|---|---|
| 郑州 | 57.53 | 32.42 | 10.05 | 69.93 |
| 开封 | 51.50 | 36.10 | 12.40 | 70.81 |
| 洛阳 | 59.43 | 31.53 | 9.04 | 69.62 |
| 平顶山 | 59.35 | 30.17 | 10.48 | 69.86 |
| 安阳 | 57.25 | 33.61 | 9.13 | 69.82 |
| 鹤壁 | 59.16 | 32.33 | 8.50 | 69.53 |
| 新乡 | 54.51 | 34.59 | 10.90 | 70.30 |
| 焦作 | 55.76 | 33.97 | 10.27 | 70.15 |
| 濮阳 | 54.85 | 34.48 | 10.66 | 70.31 |
| 许昌 | 55.64 | 33.66 | 10.70 | 70.25 |
| 漯河 | 51.64 | 36.11 | 12.25 | 70.89 |
| 三门峡 | 63.54 | 29.69 | 6.78 | 68.93 |
| 南阳 | 60.82 | 29.39 | 9.79 | 69.54 |
| 商丘 | 52.26 | 36.06 | 11.68 | 70.66 |
| 信阳 | 61.59 | 31.45 | 6.96 | 69.12 |
| 周口 | 53.74 | 35.29 | 10.97 | 70.37 |
| 驻马店 | 55.95 | 33.53 | 10.51 | 70.18 |
| 济源 | 56.76 | 34.11 | 9.13 | 70.01 |

## 六 分民族的老年人口年龄结构

从2010年第六次全国人口普查结果看,河南少数民族老年人口年龄结构较汉族要年轻一些。少数民族老年人口的平均年龄为69.83岁,低于汉族(70.01岁),少数民族高龄老年人口比重为10.95%,也低于汉族(11.64%),而少数民族低龄老年人口比重为58.76%,却高于汉族(57.74%)(见表4-6)。与2000年第五次全国人口普查结果相比,汉族高龄老年人口比重提高1.46个百分点,高于少数民族(0.15个百分点),平均年龄下降0.03岁,低于少数民族(0.13岁),可见,河南汉族老年人口年龄结构老化的速度快于少数民族(见表4-7)。

表4-6 2010年河南分民族的老年人口年龄构成

单位:%

| | 汉族 | 少数民族 | 蒙古族 | 回族 | 满族 |
|---|---|---|---|---|---|
| 合计 | 100 | 100 | 100 | 100 | 100 |
| 60~64岁 | 34.33 | 34.90 | 35.24 | 35.10 | 30.45 |
| 65~69岁 | 23.42 | 23.86 | 27.03 | 23.79 | 23.43 |
| 70~74岁 | 17.48 | 17.65 | 17.38 | 17.47 | 20.63 |
| 75~79岁 | 13.15 | 12.64 | 12.10 | 12.52 | 14.54 |
| 80~84岁 | 7.31 | 6.76 | 5.28 | 6.79 | 7.74 |
| 85~89岁 | 3.17 | 2.94 | 2.14 | 3.03 | 2.40 |
| 90~94岁 | 0.91 | 0.94 | 0.65 | 0.98 | 0.66 |
| 95~99岁 | 0.22 | 0.27 | 0.12 | 0.28 | 0.15 |
| 100岁及以上 | 0.02 | 0.04 | 0.05 | 0.04 | 0.02 |
| 平均年龄(岁) | 70.01 | 69.83 | 69.25 | 69.84 | 70.32 |

蒙古族、回族和满族3个主要少数民族相比,老年人口年龄结构最年轻的是蒙古族,平均年龄为69.25岁,低于回族(69.84岁)和满族(70.32岁);高龄老年人口比重为8.24%,也低于回族(11.12%)和满族(10.95%);低龄老年人口比重为62.28%,高于回族(58.89%)和满族

（53.88%）（见表 4 - 6）。与 2000 年相比，满族老年人口平均年龄上升
1.39 岁，回族和蒙古族则分别下降 0.26 岁和 0.04 岁；满族高龄老年人口
比重上升 3.85 个百分点，回族和蒙古族分别下降 0.11 个百分点和 0.62 个
百分点。满族低龄老年人口比重下降 10.06 个百分点，回族和蒙古族分别上
升 1.84 个百分点和 0.41 个百分点。满族老年人口年龄结构老化的速度快于
回族和蒙古族（见表 4 - 7）。

表 4 - 7　2000～2010 年河南分民族的老年人口年龄结构变动

单位：个百分点，岁

| | 汉族 | 少数民族 | 蒙古族 | 回族 | 满族 |
|---|---|---|---|---|---|
| 低龄老年人口比重变动 | 1.10 | 0.93 | 0.41 | 1.84 | -10.06 |
| 中龄老年人口比重变动 | -2.56 | -1.08 | 0.22 | -1.73 | 6.21 |
| 高龄老年人口比重变动 | 1.46 | 0.15 | -0.62 | -0.11 | 3.85 |
| 平均年龄 | -0.03 | -0.13 | -0.04 | -0.26 | 1.39 |

# 七　主要研究发现

通过对第五次和第六次全国人口普查相关数据的分析，关于河南省老年
人口的年龄结构我们主要得出以下结论。

第一，2010 年，河南省老年人口的年龄结构仍处于中龄型，高龄老年
人口比重位于 7%～14%，低龄老年人口比重位于 50%～60%，平均年龄为
70 岁。与 2000 年相比，高龄老年人口比重有明显提高，中龄老年人口比重
显著下降。

第二，2010 年，河南省男性老年人口的年龄结构较女性老年人口要年
轻一些；乡村老年人口的年龄结构较城市和镇老年人口要老一些，其平均年
龄和高龄老年人口比重均高于城市和镇，不过，不论城市、镇还是乡村，与
2000 年相比，2010 年其高龄老年人口比重均有明显增长。

第三，2010 年，河南省的信阳、鹤壁、济源、安阳、濮阳、南阳和三门峡 7 个地市与其余 11 个地市相比，其老年人口年龄结构较年轻，其平均年龄均在 70 岁以下，高龄老年人口比重也多在 11% 以下。老年人口平均年龄和高龄老年人口比重，最低的是信阳，最高的为漯河和商丘。与 2000 年相比，17 个地市（南阳市除外）的高龄老年人口比重均有所上升，其中增量最大的是三门峡、漯河和郑州。

第四，河南少数民族老年人口年龄结构较汉族年轻，其老化的速度也慢于汉族老年人口。蒙古族、回族和满族 3 个主要少数民族中，老年人口年龄结构最年轻的是蒙古族，其平均年龄和高龄老年人口比重均低于回族和满族，不过，满族老年人口年龄结构老化的速度快于回族和蒙古族。

# 第五章　老年人口空间分布研究

老年人口的空间分布，是指一定时间内老年人口群体在地理空间中的分布、集散及组合情况，是重要的人口现象和社会经济现象。随着河南社会经济和医疗条件的改善，人口期望寿命不断增长，老年人口增长迅速。由于各地的发展情况不同，老年人口的空间（城乡、地区）分布也有很大差异。低龄老年人相对较为健康，大多数还有一定的劳动能力，生活也基本能够自理，对医疗和照料的需求比较少，而高龄和超高龄老年人则不然，具有极大的医疗和照料需求，鉴于此，有人甚至指出，养老问题的核心是高龄、超高龄老年人的医疗和照料问题。因此，研究老年人特别是高龄、超高龄老年人的空间分布与变动，能为政府开展老龄工作，制定老龄政策，构建科学、合理的社会养老服务体系提供重要依据。

## 一　概念与数据

### （一）指标概念

#### 1. 人口密度

老年人口密度，是老年人口空间分布的重要指标，是指单位面积土地上居住的老年人口数量，它反映了一定区域的老年人口疏密程度，通常以每平方千米常住的老年人口数来表示：老年人口密度（$D$）＝老年人口总数（$P$）／土地面积（$S$），其常用的计量单位为"人/$km^2$"。

#### 2. 人口分布不均衡指数

人口分布不均衡指数，是用来衡量地域内人口空间分布的不均衡程度的计量指标。[1] 老年人口分布不均衡指数，旨在考察老年人口分布在地域上的不均衡性。具体表达公式为：

$$U = \sqrt{\frac{\sum\limits_{i=1}^{n}\left(\frac{\sqrt{2}}{2}(X_i - Y_i)\right)^2}{2}}$$

公式中，$U$ 为老年人口分布不均衡指数；$n$ 为地域数目（行政区划或统计区），$i$（$i=1$，2，3，…，$n$）为组成该地域的行政区数目。$X_i$ 为各地域老年人口占老年人口总数的比重，$Y_i$ 为各地域面积占土地总面积的比重。$U$ 的数值越小，表明老年人口分布越均衡；反之，则表明老年人口分布越不均衡。

**3. 人口分布集中指数**

人口分布集中指数，是反映人口在某一地域分布的集中程度的指标。老年人口分布集中指数，旨在考察老年人口分布在地域上的集中性。其具体表达公式为：

$$C = \frac{1}{2}\sum_{i=1}^{n} |X_i - Y_i|$$

公式中，$C$ 为老年人口分布集中指数；$n$ 为地域数目（行政区划或统计区），$i$（$i=1$，2，3，…，$n$）为组成该地域的行政区数目。$X_i$ 为各地域老年人口占老年人口总数的比重，$Y_i$ 为各地域面积占土地总面积的比重。$C$ 值范围为 0~1，$C$ 值越大，表示老年人口分布越集中，趋于 1 时，说明所有老年人口几乎集中于某点；$C$ 值越小，说明老年人口向某一地域集中的偏向越小，趋向于 0 时，说明老年人口几乎均匀分布于各地域。[2]

## （二）数据来源

本研究所用数据资料，除特别标注的以外，均根据 2000 年第五次全国

---

[1]　王慧、吴晓：《2000 年以来吉林省人口空间分布演化特征解析》，《人口与发展》2013 年第 2 期，第 42 页。

[2]　李静：《基于 GIS 的重庆市人口空间分布研究》，《地理空间信息》2013 年第 2 期，第 43 页。

人口普查①和 2010 年第六次全国人口普查②中的有关数据计算、整理而成，文中不再一一标注。

## 二 老年人口及增长状况

根据第六次全国人口普查，河南现有 60 岁及以上老年人口 1196.82 万人，同 2000 年 928.64 万人相比，增加 268.18 万人，增长 28.88%。其中低龄、中龄、高龄、超高龄老年人口分别为 691.19 万、366.46 万、125.28 万和 13.89 万人，同 2000 年的 526.11 万、307.95 万、87.21 万和 7.37 万人相比，依次增加 165.08 万、58.52 万、38.07 万和 6.52 万人，增长 31.38%、19%、43.65% 和 88.55%（见表 5-1）。高龄和超高龄老年人口总计 139.17 万人，比 2000 年（94.58 万人）增加 44.59 万人，增长 47.15%。高龄、超高龄老年人口的增长率分别高于低龄、中龄老年人口 15.77 个和 28.15 个百分点。由此可见，从 2000 年到 2010 年，不仅是河南老年人口规模快速增加的十年，更是高龄、超高龄老年人口飞速增长的十年。

表 5-1 2000~2010 年河南老年人口增长情况

单位：人，%

| | 2000 年 | 2010 年 | 增加额 | 增长率 |
|---|---|---|---|---|
| 总计 | 9286375 | 11968210 | 2681835 | 28.88 |
| 低龄 | 5261136 | 6911886 | 1650750 | 31.38 |
| 中龄 | 3079468 | 3664626 | 585158 | 19.00 |
| 高龄 | 872102 | 1252797 | 380695 | 43.65 |
| 超高龄 | 73669 | 138901 | 65232 | 88.55 |

---

① 河南省人口普查办公室编《河南省 2000 年人口普查资料》上卷，河南人民出版社，2003。
② 河南省统计局、河南省人口普查办公室编《河南省 2010 年人口普查资料》，中国统计出版社，2012。

## 三 老年人口的城乡分布

"六普"数据显示，2010 年河南 60 岁及以上老年人口，有 196.9 万人居住在城市，198.04 万人居住在镇，801.88 万人居住在乡村，分别占全省老年人口总数的 16.45%、16.55% 和 67%。乡村老年人口仍占河南全省老年人口的多数。同 2000 年相比，城市老年人口比重上升了 2.92 个百分点，镇老年人口比重上升了 9.32 个百分点，而乡村老年人口所占比重则相应下降了 12.23 个百分点（见图 5 - 1）。综合来看，从 2000 年到 2010 年，河南城市、镇和乡村老年人口规模都在扩大，但镇和城市老年人口的增长幅度（194.93% 和 56.63%）远大于乡村（8.98%），尽管目前乡村老年人口仍占多数，但老年人口的分布重心正逐步向镇和城市转移。

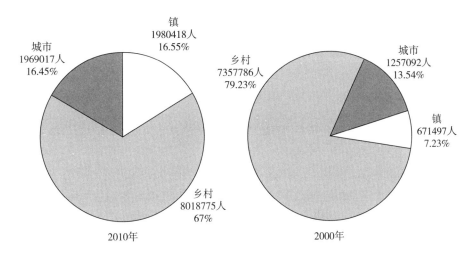

图 5 - 1 2010 年与 2000 年河南老年人口城乡分布状况比较

2010 年，河南高龄和超高龄老年人口，有 19.75 万人生活在城市，22.17 万人生活在镇，97.25 万人生活在乡村，分别占河南全省高龄、超高龄老年人口总数的 14.19%、15.93% 和 69.88%。同 2000 年相比，城市和镇高龄、超高龄老年人口所占比重分别上升 3.88 个和 9.37 个百分点，乡村相应下降 13.25 个百分点（见图 5 - 2）。综合来看，2000~2010 年，河南城市、镇和乡村高龄、超高龄老年人口的变化表现出与全省老年人口相同的趋势。但是，有一点值得注意，2010 年河南乡村高龄、超高龄老年人口比重仍然高于全省乡村老年人口比重，即乡村拥有全省 67% 的老年人口，却拥有全省 69.88% 的高龄、超高龄老年人口，乡村老年人看来比城市和镇老年人更长寿。

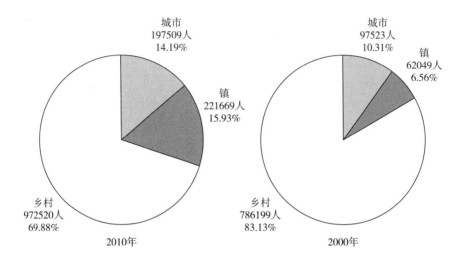

图 5 - 2　2010 年与 2000 年河南省高龄、超高龄老年人口城乡分布状况比较

# 四　老年人口的地区分布

## （一）分布状况及变动

### 1. 分布状况

若以 65 岁为老年人口的起点，从 2015 年人口抽样调查数据看，老年人口超过 100 万人的只有南阳市（106 万人）；80 万~100 万人的有 3 个地市，即周口（94 万人）、郑州（86 万人）和驻马店（84 万人）；50 万~80 万人

的有 5 个地市，它们分别是商丘（75 万人）、信阳（70 万人）、洛阳（68 万人）、新乡（55 万人）和平顶山（51 万人）；处于 30 万～50 万人的有 5 个地市，分别为安阳（48 万人）、许昌（47 万人）、开封（46 万人）、濮阳（35 万人）和焦作（34 万人）；在 30 万人以下的有 4 个地市，依次为漯河（29 万人）、三门峡（21 万人）、鹤壁（13 万人）和济源（6 万人）。[①]

若以 60 岁作为老年人口的界线，根据 2010 年第六次全国人口普查资料，河南老年人口超过 100 万人的地市有 3 个，分别是南阳（131.75 万人）、周口（118.76 万人）和驻马店（102.01 万人），其占河南老年人口总数的比重分别为 11.01%、9.92% 和 8.52%，三者合计约占到 30%。老年人口在 50 万～100 万人的地市有 9 个，为商丘（96.98 万人）、郑州（92.07 万人）、信阳（89.04 万人）、洛阳（80.22 万人）、新乡（69.22 万人）、平顶山（63.70 万人）、安阳（63.15 万人）、开封（59.03 万人）和许昌（58.53 万人），其他 6 个地市老年人口在 50 万人以下，其中济源和鹤壁最少，分别为 7.61 万人和 16.73 万人，仅占 0.64% 和 1.4%（见表 5 – 2）。

河南高龄和超高龄老年人口，2010 年周口（14.53 万人）、商丘（13.47 万人）、南阳（12.83 万人）、驻马店（12.33 万人）和郑州（11.39 万人）最多，均超过 10 万人，总计占河南全省高龄、超高龄老年人口总数的 46.38%；济源（0.84 万人）与鹤壁（1.64 万人）最少，分别占 0.60% 和 1.18%（见表 5 – 2）。整体来看，老年人口较多的地区，一般高龄和超高龄老年人口也较多。

**2. 分布格局的变动**

从 2000 年到 2010 年，河南省各地市老年人口都有不同程度的增加，其中增加最多的是南阳和郑州，分别增加 29.99 万和 25.09 万人，合计占全省新增老年人口的 20.54%，增加最少的是济源和鹤壁，依次增加 1.95 万人和 4.56 万人，共占全省新增老年人口的 2.43%。增长幅度最大的是三门

---

①　河南省统计局、国家统计局河南调查总队编《河南统计年鉴 2016》，中国统计出版社，2016，第 94 页。

峡、鹤壁与郑州，分别为 37.7%、37.51% 和 37.47%，最小的是周口，为22.2%。老年人口占全省老年人口比重变化最大的是郑州、信阳和周口、驻马店，前两者分别上升 0.481 个和 0.406 个百分点，后两者分别下降 0.542个和 0.429 个百分点（见表 5 - 3）。

2000 ~ 2010 年，河南老年人口的整体分布格局在位序排列上基本没有变化（只是许昌和开封的位次颠倒了一下）（见表 5 - 4）。高龄、超高龄老年人口在各地市的分布，虽有所变化，但变动幅度并不太大，比如周口、商丘、南阳、驻马店和郑州 5 地市一直处于前 5 位，而济源、鹤壁、三门峡等地市始终处于后几位（见表 5 - 4）。

表 5 - 2　2010 年河南老年人口、高龄超高龄老年人口的地区分布

单位：人，%

| | 老年人口 | | 高龄、超高龄老年人口 | |
|---|---|---|---|---|
| | 人数 | 比重 | 人数 | 比重 |
| 全省 | 11968210 | 100 | 1391698 | 100 |
| 郑州 | 920676 | 7.69 | 113939 | 8.19 |
| 开封 | 590323 | 4.93 | 81648 | 5.87 |
| 洛阳 | 802198 | 6.70 | 89495 | 6.43 |
| 平顶山 | 636953 | 5.32 | 74350 | 5.34 |
| 安阳 | 631467 | 5.28 | 67441 | 4.85 |
| 鹤壁 | 167296 | 1.40 | 16442 | 1.18 |
| 新乡 | 692221 | 5.78 | 83505 | 6.00 |
| 焦作 | 406104 | 3.39 | 49057 | 3.52 |
| 濮阳 | 438837 | 3.67 | 47662 | 3.42 |
| 许昌 | 585349 | 4.89 | 72563 | 5.21 |
| 漯河 | 357444 | 2.99 | 52626 | 3.78 |
| 三门峡 | 277990 | 2.32 | 26463 | 1.90 |
| 南阳 | 1317476 | 11.01 | 128302 | 9.22 |
| 商丘 | 969779 | 8.10 | 134671 | 9.68 |
| 信阳 | 890373 | 7.44 | 76510 | 5.50 |
| 周口 | 1187550 | 9.92 | 145330 | 10.44 |
| 驻马店 | 1020071 | 8.52 | 123294 | 8.86 |
| 济源 | 76103 | 0.64 | 8400 | 0.60 |

表5-3　2000~2010年河南各地区老年人口变动

| | 增加额(人) | 增长幅度(%) | 比重变化(个百分点) |
|---|---|---|---|
| 郑州 | 250948 | 37.47 | 0.481 |
| 信阳 | 237199 | 36.31 | 0.406 |
| 安阳 | 156813 | 33.04 | 0.165 |
| 濮阳 | 112807 | 34.60 | 0.156 |
| 三门峡 | 76102 | 37.70 | 0.149 |
| 新乡 | 167244 | 31.86 | 0.131 |
| 鹤壁 | 45631 | 37.51 | 0.088 |
| 漯河 | 87996 | 32.66 | 0.085 |
| 洛阳 | 185567 | 30.09 | 0.063 |
| 南阳 | 299926 | 29.48 | 0.051 |
| 济源 | 19450 | 34.33 | 0.026 |
| 开封 | 127047 | 27.42 | -0.056 |
| 焦作 | 85061 | 26.50 | -0.064 |
| 平顶山 | 132191 | 26.19 | -0.113 |
| 许昌 | 112796 | 23.87 | -0.198 |
| 商丘 | 180547 | 22.88 | -0.396 |
| 驻马店 | 188779 | 22.71 | -0.429 |
| 周口 | 215731 | 22.20 | -0.542 |

表5-4　2000年河南老年人口的地区分布及与2010年位次比较

单位：万人，%

| | 老年人口 | | | | 高龄、超高龄老年人口 | | | |
|---|---|---|---|---|---|---|---|---|
| | 人数 | 比重 | 位次 | | 人数 | 比重 | 位次 | |
| | | | 2000年 | 2010年 | | | 2000年 | 2010年 |
| 总计 | 928.64 | 100 | 2000年 | 2010年 | 94.58 | 100 | 2000年 | 2010年 |
| 南阳 | 101.76 | 10.96 | 1 | 1 | 9.96 | 10.53 | 2 | 3 |
| 周口 | 97.18 | 10.46 | 2 | 2 | 10.66 | 11.28 | 1 | 1 |
| 驻马店 | 83.13 | 8.95 | 3 | 3 | 8.74 | 9.24 | 4 | 4 |
| 商丘 | 78.92 | 8.50 | 4 | 4 | 9.22 | 9.75 | 3 | 2 |
| 郑州 | 66.97 | 7.21 | 5 | 5 | 6.73 | 7.12 | 5 | 5 |
| 信阳 | 65.32 | 7.03 | 6 | 6 | 4.55 | 4.81 | 11 | 9 |
| 洛阳 | 61.66 | 6.64 | 7 | 7 | 5.58 | 5.90 | 8 | 6 |
| 新乡 | 52.50 | 5.65 | 8 | 8 | 5.72 | 6.05 | 7 | 7 |

| | 老年人口 | | | | 高龄、超高龄老年人口 | | | |
|---|---|---|---|---|---|---|---|---|
| | 人数 | 比重 | 位次 | | 人数 | 比重 | 位次 | |
| 平顶山 | 50.48 | 5.44 | 9 | 9 | 5.29 | 5.59 | 9 | 10 |
| 安阳 | 47.47 | 5.11 | 10 | 10 | 4.34 | 4.58 | 12 | 12 |
| 许昌 | 47.26 | 5.09 | 11 | 12 | 5.05 | 5.34 | 10 | 11 |
| 开封 | 46.33 | 4.99 | 12 | 11 | 5.74 | 6.07 | 6 | 8 |
| 濮阳 | 32.60 | 3.51 | 13 | 13 | 3.48 | 3.68 | 13 | 15 |
| 焦作 | 32.10 | 3.46 | 14 | 14 | 3.30 | 3.49 | 15 | 14 |
| 漯河 | 26.94 | 2.90 | 15 | 15 | 3.30 | 3.49 | 14 | 13 |
| 三门峡 | 20.19 | 2.17 | 16 | 16 | 1.37 | 1.45 | 16 | 16 |
| 鹤壁 | 12.17 | 1.31 | 17 | 17 | 1.03 | 1.09 | 17 | 17 |
| 济源 | 5.67 | 0.61 | 18 | 18 | 0.52 | 0.55 | 18 | 18 |

## （二）人口密度及变化

### 1. 人口密度状况

2010 年，河南老年人口密度均值为 71.72 人/km²。超过 100 人/km² 的地市有 4 个，分别是漯河、郑州、许昌和濮阳，其中漯河最高，为 136.53 人/km²，其次为郑州，为 123.27 人/km²。低于 50 人/km² 的地市也有 4 个，分别是南阳、信阳、济源和三门峡，其中三门峡最低，为 26.49 人/km²，其次为济源，为 39.41 人/km²。其余 10 地市均在 50~100 人/km²，其中驻马店和洛阳低于全省平均水平，而焦作、周口、商丘等 8 个地市则高于省平均水平（见图 5-3）。

### 2. 人口密度的变化趋势

从 2000 年到 2010 年，河南全省老年人口密度增加了 16.07 人/km²，18 个地市均有不同程度的增长，其中增长最多的是漯河和郑州，分别为 33.61 人/km² 和 33.60 人/km²，另外，濮阳、许昌、安阳、焦作和鹤壁 5 地市增长幅度也较大，都超过了 20 人/km²；增长最慢的是三门峡，仅为 7.25 人/km²，其次是济源，为 10.07 人/km²（见图 5-3）。

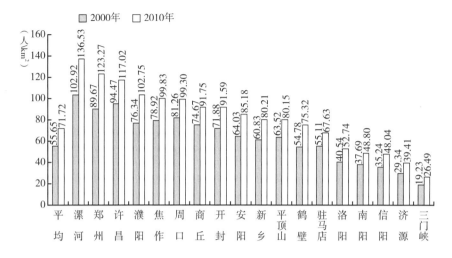

图 5-3　河南各地市老年人口密度比较

## （三）分布特征

**1. 各地区老年人口规模相差较大且分异明显**

河南各地市之间老年人口的规模相差较大，且分异明显。比如，2010年，河南老年人口最多的南阳和周口两市，其老年人口已分别达到131.75万和118.76万人，而老年人口最少的济源市只有7.61万人，位居全省倒数第二的鹤壁也只有16.73万人，南阳、周口分别是济源的17.31、15.60倍和鹤壁的7.88、7.1倍。

**2. 地区间老年人口密度相当悬殊，增长变化差距较大**

河南省各地区之间老年人口的密度相差很大，最高的漯河、郑州已分别达到136.53人/km² 和123.27人/km²，是最低的三门峡市的5.16、4.65倍，是处于倒数第二位的济源市的3.46、3.13倍。且增长幅度也有很大差距，从2000年到2010年，增幅最大的漯河、郑州是增幅最小的三门峡市的4.64、4.63倍。

**3. 老年人口的空间分布趋向均衡，愈加分散**

从总体上看，2010年河南老年人口的空间分布相对均衡，比较分散，不均衡指数和集中指数都比较小，分别只有 0.0161 和 0.1626。同 2000 年比较可见，河南老年人口分布的不均衡指数和集中指数都呈下降趋势，分别下降了 0.0275 和 0.3311，这表明河南老年人口的空间分布趋向于均衡化和分散化（见表 5-5）。

表 5-5　2000 年与 2010 年河南省老年人口分布不均衡指数、集中指数

| | 2010 年 | 2000 年 |
| --- | --- | --- |
| 不均衡指数($U$) | 0.0161 | 0.0437 |
| 集中指数($C$) | 0.1626 | 0.4936 |

## 五　分城乡的老年人口的地区分布

### （一）城市

#### 1. 分布状况

"六普"数据显示，河南有城市老年人口 196.9 万人，其中超过 20 万人的地区有郑州（42.29 万人）和洛阳（23.55 万人），共计 65.85 万人，约占全省城市老年人口的 1/3。另有新乡、平顶山、安阳、南阳、开封、焦作和许昌 7 城市都在 10 万~20 万人，共计 82.01 万人，约占全省城市老年人口总数的 2/5。其余商丘、周口、三门峡等 9 城市均在 10 万人以下，合计 49.05 万人，约占全省城市老年人口总数的 1/4（见表 5-6）。

2010 年，河南有高龄、超高龄城市老年人口 19.75 万人，其中，分布超过 2 万人的有郑州（4.68 万人）和洛阳（2.32 万人），共计 7 万人，占全省高龄、超高龄城市老年人口总数的 35.44%。有新乡、开封、许昌、平顶山、安阳、商丘和焦作 7 市在 1 万~2 万人，合计 8.13 万人，占全省高龄、超高龄城市老年人口总数的 41.15%。其余南阳、漯河等 9 个城市均低于 1 万人，共计 4.62 万人，占全省高龄、超高龄城市老年人口总数的 23.41%（见表 5-6）。从上述分析可见，郑州和洛阳不仅是河南城市老年人口的集中地，更是高龄、超高龄城市老年人口的聚居地。

表 5 - 6　2010 年河南城市老年人口的地区分布

单位：万人，%

| 老年人口 | | | 高龄、超高龄老年人口 | | |
|---|---|---|---|---|---|
| 地区 | 人数 | 比重 | 地区 | 人数 | 比重 |
| 总计 | 196.90 | 100 | 总计 | 19.75 | 100 |
| 郑州 | 42.29 | 21.48 | 郑州 | 4.68 | 23.71 |
| 洛阳 | 23.55 | 11.96 | 洛阳 | 2.32 | 11.73 |
| 新乡 | 14.75 | 7.49 | 新乡 | 1.51 | 7.62 |
| 平顶山 | 12.94 | 6.57 | 开封 | 1.28 | 6.50 |
| 安阳 | 12.69 | 6.45 | 许昌 | 1.11 | 5.61 |
| 南阳 | 10.56 | 5.37 | 平顶山 | 1.10 | 5.56 |
| 开封 | 10.54 | 5.35 | 安阳 | 1.07 | 5.43 |
| 焦作 | 10.31 | 5.23 | 商丘 | 1.05 | 5.32 |
| 许昌 | 10.21 | 5.18 | 焦作 | 1.01 | 5.10 |
| 商丘 | 8.74 | 4.44 | 南阳 | 0.82 | 4.14 |
| 周口 | 6.17 | 3.13 | 漯河 | 0.71 | 3.61 |
| 三门峡 | 6.00 | 3.05 | 周口 | 0.65 | 3.30 |
| 信阳 | 5.84 | 2.97 | 信阳 | 0.54 | 2.75 |
| 漯河 | 5.70 | 2.89 | 三门峡 | 0.53 | 2.66 |
| 鹤壁 | 5.04 | 2.56 | 驻马店 | 0.51 | 2.56 |
| 濮阳 | 4.88 | 2.48 | 鹤壁 | 0.38 | 1.91 |
| 驻马店 | 4.50 | 2.28 | 濮阳 | 0.28 | 1.39 |
| 济源 | 2.18 | 1.11 | 济源 | 0.22 | 1.09 |

**2. 发展变动**

2000～2010 年，河南城市老年人口增加最多的地市是郑州和洛阳，分别增加 12.94 万和 9.76 万人，合计占全省新增城市老年人口的 31.88%；增加最少的是济源和濮阳，分别增加 1.09 万和 1.53 万人，共占全省新增城市老年人口的 3.68%。城市老年人口增长幅度最大的是商丘和驻马店，分别增长 103.16% 和 102.19%，增长幅度最小的是平顶山和郑州，分别为 39.32% 和 44.06%。各地市城市老年人口占全省城市老年人口比重变化最大的是商丘、洛阳和郑州、平顶山，前两者分别上升 1.017 个和 0.988 个百分点，后两者依次下降 1.874 个和 0.817 个百分点（见表 5 - 7）。

表 5 - 7 2000 ~ 2010 年河南各地市城市老年人口变动

| | 增加额(人) | 增长幅度(%) | 比重变化(个百分点) |
|---|---|---|---|
| 商丘 | 44388 | 103.16 | 1.017 |
| 洛阳 | 97588 | 70.74 | 0.988 |
| 漯河 | 27496 | 93.32 | 0.549 |
| 驻马店 | 22718 | 102.19 | 0.514 |
| 许昌 | 42441 | 71.19 | 0.441 |
| 济源 | 10899 | 99.78 | 0.239 |
| 南阳 | 40542 | 62.27 | 0.187 |
| 信阳 | 22632 | 63.22 | 0.120 |
| 周口 | 22485 | 57.32 | 0.014 |
| 鹤壁 | 18145 | 56.25 | - 0.006 |
| 安阳 | 45775 | 56.40 | - 0.010 |
| 濮阳 | 15321 | 45.80 | - 0.184 |
| 三门峡 | 18831 | 45.74 | - 0.228 |
| 新乡 | 49858 | 51.04 | - 0.277 |
| 开封 | 34478 | 48.60 | - 0.289 |
| 焦作 | 32449 | 45.95 | - 0.383 |
| 平顶山 | 36523 | 39.32 | - 0.817 |
| 郑州 | 129356 | 44.06 | - 1.874 |

## (二)镇

### 1. 分布状况

2010 年河南有镇老年人口 198.04 万人,其中分布有 20 万人以上的地市有南阳 (25.36 万人)、周口 (22.81 万人),共计 48.16 万人,占全省镇老年人口总数的 24.32%。另有驻马店、信阳、商丘、新乡、洛阳和平顶山 6 地市在 10 万 ~ 20 万人,共计 83.56 万人,占全省镇老年人口总数的 42.19%。其余的开封、郑州、安阳等 10 个地市均在 10 万人以下,合计 66.32 万人,占全省镇老年人口总数的 33.49% (见表 5 - 8)。

2010 年河南有高龄、超高龄镇老年人口 22.17 万人,其中周口 (2.72 万人)、南阳 (2.4 万人)和驻马店 (2.04 万人) 3 地市均在 2 万人以上,合计有 7.16 万人，占全省高龄、超高龄镇老年人口总数的 32.28%。另有商丘、新乡、信阳、开封、平顶山、郑州、洛阳和许昌在 1 万～2 万人，合计有 10.68 万人，占全省高龄、超高龄镇老年人口总数的 48.17%。其余的焦作、漯河等 7 地市均在 1 万人以下，合计有 4.33 万人，占全省高龄、超高龄镇老年人口总数的 19.55%（见表 5－8）。

表 5－8　2010 年河南镇老年人口的地区分布

单位：万人，%

| 老年人口 | | | 高龄、超高龄老年人口 | | |
| --- | --- | --- | --- | --- | --- |
| 地区 | 人数 | 比重 | 地区 | 人数 | 比重 |
| 总计 | 198.04 | 100 | 总计 | 22.17 | 100 |
| 南阳 | 25.36 | 12.80 | 周口 | 2.72 | 12.25 |
| 周口 | 22.81 | 11.52 | 南阳 | 2.40 | 10.82 |
| 驻马店 | 18.40 | 9.29 | 驻马店 | 2.04 | 9.22 |
| 信阳 | 17.18 | 8.67 | 商丘 | 1.99 | 8.97 |
| 商丘 | 14.91 | 7.53 | 新乡 | 1.48 | 6.69 |
| 新乡 | 12.11 | 6.11 | 信阳 | 1.42 | 6.42 |
| 洛阳 | 10.61 | 5.36 | 开封 | 1.24 | 5.60 |
| 平顶山 | 10.35 | 5.23 | 平顶山 | 1.18 | 5.32 |
| 开封 | 9.65 | 4.87 | 郑州 | 1.16 | 5.25 |
| 郑州 | 9.13 | 4.61 | 洛阳 | 1.16 | 5.23 |
| 安阳 | 8.80 | 4.44 | 许昌 | 1.04 | 4.68 |
| 许昌 | 8.54 | 4.31 | 焦作 | 0.95 | 4.30 |
| 焦作 | 7.85 | 3.96 | 漯河 | 0.89 | 4.02 |
| 濮阳 | 7.33 | 3.70 | 安阳 | 0.88 | 3.95 |
| 漯河 | 6.55 | 3.31 | 濮阳 | 0.72 | 3.27 |
| 三门峡 | 4.59 | 2.32 | 三门峡 | 0.47 | 2.12 |
| 鹤壁 | 2.71 | 1.37 | 鹤壁 | 0.28 | 1.28 |
| 济源 | 1.18 | 0.60 | 济源 | 0.14 | 0.61 |

## 2. 发展变动

从 2000 年到 2010 年，河南镇老年人口增加最多的地市是周口（15.91 万人）、南阳（15.12 万人）和驻马店（12.2 万人），共计增加 43.22 万人，占河南全省新增镇老年人口总数的 33.02%；增加最少的是济源（0.85 万人）与鹤壁（1.94万人），合计占全省新增镇老年人口总数的2.13%。增长幅度最大的地市是新乡，高达459.37%；最小的地市为洛阳和郑州，分别为127.44%和128.82%。各地市镇老年人口占全省镇老年人口比重变化最大的分别是新乡、周口和南阳、信阳，前两者分别上升2.89个和1.237个百分点，后两者依次下降2.447个和1.998个百分点（见表5-9）。

表5-9　2000~2010年河南各地市镇老年人口变动

|  | 增加额（人） | 增长幅度（%） | 比重变化（个百分点） |
| --- | --- | --- | --- |
| 郑州 | 51387 | 128.82 | -1.332 |
| 开封 | 71067 | 279.62 | 1.087 |
| 洛阳 | 59435 | 127.44 | -1.589 |
| 平顶山 | 69802 | 206.92 | 0.204 |
| 安阳 | 57350 | 187.37 | -0.117 |
| 鹤壁 | 19380 | 250.94 | 0.218 |
| 新乡 | 99416 | 459.37 | 2.890 |
| 焦作 | 52330 | 200.03 | 0.067 |
| 濮阳 | 51102 | 229.85 | 0.392 |
| 许昌 | 62446 | 272.57 | 0.898 |
| 漯河 | 43533 | 198.17 | 0.036 |
| 三门峡 | 29053 | 172.34 | -0.192 |
| 南阳 | 151153 | 147.61 | -2.447 |
| 商丘 | 101820 | 215.42 | 0.489 |
| 信阳 | 100119 | 139.71 | -1.998 |
| 周口 | 159051 | 230.40 | 1.237 |
| 驻马店 | 121974 | 196.52 | 0.050 |
| 济源 | 8503 | 258.69 | 0.106 |

### （三）乡村

#### 1. 分布状况

从2010年"六普"数据看，河南有乡村老年人口801.88万人，其中，分布超过50万人的地市有南阳（95.83万人）、周口（89.78万人）、驻马店（79.11万人）、商丘（73.33万人）和信阳（66.02万人），合计404.05

万人，占全省乡村老年人口总数的 50.39%。分布在 40 万 ~ 50 万人的地市
有洛阳、新乡、安阳、郑州和平顶山，合计 211.12 万人，占全省乡村老年
人口总数的 26.33%。40 万人以下的有许昌、开封、濮阳等 8 个地市，共计
186.7 万人，占全省乡村老年人口总数的 23.28%（见表 5 - 10）。

表 5 - 10　2010 年河南乡村老年人口的地区分布

单位：万人，%

| 老年人口 | | | 高龄、超高龄老年人口 | | |
|---|---|---|---|---|---|
| 地区 | 人数 | 比重 | 地区 | 人数 | 比重 |
| 总计 | 801.88 | 100 | 总计 | 97.25 | 100 |
| 南阳 | 95.83 | 11.95 | 周口 | 11.17 | 11.48 |
| 周口 | 89.78 | 11.20 | 商丘 | 10.43 | 10.72 |
| 驻马店 | 79.11 | 9.87 | 驻马店 | 9.78 | 10.06 |
| 商丘 | 73.33 | 9.14 | 南阳 | 9.61 | 9.89 |
| 信阳 | 66.02 | 8.23 | 信阳 | 5.69 | 5.85 |
| 洛阳 | 46.06 | 5.74 | 开封 | 5.64 | 5.80 |
| 新乡 | 42.36 | 5.28 | 郑州 | 5.55 | 5.70 |
| 安阳 | 41.66 | 5.19 | 洛阳 | 5.47 | 5.63 |
| 郑州 | 40.65 | 5.07 | 新乡 | 5.36 | 5.51 |
| 平顶山 | 40.40 | 5.04 | 平顶山 | 5.16 | 5.30 |
| 许昌 | 39.79 | 4.96 | 许昌 | 5.11 | 5.25 |
| 开封 | 38.84 | 4.84 | 安阳 | 4.80 | 4.93 |
| 濮阳 | 31.67 | 3.95 | 濮阳 | 3.77 | 3.87 |
| 漯河 | 23.50 | 2.93 | 漯河 | 3.66 | 3.76 |
| 焦作 | 22.45 | 2.80 | 焦作 | 2.95 | 3.03 |
| 三门峡 | 17.21 | 2.15 | 三门峡 | 1.65 | 1.70 |
| 鹤壁 | 8.98 | 1.12 | 鹤壁 | 0.98 | 1.01 |
| 济源 | 4.25 | 0.53 | 济源 | 0.49 | 0.50 |

2010 年河南有高龄、超高龄乡村老年人口 97.25 万人，分布在 10 万人
以上的地市有周口（11.17 万人）和商丘（10.43 万人）2 个，共计 21.59
万人，占全省高龄、超高龄乡村老年人口总数的 22.2%。5 万 ~ 10 万人的
地市有驻马店、南阳、信阳、开封、郑州、洛阳、新乡、平顶山和许昌 9
个，共计 57.37 万人，占全省高龄、超高龄乡村老年人口总数的 58.99%。

其余的安阳、濮阳等 7 地市均在 5 万人以下，合计 18.29 万人，占全省高龄、超高龄乡村老年人口总数的 18.81%（见表 5-10）。

2. 发展变动

从 2000 年到 2010 年，河南乡村老年人口增加最多的地市是信阳和南阳，分别增加 11.44 万和 10.82 万人，合计占全省新增加乡村老年人口总数的 33.69%；增加最少的地市是济源和焦作，依次增加 48 人和 282 人。增长幅度最大的地区是信阳和郑州，依次增长 20.97% 和 20.88%，其次是三门峡，增长 19.61%；增长幅度最小的地区是济源和焦作，分别增长 0.11% 和 0.13%。各地市乡村老年人口占全省乡村老年人口比重变化最大的是信阳、郑州和周口、商丘，前两者分别上升 0.816 个和 0.499 个百分点，后两者分别下降 0.541 个和 0.355 个百分点（见表 5-11）。

表 5-11　2000～2010 年河南各地市乡村老年人口变动

|  | 增加额（人） | 增长幅度（%） | 比重变化（个百分点） |
| --- | --- | --- | --- |
| 信阳 | 114448 | 20.97 | 0.816 |
| 南阳 | 108231 | 12.73 | 0.397 |
| 郑州 | 70205 | 20.88 | 0.499 |
| 安阳 | 53688 | 14.80 | 0.263 |
| 濮阳 | 46384 | 17.16 | 0.276 |
| 驻马店 | 44087 | 5.90 | -0.287 |
| 商丘 | 34339 | 4.91 | -0.355 |
| 周口 | 34195 | 3.96 | -0.541 |
| 洛阳 | 28544 | 6.61 | -0.128 |
| 三门峡 | 28218 | 19.61 | 0.191 |
| 平顶山 | 25866 | 6.84 | -0.101 |
| 开封 | 21502 | 5.86 | -0.143 |
| 新乡 | 17970 | 4.43 | -0.230 |
| 漯河 | 16967 | 7.78 | -0.033 |
| 鹤壁 | 8106 | 9.92 | 0.010 |
| 许昌 | 7909 | 2.03 | -0.338 |
| 焦作 | 282 | 0.13 | -0.248 |
| 济源 | 48 | 0.11 | -0.047 |

# 六　主要研究发现

通过以上对 2000~2010 年河南省老年人口空间分布及变动状况的分析，我们主要得出以下结论。

第一，河南 2010 年有 60 岁及以上老年人口 1196.82 万人，其中，16.45% 的分布在城市，16.55% 的分布在镇，67% 的分布在乡村。尽管乡村老年人口仍占多数，但老年人口的分布重心正逐步向镇和城市转移。全省有高龄和超高龄老年人口总计 139.17 万人，其中 69.88% 的居住在乡村。

第二，根据第六次全国人口普查数据，南阳、周口和驻马店是老年人口最多的地市，共有 352.51 万人，占全省老年人口总数的 29.45%。周口、商丘、南阳、驻马店和郑州 5 市是高龄、超高龄老年人口最多的地市，均超过 10 万人，合计占全省高龄、超高龄老年人口总数的 46.38%。郑州和洛阳是全省城市老年人口最多的地市，共计 65.85 万人，约占全省城市老年人口总数的 1/3。南阳和周口是全省镇老年人口最多的地市，共计 48.16 万人，约占全省镇老年人口总数的 1/4。南阳、周口、驻马店、商丘和信阳 5 地市是河南乡村老年人口最多的地区，共计 404.05 万人，约占全省乡村老年人口总数的 1/2。

第三，2000~2010 年，河南老年人口增加最多的地区是南阳和郑州，分别增加 29.99 万和 25.09 万人，合计占全省新增老年人口的 20.54%；城市老年人口增加最多的地区是郑州和洛阳，分别增加 12.94 万和 9.76 万人，合计占全省新增城市老年人口的 31.88%；镇老年人口增加最多的地区是周口（15.91 万人）、南阳（15.12 万人）和驻马店（12.2 万人），合计占全省新增镇老年人口总数的 33.02%。

第四，河南省 2010 年老年人口平均密度为 71.72 人/km²，其中，漯河、郑州、许昌和濮阳 4 地市均超过 100 人/km²，漯河最高，达到 136.53 人/km²，其次是郑州，为 123.27 人/km²。从 2000 年到 2010 年，全省老年人口密度平均增长 16.07 人/km$^2$，漯河和郑州增长最快，分别增加 33.61 人/km$^2$ 和 33.60 人/km$^2$。

第五，河南老年人口的空间分布具有以下特征：一是各地区老年人口规模相差较大且分异明显；二是地区间老年人口密度相当悬殊，增长变化差距较大；三是老年人口的空间分布趋向均衡，愈加分散。

# 第六章　老年人口受教育状况研究

人口的受教育水平是一个社会发展及进步的标志之一，基本完成学历教育的老年人口的受教育水平，是老年人口重要的社会特征之一，同时，它也反映了一个国家或地区过去一个长时段里学历教育发展的成败。对老年人口而言，较高的受教育水平意味着较高的"老年发展"的智能潜力以及更强的自我积累养老资源的能力。另外，受教育水平对老年人的生活安排、闲暇生活方式以及生活质量有很大影响。因此，对老年人口受教育水平的分析和研究，一方面能够为教育政策的检讨和改善、人口现代化进程的结构性解读等提供必不可少的基础信息，另一方面也有助于对老年人口的现状和未来做出分析和判断，以更好地增进老年人口的发展。

## 一　数据与指标

### （一）数据来源

本章所用 2000 年数据源自 2000 年第五次全国人口普查短表数据[1]，2010 年数据源自 2010 年第六次全国人口普查短表数据[2]。第五次全国人口普查将受教育程度分为"未上过学、扫盲班、小学、初中、高中、中专、大学专科、大学本科、研究生"九类，第六次全国人口普查则将其划分为"未上过学、小学、初中、高中、大学专科、大学本科、研究生"七类。

---

[1]　河南省人口普查办公室编《河南省 2000 年人口普查资料》上卷，河南人民出版社，2003。

[2]　河南省统计局、河南省人口普查办公室编《河南省 2010 年人口普查资料》，中国统计出版社，2012。

"六普"中的"未上过学"包括了"参加过各种扫盲班或成人识字班"的人口，另外，"五普"中的"中专"实际上也相当于"高中"文化程度。为了同"六普"的分类保持一致以便于比较分析，我们在数据处理过程中将"五普"中的"未上过学"和"扫盲班"两类进行了合并，统称为"未上过学"；将"高中"和"中专"两类进行了合并，统称为"高中"。

此外，本章 2008 年、2009 年、2011 年、2012 年、2013 年、2014 年和 2015 年数据，均来自中国统计出版社分别于 2009 年、2010 年、2012 年、2013 年、2014 年、2015 年和 2016 年出版的《河南统计年鉴》。该年鉴只提供了受教育程度构成状况的数据，而没有提供人口规模数据，我们只能根据该年老年人口总数来推算各种受教育水平的老年人口规模，并计算老年人口平均受教育年限。行文中不再——标注。

## （二）测量指标

反映老年人口文化程度的指标主要有以下几个。

**1. 有文化老年人口比重**

有文化老年人口，指具有小学以上文化程度的老年人（文盲或半文盲的老年人，为没有文化的人）。其数值的高低反映了老年人口文化水平的高低。计算公式为：

$$有文化老年人口比重 = \frac{有文化的老年人口数}{老年人口总数} \times 100\%$$

**2. 各种文化程度老年人口比重**

将老年人的文化程度分为文盲半文盲（不识字或识字很少）、小学、初中、高中（含中专）、大学（含本、专科）、研究生，则各种文化程度老年人口比重指各种文化程度的老年人口数占老年人口总数的比例。它反映了老年人口受教育的水平。其计算公式为：

$$各种文化程度老年人口比重 = \frac{老年人口中具有某种文化程度的老年人口数}{老年人口总数} \times 100\%$$

需要注意的是，上述六种文化程度的老年人口比重之和等于 100%。一般来说，高中及以上文化程度的老年人所占比例越高，则老年人口文化水平越高。

### 3.老年人口文盲率

老年人口文盲率，指老年人口中的文盲人数和老年人口总人数之比。它是反映老年人口文化素质的一个重要指标。其计算公式为：

$$老年人口文盲率 = \frac{老年人口中文盲人数}{老年人口总数} \times 100\%$$

### 4.老年人口文化素质指数（年）

老年人口文化素质指数（年），也就是老年人口的平均受教育年限。它是将被调查的老年人口的实际受教育年数相加，除以这些老年人口的总数。其计算公式为：

$$老年人口文化素质指数(年) = \frac{被调查的老年人口受教育年数之和}{该批老年人口的数量}$$

当调查得到的老年人口文化程度为分类资料（如分成研究生、大学本科、大学专科、高中或中专、初中、小学、未上过学）时，则先定义各种文化程度的受教育年数，然后再计算老年人口的平均受教育年限。若将上述文化程度的受教育年数分别定义为 19 年、16 年、15 年、12 年、9 年、6 年、0 年，则该指标的计算公式为：

$$老年人口文化素质指数(年) = \frac{\begin{array}{c}未上过学 \times 0 年 + 小学 \times 6 年 + 初中 \times 9 年 + 高中 \times 12 年\\ + 大专 \times 15 年 + 本科 \times 16 年 + 研究生 \times 19 年\end{array}}{老年人口总数}$$

## 二　老年人口受教育水平及变动

河南老年人口受教育程度总体水平很低，从河南 60 岁及以上老年人口看，2010 年"六普"时，有文化老年人口比重为 73.87%，大专及以上老年人口比重为 1.95%，文盲率为 24.32%（见表 6 - 1）。但是，同 2000 年"五普"时相比，老年人口的受教育水平有了较大幅度提高，其中有文化老年人口比例和大专及以上老年人口比例分别上升了 23.71 个和 0.68 个百分点，文盲率下降了 16.08 个百分点。2010 年河南 60 岁及以上老年人口平均受教育年限只有 5.51 年，但是同 2000 年相比，已提高了 1.87 年（见表 6-3）。

表 6-1　2010 年河南 60 岁及以上老年人口受教育程度

单位：%，年

| | | 合计 | 未上过学 | 小学 | 初中 | 高中 | 大专及以上 | 有文化者比重 | 平均受教育年限 | 文盲率 |
|---|---|---|---|---|---|---|---|---|---|---|
| 总计 | | 100 | 26.13 | 46.46 | 20.88 | 4.58 | 1.95 | 73.87 | 5.51 | 24.32 |
| 分性别 | 男 | 100 | 14.98 | 46.81 | 28.56 | 6.67 | 2.98 | 85.02 | 6.64 | 13.78 |
| | 女 | 100 | 36.39 | 46.13 | 13.83 | 2.66 | 1.00 | 63.61 | 4.48 | 34.00 |
| 分城乡 | 城市 | 100 | 12.83 | 35.58 | 30.22 | 12.76 | 8.62 | 87.17 | 7.71 | 11.53 |
| | 镇 | 100 | 23.16 | 44.38 | 24.09 | 6.25 | 2.12 | 76.84 | 5.90 | 21.62 |
| | 乡村 | 100 | 30.13 | 49.64 | 17.80 | 2.16 | 0.27 | 69.87 | 4.88 | 28.13 |

从河南 65 岁及以上老年人口看，也反映了上述特点。据统计，2015 年河南老年人口中有文化者占比为 67.2%，其中大专及以上文化程度的老年人比例为 1.6%。同 2000 年"五普"结果相比，分别提高了 25.75 个和 0.75 个百分点（见表 6-2）。此外，文盲率也有较大幅度下降，2000 年"五普"时为 48.14%，2010 年"六普"时为 30.79%（见表 6-5），下降了 17.35 个百分点（见表 6-4）。人均受教育年限也从 2000 年的 2.93 年提高到 2010 年的 4.93 年。

表 6-2　河南 65 岁及以上老年人口受教育程度

单位：%

| 年份 | 合计 | 未上过学 | 小学 | 初中 | 高中 | 大专及以上 | 有文化者比重 |
|---|---|---|---|---|---|---|---|
| 2015 | 100 | 32.8 | 45 | 16.7 | 3.9 | 1.6 | 67.2 |
| 2014 | 100 | 29.00 | 48.35 | 17.60 | 3.62 | 1.44 | 71.00 |
| 2013 | 100 | 30.58 | 46.30 | 18.14 | 3.48 | 1.50 | 69.42 |
| 2012 | 100 | 33.29 | 45.17 | 15.98 | 3.07 | 2.49 | 66.71 |
| 2011 | 100 | 35.21 | 42.99 | 15.17 | 4.52 | 2.11 | 64.79 |

续表

| 年份 | 合计 | 未上过学 | 小学 | 初中 | 高中 | 大专及以上 | 有文化者比重 |
|------|------|---------|------|------|------|-----------|-------------|
| 2010 | 100 | 33.07 | 44.59 | 16.35 | 4.01 | 1.98 | 66.93 |
| 2009 | 100 | 40.87 | 36.97 | 15.48 | 3.80 | 2.88 | 59.13 |
| 2008 | 100 | 46.60 | 34.60 | 13.30 | 3.40 | 2.10 | 53.40 |
| 2006 | 100 | 48.92 | 35.45 | 9.85 | 3.26 | 2.52 | 51.08 |
| 2000 | 100 | 58.55 | 31.00 | 7.21 | 2.39 | 0.85 | 41.45 |

# 三　分性别老年人口受教育程度

分性别看，河南男性老年人口受教育程度高于女性老年人口，但是，其提高的速度却低于女性。2010 年河南 60 岁及以上老年人口中，男性有文化者比例为 85.02%，大专及以上文化程度者比例为 2.98%，平均受教育年限为 6.64 年，分别比女性高 21.41 个百分点、1.98 个百分点和 2.15 年。文盲率男性为 13.78%，女性为 34%，男性比女性低 20.22 个百分点（见表 6-1）。同 2000 年相比，男性老年人口有文化者比例、平均受教育年限分别上升 15.97 个百分点和 1.43 年，文盲率下降 10.09 个百分点；而女性则依次上升 30.38 个百分点和 2.25 年，文盲率下降 21.20 个百分点（见表 6-3），男性老年人口文化程度提升速度明显慢于女性。

表 6-3　2000~2010 年河南 60 岁及以上老年人口受教育程度变动

单位：个百分点，年

| | | 未上过学 | 小学 | 初中 | 高中 | 大专及以上 | 有文化者比重 | 平均受教育年限 | 文盲率 |
|---|---|---------|------|------|------|-----------|-------------|---------------|--------|
| 总计 | | -23.71 | 11.17 | 10.70 | 1.15 | 0.68 | 23.71 | 1.87 | -16.08 |
| 分性别 | 男 | -15.97 | 2.76 | 11.57 | 0.90 | 0.73 | 15.97 | 1.43 | -10.09 |
| | 女 | -30.38 | 18.69 | 9.75 | 1.33 | 0.62 | 30.38 | 2.25 | -21.20 |
| 分城乡 | 城市 | -20.70 | 4.05 | 12.18 | 2.30 | 2.17 | 20.70 | 1.94 | -16.10 |
| | 镇 | -18.21 | 11.47 | 8.46 | -1.21 | -0.51 | 18.21 | 1.22 | -11.84 |
| | 乡村 | -23.27 | 13.49 | 9.46 | 0.30 | 0.01 | 23.27 | 1.70 | -15.09 |

从 65 岁及以上老年人口看，仍表现出以上特征。2010 年男性有文化者比例为 80.61%，大专及以上文化程度者比例为 3.17%，平均受教育年限为 6.21 年，分别比女性高 25.61 个百分点、2.22 个百分点和 2.38 年，文盲率男性为 17.9%，比女性低 24.14 个百分点（见表 6-5）。与 2000 年相比，男性老年人口有文化者比例、平均受教育年限分别增长 18.68 个百分点和 1.67 年，文盲率下降 11.87 个百分点；而女性则依次增长 30.48 个百分点和 2.22 年，文盲率下降 21.29 个百分点（见表 6-4），男性增速慢于女性。

表 6-4　2000～2010 年河南 65 岁及以上老年人口受教育程度变动

单位：个百分点，年

| | | 未上过学 | 小学 | 初中 | 高中 | 大专及以上 | 有文化者比重 | 平均受教育年限 | 文盲率 |
|---|---|---|---|---|---|---|---|---|---|
| 总计 | | -25.48 | 13.59 | 9.14 | 1.62 | 1.13 | 25.48 | 2.01 | -17.35 |
| 分性别 | 男 | -18.68 | 5.21 | 10.28 | 1.63 | 1.56 | 18.68 | 1.67 | -11.87 |
| | 女 | -30.48 | 20.37 | 7.86 | 1.53 | 0.73 | 30.48 | 2.22 | -21.29 |
| 分城乡 | 城市 | -26.40 | 7.27 | 11.10 | 3.97 | 4.06 | 26.40 | 2.53 | -20.86 |
| | 镇 | -20.37 | 13.28 | 7.07 | -0.22 | 0.23 | 20.37 | 1.44 | -13.25 |
| | 乡村 | -23.68 | 15.54 | 7.62 | 0.43 | 0.09 | 23.68 | 1.68 | -15.17 |

## 四　分城乡老年人口受教育程度

从分城乡的老年人口受教育水平看，城市老年人口的受教育程度明显高于镇，镇又高于乡村。2010 年河南 60 岁及以上城市老年人口有文化者比例为 87.17%，大专及以上文化程度者比例为 8.62%，平均受教育年限为 7.71 年，文盲率为 11.53%，而镇老年人口分别为 76.84%、2.12%、5.90 年和 21.62%，乡村老年人口依次为 69.87%、0.27%、4.88 年和 28.13%，城市明显高于镇和乡村（见表 6-1）。从 65 岁及以上老年人口看，2010 年河南城市老年人口有文化者比例为 83.10%，大专及以上文化程度者比例为

8.74%，平均受教育年限为 7.28 年，文盲率为 15.22%；镇老年人口分别为 70.29%、2.08%、5.32 年和 27.77%；乡村老年人口依次为 62.07%、0.27%、4.25 年和 35.42%（见表 6－5），城市也明显高于镇和乡村。

表 6－5　2010 年河南 65 岁及以上老年人口受教育程度

单位：%，年

| | | 合计 | 未上过学 | 小学 | 初中 | 高中 | 大专及以上 | 有文化者比重 | 平均受教育年限 | 文盲率 |
|---|---|---|---|---|---|---|---|---|---|---|
| 总计 | | 100 | 33.07 | 44.59 | 16.35 | 4.01 | 1.98 | 66.93 | 4.93 | 30.79 |
| 分性别 | 男 | 100 | 19.39 | 47.72 | 23.67 | 6.06 | 3.17 | 80.61 | 6.21 | 17.90 |
| | 女 | 100 | 45.00 | 41.86 | 9.96 | 2.23 | 0.95 | 55.00 | 3.82 | 42.03 |
| 分城乡 | 城市 | 100 | 16.90 | 36.77 | 25.83 | 11.76 | 8.74 | 83.10 | 7.28 | 15.22 |
| | 镇 | 100 | 29.71 | 43.32 | 19.38 | 5.51 | 2.08 | 70.29 | 5.32 | 27.77 |
| | 乡村 | 100 | 37.93 | 46.86 | 13.24 | 1.71 | 0.27 | 62.07 | 4.25 | 35.42 |

　　从老年人口受教育程度提高的速度看，城市快于乡村，乡村快于镇。以 65 岁及以上老年人口为例，与 2000 年相比，2010 年河南城市老年人口有文化者比例提高了 26.40 个百分点，大专及以上文化程度者比例提高了 4.06 个百分点，平均受教育年限提高了 2.53 年，文盲率下降了 20.86 个百分点，乡村分别提高了 23.68 个百分点、0.09 个百分点、1.68 年和下降了 15.17 个百分点，而镇则仅依次提高 20.37 个百分点、0.23 个百分点、1.44 年和下降 13.25 个百分点（见表 6－4），城市和乡村明显快于镇。

## 五　分年龄老年人口受教育程度

　　年龄与老年人口的受教育程度呈负相关关系，即随着年龄段的升高，老年人口的受教育水平逐渐下降。2010 年河南 60～64 岁、65～69 岁、70～74 岁、75～79 岁、80～84 岁以及 85 岁及以上老年人口有文化者比例逐次为 87.13%、81.26%、70.71%、58.14%、45.8% 和 36.46%，平均受教育年限逐次为 6.63 年、6.13 年、5.26 年、4.14 年、3.18 年和 2.51 年，都呈逐次下降状态。而文盲率则依次为 11.95%、17.46%、27.25%、38.96%、50.5% 和 59.19%，整体呈上升趋势（见表 6 – 6）。

表 6 – 6　2010 年河南不同年龄老年人口受教育程度

单位：%，年

| | 合计 | 未上过学 | 小学 | 初中 | 高中 | 大专及以上 | 有文化者比重 | 平均受教育年限 | 文盲率 |
|---|---|---|---|---|---|---|---|---|---|
| 60~64 岁 | 100 | 12.87 | 50.03 | 29.55 | 5.67 | 1.88 | 87.13 | 6.63 | 11.95 |
| 65~69 岁 | 100 | 18.74 | 49.20 | 24.68 | 5.30 | 2.08 | 81.26 | 6.13 | 17.46 |
| 70~74 岁 | 100 | 29.29 | 47.26 | 16.14 | 4.57 | 2.74 | 70.71 | 5.26 | 27.25 |
| 75~79 岁 | 100 | 41.86 | 43.07 | 10.47 | 2.88 | 1.71 | 58.14 | 4.14 | 38.96 |
| 80~84 岁 | 100 | 54.20 | 35.53 | 7.16 | 2.03 | 1.07 | 45.80 | 3.18 | 50.5 |
| 85 岁及以上 | 100 | 63.54 | 28.74 | 5.42 | 1.53 | 0.77 | 36.46 | 2.51 | 59.19 |

# 六　主要研究发现

第一，河南老年人口受教育程度总体水平很低，但是，同 2000 年"五普"时相比，已有了较大幅度提高。

第二，河南男性老年人口受教育程度高于女性老年人口，但是，其提高的速度却慢于女性。

第三，城市老年人口的受教育程度明显高于镇，镇又高于乡村。但是，从提高的速度看，城市和乡村明显快于镇。

第四，年龄与老年人口的受教育程度呈负相关关系，即随着年龄段的升高，老年人口的受教育水平逐渐下降。

# 第七章  老年人口身体健康状况研究

老年人口的健康水平，不仅是社会文明程度的反映，更是社会经济发展水平的标志。研究老年人的健康状况，合理有效地评价老年人口的健康水平和健康需求，既有利于探索"健康老龄化"对策，同时，也能为河南建设和完善社会养老服务体系提供重要依据，使老年保障体系真正有的放矢地改善和提高老年人口的生活质量。本章以最新人口普查数据为基础对河南老年人口的健康状况进行综合分析。

## 一  数据与指标

本章数据资料来源于 2010 年第六次全国人口普查。[①] 此次人口普查采用了长短表技术，长普查表抽取了 10% 的户填报，短普查表由其余的户填报。长表包括了短表的所有项目。本章关于老年人口健康状况的数据为长表数据，即属于 10% 的抽样数据，故可采用"长表汇总人口数 × 10"的方法来推算总体。

本章中的老年人口，是指 60 岁及以上的人口。身体健康状况，此次普查是指被登记人根据自身健康状况对过去一个月能否保证正常生活做出的自我判断。普查表列举了"健康、基本健康、不健康但生活能自理、生活不能自理"四种情况。健康，是指过去一个月健康状况良好，完全可以保证日常的生活；基本健康，是指过去一个月健康状况一般，可以保证日常的生活；不健康但生活能自理，是指过去一个月健康状况不是太好，但可以基本

---

① 河南省统计局、河南省人口普查办公室编《河南省 2010 年人口普查资料》，中国统计出版社，2012。

保证正常的生活；生活不能自理，是指过去一个月健康状况较差，不能照顾自己日常的生活起居，如吃饭、穿衣、自行走动等。

为便于反映老年人口的整体健康状况，我们引入了两个概念：健康率和生活不能自理率。健康率是指身体健康和基本健康的老年人口占 60 岁及以上老年人口总数的百分比，它反映了老年人群体中身体健康者所占比重的大小，直接体现了老年人口的整体健康状况；生活不能自理率是指生活不能自理的老年人占 60 岁及以上老年人口总数的百分比，它反映的是老年人群体中身体极度不健康、需要护理服务者所占的比重，直接体现了老年人群体的不健康程度。

## 二　老年人口整体健康状况

根据 2010 年第六次全国人口普查长表数据推算，河南有 60 岁及以上老年人口 1196.9 万人，其中身体健康或基本健康者为 987.4 万人，健康率为 82.5%；生活不能自理者为 38.2 万人，生活不能自理率为 3.19%（见表 7 - 1）。

从性别看，河南有男性老年人口 569.9 万人，女性老年人口 627 万人，健康率分别为 84.71% 和 80.49%；生活不能自理率依次为 2.57% 和 3.75%（见表 7 - 1）。男性老年人口的整体身体健康状况好于女性。

从城乡看，河南城市老年人口有 193.4 万人，健康率和生活不能自理率分别为 89.36% 和 2.56%；镇老年人口有 194 万人，健康率和生活不能自理率分别为 83.78% 和 3.05%；乡村老年人口有 809.6 万人，健康率和生活不能自理率分别为 80.55% 和 3.38%（见表 7 - 1）。从城市到镇再到乡村，老年人口的健康率呈递减趋势，而生活不能自理率则呈递增趋势，这说明老年人群体的整体健康状况依次呈现递减趋势，城市老年人口的健康状况远远好于镇和乡村的老年人口。

综合来看，乡村女性老年人群体的健康率最低，仅为 78.15%，生活不能自理率最高，达到 4.06%；相反，城市男性老年人群体的健康率最高，达到90.29%，生活不能自理率最低，仅为2.38%。农村女性老年人口的健康状况更应该引起人们的关注。

表7-1　河南省老年人口整体健康状况

单位：%

| | 健康率 | | | 生活不能自理率 | | |
|---|---|---|---|---|---|---|
| | 综合 | 男 | 女 | 综合 | 男 | 女 |
| 全省 | 82.50 | 84.71 | 80.49 | 3.19 | 2.57 | 3.75 |
| 城市 | 89.36 | 90.29 | 88.53 | 2.56 | 2.38 | 2.72 |
| 镇 | 83.78 | 85.69 | 82.07 | 3.05 | 2.53 | 3.51 |
| 乡村 | 80.55 | 83.17 | 78.15 | 3.38 | 2.62 | 4.06 |

## 三　不同地区老年人口的健康状况

从地区来看，郑州、开封和新乡三地市的老年人口的健康率最高，分别为87.38%、85.6%和84.53%；信阳、平顶山和驻马店三地市的老年人口的健康率最低，依次为78.24%、78.92%和79.8%。开封、商丘和许昌三地市的老年人口的生活不能自理率最低，分别为2.41%、2.5%和2.69%；济源、焦作和平顶山三地市的老年人口的生活不能自理率最高，依次为4.6%、4.12%和4.02%（见表7-2）。由上述分析可见，开封属于老年人口健康率较高而生活不能自理率较低的地市；相反，平顶山则属于老年人口健康率较低而生活不能自理率较高的地市。

从城乡来看，健康率方面，郑州、洛阳和濮阳三地市的城市老年人口的健康率最高，依次为90.99%、90.84%和90.10%；周口、商丘和信阳三地市的城市老年人口的健康率最低，依次为86.18%、87.13%和87.16%。濮阳、济源与鹤壁三地市的镇老年人口的健康率最高，依次为87.10%、86.26%和86.19%；平顶山、驻马店和安阳三地市的镇老年人口的健康率最低，依次为81.39%、81.53%和82.27%。开封、郑州和商丘三地市的乡村老年人口的健康率最高，分别为84.63%、84.05%和83.19%；平顶山、信阳和三门峡三地市的乡村老年人口的健康率最低，分别为75.42%、76.11%和78.88%（见表7-2）。

生活不能自理率方面，许昌、南阳和鹤壁三地市的城市老年人口的生活不能自理率最低，依次为1.93%、2.04%和2.36%；焦作、济源和安阳三地市的城市老年人口的生活不能自理率最高，分别达到3.44%、3.27%和3.22%。漯河、商丘、开封和信阳四地市的镇老年人口的生活不能自理率最低，依次为2.22%、2.42%、2.55%和2.55%；鹤壁、焦作和三门峡三地市的镇老年人口的生活不能自理率最高，分别达到4.12%、4.03%和3.98%。开封、商丘和周口三地市的乡村老年人口的生活不能自理率最低，分别为2.35%、2.51%和2.81%；济源、洛阳和平顶山三地市的乡村老年人口的生活不能自理率最高，分别达到5.49%、4.76%和4.64%（见表7-2）。

由以上分析可见，从城乡层面看，郑州地区的城市老年人口是健康率最高的老年群体，高达90.99%；而平顶山地区的乡村老年人口则是健康率最低的老年群体，仅为75.42%。许昌地区的城市老年人口是生活不能自理率最低的老年群体，仅为1.93%；而济源地区的乡村老年人口则是生活不能自理率最高的老年群体，高达5.49%。

**表7-2 河南不同地区老年人口的健康状况**

单位：%

| 地区 | 健康率 | | | | 生活不能自理率 | | | |
|------|------|------|------|------|------|------|------|------|
| | 综合 | 城市 | 镇 | 乡村 | 综合 | 城市 | 镇 | 乡村 |
| 郑州 | 87.38 | 90.99 | 85.89 | 84.05 | 2.96 | 2.46 | 3.31 | 3.39 |
| 开封 | 85.60 | 89.02 | 85.81 | 84.63 | 2.41 | 2.51 | 2.55 | 2.35 |
| 洛阳 | 83.20 | 90.84 | 84.41 | 79.13 | 3.94 | 2.45 | 3.55 | 4.76 |
| 平顶山 | 78.92 | 88.35 | 81.39 | 75.42 | 4.02 | 2.51 | 3.38 | 4.64 |
| 安阳 | 82.04 | 88.16 | 82.27 | 80.14 | 3.80 | 3.22 | 3.91 | 3.95 |
| 鹤壁 | 83.12 | 87.48 | 86.19 | 79.76 | 3.56 | 2.36 | 4.12 | 4.05 |
| 新乡 | 84.53 | 89.22 | 84.84 | 82.81 | 3.32 | 2.83 | 3.43 | 3.46 |
| 焦作 | 84.19 | 87.71 | 84.35 | 82.53 | 4.12 | 3.44 | 4.03 | 4.46 |
| 濮阳 | 83.07 | 90.10 | 87.10 | 80.99 | 3.46 | 2.37 | 3.20 | 3.70 |

续表

| 地区 | 健康率 | | | | 生活不能自理率 | | | |
|---|---|---|---|---|---|---|---|---|
| | 综合 | 城市 | 镇 | 乡村 | 综合 | 城市 | 镇 | 乡村 |
| 许昌 | 82.93 | 89.53 | 83.04 | 81.28 | 2.69 | 1.93 | 2.60 | 2.90 |
| 漯河 | 83.53 | 89.51 | 85.41 | 81.57 | 2.70 | 2.49 | 2.22 | 2.88 |
| 三门峡 | 81.80 | 89.48 | 83.58 | 78.88 | 3.53 | 2.47 | 3.98 | 3.78 |
| 南阳 | 80.59 | 89.65 | 83.44 | 78.93 | 3.33 | 2.04 | 2.88 | 3.58 |
| 商丘 | 83.71 | 87.13 | 84.30 | 83.19 | 2.50 | 2.56 | 2.42 | 2.51 |
| 信阳 | 78.24 | 87.16 | 83.67 | 76.11 | 2.97 | 2.46 | 2.55 | 3.12 |
| 周口 | 83.08 | 86.18 | 82.90 | 82.92 | 2.80 | 2.64 | 2.78 | 2.81 |
| 驻马店 | 79.80 | 88.44 | 81.53 | 79.00 | 3.13 | 2.40 | 3.16 | 3.16 |
| 济源 | 82.87 | 89.13 | 86.26 | 78.98 | 4.60 | 3.27 | 3.66 | 5.49 |

# 四 不同年龄段老年人口的健康状况

根据 2010 年第六次全国人口普查的长表数据推算，河南有低龄老年人口 693.4 万人，健康率为 90.86%，生活不能自理率为 1.3%；中龄老年人口 366.2 万人，健康率为 75.94%，生活不能自理率为 3.77%；高龄老年人口 124.1 万人，健康率为 59%，生活不能自理率为 9.97%；超高龄老年人口 13.3 万人，健康率为 46.04%，生活不能自理率为 22.65%（见图 7 - 1）。从低年龄段到超高年龄段，老年人口的健康率呈递减趋势，而生活不能自理率则呈现上升趋势。值得注意的是，随着年龄段的递升，老年人口健康率的递减幅度呈现先增后减的倒 U 形趋势，而老年人口的生活不能自理率则呈现倍增状态。具体来讲，从低年龄段到中年龄段，老年人的健康率下降了 14.92 个百分点；从中年龄段到高年龄段，老年人的健康率下降了 16.94 个百分点，而从高年龄段到超高年龄段，老年人的健康率则仅下降了 12.95 个百分点。与此相对应，老年人的生活不能自理率则分别上升 2.47 个、6.2 个和 12.68 个百分点，变动幅度逐次增大（见表 7 - 3）。

从城乡来看，在城市，河南有低龄老年人口 109.8 万人，健康率为

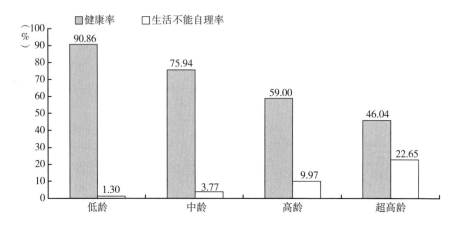

图 7 - 1　河南不同年龄段老年人健康状况

94.23%，生活不能自理率为1.03%；中龄老年人口64.4万人，健康率为
86.52%，生活不能自理率为3%；高龄老年人口17.5万人，健康率为
72.39%，生活不能自理率为8.66%；超高龄老年人口1.7万人，健康率为
56.85%，生活不能自理率为21.46%。在镇，有低龄老年人口114.3万人，
健康率为91.25%，生活不能自理率为1.3%；中龄老年人口58.6万人，健
康率为77.96%，生活不能自理率为3.58%；高龄老年人口18.9万人，健
康率为60.98%，生活不能自理率为9.79%；超高龄老年人口2.2万人，
健康率为46.75%，生活不能自理率为22.11%。在乡村，有低龄老年人口
有469.3万人，健康率为89.98%，生活不能自理率为1.36%；中龄老年
人口243.2万人，健康率为72.66%，生活不能自理率为4.02%；高龄老
年人口87.6万人，健康率为55.89%，生活不能自理率为10.27%；超高
龄老年人口9.4万人，健康率为43.94%，生活不能自理率为22.98%。从
城市到镇再到乡村，老年人口的健康率都同样随着年龄段的递升呈现下降
趋势，生活不能自理率也都呈现上升趋势。另外，城市、镇和乡村老年人
口生活不能自理率的变动幅度均呈现成倍递增趋势；健康率的变动幅度则
在镇呈现先增后减的倒U形趋势，而在城市呈现递增趋势，在乡村呈现递
减趋势（见表7 - 3）。

表7－3　河南不同年龄段老年人口健康状况的变动

单位：个百分点

| | 综合 | | 城市 | | 镇 | | 乡村 | |
|---|---|---|---|---|---|---|---|---|
| | 健康率变动 | 生活不能自理率变动 | 健康率变动 | 生活不能自理率变动 | 健康率变动 | 生活不能自理率变动 | 健康率变动 | 生活不能自理率变动 |
| 低龄－中龄 | －14.92 | 2.47 | －7.71 | 1.97 | －13.29 | 2.28 | －17.32 | 2.65 |
| 中龄－高龄 | －16.94 | 6.20 | －14.13 | 5.66 | －16.98 | 6.22 | －16.77 | 6.25 |
| 高龄－超高龄 | －12.95 | 12.68 | －15.54 | 12.80 | －14.23 | 12.32 | －11.95 | 12.71 |

## 五　不同婚姻状态老年人口的健康状况

从2010年第六次全国人口普查的长表数据看，河南未婚老年人口约31.9万人，健康率为75.75%，生活不能自理率为3.13%；有配偶的老年人口约有835.5万人，健康率为87.02%，生活不能自理率为2.19%；离婚老年人口有8.3万人，健康率为83.18%，生活不能自理率为2.64%；丧偶老年人口有321.2万人，健康率为71.39%，生活不能自理率为5.82%（见表7－4）。由此可见，健康状况最好的是有配偶的老年人群体，健康率最高，生活不能自理率最低；健康状况最差的是丧偶的老年人群体，健康率最低，生活不能自理率最高。婚姻状态对老年人口的健康状况影响非常显著。

从城乡来看，在城市，河南有未婚老年人口1.3万人，健康率为81.92%，生活不能自理率为4.33%；有配偶老年人口146.5万人，健康率为91.76%，生活不能自理率为1.85%；离婚老年人口1.7万人，健康率为89.27%，生活不能自理率为2.18%；丧偶老年人口43.8万人，健康率为81.55%，生活不能自理率为4.9%。在镇老年人口中，未婚的老年人约为3.8万人，健康率为76.09%，生活不能自理率为3.1%；有配偶的老年人有137.8万人，健康率为87.87%，生活不能自理率为2.1%；离婚的老年人口为1.3万人，健康率为83.91%，生活不能自理率为2.35%；丧偶的老年人口为51.1万人，健康率为73.33%，生活不能自理率为5.61%。在乡村，有未婚老年人口 26.8 万人，健康率为 75.41%，生活不能自理率为 3.08%；有配偶的老年人口 551.2 万人，健康率为 85.54%，生活不能自理率为 2.3%；离婚老年人口 5.3 万人，健康率为 80.99%，生活不能自理率为 2.86%；丧偶的老年人口 226.3 万人，健康率为 68.99%，生活不能自理率为 6.04%（见表 7-4）。无论是城市、镇，还是乡村，都表现为有配偶老年人口的健康率最高，生活不能自理率最低；丧偶老年人口的健康率最低，生活不能自理率最高。这进一步验证了老年人口的婚姻状态对其健康状况的巨大影响。

表 7-4　河南不同婚姻状态老年人口的健康状况

单位：%

| | 综合 | | 城市 | | 镇 | | 乡村 | |
|---|---|---|---|---|---|---|---|---|
| | 健康率 | 生活不能自理率 | 健康率 | 生活不能自理率 | 健康率 | 生活不能自理率 | 健康率 | 生活不能自理率 |
| 未婚 | 75.75 | 3.13 | 81.92 | 4.33 | 76.09 | 3.10 | 75.41 | 3.08 |
| 有配偶 | 87.02 | 2.19 | 91.76 | 1.85 | 87.87 | 2.10 | 85.54 | 2.30 |
| 离婚 | 83.18 | 2.64 | 89.27 | 2.18 | 83.91 | 2.35 | 80.99 | 2.86 |
| 丧偶 | 71.39 | 5.82 | 81.55 | 4.90 | 73.33 | 5.61 | 68.99 | 6.04 |

# 六　不同生活来源老年人口的健康状况

2010 年第六次全国人口普查的长表数据显示，河南 60 岁及以上老年人口中，以"劳动收入"为主要生活来源的老年人有 460 万人，健康率为 96.29%，生活不能自理率为 0.19%；以"离退休金养老金"为主要生活来源的老年人有 164.6 万人，健康率为 91.52%，生活不能自理率为 1.93%；以"最低生活保障金"为主要生活来源的老年人有 43.1 万人，健康率为 56.10%，生活不能自理率为 7.71%；以"财产性收入"为主要生活来源的老年人有 3.3 万人，健康率为 89.47%，生活不能自理率为 1.41%；以"家庭其他成员供养"为主要生活来源的老年人有 497.3 万人，健康率为

69.27%，生活不能自理率为6.02%；以"其他"为主要生活来源的老年人有28.6万人，健康率为77.6%，生活不能自理率为3.03%（见表7-5）。由上述分析可见，以"劳动收入"或"离退休金养老金"为主要生活来源的老年人群体，其健康率很高，均超过90%，而生活不能自理率则很低，在2%以下，其身体状况普遍较好；以"最低生活保障金""家庭其他成员供养"为主要生活来源的老年人群体，其健康率则很低，均在70%以下，而生活不能自理率却很高，均超过6%。这在某种程度上表明，老年人往往在身体状况不好、生活很难自理时，才更多地依赖政府救助和家庭其他成员的经济支持。

在城市，以"劳动收入"、"离退休金养老金"和"财产性收入"为主要收入来源的老年人群体的健康率都很高，均超过90%，分别达到97.93%、92.4%和94.07%，生活不能自理率也很低，分别为0.2%、1.9%和1.04%；而以"最低生活保障金"和"家庭其他成员供养"为主要生活来源的老年人群体，其健康率则很低，依次为68.64%和82.63%，生活不能自理率却很高，分别为6.22%和4.28%（见表7-5）。

在镇老年人口中，仍表现为以"劳动收入"和"离退休金养老金"为主要生活来源的老年人群体的健康率很高，生活不能自理率很低，前者达到96.61%和91.45%，后者仅为0.17%和1.77%；而以"最低生活保障金"和"家庭其他成员供养"为主要生活来源的老年人群体，其健康率较低，生活不能自理率很高，前者分别为60.83%和74.6%，后者依次为7.32%和5.08%（见表7-5）。

在乡村，健康率较高、生活不能自理率较低的群体，仍然为以"劳动收入"和"离退休金养老金"为主要生活来源的老年人，其次为以"财产性收入"为主要生活来源的老年人，只是后两类群体的健康率没有超过90%，仅为86.79%和83.96%；健康率很低、生活不能自理率很高的群体，依然是以"最低生活保障金"和"家庭其他成员供养"为主要生活来源的老年人，特别是前者，健康率只有53.1%，生活不能自理率竟高达8.03%（见表7-5）。

综上分析,无论是河南整体水平,还是分别在城市、镇和乡村,健康率高、生活不能自理率低的老年人群体,都通常表现为以"劳动收入"、"离退休金养老金"和"财产性收入"为主要生活来源的老年人;而健康率低、生活不能自理率高的老年人群体,都表现为以"最低生活保障金"和"家庭其他成员供养"为主要生活来源的老年人。其中,城市以"劳动收入"为主要生活来源的老年人是健康率(97.93%)最高的老年人群体,农村以"最低生活保障金"为主要生活来源的老年人是健康率(53.1%)最低的老年人群体。

表7-5 河南不同收入来源的老年人的健康状况

单位:%

| | 综合 | | 城市 | | 镇 | | 乡村 | |
|---|---|---|---|---|---|---|---|---|
| | 健康率 | 生活不能自理率 | 健康率 | 生活不能自理率 | 健康率 | 生活不能自理率 | 健康率 | 生活不能自理率 |
| 劳动收入 | 96.29 | 0.19 | 97.93 | 0.20 | 96.61 | 0.17 | 96.18 | 0.19 |
| 离退休金养老金 | 91.52 | 1.93 | 92.40 | 1.90 | 91.45 | 1.77 | 86.79 | 2.38 |
| 最低生活保障金 | 56.10 | 7.71 | 68.64 | 6.22 | 60.83 | 7.32 | 53.10 | 8.03 |
| 财产性收入 | 89.47 | 1.41 | 94.07 | 1.04 | 89.81 | 1.22 | 83.96 | 1.96 |
| 家庭其他成员供养 | 69.27 | 6.02 | 82.63 | 4.28 | 74.60 | 5.08 | 65.80 | 6.53 |
| 其他 | 77.60 | 3.03 | 87.53 | 2.48 | 81.80 | 2.52 | 73.72 | 3.33 |

# 七 结论

通过以上对河南老年人口健康状况的多维度分析,我们主要得出以下结论。

第一,河南1196.9万60岁及以上老年人口中,身体健康或基本健康者约为987.4万人,健康率为82.5%;生活不能自理者约有38.2万人,生活不能自理率为3.19%。

第二,男性老年人口的健康率高于女性,生活不能自理率低于女性,即男性老年人口的整体身体健康状况好于女性。

第三，从城市到镇再到乡村，老年人口的健康率呈递减趋势，而生活不能自理率则呈递增趋势。城市老年人口的整体健康状况远好于镇和乡村的老年人口。

第四，郑州、开封和新乡是老年人口健康率最高的地区，济源、焦作和平顶山则是老年人口生活不能自理率最高的地区。城乡类型与地区类型交叉分析表明，郑州城市老年人口的健康率（90.99%）最高，济源乡村老年人口的生活不能自理率（5.49%）最高。

第五，从低年龄段到超高年龄段，老年人口的健康率呈递减趋势，生活不能自理率则呈递增趋势。随着年龄段的递升，健康率的递减幅度呈先增后减的倒 U 形趋势，而生活不能自理率则呈倍增趋势。

第六，婚姻状况与老年人的健康关系密切。有配偶老年人群体的健康率（87.02%）最高，生活不能自理率（2.19%）最低；丧偶老年人群体的健康率最低（71.39%），生活不能自理率（5.82%）最高。

第七，以"劳动收入"、"离退休金养老金"和"财产性收入"为主要生活来源的老年人的健康率（96.29%、91.52% 和 89.47%），大大高于以"最低生活保障金"（56.1%）和"家庭其他成员供养"（69.27%）为主要生活来源的老年人，生活不能自理率也远远低于后者。

# 第八章  失能老年人口分布研究

"失能"是一个重要的公共卫生问题，研究和分析失能老年人口状况，对制定和调整老龄政策，构建和发展科学、合理并能切实满足老年人需要的社会养老服务体系具有尤为特殊的意义。本章主要借助 2010 年第六次全国人口普查长表数据，对河南省失能老年人口的现状及其分布状态和特征等进行多维度的剖析，为河南老龄政策的制定和社会养老服务体系的建构提供参考和依据。

## 一　概念与数据

所谓"失能"，世界卫生组织将其定义为："日常生活中主要活动的长期受限。"按照国际通行的日常生活自理能力（Activities of Daily Living, ADLs）评估和分级标准，失能主要包括"吃饭、穿衣、上下床、上厕所、室内走动和洗澡"六项指标。一到两项做不了的，定义为"轻度失能"；三到四项做不了的，定义为"中度失能"；五到六项做不了的，定义为"重度失能"。[1]

失能老人，是因年老、疾病、伤残等原因导致各种机体功能出现障碍，从而影响个体生活自理能力的一种情况。[2] 具体来讲，可以界定为：

---

[1] 张恺悌、孙陆军、牟新渝等：《全国城乡失能老年人状况研究》，《残疾人研究》2011 年第 2 期，第 11~16 页。

[2] Kinney Jennifer M., "Home Care and Care Giving," *Encyelopedia of Gerontology*, Vol. 667, No. 12, 1996.

在身体功能上丧失或部分丧失了正常功能和活动能力而不能生活自理的60 岁及以上老年人。[①] "失能"一词，在这里与"生活不能自理"基本相等同。

2010 年第六次全国人口普查的普查表的长表中，对老年人口的健康状况进行测量时专门设计了"生活不能自理"选择项。本章对河南失能老年人口状况的分析，主要依据此处数据。由于其属于长表数据，即 10% 的抽样数据，故采用"长表汇总人口数 × 10"的方法来推算总体。

## 二　失能老年人口基本状况

根据 2010 年第六次全国人口普查长表数据推测，河南 1196.9 万 60 岁及以上老年人口中，失能老年人口约有 38.2 万人，占老年人口总数的3.19%。其中男性失能老年人口有 14.6 万多人，女性失能老年人口 23.5 万多人，分别占男性和女性老年人口总数的 2.57% 和 3.75%（见表 8 - 1），女性老年人口的失能率（生活不能自理率）高于男性。

表 8 - 1　河南失能老年人口状况

单位：人，%

|  | 60 岁及以上老年人 | 失能老年人 | 生活不能自理率 |
| --- | --- | --- | --- |
| 总计 | 11969240 | 381850 | 3.19 |
| 男 | 5698940 | 146470 | 2.57 |
| 女 | 6270300 | 235380 | 3.75 |

在全部失能老年人口中，男性占 38.36%，女性占 61.64%，女性失能老年人口约占全省失能老年人口总数的 3/5（见图 8 - 1）。

---

[①]　王树新：《老年社会工作》，中国劳动社会保障出版社，2007，第 184 页。

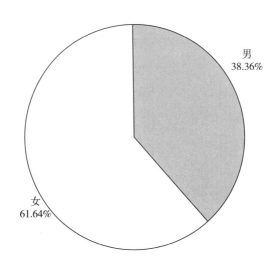

图8-1 河南失能老年人口的性别分布

# 三 失能老年人口的空间分布

## （一）城乡分布

河南38.2万失能老年人口中，城市失能老年人口约有4.9万人，镇有约5.9万人，而乡村则有27.3万人，依次占河南失能老年人口总数的12.96%、15.49%和71.56%（见图8-2）。河南全省的失能老年人口大部分在乡村。

## （二）地区分布

河南全省18地市38.2万失能老年人口中，约有4.4万人在南阳，占全省失能老年人口总数的11.45%；周口、洛阳、驻马店三地市也都在3万人以上，分别占全省失能老年人口总数的8.75%、8.33%和8.29%；郑州和信阳分别有2.7万多失能老年人口，依次占全省失能老年人口总数的7.23%和7.17%。上述六地市共有失能老年人口约19.6万人，占全省失能老年人口总数的一半（见表8-2）。

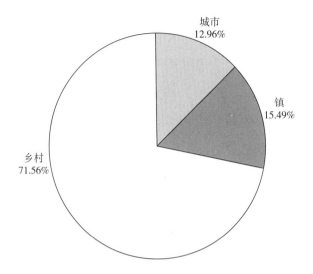

图 8-2　河南失能老年人口的城乡分布

表 8-2　河南城乡失能老年人口的地区分布

单位：人，%

| | 综合 | | 城市 | | 镇 | | 乡村 | |
|---|---|---|---|---|---|---|---|---|
| | 人数 | 比重 | 人数 | 比重 | 人数 | 比重 | 人数 | 比重 |
| 总计 | 381850 | 100 | 49470 | 100 | 59130 | 100 | 273250 | 100 |
| 郑州 | 27620 | 7.23 | 10420 | 21.06 | 3110 | 5.26 | 14090 | 5.16 |
| 开封 | 14200 | 3.72 | 2650 | 5.36 | 2360 | 3.99 | 9190 | 3.36 |
| 洛阳 | 31800 | 8.33 | 5690 | 11.50 | 3760 | 6.36 | 22350 | 8.18 |
| 平顶山 | 25410 | 6.65 | 3120 | 6.31 | 3420 | 5.78 | 18870 | 6.91 |
| 安阳 | 23880 | 6.25 | 3990 | 8.07 | 3640 | 6.16 | 16250 | 5.95 |
| 鹤壁 | 5860 | 1.53 | 1160 | 2.34 | 1120 | 1.89 | 3580 | 1.31 |
| 新乡 | 23030 | 6.03 | 4160 | 8.41 | 4140 | 7.00 | 14730 | 5.39 |
| 焦作 | 16520 | 4.33 | 3510 | 7.10 | 3030 | 5.12 | 9980 | 3.65 |
| 濮阳 | 15190 | 3.98 | 1190 | 2.41 | 2380 | 4.03 | 11620 | 4.25 |
| 许昌 | 15780 | 4.13 | 1920 | 3.88 | 2170 | 3.67 | 11690 | 4.28 |
| 漯河 | 9110 | 2.39 | 1370 | 2.77 | 1280 | 2.16 | 6460 | 2.36 |
| 三门峡 | 9310 | 2.44 | 1370 | 2.77 | 1530 | 2.59 | 6410 | 2.35 |
| 南阳 | 43740 | 11.45 | 2040 | 4.12 | 7100 | 12.01 | 34600 | 12.66 |
| 商丘 | 24400 | 6.39 | 2240 | 4.53 | 3620 | 6.12 | 18540 | 6.78 |
| 信阳 | 27370 | 7.17 | 1430 | 2.89 | 4420 | 7.48 | 21520 | 7.88 |
| 周口 | 33420 | 8.75 | 1540 | 3.11 | 6330 | 10.71 | 25550 | 9.35 |
| 驻马店 | 31670 | 8.29 | 970 | 1.96 | 5310 | 8.98 | 25390 | 9.29 |
| 济源 | 3540 | 0.93 | 700 | 1.41 | 410 | 0.69 | 2430 | 0.89 |

### （三）分城乡的失能老人的地区分布

**1. 城市失能老人**

河南全省有城市失能老年人口约 4.9 万人，其中郑州市有 1 万人，占全省城市失能老年人口总数的 21.06%；洛阳市有 0.57 万人，约占全省城市失能老年人口总数的 11.5%（见表 8 - 2）。河南全省城市失能老年人口的 1/3 分布在郑州和洛阳两市。

**2. 镇失能老人**

河南全省有镇失能老年人口约 5.9 万人，其中南阳有 0.7 万人，周口有 0.6 万人，分别占全省镇失能老年人口的 12.01% 和 10.71%，二者合计占全省镇失能老年人口的 1/5 多（见表 8 - 2）。

**3. 乡村失能老人**

河南全省约有乡村失能老年人口 27.3 万人，其中南阳、周口、驻马店、洛阳和信阳五地市，都在 2 万人以上，合计占全省乡村失能老年人口总数的 47.36%；南阳最多，有 3.4 万余人，占全省乡村失能老年人口总数的比重为 12.66%（见表 8 - 2）。

综合上述分析可见，河南的失能老年人口有半数分布在南阳、周口、洛阳、驻马店、郑州和信阳六地市，70% 多分布在乡村。就城市失能老年人口而言，郑州和洛阳最多，共有约 1.6 万人，占全省城市失能老年人口的 1/3；南阳和周口的镇失能老年人口最多，合计占全省镇失能老年人口的 1/5 多；乡村失能老年人口则 47.36% 分布于南阳、周口、驻马店、洛阳和信阳五地市。

## 四 失能老年人口年龄构成

河南失能老年人口中，低龄失能老年人口约有 9 万人，占全省失能老年人口总数的 23.61%；中龄失能老年人口最多，约有 13.8 万人，占全省失能老年人口总数的 36.13%；高龄失能老年人口约有 12.4 万人，占全省失能老年人口总数的 32.39%；超高龄失能老年人口最少，仅占 7.86%。全省失能老年人口以中龄和高龄年龄段为主，合计占全省失能老年人口总数的 68.52%。无论在城市、镇，还是乡村，都表现出与此相同的趋势（见表 8－3）。

表 8－3　河南失能老年人口的年龄构成

单位：人，%

| | 综合 | | 城市 | | 镇 | | 乡村 | |
|---|---|---|---|---|---|---|---|---|
| | 人口 | 比重 | 人口 | 比重 | 人口 | 比重 | 人口 | 比重 |
| 总计 | 381850 | 100 | 49470 | 100 | 59130 | 100 | 273250 | 100 |
| 低龄 | 90170 | 23.61 | 11360 | 22.96 | 14820 | 25.06 | 63990 | 23.42 |
| 中龄 | 137950 | 36.13 | 19310 | 39.03 | 20970 | 35.46 | 97670 | 35.74 |
| 高龄 | 123700 | 32.39 | 15180 | 30.69 | 18540 | 31.35 | 89980 | 32.93 |
| 超高龄 | 30030 | 7.86 | 3620 | 7.32 | 4800 | 8.12 | 21610 | 7.91 |

# 五　失能老年人口婚姻构成

河南失能老年人口中，有配偶者约 18.3 万人，占全省失能老年人口总数的 47.87%；丧偶者有近 18.7 万人，占全省失能老年人口总数的 48.94%；未婚和离婚的失能老年人口合计有 1.2 万人，占全省失能老年人口总数的 3.19%。无配偶的失能老年人口占到全省失能老年人口总数的 52.13%，高于有配偶的失能老年人口（见表 8－4）。

表 8－4　河南城乡失能老年人口的婚姻构成

单位：人，%

| | 综合 | | 城市 | | 镇 | | 乡村 | |
|---|---|---|---|---|---|---|---|---|
| | 人口 | 比重 | 人口 | 比重 | 人口 | 比重 | 人口 | 比重 |
| 总计 | 381850 | 100 | 49470 | 100 | 59130 | 100 | 273250 | 100 |
| 未婚 | 9990 | 2.62 | 560 | 1.13 | 1180 | 2.00 | 8250 | 3.02 |
| 有配偶 | 182790 | 47.87 | 27070 | 54.72 | 29010 | 49.06 | 126710 | 46.37 |
| 离婚 | 2190 | 0.57 | 380 | 0.77 | 300 | 0.51 | 1510 | 0.55 |
| 丧偶 | 186880 | 48.94 | 21460 | 43.38 | 28640 | 48.44 | 136780 | 50.06 |

河南城市失能老年人口中，有配偶者约2.7万人，占城市失能老年人口总数的54.72%，无配偶者（包括未婚、离婚和丧偶）约2.2万人，占城市失能老年人口总数的45.28%；镇失能老年人口，有配偶者约2.9万人，占镇失能老年人口总数的49.06%，无配偶者约3万人，占镇失能老年人口总数的50.94%；乡村失能老年人口，有配偶者约12.7万人，占乡村失能老年人口总数的46.37%，无配偶者约14.7万人，占乡村失能老年人口总数的53.63%（见表8－4）。比较来看，乡村无配偶失能老年人口比重最高（53.63%），其次为镇（50.94%），城市最低（45.28%）（见图8－3）。

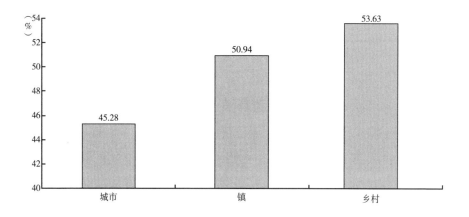

**图8－3 河南城乡无配偶失能老年人口比重比较**

# 六 失能老年人口生活来源构成

河南的失能老年人口，以"家庭其他成员供养"为主要生活来源者约有29.9万人，占全省失能老年人口总数的78.34%；以"离退休金养老金"和"最低生活保障金"为主要生活来源者分别有3.2万和3.3万人，依次占全省失能老年人口总数的8.32%和8.71%；以"劳动收入"、"财产性收入"以及"其他"为主要生活来源者合计有1.8万人，占全省失能老年人口总数的 4.63%（见表 8-5）。河南近 4/5 的失能老年人口以"家庭其他成员供养"为主要生活来源。

表 8-5　河南城乡失能老年人口的生活来源构成

单位：人，%

|  | 综合 | | 城市 | | 镇 | | 乡村 | |
|---|---|---|---|---|---|---|---|---|
|  | 人口 | 比重 | 人口 | 比重 | 人口 | 比重 | 人口 | 比重 |
| 总计 | 381850 | 100 | 49470 | 100 | 59130 | 100 | 273250 | 100 |
| 劳动收入 | 8550 | 2.24 | 330 | 0.67 | 960 | 1.62 | 7260 | 2.66 |
| 离退休金养老金 | 31780 | 8.32 | 20900 | 42.25 | 6140 | 10.38 | 4740 | 1.73 |
| 最低生活保障金 | 33250 | 8.71 | 2830 | 5.72 | 5560 | 9.40 | 24860 | 9.10 |
| 财产性收入 | 460 | 0.12 | 140 | 0.28 | 90 | 0.15 | 230 | 0.08 |
| 家庭其他成员供养 | 299140 | 78.34 | 24100 | 48.72 | 44960 | 76.04 | 230080 | 84.20 |
| 其他 | 8670 | 2.27 | 1170 | 2.37 | 1420 | 2.40 | 6080 | 2.23 |

河南城市失能老年人口中，约有 2.1 万人以"离退休金养老金"为主要生活来源，占全省城市失能老年人口总数的 42.25%，以"最低生活保障金"为主要生活来源者不足 0.3 万人，占 5.72%，二者合计共占到 47.97%，仍低于以"家庭其他成员供养"为主要生活来源者（约 2.4 万人，48.72%）。镇失能老年人口中，以"离退休金养老金"和"最低生活保障金"为主要生活来源者合计有 1.2 万人，占全省镇失能老年人口总数的 19.79%，而以"家庭其他成员供养"为主要生活来源者约有 4.5 万人，占 76.04%。乡村失能老年人口中，以"离退休金养老金"和"最低生活保障金"为主要生活来源者合计约有 2.96 万人，占乡村失能老年人口总数的 10.83%，而以"家庭其他成员供养"为主要生活来源者约有 23 万人，占 84.2%（见表 8-5）。综合来看，无论城市、镇，还是乡村，都是以"家庭其他成员供养"为主要生活来源的失能老年人口最多，以"离退休金养老金"和"最低生活保障金"为主要生活来源者次之，而以"劳动收入"、"财产性收入"以及"其他"为主要生活来源者为最少。在镇和乡村都有超过 3/4 的失能老年人口以"家庭其他成员供养"为主要生活来源，在城市也有近一半（48.72%）。

# 七 结论

通过上述分析，可以得出以下主要结论。

第一，2010年，河南全省失能老年人口约有38.2万人，占老年人口总数的3.19%。女性老年人口的失能率高于男性。女性失能老年人口占全省失能老年人口总数的3/5。

第二，河南全省71.56%的失能老年人口分布在乡村。有一半的失能老年人口分布在南阳、周口、洛阳、驻马店、郑州和信阳六地市。从城市看，郑州和洛阳失能老年人口最多，共有约1.6万人，占全省城市失能老年人口的1/3；而乡村失能老年人口则重点分布在南阳、周口、驻马店、洛阳和信阳五地市，约占全省乡村失能老年人口的47.36%。

第三，从年龄看，全省失能老年人口以中龄和高龄年龄段为主，合计占全省失能老年人口总数的68.52%。无论在城市、镇，还是乡村，都表现出与此相同的情况。

第四，从婚姻状况看，无配偶的失能老年人口规模高于有配偶的失能老年人口。分城乡而言，乡村无配偶失能老年人口比重最高（53.63%），其次为镇（50.94%），城市最低（45.28%）。

第五，从生活来源看，河南近4/5的失能老年人口以"家庭其他成员供养"为主。分城乡而言，在镇和乡村都有超过3/4的失能老年人口以"家庭其他成员供养"为主要生活来源，在城市也有近一半（48.72%）。

# 第九章　老年人口婚姻状况研究

家庭是社会的细胞，而婚姻是家庭的基础，婚姻状况是人类社会生活的重要方面。老年婚姻是老年人家庭的基础，也是老年生命过程的重要支柱。老年人的婚姻状况与其家庭生活、经济供养、生活照料、精神慰藉、身心健康以及人际关系等方面有重要的关系，其所处的婚姻状况不同，他们的需求和面临的问题也有所不同。因此，对老年人婚姻状况的研究和分析，是制定老龄政策、解决老龄问题的重要基础。

## 一　数据来源与指标

### （一）数据来源

本章所用 2000 年数据源自 2000 年第五次全国人口普查 9.5% 的家庭抽样获取的长表数据[①]，2010 年数据源自 2010 年第六次全国人口普查 10% 的家庭抽样获取的长表数据[②]。2010 年人口普查河南 60 岁及以上老年人口为 11968210 人，长表中抽中的 60 岁及以上老年人口为 1196924 人，抽样比为 10.00086%，极近似于 10%，基于简便考虑，我们采用"长表汇总人口数×10"的方法来推算总体。2000 年人口普查河南 60 岁及以上老年人口为 9286375 人，长表中抽中的 60 岁及以上老年人口为 915842 人，抽样比为 9.86221%。我们采用"长表汇总人口数/0.0986221"的方法来推算总体。

---

[①] 河南省人口普查办公室编《河南省 2000 年人口普查资料》上卷，河南人民出版社，2003。

[②] 河南省统计局、河南省人口普查办公室编《河南省 2010 年人口普查资料》，中国统计出版社，2012。

文章涉及的其他年份数据均源自中国统计出版社每年度出版的《河南统计年鉴》，很遗憾的是，这些年鉴大多只提供老年人口婚姻状况的构成数据，而没有提供各种婚姻状况的老年人口数，使我们只能根据当年的老年人口总数推算该年各种婚姻状况的老年人口规模。

## （二）测量指标

婚姻状况，作为人们在婚居方面所处的状态，第六次全国人口普查将其分为未婚、有配偶、离婚和丧偶等四类。基于此，测评老年人婚姻状况的常用统计指标也主要有以下几种。①

### 1. 未婚人数和未婚比重

未婚是指到调查之日前从未结过婚，也称单身。老年人口未婚人数反映了未婚的老年人口的规模。

老年人口未婚比重，有时也称之为老年人口未婚率，是指在全体老年人口中未婚者所占的百分比，反映了老年人口中未婚的程度大小。其计算公式为：

$$老年人口未婚比重 = \frac{老年人口中未婚人数}{老年人口总数} \times 100\%$$

由于未婚老年人口无子女，因此，其赡养常常更加困难，精神生活也往往比较贫乏，需要给予较多的关心和帮助。

### 2. 有配偶人数和有配偶比重

有配偶，是指调查之日配偶健在，属于婚居状况。老年人口有配偶人数反映了有配偶的老年人口的规模。

老年人口有配偶比重，也可称之为老年人口有配偶率，指在全体老年人口中有配偶者所占的百分比，反映了老年人口中有配偶的程度大小。其计算公式为：

① 温勇、尹勤主编《人口统计学》，东南大学出版社，2006，第179～180页。

$$老年人口有配偶比重 = \frac{老年人口中有配偶人数}{老年人口总数} \times 100\%$$

有配偶的老年人的婚姻生活较为健全，是老年人理想的婚姻状态。老年人口有配偶比重和老年人口的寿命大小密切相关，随着老年人口寿命的逐渐延长，老年人口有配偶比重也呈上升趋势。此外，老年人口有配偶比重与老年人口的年龄也有密切关系，随着年龄的增长，有配偶比重呈下降趋势。

**3. 丧偶人数和丧偶比重**

丧偶，是指配偶已故本人目前未再婚而处于单身状态。老年人口丧偶人数反映了丧偶的老年人口的规模。

老年人口丧偶比重，也可称之为老年人口丧偶率，指在全体老年人口中丧偶的老年人所占的百分比，它反映了老年人口中丧偶的程度大小。其计算公式为：

$$老年人口丧偶比重 = \frac{老年人口中丧偶人数}{老年人口总数} \times 100\%$$

老年人口的丧偶比重与老年人口的年龄有较密切的关系，随着年龄的增长，丧偶人数将逐渐增多，丧偶率也将逐渐上升。丧偶对老年人口的晚年生活有很大的影响，丧偶老人在日常生活照料、精神慰藉方面需要子女的更多理解和社会的更多关爱。

**4. 离婚人数和离婚比重**

离婚是指离婚后本人迄今没有再婚，目前属于单身状态。处于离婚状态的老年人其离婚行为可能发生在 60 岁之前，也可能发生在 60 岁以后。老年人口离婚人数反映了离婚的老年人口的规模。

老年人口离婚比重，也称之为老年人口离婚率，指在全体老年人口中离婚的老年人所占的百分比，反映了老年人口中离婚的程度大小。其计算公式为：

$$老年人口离婚比重 = \frac{老年人口中离婚人数}{老年人口总数} \times 100\%$$

老年人口的离婚比重，揭示了老年人口的婚姻关系的稳定性程度。由于离婚后的老年人其经济状况、生活料理、精神状态和有配偶的老年人相比有很大不同，需要子女和社会更多的关心和帮助。

上述老年人口的四个婚姻状况指标——老年人口未婚比重、有配偶比重、丧偶比重、离婚比重，分别反映了老年人口处于各种婚姻状况的比例，四个比例之和等于100%。研究这些比例的水平高低和变化，可以分析出老年人口婚姻状态的稳定程度和变动趋势。

## 二 老年人婚姻构成总体状况与变化

2010年第六次全国人口普查结果显示，河南60岁及以上老年人口中，未婚者31.93万人，占2.67%；有配偶者835.52万人，占69.81%；离婚者8.29万人，占0.69%；丧偶者321.18万人，占26.83%。有配偶和丧偶老年人所占比例合计达96.64%，仍然占老年人口的绝大部分，说明河南老年人结婚比例高，婚姻比较稳定，这有利于解决老年人的照料和精神慰藉问题。与2000年相比，未婚、有配偶和离婚老年人所占比重依次上升了0.07个、4.57个和0.12个百分点，丧偶老年人所占比重下降了4.76个百分点（见表9-1）。丧偶老年人口比重的下降有赖于老年人特别是男性老年人口人均寿命的延长，离婚、未婚老年人口比重虽然增长幅度极小，但仍然需要关注。

表9-1　河南60岁及以上老年人口婚姻状况变化

单位：万人，%

| | 2010年 | | 2000年 | |
| --- | --- | --- | --- | --- |
| | 人数 | 比重 | 人数 | 比重 |
| 合计 | 1196.92 | 100.00 | 928.64 | 100.00 |
| 未婚 | 31.93 | 2.67 | 24.13 | 2.60 |
| 有配偶 | 835.52 | 69.81 | 605.82 | 65.24 |
| 离婚 | 8.29 | 0.69 | 5.29 | 0.57 |
| 丧偶 | 321.18 | 26.83 | 293.40 | 31.59 |

2015 年河南有 65 岁及以上老年人口 913 万人①，未婚者 14.6 万人，占 1.6%；有配偶者 613.5 万人，占 67.2%；离婚者 6.4 万人，占 0.7%；丧偶者 278.5 万人，占 30.5% （见表 9 - 2）。有配偶者与丧偶者合计占 97.7%。与 2000 年相比，有配偶者所占比重上升 8.79 个百分点，离婚者所占比重上升了 0.17 个百分点，未婚者和丧偶者所占比重依次下降 0.54 个和 8.42 个百分点。

表 9 - 2　2000 ~ 2015 年河南 65 岁及以上老年人口婚姻构成

单位：%

|  | 合计 | 未婚 | 有配偶 | 离婚 | 丧偶 |
|---|---|---|---|---|---|
| 2000 年 | 100.00 | 2.14 | 58.41 | 0.53 | 38.92 |
| 2006 年 | 100.00 | 2.44 | 61.24 | 0.47 | 35.86 |
| 2008 年 | 100.00 | 1.60 | 62.90 | 0.40 | 35.10 |
| 2009 年 | 100.00 | 1.61 | 64.20 | 0.22 | 33.97 |
| 2010 年 | 100.00 | 2.71 | 61.90 | 0.65 | 34.75 |
| 2011 年 | 100.00 | 1.55 | 63.43 | 0.44 | 34.58 |
| 2012 年 | 100.00 | 1.41 | 66.51 | 0.69 | 31.38 |
| 2013 年 | 100.00 | 1.40 | 65.34 | 0.72 | 32.54 |
| 2014 年 | 100.00 | 1.90 | 66.40 | 0.50 | 31.10 |
| 2015 年 | 100.00 | 1.60 | 67.20 | 0.70 | 30.50 |

总体来看，河南老年人口婚姻的特点是，有配偶者和丧偶者所占比例高，合计在 95% 以上，并且前者所占比例还在不断上升，而后者所占比重仍在逐渐下降。这一方面反映出老年家庭的稳定与和睦，另一方面，也体现出老年人口寿命水平的不断提高，是一种积极的表现。同时，还应该看到，老年人口的离婚比例也呈现上升趋向，尽管比重很小，但是从 60 岁及以上老年人口看，2010 年其人口规模比 2000 年已增加了 3 万人，达到 8.29 万人，另外，未婚老年人口也增加了 7.8 万人，达到 31.93 万人。

---

① 河南省统计局、国家统计局河南调查总队编《河南统计年鉴 2016》，中国统计出版社，2016，第 94 页。

## 三 分性别的老年人口婚姻状况及变化

第六次全国人口普查结果显示，2010 年河南 60 岁及以上男性老年人口中，未婚者 29.28 万人，占男性老年人口总数的 5.14%；有配偶者 436.67 万人，占 76.62%；离婚者 4.96 万人，占 0.87%；丧偶者 98.98 万人，占 17.37%（见表 9-3）。同 2000 年相比，未婚者和丧偶者所占比例下降 0.28 个和 2.50 个百分点，有配偶者和离婚者所占比重上升 2.77 个和 0.01 个百分点。

河南 60 岁及以上女性老年人口中，2010 年未婚者 2.65 万人，占女性老年人口总数的 0.42%；有配偶者 398.85 万人，占 63.61%；离婚 3.32 万人，占 0.53%；丧偶者 222.2 万人，占 35.44%（见表 9-3）。与 2000 年相比，未婚者、有配偶者和离婚者所占比例依次上升 0.36 个、6.10 个和 0.22 个百分点，丧偶者所占比例下降 6.68 个百分点。

总体来看，河南 60 岁及以上老年人口，无论男性还是女性，有配偶者都占大部分，所占比例也都呈上升趋势；离婚者所占比例较小，且也呈缓慢上升趋势。男女相比，男性老年人口的有配偶率（76.62%）、未婚率（5.14%）和离婚率（0.87%），都高于女性（63.61%；0.42%；0.53%），而丧偶率男性（17.37%）远远低于女性（35.44%）（见表 9-3），这可能主要源于男性平均寿命较女性低。

表 9-3 河南不同性别 60 岁及以上老年人口婚姻状况比较

单位：万人，%

| | 男 | | | | 女 | | | |
|---|---|---|---|---|---|---|---|---|
| | 2010 年 | | 2000 年 | | 2010 年 | | 2000 年 | |
| | 人数 | 比重 | 人数 | 比重 | 人数 | 比重 | 人数 | 比重 |
| 合计 | 569.89 | 100.0 | 439.13 | 100.0 | 627.03 | 100.0 | 489.51 | 100.0 |
| 未婚 | 29.28 | 5.14 | 23.80 | 5.42 | 2.65 | 0.42 | 0.33 | 0.07 |
| 有配偶 | 436.67 | 76.62 | 324.30 | 73.85 | 398.85 | 63.61 | 281.52 | 57.51 |
| 离婚 | 4.96 | 0.87 | 3.79 | 0.86 | 3.32 | 0.53 | 1.50 | 0.31 |
| 丧偶 | 98.98 | 17.37 | 87.24 | 19.87 | 222.20 | 35.44 | 206.16 | 42.12 |

从不同年份河南 65 岁及以上老年人口看，河南男女两性老年人口的婚姻状况构成，仍表现出有配偶率上升、丧偶率下降的趋势，以及未婚率、有配偶率和离婚率男性通常要高于女性而丧偶率则远低于女性的特点，特别是有配偶率和丧偶率，男女差异更加明显（见表 9－4）。

表 9－4　河南分性别的 65 岁及以上老年人口婚姻状况变化

单位：%

| | 合计 | 男 | | | | 女 | | | |
|---|---|---|---|---|---|---|---|---|---|
| | | 未婚 | 有配偶 | 离婚 | 丧偶 | 未婚 | 有配偶 | 离婚 | 丧偶 |
| 2015 年 | 100 | 3.30 | 74.80 | 0.70 | 21.30 | 0.10 | 60.10 | 0.70 | 39.10 |
| 2014 年 | 100 | 3.73 | 74.41 | 0.68 | 21.18 | 0.24 | 59.23 | 0.41 | 40.12 |
| 2013 年 | 100 | 2.86 | 73.77 | 0.70 | 22.66 | 0.05 | 57.53 | 0.74 | 41.67 |
| 2012 年 | 100 | 2.94 | 74.13 | 0.90 | 22.04 | — | 59.45 | 0.51 | 40.05 |
| 2011 年 | 100 | 3.18 | 72.40 | 0.64 | 23.79 | 0.04 | 55.17 | 0.27 | 44.51 |
| 2010 年 | 100 | 5.23 | 71.47 | 0.79 | 22.51 | 0.53 | 53.66 | 0.52 | 45.29 |
| 2009 年 | 100 | 3.34 | 73.11 | 0.26 | 23.29 | 0.09 | 56.37 | 0.18 | 43.35 |
| 2008 年 | 100 | 3.50 | 73.40 | 0.30 | 22.80 | — | 53.80 | 0.50 | 45.70 |
| 2006 年 | 100 | 4.90 | 71.50 | 0.70 | 22.90 | 0.26 | 52.14 | 0.26 | 47.34 |
| 2000 年 | 100 | 4.63 | 69.60 | 0.79 | 24.98 | 0.08 | 49.15 | 0.31 | 50.47 |

## 四　分教育程度的老年人口婚姻状况与变化

从 2010 年河南分教育程度的 60 岁及以上老年人口的婚姻状况看，老年人口的有配偶率、离婚率与其受教育程度呈正相关关系，而未婚率、丧偶率则呈负相关关系。从具体数据看，未上过学的老年人有配偶率仅为 51.7%，而小学、初中、高中、大专、本科学历的老年人有配偶率依次递增为 73.65%、85.11%、86.3%、88.15% 和 89.3%，未上过学与本科老年人口相差 37.61 个百分点，研究生学历的老年人口有配偶率虽稍低于本科，但仍高达 87.1%；未上过学的老年人的丧偶率高达 43.71%，而小学、初中、高中、大专、本科学历老年人口则依次递减为 22.99%、13.02%、12.02%、10.22% 和 9.16%，未上过学与本科学历老年人口相差 34.54 个百分点，研究生学历老年人丧偶率虽然稍高于本科和专科，也不过 11.61%（见表 9-5）。从 2010 年河南 65 岁及以上老年人口看，仍表现出上述特征（见表 9-6）。

表 9-5　河南分教育程度的 60 岁及以上老年人口的婚姻状况变化

单位：%

| | 未上过学 | | 小学 | | 初中 | | 高中 | |
|---|---|---|---|---|---|---|---|---|
| | 2010 年 | 2000 年 | 2010 年 | 2000 年 | 2010 年 | 2000 年 | 2010 年 | 2000 年 |
| 未婚 | 4.01 | 2.86 | 2.65 | 2.85 | 1.12 | 1.32 | 0.75 | 0.44 |
| 有配偶 | 51.70 | 54.20 | 73.65 | 73.79 | 85.11 | 84.06 | 86.30 | 87.82 |
| 离婚 | 0.59 | 0.49 | 0.71 | 0.67 | 0.74 | 0.60 | 0.93 | 0.66 |
| 丧偶 | 43.71 | 42.45 | 22.99 | 22.68 | 13.02 | 14.02 | 12.02 | 11.08 |
| 合计 | 100 | 100 | 100 | 100 | 100 | 100 | 100 | 100 |

| | 大专 | | 本科 | | 研究生 | |
|---|---|---|---|---|---|---|
| | 2010 年 | 2000 年 | 2010 年 | 2000 年 | 2010 年 | 2000 年 |
| 未婚 | 0.58 | 0.29 | 0.46 | 0.25 | 0.65 | 1.64 |
| 有配偶 | 88.15 | 90.48 | 89.30 | 93.42 | 87.10 | 88.52 |
| 离婚 | 1.05 | 0.89 | 1.08 | 0.72 | 0.65 | 3.28 |
| 丧偶 | 10.22 | 8.34 | 9.16 | 5.60 | 11.61 | 6.56 |
| 合计 | 100 | 100 | 100 | 100 | 100 | 100 |

与 2000 年相比，2010 年河南不同教育程度的 60 岁及以上老年人口的丧偶率、离婚率大多呈现上升趋势，只有初中文化程度老年人的丧偶率和研究生学历老年人的离婚率分别下降了 1 个和 2.63 个百分点，其中本科和研究生学历的老年人口的丧偶率上升幅度最大，分别提高了 3.56 个和 5.06 个百分点，本科学历老年人口的离婚率提高最快，上升了 0.36 个百分点。另外，不同教育程度老年人口的有配偶率则大多呈下降状态，只有初中文化程度老年人口上升了 1.05 个百分点，其中本科学历老年人口下降最快，降低了 4.12 个百分点（见表 9-5）。

表 9 - 6　河南分教育程度的 65 岁及以上老年人口的婚姻状况变化

单位：%

| | 未上过学 | | 小学 | | 初中 | | 高中 | |
|---|---|---|---|---|---|---|---|---|
| | 2010 年 | 2000 年 | 2010 年 | 2000 年 | 2010 年 | 2000 年 | 2010 年 | 2000 年 |
| 未婚 | 3.56 | 2.28 | 2.66 | 2.25 | 1.26 | 1.11 | 0.91 | 0.44 |
| 有配偶 | 46.75 | 50.03 | 67.12 | 68.47 | 80.00 | 79.13 | 82.16 | 83.32 |
| 离婚 | 0.58 | 0.47 | 0.67 | 0.62 | 0.69 | 0.55 | 0.84 | 0.67 |
| 丧偶 | 49.12 | 47.22 | 29.56 | 28.66 | 18.05 | 19.21 | 16.09 | 15.56 |
| 合计 | 100 | 100 | 100 | 100 | 100 | 100 | 100 | 100 |

| | 大专 | | 本科 | | 研究生 | |
|---|---|---|---|---|---|---|
| | 2010 年 | 2000 年 | 2010 年 | 2000 年 | 2010 年 | 2000 年 |
| 未婚 | 0.65 | 0.38 | 0.49 | 0.49 | 1.04 | 2.38 |
| 有配偶 | 85.23 | 87.10 | 87.52 | 89.09 | 81.25 | 88.10 |
| 离婚 | 0.85 | 0.94 | 1.08 | 1.10 | 1.04 | 0.00 |
| 丧偶 | 13.27 | 11.58 | 10.92 | 9.32 | 16.67 | 9.52 |
| 合计 | 100 | 100 | 100 | 100 | 100 | 100 |

## 五　分城乡的老年人口的婚姻状况

分城乡看，2010 年河南 60 岁及以上城市老年人口中，未婚者 1.29 万人，占城市老年人口总数的 0.67%；有配偶者 146.51 万人，占 75.77%；离婚者 1.74 万人，占 0.9%；丧偶者 43.81 万人，占 22.66%。镇老年人口中，未婚者 3.81 万人，占镇老年人口总数的 1.96%；有配偶者 137.84 万人，占 71.05%；离婚者 1.27 万人，占 0.66%；丧偶者 51.07 万人，占 26.33%。乡村老年人口中，未婚者 26.83 万人，占乡村老年人口总数的 3.31%；有配偶者 551.18 万人，占 68.08%；离婚者 5.27 万人，占 0.65%；丧偶者 226.31 万人，占 27.95%（见表 9 - 7）。

表9－7　2010年河南分城乡的60岁及以上老年人口婚姻状况

单位：万人，%

| | 合计 | | 未婚 | | 有配偶 | | 离婚 | | 丧偶 | |
|---|---|---|---|---|---|---|---|---|---|---|
| | 人数 | 比重 | 人数 | 比重 | 人数 | 比重 | 人数 | 比重 | 人数 | 比重 |
| 综合 | 1196.92 | 100 | 31.93 | 2.67 | 835.52 | 69.81 | 8.29 | 0.69 | 321.18 | 26.83 |
| 城市 | 193.35 | 100 | 1.29 | 0.67 | 146.51 | 75.77 | 1.74 | 0.90 | 43.81 | 22.66 |
| 镇 | 193.99 | 100 | 3.81 | 1.96 | 137.84 | 71.05 | 1.27 | 0.66 | 51.07 | 26.33 |
| 乡村 | 809.59 | 100 | 26.83 | 3.31 | 551.18 | 68.08 | 5.27 | 0.65 | 226.31 | 27.95 |

城市、镇和乡村三者相比，2010年河南60岁及以上老年人口中，未婚率乡村最高，为3.31%，其次为镇（1.96%），城市（0.67%）最低；有配偶率城市最高，为75.77%，其次为镇（71.05%），乡村（68.08%）最低；离婚率城市最高，为0.9%，镇（0.66%）第二，乡村（0.65%）最低；丧偶率乡村最高，为27.95%，其次为镇（26.33%），城市（22.66%）最低（见表9－7）。从2010年河南65岁及以上老年人口看，也表现出有配偶率、离婚率城市高于镇，镇高于（或等于）乡村，未婚率、丧偶率乡村高于镇，镇高于城市的特点（见表9－8）。

表9－8　2010年河南分城乡的65岁及以上老年人口婚姻状况

单位：万人，%

| | 合计 | | 未婚 | | 有配偶 | | 离婚 | | 丧偶 | |
|---|---|---|---|---|---|---|---|---|---|---|
| | 人数 | 比重 | 人数 | 比重 | 人数 | 比重 | 人数 | 比重 | 人数 | 比重 |
| 综合 | 785.49 | 100 | 21.26 | 2.71 | 486.22 | 61.90 | 5.07 | 0.65 | 272.93 | 34.75 |
| 城市 | 129.28 | 100 | 0.88 | 0.68 | 90.07 | 69.67 | 0.94 | 0.73 | 37.39 | 28.92 |
| 镇 | 125.63 | 100 | 2.58 | 2.05 | 79.24 | 63.07 | 0.79 | 0.63 | 43.03 | 34.25 |
| 乡村 | 530.57 | 100 | 17.80 | 3.35 | 316.91 | 59.73 | 3.34 | 0.63 | 192.52 | 36.29 |

# 六　主要研究发现

第一，通过对第六次全国人口普查有关资料的分析和与第五次全国人口普查资料的对比，可以看出，河南老年人口的婚姻是稳定的，他们一旦结婚组成家庭，破裂的很少，多数能够白头到老，有近 70% 的老年人都有配偶，比"五普"时有了较大（4.57 个百分点）的增长，且丧偶率仍在不断下降。此外，仍需要注意的是，老年人口的离婚率也有上升的倾向，尽管很小（0.12 个百分点），但其规模已达 8.29 万人。

第二，分性别看，2015 年男性老年人口的有配偶率（74.8%）、未婚率（3.3%）都高于女性（60.1%；0.1%），而丧偶率（21.3%）远远低于女性（39.1%）。不过，有配偶者均占大部分，且也都呈上升趋势。

第三，受教育程度与老年人口有配偶率、离婚率呈正相关关系，与其未婚率、丧偶率则呈负相关关系，尤其是有配偶率和丧偶率与受教育程度关系极为密切。

第四，城市、镇和乡村三者相比，城市老年人口的有配偶率、离婚率高于镇，镇普遍高于乡村；而未婚率、丧偶率则通常城市低于镇，镇低于乡村。

# 第十章  老年就业人口状况研究

21 世纪以来，随着河南经济社会的发展以及老年人口规模的扩大、老龄化程度的加深，老年人口参与经济活动的情况也发生了巨大的变化。老年人作为一个特殊的群体，一方面，他们有多年积累的丰富经验和知识，继续参加工作不仅对社会仍将做出很大的贡献，还可增加老年时期的经济收入，充实老年生活，但另一方面，老年人的就业又面临许多实际的困难。那么，当前河南老年人口的就业状况究竟如何？与 10 年前相比有什么新的变化？未就业人口又是什么样的？这些都需要通过第六次全国人口普查提供的最新资料来回答。

## 一　定义与数据

### （一）相关概念

就业人口，是指从事一定的社会劳动并取得劳动报酬或经营收入的人口。

经济活动人口是指那些已经参加和寻求参加经济活动的人口，在数量上等于就业人口与失业人口之和。老年人口中经济活动人口与非经济活动人口之和，为老年总人口。

老年人口就（在）业率，是反应老年人口就（在）业程度和就（在）业状况的指标。具体公式为：

$$老年人口就（在）业率 = \frac{老年就（在）业人口}{老年总人口} \times 100\%$$

（二）数据

本章主要利用 2010 年第六次全国人口普查[①]数据，在此基础上再利用 2000 年第五次全国人口普查[②]数据资料进行对比分析。两次人口普查都采用了长短表技术，长普查表抽取了 10% 的户填报，短普查表由其余的户填报。长表包括了短表的所有项目。本章所用数据为两次普查的长表数据，由于长表是以户为抽样单位的，因此长表人口各种结构数据的抽样比不可能一致。在推算老年人口在业、失业等总体时，还必须注意以上因素。

2010 年第六次全国人口普查河南 60 岁及以上老年人口为 11968210 人，长表中抽中的 60 岁及以上老年人口为 1196924 人，抽样比为 10.00086%，极近似于 10%，基于简便考虑，我们采用"长表汇总人口数×10"的方法来推算总体。

2000 年第五次全国人口普查河南 60 岁及以上老年人口为 9286375 人，长表中抽中的 60 岁及以上老年人口为 915842 人，抽样比为 9.86221%。我们采用"长表汇总人口数/0.0986221"的方法来推算总体。

## 二 经济活动与非经济活动老年人口

### （一）老年经济活动人口

#### 1. 规模与变动

2010 年第六次全国人口普查数据显示，河南 60 岁及以上老年人口中经济活动人口有 479.07 万人，占比为 40.03%，与 2000 年相比，人数增加 71.23 万人，所占比重下降 3.89 个百分点（见表 10 - 1）。

分性别看，2010 年河南男性老年经济活动人口有 275.78 万人，占男性

---

[①] 河南省统计局、河南省人口普查办公室编《河南省 2010 年人口普查资料》，中国统计出版社，2012。

[②] 河南省人口普查办公室编《河南省 2000 年人口普查资料》上卷，河南人民出版社，2003。

老年人口总数的 48.39%，与 2000 年相比，人数增加 38.39 万人，所占比重下降 5.67 个百分点。2010 年河南女性老年经济活动人口为 203.29 万人，占女性老年人口总数的比重为 32.42%，与 2000 年相比，人数增加 32.83 万人，所占比重下降 2.4 个百分点（见表 10 - 1）。

分城乡看，2010 年河南有城市老年经济活动人口 18.1 万人，占城市老年人口总数的 9.36%，同 2000 年相比，人数增加 1.2 万人，比重下降 4.08 个百分点；镇老年经济活动人口有 59.54 万人，占镇老年人口总数的 30.69%，与 2000 年相比，增加 42.51 万人，所占比重上升 5.05 个百分点；农村老年经济活动人口为 401.43 万人，占农村老年人口总数的 49.58%，与 2000 年相比，人数增加 27.51 万人，比重下降 1.18 个百分点（见表 10 - 1）。

综合分析可见，男性老年人口中经济活动人口所占比重（48.39%）高于女性（32.42%）；乡村老年人口中经济活动人口所占比重（49.58%）高于城市（9.36%）和镇（30.69%）。从 2000 年到 2010 年，无论总体还是分性别、城乡来看，河南老年经济活动人口规模都有不同程度的扩大，但是，其占相应老年群体的比重除镇以外皆呈下降趋势。

表 10 - 1    2010 年河南老年经济活动人口与 2000 年比较

| | | 2010 年 | | | 2000 年 | | | 2010 年与 2000 年相比 | |
| --- | --- | --- | --- | --- | --- | --- | --- | --- | --- |
| | | 老年人口（万人） | 经济活动人口 | | 老年人口（万人） | 经济活动人口 | | 人数变化（万人） | 比重变化（个百分点） |
| | | | 人数（万人） | 比重（%） | | 人数（万人） | 比重（%） | | |
| 总计 | | 1196.92 | 479.07 | 40.03 | 928.64 | 407.84 | 43.92 | 71.23 | -3.89 |
| 性别 | 男 | 569.89 | 275.78 | 48.39 | 439.13 | 237.38 | 54.06 | 38.39 | -5.67 |
| | 女 | 627.03 | 203.29 | 32.42 | 489.51 | 170.46 | 34.82 | 32.83 | -2.40 |
| 城乡 | 城市 | 193.35 | 18.10 | 9.36 | 125.71 | 16.90 | 13.44 | 1.20 | -4.08 |
| | 镇 | 193.99 | 59.54 | 30.69 | 66.41 | 17.03 | 25.64 | 42.51 | 5.05 |
| | 乡村 | 809.59 | 401.43 | 49.58 | 736.52 | 373.91 | 50.77 | 27.51 | -1.18 |

**2. 群体构成**

从性别构成看，2010 年河南老年经济活动人口中，男性占 57.57%，女

性占 42.43%，男性高于女性，与 2000 年相比，男性所占比重下降了 0.64
个百分点（见图 10-1）。

从城乡构成看，2010 年河南老年经济活动人口中，城市占 3.78%，镇
占 12.43%，乡村占 83.79%，乡村老年经济活动人口占了绝大部分，与
2000 年相比，城市和乡村分别下降 0.36 个和 7.89 个百分点，镇上升 8.25
个百分点（见图 10-1）。

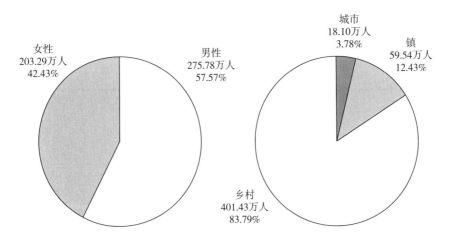

**图 10-1　2010 年河南老年经济活动人口的性别、城乡构成**

由上述分析可见，2010 年河南老年经济活动人口中，男性所占比重高
于女性，乡村所占比重高于城市和镇，但是同 2000 年相比，这两者均呈现
下降趋势。

## （二）老年非经济活动人口

### 1. 规模与构成

2010 年河南 60 岁及以上老年非经济活动人口为 717.85 万人，占老年
人口总数的 59.97%，比 2000 年增加 197.06 万人。男性老年非经济活动人
口为 294.12 万人，占男性老年人口总数的 51.61%，比 2000 年增加 92.37
万人；女性老年非经济活动人口为 423.74 万人，占女性老年人口总数的

67.58%，比2000年增加104.69万人。城市、乡村、镇老年非经济活动人口分别为175.25万、408.16万和134.45万人，依次占城市、乡村和镇老年人口总数的90.64%、50.42%和69.31%，比2000年分别增加66.44万、45.55万和85.07万人（见表10-2）。综合来看，女性老年人口中非经济活动人口所占比重（67.58%）高于男性（51.61%），城市老年人口中非经济活动人口所占比重（90.64%）远远高于镇（69.31%）和乡村（50.42%）。从2000年到2010年，不论总体还是分性别、城乡来看，老年非经济活动人口的数量都有大幅度的增加。

表 10-2　2010 年河南老年非经济活动人口与 2000 年比较

| | | 2010 年 | | | 2000 年 | | | 2010 年与 2000 年相比 | |
|---|---|---|---|---|---|---|---|---|---|
| | | 老年人口（万人） | 非经济活动人口 | | 老年人口（万人） | 非经济活动人口 | | 人数变化（万人） | 比重变化（个百分点） |
| | | | 人数（万人） | 比重（%） | | 人数（万人） | 比重（%） | | |
| 总计 | | 1196.92 | 717.85 | 59.97 | 928.64 | 520.79 | 56.08 | 197.06 | 3.89 |
| 性别 | 男 | 569.89 | 294.12 | 51.61 | 439.13 | 201.74 | 45.94 | 92.37 | 5.67 |
| | 女 | 627.03 | 423.74 | 67.58 | 489.51 | 319.05 | 65.18 | 104.69 | 2.40 |
| 城乡 | 城市 | 193.35 | 175.25 | 90.64 | 125.71 | 108.81 | 86.56 | 66.44 | 4.08 |
| | 镇 | 193.99 | 134.45 | 69.31 | 66.41 | 49.38 | 74.36 | 85.07 | -5.05 |
| | 乡村 | 809.59 | 408.16 | 50.42 | 736.52 | 362.60 | 49.23 | 45.55 | 1.18 |

2010年河南老年非经济活动人口中，男性占40.97%，女性占59.03%，女性所占比重高于男性，与2000年相比，女性占比下降了2.23个百分点。从城乡分布看，乡村所占比重最高，为56.86%，其次为城市和镇，分别为24.41%和18.73%（见图10-2），与2000年相比，乡村所占比重下降12.77个百分点，城市和镇则依次上升3.52个和9.25个百分点。总之，女性和乡村分别占老年非经济活动人口的半数以上，但是，同2000年相比，其所占比重均呈下降趋势。

**2. 未工作原因**

2010年第六次全国人口普查普查表为未工作人口的未工作原因设计了9

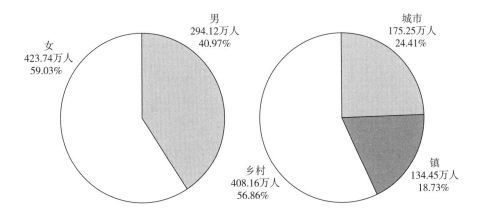

图 10 - 2 2010 年河南老年非经济活动人口的性别、城乡构成

种选项。①

第一，在校学习。即在校学生，指在各级教育主管部门承认的各级各类学校学习，并有正式学籍的人员。不包括有工作单位的脱产学习的人员。

第二，丧失工作能力。指经专门机构鉴定或虽未鉴定但本人或其法定监护人认为其因生理或心理疾患已丧失了从事劳动的能力。包括年老体弱生活不能自理的人员，但不包括离休、退休人员。

第三，毕业后未工作。指从学校毕业后从未工作过的人。

第四，因单位原因失去工作。指因用人单位或雇主提出与劳动者本人中断劳动关系而失去原工作。包括被原单位或雇主辞退、除名、开除的人，劳动合同到期后单位或雇主不同意续签劳动合同的人，因单位破产而失去工作的人，单位要求其"内退"的人，以及仍与原工作单位保留劳动关系的下岗人员。

第五，因本人原因失去工作。指本人因各种原因提出与单位中断劳动关系而失去原工作。包括辞职的人、劳动合同到期后本人不同意与单位续签劳动合同的人，以及本人提出要求而"内退"的人。

---

① 河南省统计局、河南省人口普查办公室编《河南省 2010 年人口普查资料》，中国统计出版社，2012，第 2390 ~ 2391 页。

第六，承包土地被征用。指本人因承包或转包、租用他人的土地被有关部门和单位依据土地征用制度规定征作公益性用地或经营性用地而失去工作。不包括受雇在别人承包的土地上工作，因土地被征用而失去工作的人。

第七，离退休。指已正式办理离休、退休手续，定期领取离退休生活费，且未从事任何有收入劳动。不包括单位"内退"人员。

第八，料理家务。指主要在自己家里从事家务劳动，且没有劳动收入。离、退休人员中从事家务劳动的人，为自家经营的摊位、商店、门市部、工厂工作的人，以及农村中既料理家务又务农或从事家庭副业的人，在别人家干家务活儿的临时工或小时工等，不包括在内。

第九，其他。指除以上几种情况之外的其他未工作的原因。

2010年河南老年非经济活动人口中，基于丧失工作能力而未工作的有330.46万人，占46.03%，其次为离退休和料理家务，分别为164.8万人和161.61万人，依次占22.96%和22.51%，三者合计共占91.5%（见表10-3）。

分性别和分城乡来看，丧失工作能力、离退休和料理家务也是最重要的原因（"其他"除外），只是位次有所不同。

男性与女性相比，丧失工作能力都是首要原因，所占比重也差别不大，分别为45.42%和46.46%，但是在离退休和料理家务方面，男性处于第二位的是离退休，其人数所占比重为34.59%，高于女性（14.88%）19.71个百分点；女性处于第二位的是料理家务，其人数所占比重为31.85%，高于男性（9.03%）22.81个百分点。

城市、镇和乡村三者相比，城市首要原因为离退休，其人数所占比重达到63.18%，其次为料理家务，其人数比重为16.31%；乡村首要原因为丧失工作能力，其人数所占比重达62.44%，其次为料理家务，人数比重为24.33%。镇老年非经济活动人口中未工作的首要原因尽管也是丧失劳动能力，但是其人数所占比重则相对较低，只有38.98%，其第二位原因——离退休和第三位原因——料理家务，各自人数所占比重也相差不大，分别为25.94%和25.1%。

综合来看，丧失工作能力、离退休和料理家务是河南老年非经济活动人口未工作的最主要原因。男女相比，男性侧重于离退休，而女性则更侧重于料理家务一些。城乡相比，城市更侧重于离退休，乡村更侧重于丧失劳动能力，其人数所占比重均超过60%。

表10-3 2010年河南基于未工作原因的老年非经济活动人口分布

单位：%

| | | 合计 | 在校学习 | 丧失工作能力 | 毕业后未工作 | 因单位原因失去工作 | 因本人原因失去工作 | 承包土地被征用 | 离退休 | 料理家务 | 其他 |
|---|---|---|---|---|---|---|---|---|---|---|---|
| 总计 | | 100 | 0.01 | 46.03 | 0.09 | 0.06 | 0.32 | 0.20 | 22.96 | 22.51 | 7.82 |
| 性别 | 男 | 100 | 0.01 | 45.42 | 0.10 | 0.09 | 0.50 | 0.28 | 34.59 | 9.03 | 9.93 |
| | 女 | 100 | 0.01 | 46.46 | 0.09 | 0.03 | 0.19 | 0.14 | 14.88 | 31.85 | 6.35 |
| 城乡 | 城市 | 100 | 0.01 | 13.23 | 0.08 | 0.10 | 0.23 | 0.40 | 63.18 | 16.31 | 6.47 |
| | 镇 | 100 | 0.02 | 38.98 | 0.10 | 0.10 | 0.40 | 0.30 | 25.94 | 25.10 | 9.06 |
| | 乡村 | 100 | 0.01 | 62.44 | 0.10 | 0.02 | 0.34 | 0.08 | 4.70 | 24.33 | 7.98 |

# 三 老年人口就业与失业状况

## （一）老年人口的就业状况

### 1. 老年就业人口的数量变化

2010年河南老年经济活动人口中，就业人口为475.85万人，比2000年增加68.59万人，增长16.84%。其中，男性为273.93万人，比2000年增加36.85万人，增长15.54%；女性为201.93万人，比2000年增加31.74万人，增长18.65%。城市老年就业人口为17.26万人，比2000年增加0.57万人，增长3.4%；镇为58.83万人，比2000年增加41.88万人，增长247.23%；乡村为399.77万人，比2000年增加26.14万人，增长6.99%（见表10-4）。无论从总体上看，还是分性别、城乡看，从2000年到2010年河南老年就业人口都有不同程度的增加，其中增长幅度最大的是镇，十年增长了247.23%。

表 10 − 4  2010 年河南老年就业人口与 2000 年比较

单位：万人，%

| | | 2010 年 | 2000 年 | 2010 年比 2000 年 | |
|---|---|---|---|---|---|
| | | | | 增加 | 增长 |
| 总计 | | 475.85 | 407.27 | 68.59 | 16.84 |
| 性别 | 男 | 273.93 | 237.08 | 36.85 | 15.54 |
| | 女 | 201.93 | 170.19 | 31.74 | 18.65 |
| 城乡 | 城市 | 17.26 | 16.69 | 0.57 | 3.40 |
| | 镇 | 58.83 | 16.94 | 41.88 | 247.23 |
| | 乡村 | 399.77 | 373.64 | 26.14 | 6.99 |

**2. 老年就业人口的构成**

（1）性别构成

2010 年河南省老年就业人口中，男性占 57.57%，高于女性（42.43%），与 2000 年相比，男性所占比重稍有下降，女性所占比重有所上升（见图 10 − 3）。

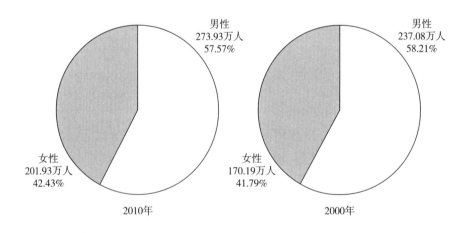

图 10 − 3  2010 年河南省老年就业人口性别构成与 2000 年比较

（2）城乡构成

2010 年河南省老年就业人口中，乡村仍占多数，比重为 84.01%，其次是镇，占比为 12.36%，城市所占比重最小，仅 3.63%（见图 10 − 4）。与

2000 年相比，乡村所占比重显著下降，降幅为 7.73%，镇所占比重明显上升，升幅达到 8.2 个百分点，城市变化不大，仅下降了 0.47 个百分点。

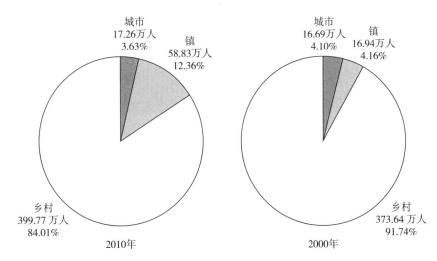

图 10 - 4 **2010 年河南省老年就业人口城乡构成与 2000 年比较**

### 3. 老年人口就业率变化

2010 年河南 60 岁及以上老年人口的就业率是 39.76%，其中男性为 48.07%，女性为 32.2%，男性高于女性 15.86 个百分点（见图 10 - 5）。与 2000 年相比，老年人口总体就业率下降 4.1 个百分点，其中男性下降 5.92 个百分点，女性下降 2.56 个百分点。

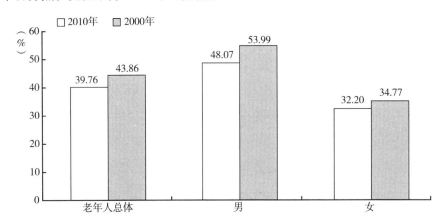

图 10 - 5 **河南 60 岁及以上老年人口就业率的变化**

### 4. 老年人口就业状况城乡差异

2010 年河南 60 岁及以上老年人口的就业率，乡村最高，达到 49.38%，其次是镇，为 30.32%，城市最低，仅 8.93%（见图 10-6），乡村是城市的 5 倍多。同 2000 年相比，城市和乡村均有所下降，分别降低 4.35 个和 1.35 个百分点，镇则正好相反，上升了 4.81 个百分点。

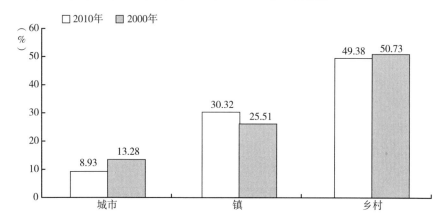

**图 10-6　河南 60 岁及以上老年人口就业率城乡比较**

分年龄段来看，2010 年河南省 60 岁及以上老年人口的就业率，在各个年龄段均表现出乡村最高、镇次之、城市最低的现象，并随着年龄段的升高，三者之间的差距迅速缩小（见图 10-7）。

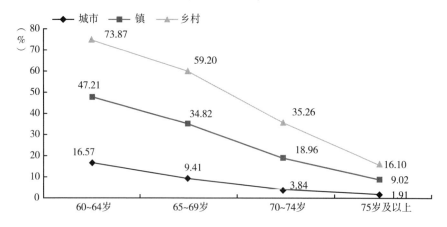

**图 10-7　2010 年分年龄段城乡 60 岁及以上老年人口就业率比较**

5. 老年人口就业状况年龄差异

从 2010 年河南 60 岁及以上老年人口分年龄、性别就业率的变化看,随着年龄段的上升,不论老年人口总体,还是分性别看,老年人口的就业率都呈现加速下降趋势。比如老年人口总体的就业率,60 ~ 64 岁年龄段为 60.52%,70 ~ 74 岁年龄段则下降到 26.81%,下降了一半以上,75 岁及以上老年人口的就业率则仅有 12.84%,又下降了一半(见图 10 - 8),随着年龄段的升高,就业率下降的速度明显加快。

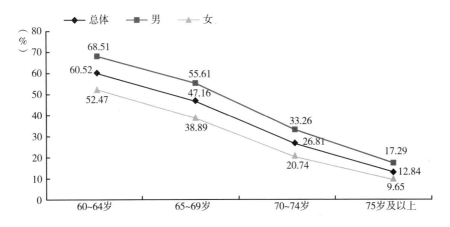

**图 10 - 8　2010 年河南 60 岁及以上老年人口分年龄、性别就业率比较**

分性别看,各个年龄段男性老年人口的就业率都高于女性,随着年龄段的升高,其差距则整体呈明显缩小趋势。60 ~ 64 岁年龄段,男女相差 16.04 个百分点,而到 75 岁及以上年龄段时,二者差距缩小到 7.64 个百分点(见图 10 - 8)。

(二)老年人口的失业状况

1. 老年失业人口数量及变化

2010 年河南 60 岁及以上老年失业人口有 3.22 万人,其中,男性 1.85 万人,女性 1.37 万人,同 2000 年相比,依次增加 2.64 万、1.55 万和 1.09 万人,分别是 2000 年的 5.58 倍、6.1 倍和 5 倍(见表 10 - 5)。

从地区分布看，2010 年河南 60 岁及以上老年失业人口乡村最多，有 1.66 万人，城市（0.85 万人）次之，镇（0.71 万人）最少，与 2000 年相比，乡村、城市和镇均有所增加，乡村最多，增加了 1.38 万人，其次是城市和镇，分别增加 0.64 万和 0.62 万人，但是，镇增长最快，2010 年是 2000 年的 8.08 倍（见表 10 – 5）。

表 10 – 5　2010 年河南老年失业人口与 2000 年比较

单位：万人

| | | 2010 年 | 2000 年 | 2010 年与 2000 年相比 | |
|---|---|---|---|---|---|
| | | | | 增加 | 倍数 |
| 总计 | | 3.22 | 0.58 | 2.64 | 5.58 |
| 性别 | 男 | 1.85 | 0.30 | 1.55 | 6.10 |
| | 女 | 1.37 | 0.27 | 1.09 | 5.00 |
| 城乡 | 城市 | 0.85 | 0.21 | 0.64 | 4.03 |
| | 镇 | 0.71 | 0.09 | 0.62 | 8.08 |
| | 乡村 | 1.66 | 0.28 | 1.38 | 5.95 |

**2. 老年失业人口未工作原因**

从总体看，2010 年河南 60 岁及以上老年失业人口中，未工作的原因选择"其他"的最多，占 29.84%，其次是料理家务，占 28.72%，再次为离退休和承包土地被征用，占比分别为 16.07% 和 11.22%（见表 10 – 6）。

分性别看，女性选择料理家务的比重最高，达到 49.63%，其次为"其他"，占 20.69%；男性选择"其他"的最多，占到 36.61%，其次是离退休，占比为 20.44%（见表 10 – 6）。

分城乡看，城市老年失业人口选择离退休的最多，占比为 32.27%，其次是"其他"，占 20.8%，再次为承包土地被征用和料理家务，分别占 16.55% 和 14.54%；镇老年失业人口选择料理家务和"其他"的较多，分别占 27.49% 和 25.11%，其次为离退休和承包土地被征用，分别占 16.83% 和 15.57%；乡村老年失业人口，选择料理家务和"其他"的最多，均占 36.49%，另外几项原因选择都较少，均在 8% 以下（见表 10 – 6）。

**表 10 – 6  2010 年基于未工作原因的河南 60 岁及以上老年失业人口分布**

单位：%

| | | 合计 | 毕业后未工作 | 因单位原因失去工作 | 因本人原因失去工作 | 承包土地被征用 | 离退休 | 料理家务 | 其他 |
|---|---|---|---|---|---|---|---|---|---|
| 总体 | | 100 | 2.33 | 7.09 | 4.72 | 11.22 | 16.07 | 28.72 | 29.84 |
| 性别 | 男性 | 100 | 2.11 | 8.71 | 6.06 | 12.82 | 20.44 | 13.25 | 36.61 |
| | 女性 | 100 | 2.63 | 4.90 | 2.92 | 9.06 | 10.16 | 49.63 | 20.69 |
| 城乡 | 城市 | 100 | 0.71 | 10.99 | 4.14 | 16.55 | 32.27 | 14.54 | 20.80 |
| | 镇 | 100 | 2.38 | 8.84 | 3.79 | 15.57 | 16.83 | 27.49 | 25.11 |
| | 乡村 | 100 | 3.14 | 4.34 | 5.43 | 6.63 | 7.48 | 36.49 | 36.49 |

## 四  就业老年人口的行业构成

第六次全国人口普查，将就业人口的行业类别划分为 20 种。其中，第一产业包括农、林、牧、渔业；第二产业包括工业（含采矿业、制造业、电力和燃气及水的生产和供应业）和建筑业；第三产业指除了第一产业、第二产业以外的其他各业。第三产业又可具体分为两大部门（流通部门和服务部门）四个层次。

第一层次：流通部门，包括交通运输、仓储及邮政业，信息传输、计算机服务和软件业，批发和零售业，住宿和餐饮业。

第二层次：为生产和生活服务的部门，包括金融业，房地产业，科学研究、技术服务和地质勘查业，水利、环境和公共设施管理业，租赁和商务服务业，居民服务和其他服务业。

第三层次：为提高居民科学文化水平和素质服务的部门，包括教育，文化、体育和娱乐业，卫生、社会保障和社会福利业。

第四层次：为社会公共需要服务的部门，包括公共管理和社会组织、国际组织。

从 2010 年第六次全国人口普查结果看，河南老年就业人口绝大多数（91.66%）都在从事第一产业，农业仍然是老年人口就业的主要行业；其次为第二产业的制造业和建筑业，分别占 1.93% 和 1.76%；再次为第三产业中的批发和零售业，占比为 1.45%。第二、三产业的其他各行业所占比重均在 1% 以下（见表 10 - 7）。

分性别看，不论男性还是女性，第一产业的农林牧渔业都是最主要的就业行业，只是男性的占比（88.56%）低于女性（95.87%）。男性排在第二位的是建筑业，占 2.9%，制造业和批发零售业分别排第三位、第四位，依次占 2.58% 和 1.69%。女性排第二位的是批发和零售业，占比为 1.12%，接下来是制造业，排第三位，占比为 1.04%（见表 10 - 7）。综合来看，男性的就业行业比女性更广泛一些，特别是建筑业，占了较大比重，而女性的就业行业则更为集中，聚集在农业和批发零售业。

分城乡看，城市、镇和乡村的老年就业人口，都是以第一产业农林牧渔业为主要就业行业，但是，其所占比重却相差很大，乡村最高，占比达到 95.38%，城市最低，只有 44.86%，镇（80.17%）居中。在城市，居于第二位、第三位的是制造业和批发零售业，占比分别为 11.79% 和 9.71%；其次为建筑业和公共管理与社会组织，分别占 5.61% 和 5.2%；接下来是居民服务和其他服务业，占 3.74%；另外，还有卫生、社会保障和社会福利业以及交通运输、仓储和邮政业等 7 个行业，所占比重均在 1% ~ 3%。在镇，居于第二位、第三位的是批发零售业和制造业，所占比重依次为 4.61% 和 4.5%；其次是建筑业居于第四位，占 3.07%；此外，占比大于 1% 的行业还有公共管理和社会组织、交通运输仓储和邮政业、居民服务和其他服务业等 3 个行业。在乡村，居于第二位、第三位的是建筑业和制造业，分别占 1.4% 和 1.13%；其他各行业的老年就业人口的占比均小于 1%（见表 10 - 7）。综合来看，城市老年就业人口行业分布比较广泛，第一产业就业人数不到一半；而乡村的老年就业人口则高度集中于第一产业的农林牧渔业，其他行业所占比重极少；镇老年就业人口处于中间位置。

表 10-7　2010 年河南分性别、城乡的 60 岁及以上老年就业人口的行业分布

单位：万人，%

| | 老年总体 | | 性别 | | | | 城乡 | | | | | |
| | | | 男 | | 女 | | 城市 | | 镇 | | 乡村 | |
| | 人数 | 比例 | 人数 | 比例 | 人数 | 比例 | 人数 | 比例 | 人数 | 比例 | 人数 | 比例 |
|---|---|---|---|---|---|---|---|---|---|---|---|---|
| 合计 | 475.85 | 100 | 273.93 | 100 | 201.93 | 100 | 17.26 | 100 | 58.83 | 100 | 399.77 | 100 |
| 1. 农林牧渔业 | 436.18 | 91.66 | 242.59 | 88.56 | 193.59 | 95.87 | 7.74 | 44.86 | 47.16 | 80.17 | 381.28 | 95.38 |
| 2. 采矿业 | 0.93 | 0.20 | 0.82 | 0.30 | 0.12 | 0.06 | 0.29 | 1.66 | 0.19 | 0.31 | 0.46 | 0.11 |
| 3. 制造业 | 9.18 | 1.93 | 7.08 | 2.58 | 2.11 | 1.04 | 2.03 | 11.79 | 2.65 | 4.50 | 4.50 | 1.13 |
| 4. 电力、燃气及水的生产和供应业 | 0.31 | 0.07 | 0.27 | 0.10 | 0.04 | 0.02 | 0.13 | 0.74 | 0.09 | 0.15 | 0.10 | 0.02 |
| 5. 建筑业 | 8.38 | 1.76 | 7.94 | 2.90 | 0.44 | 0.22 | 0.97 | 5.61 | 1.81 | 3.07 | 5.60 | 1.40 |
| 6. 交通运输、仓储和邮政业 | 2.25 | 0.47 | 1.74 | 0.63 | 0.52 | 0.26 | 0.47 | 2.71 | 0.75 | 1.27 | 1.04 | 0.26 |
| 7. 信息传输、计算机服务和软件业 | 0.14 | 0.03 | 0.10 | 0.04 | 0.04 | 0.02 | 0.05 | 0.28 | 0.03 | 0.05 | 0.07 | 0.02 |
| 8. 批发和零售业 | 6.89 | 1.45 | 4.63 | 1.69 | 2.25 | 1.12 | 1.68 | 9.71 | 2.71 | 4.61 | 2.50 | 0.62 |
| 9. 住宿和餐饮业 | 1.42 | 0.30 | 0.93 | 0.34 | 0.48 | 0.24 | 0.40 | 2.33 | 0.47 | 0.80 | 0.54 | 0.14 |
| 10. 金融业 | 0.19 | 0.04 | 0.15 | 0.06 | 0.04 | 0.02 | 0.09 | 0.50 | 0.06 | 0.11 | 0.04 | 0.01 |
| 11. 房地产业 | 0.34 | 0.07 | 0.26 | 0.09 | 0.08 | 0.04 | 0.26 | 1.51 | 0.04 | 0.07 | 0.03 | 0.01 |
| 12. 租赁和商务服务业 | 0.43 | 0.09 | 0.34 | 0.12 | 0.10 | 0.05 | 0.15 | 0.86 | 0.15 | 0.25 | 0.14 | 0.03 |
| 13. 科学研究、技术服务和地质勘查业 | 0.11 | 0.02 | 0.09 | 0.03 | 0.02 | 0.01 | 0.06 | 0.32 | 0.02 | 0.03 | 0.03 | 0.01 |
| 14. 水利、环境和公共设施管理业 | 0.86 | 0.18 | 0.56 | 0.20 | 0.31 | 0.15 | 0.42 | 2.40 | 0.23 | 0.40 | 0.22 | 0.05 |
| 15. 居民服务和其他服务业 | 2.33 | 0.49 | 1.68 | 0.61 | 0.65 | 0.32 | 0.65 | 3.74 | 0.72 | 1.22 | 0.97 | 0.24 |
| 16. 教育 | 1.74 | 0.36 | 1.34 | 0.49 | 0.39 | 0.20 | 0.45 | 2.58 | 0.47 | 0.81 | 0.82 | 0.20 |
| 17. 卫生、社会保障和社会福利业 | 1.95 | 0.41 | 1.62 | 0.59 | 0.33 | 0.16 | 0.48 | 2.78 | 0.48 | 0.82 | 0.99 | 0.25 |
| 18. 文化、体育和娱乐业 | 0.17 | 0.04 | 0.14 | 0.05 | 0.03 | 0.01 | 0.07 | 0.41 | 0.05 | 0.09 | 0.05 | 0.01 |
| 19. 公共管理和社会组织 | 2.05 | 0.43 | 1.67 | 0.61 | 0.39 | 0.19 | 0.90 | 5.20 | 0.75 | 1.27 | 0.41 | 0.10 |
| 20. 国际组织 | 0 | | 0 | | 0 | | 0 | | 0 | | 0 | |

# 五 老年就业人口的职业构成

通过分析 2010 年河南省 60 岁及以上老年就业人口的职业分布特点，可以看出，老年人所从事的职业也以生产型为主，以体力劳动为主（见表 10－8）。仍在工作的老年人中，农、林、牧、渔、水利业占 91.6%；其次是生产、运输设备操作人员及有关人员，占 3.35%；排第三位的是商业、服务业人员，占 2.95%；居第四位的是专业技术人员，占 1.13%；从事其他职业的老年人比例都很低（见表 10－8）。

表 10－8　2010 年河南分性别的 60 岁及以上老年就业人口的职业构成

单位：万人，%

| | 老年总体 | | 男 | | 女 | |
|---|---|---|---|---|---|---|
| | 人数 | 比重 | 人数 | 比重 | 人数 | 比重 |
| 总计 | 475.85 | 100 | 273.93 | 100 | 201.93 | 100 |
| 国家机关、党群组织、企业、事业单位负责人 | 1.08 | 0.23 | 0.92 | 0.34 | 0.16 | 0.08 |
| 专业技术人员 | 5.39 | 1.13 | 4.25 | 1.55 | 1.14 | 0.57 |
| 办事人员和有关人员 | 3.27 | 0.69 | 2.84 | 1.04 | 0.42 | 0.21 |
| 商业、服务业人员 | 14.02 | 2.95 | 9.68 | 3.53 | 4.34 | 2.15 |
| 农、林、牧、渔、水利业生产人员 | 435.86 | 91.60 | 242.33 | 88.46 | 193.54 | 95.85 |
| 生产、运输设备操作人员及有关人员 | 15.93 | 3.35 | 13.72 | 5.01 | 2.20 | 1.09 |
| 不便分类的其他从业人员 | 0.31 | 0.07 | 0.19 | 0.07 | 0.12 | 0.06 |

与 2000 年相比，2010 年河南 60 岁及以上老年就业人口中，农、林、牧、渔、水利业下降了 3.89 个百分点；国家机关、党群组织、企业、事业单位负责人下降了 0.07 个百分点。而其他各职业劳动者所占比重均有所上升，其中增长最快的是生产、运输设备操作人员及有关人员，上升了 2.44 个百分点；其次是商业、服务业人员，上升了 1.28 个百分点；

专业技术人员、办事人员和有关人员以及不便分类的其他从业人员，增幅都很小，不足 0.5 个百分点（见表 10 - 9）。

表 10 - 9 2000 年河南分性别的 60 岁及以上老年就业人口的职业构成

单位：万人，%

| | 老年总体 | | 男 | | 女 | |
|---|---|---|---|---|---|---|
| | 人数 | 比重 | 人数 | 比重 | 人数 | 比重 |
| 合计 | 407.27 | 100 | 237.08 | 100 | 170.19 | 100 |
| 国家机关、党群组织、企业、事业单位负责人 | 1.23 | 0.30 | 1.10 | 0.46 | 0.12 | 0.07 |
| 专业技术人员 | 4.14 | 1.02 | 3.64 | 1.54 | 0.50 | 0.29 |
| 办事人员和有关人员 | 2.41 | 0.59 | 2.18 | 0.92 | 0.23 | 0.13 |
| 商业、服务业人员 | 6.81 | 1.67 | 4.89 | 2.06 | 1.92 | 1.13 |
| 农、林、牧、渔、水利业生产人员 | 388.88 | 95.49 | 221.94 | 93.61 | 166.95 | 98.10 |
| 生产、运输设备操作人员及有关人员 | 3.70 | 0.91 | 3.24 | 1.37 | 0.46 | 0.27 |
| 不便分类的其他从业人员 | 0.10 | 0.03 | 0.09 | 0.04 | 0.02 | 0.01 |

从职业结构的性别差异看，2010 年，在农、林、牧、渔、水利业就业人口中，60 岁及以上女性老年人的比例为 95.85%，高于男性老年人（88.46%）7.38 个百分点；在从事其他职业的老年人中，男性所占比例都远高于女性（见表 10 - 8）。

从职业结构的城乡差异看，2010 年，60 岁及以上老年就业人口中，农、林、牧、渔、水利业劳动者所占比重，在城市、镇和乡村都占首位，但是占比差异很大，乡村高达 95.28%，而城市只有 44.55%，乡村是城市的 2 倍多。而在商业服务业、生产运输、办事人员、专业技术、国家机关、不便分类等职业就业的老年人口所占比重，城市高于镇，镇高于乡村，依次递减，农村从事非农职业的劳动者比重非常低，不到 5%，城乡差距极大（见表 10 - 10）。

表 10 - 10  2010 年河南分城乡的 60 岁及以上老年就业人口的职业构成

单位：万人，%

| | 老年总体 | | 城市 | | 镇 | | 乡村 | |
|---|---|---|---|---|---|---|---|---|
| | 人数 | 比重 | 人数 | 比重 | 人数 | 比重 | 人数 | 比重 |
| 总计 | 475.85 | 100 | 17.26 | 100 | 58.83 | 100 | 399.77 | 100 |
| 国家机关、党群组织、企业、事业单位负责人 | 1.08 | 0.23 | 0.43 | 2.46 | 0.30 | 0.50 | 0.36 | 0.09 |
| 专业技术人员 | 5.39 | 1.13 | 1.34 | 7.78 | 1.26 | 2.13 | 2.79 | 0.70 |
| 办事人员和有关人员 | 3.27 | 0.69 | 1.36 | 7.88 | 1.05 | 1.78 | 0.86 | 0.21 |
| 商业、服务业人员 | 14.02 | 2.95 | 3.88 | 22.46 | 4.89 | 8.32 | 5.25 | 1.31 |
| 农、林、牧、渔、水利业生产人员 | 435.86 | 91.60 | 7.69 | 44.55 | 47.26 | 80.34 | 380.91 | 95.28 |
| 生产、运输设备操作人员及有关人员 | 15.93 | 3.35 | 2.53 | 14.66 | 3.96 | 6.74 | 9.43 | 2.36 |
| 不便分类的其他从业人员 | 0.31 | 0.07 | 0.04 | 0.20 | 0.11 | 0.19 | 0.17 | 0.04 |

# 六  老年就业人口的劳动强度

对老年就业人口的劳动强度，我们主要通过周劳动时间来考察。2010
年第六次全国人口普查数据显示，不同年龄段老年就业人口周平均工作时间
有所不同，随着年龄段的升高整体呈现下降趋势。具体表现为：60~64 岁
年龄段老年就业人口周平均工作时间为 35.13 小时，65~69 岁为 33.03 小
时，70~74 岁以及 75 岁及以上都为 30.2 小时（见图 10-8）。

分性别看，男性和女性老年就业人口的周平均工作时间都随着年龄段的
升高而下降。但是，男性老年就业人口在各个年龄段的周平均工作时间都高
于女性，且随着年龄段的升高，差距逐渐缩小。60~64 岁年龄段，男性老
年就业人口高于女性 4.93 小时，65~69 岁年龄段男性高于女性 4.37 小时，
70~74 岁年龄段男性高于女性 3.45 小时，75 岁及以上年龄段男性高于女性
2.61 小时（见图 10-9）。

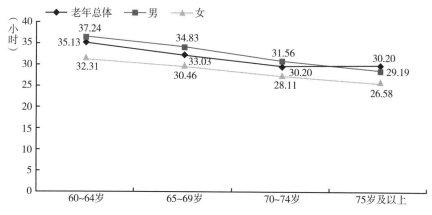

**图 10 - 9　2010 年不同年龄段老年就业人口周平均工作时间**

分城乡看，城市、镇和乡村老年就业人口的周平均工作时间都随着年龄段的升高而下降。各个年龄段的城市老年就业人口的周平均工作时间，都高于相应年龄段的镇、乡村老年就业人口。各个年龄段的镇老年就业人口的周平均工作时间，又都高于相应年龄段的乡村老年就业人口。城市与镇的差距，远远高于镇与乡村的差距。60 ~ 64 岁年龄段，城市高于镇 5.57 小时，镇高于乡村 1.76 小时；65 ~ 69 岁年龄段，城市高于镇 6.32 小时，镇高于乡村 1.31小时；70 ~ 74 岁年龄段，城市高于镇 7.38 小时，镇高于乡村 0.71 小时；75 岁及以上年龄段，城市高于镇 6.75 小时，镇高于乡村 1.32 小时（见图 10 - 10）。

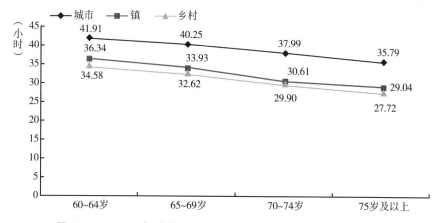

**图 10 - 10　2010 年城乡不同年龄段老年就业人口周平均工作时间**

# 七 主要发现

2010 年第六次全国人口普查提供了丰富的老年人口的就业状况数据，科学地分析这些资料，对于全面了解河南老年人口的在业状况和特点，制定相关社会经济政策有重要的指导意义。本研究利用 2010 年第六次全国人口普查的老年人口在业数据与 2000 年第五次全国人口普查数据相关资料进行对比分析，主要发现有以下几点。

第一，第六次全国人口普查数据显示，2010 年河南 60 岁及以上老年经济活动人口有 479.07 万人，比 2000 年增加 71.23 万人，占老年总人口比重下降到 40.03%。分性别、城乡看，不同群体老年经济活动人口规模都有不同程度的扩大，但其占相应老年群体的比重除镇以外皆呈下降趋势。从性别、城乡构成看，男性占比高于女性，乡村占比高于城市和镇，但是同 2000 年相比，这两者均呈现下降趋势。

第二，2010 年河南 60 岁及以上老年非经济活动人口为 717.85 万人，比 2000 年增加 197.06 万人，占老年人口总数的 59.97%。分性别、城乡看，女性老年人口中非经济活动人口所占比重（67.58%）高于男性（51.61%），城市（90.64%）远远高于镇（69.31%）和乡村（50.42%）。从构成看，女性和乡村分别占老年非经济活动人口的半数以上，但是，同 2000 年相比，其所占比重均呈下降趋势。丧失工作能力、离退休和料理家务是河南非经济活动老年人口未工作的最主要原因。

第三，2010 年河南老年就业人口为 475.85 万人，比 2000 年增加 68.59 万人，增长 16.84%。分性别、城乡看，2000 年以来不同群体老年就业人口都有不同程度的增加，其中增长幅度最大的是镇，十年增长了 247.23%。从构成看，男性占比（57.57%）高于女性（42.43%），乡村占比（84.01%）高于镇（12.36%）和城市（3.63%），但这两者与 2000 年相比有所下降。

第四，2010 年河南 60 岁及以上老年人口的就业率是 39.76%，与 2000 年相比，下降 4.1 个百分点。分性别看，男性（48.07%）高于女性（32.2%）

15.86 个百分点。分城乡看，乡村（49.38%）高于镇（30.32%）和城市（8.93%），乡村是城市的 5 倍多。分年龄段看，随着年龄段的升高，不论老年人口总体，还是分性别、分城乡看，其就业率都呈现快速下降趋势，且男女之间以及城市、镇和乡村之间，就业率的差距迅速缩小。

第五，2010 年河南有 60 岁及以上老年失业人口 3.22 万人，比 2000 年增加 2.64 万人，是 2000 年的 5.58 倍。料理家务、离退休、承包土地被征用和"其他"是老年人口失业未工作的主要原因。

第六，从第六次全国人口普查数据看，河南老年就业人口绝大多数（91.66%）都在从事第一产业，农业仍然是老年人就业的主要行业。分性别看，男性的就业行业比女性广泛，特别是建筑业，占了较大比重，而女性的就业更多地聚集在农业和批发零售业。

第七，从职业分布看，2010 年河南老年人所从事的职业仍以生产型为主，以体力劳动为主。与 2000 年相比，老年人的职业结构虽然也出现了一些变化，但整个职业构成并未发生根本改变。

第八，河南不同年龄段老年就业人口周平均工作时间，随着年龄段的升高整体呈现下降趋势。在同一年龄段，男性老年就业人口的周平均工作时间都高于女性，但随着年龄段的升高，其差距逐渐缩小。从城市到镇再到乡村，同一年龄段老年就业人口的周平均工作时间逐渐缩小，但城市和镇之间的差距远大于镇和乡村之间。

# 第十一章　老年人口户居状况研究

家庭，不论其形式或组织方式如何，都是社会的一个基本单位，更是老年人最主要的养老场所。老年人口的户居状况，就是指老年人住在什么地方，是家庭户，还是集体户，以及与什么人住在一起。[1] 在人口老龄化过程中，户居状况一方面影响着老年人的生活状况和社会福利制度，另一方面又受到社会福利和各种社会服务的影响。因此，分析老年人口的户居状况及其变化和特征，无论对提高老年人的生活质量，还是对老年社会福利政策的制定，都具有重要意义。

## 一　数据资料

本研究数据资料来源于 2000 年第五次全国人口普查[2]和 2010 年第六次全国人口普查[3]。两次普查都采用长短表技术，长普查表包括了短普查表的所有项目。本部分所用数据为整体数据，非长表抽样数据。另外，受数据资料的限制，本研究只分析家庭户老年人口的户居情况，而对集体户老年人口情况不做探讨。

## 二　老年人口家庭户状况

### （一）整体状况

根据 2010 年第六次全国人口普查数据资料，河南有 60 岁及以上老年人

---

① 国务院人口普查办公室、国家统计局人口和社会科技统计司编《2000 年人口普查国家级重点课题研究报告》，中国统计出版社，2005，第 610 页。

② 河南省人口普查办公室编《河南省 2000 年人口普查资料》，河南人民出版社，2003。

③ 河南省统计局、河南省人口普查办公室编《河南省 2010 年人口普查资料》，中国统计出版社，2012。

口家庭户 817. 25 万户, 占全省家庭户总数的 31. 52%, 其中, 有 65 岁及以上老年人的家庭户 575. 43 万户, 占全省家庭户总数的 22. 19%, 占 60 岁及以上老年人口家庭户总数的 70. 41% (见表 11 - 1)。同 2000 年相比, 60 岁及以上老年人口家庭户增加 158. 91 万户, 增长 24. 14%, 65 岁及以上老年人口家庭户增加 81. 02 万户, 增长 16. 39% (见图 11 - 1)。

表 11 - 1　2010 年河南老年人口家庭户状况

单位: 户, %

| | 家庭户 | 60 岁及以上老人家庭户 | | 65 岁及以上老人家庭户 | | 65 岁及以上老人家庭户占老年人家庭比重 |
|---|---|---|---|---|---|---|
| | | 户数 | 比重 | 户数 | 比重 | |
| 全省 | 25928729 | 8172454 | 31. 52 | 5754338 | 22. 19 | 70. 41 |
| 城市 | 5349707 | 1294097 | 24. 19 | 917883 | 17. 16 | 70. 93 |
| 镇 | 4550905 | 1324513 | 29. 10 | 918510 | 20. 18 | 69. 35 |
| 乡村 | 16028117 | 5553844 | 34. 65 | 3917945 | 24. 44 | 70. 54 |

## (二) 分城乡状况

"六普" 数据显示, 河南城市有 60 岁及以上老年人口家庭户 129. 41 万户, 占全省城市家庭户总数的 24. 19%, 其中有 65 岁及以上老年人的家庭户 91. 79 万户, 占全省城市家庭户总数的 17. 16%, 占城市 60 岁及以上老年人口家庭户总数的 70. 93% (见表 11 - 1)。同 2000 年相比, 城市 60 岁及以上老年人口家庭户增加 42. 82 万户, 增长 49. 45%; 65 岁及以上老年人口家庭户增加 31. 54 万户, 增长 52. 36% (见图 11 - 1)。

在镇, 河南有 60 岁及以上老年人口家庭户 132. 45 万户, 占全省镇家庭户总数的 29. 1%, 其中有 65 岁及以上老年人的家庭户 91. 85 万户, 占全省镇家庭户总数的 20. 18%, 占镇 60 岁及以上老年人口家庭户总数的 69. 35% (见表 11 - 1)。同 2000 年相比, 镇 60 岁及以上老年人口家庭户增加 85. 53 万户, 增长 182. 26%; 65 岁及以上老年人口家庭户增加 57. 66 万户, 增长

168.68%（见图 11 - 1）。

在乡村，河南有 60 岁及以上老年人口家庭户 555.38 万户，占全省乡村家庭户总数的 34.65%，其中有 65 岁及以上老年人的家庭户 391.79 万户，占全省乡村家庭户总数的 24.44%，占乡村 60 岁及以上老年人口家庭户总数的 70.54%（见表 11 - 1）。同 2000 年相比，乡村 60 岁及以上老年人口家庭户增加 30.57 万户，增长 5.82%；65 岁及以上老年人口家庭户减少 8.19 万户，降低 2.05%（见图 11 - 1）。

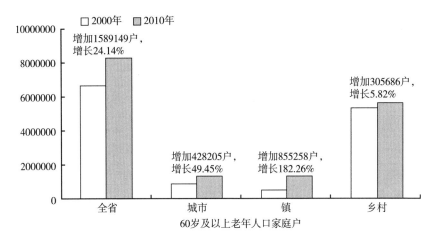

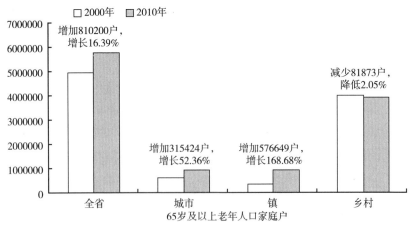

图 11 - 1　2000～2010 年河南老年人口家庭户变动

# 三 老年人口家庭户城乡分布

## （一）60岁及以上老年人口家庭户

2010 年，河南 60 岁及以上老年人口家庭户总计 817.25 万户，其中 15.83% 的分布在城市，16.21% 的分布在镇，67.96% 的分布在乡村。同 2000 年相比，其比重城市和镇分别增加 2.68 个和 9.08 个百分点，乡村则减少 11.76 个百分点（见表 11 - 2）。河南 60 岁及以上老年人口家庭户在乡村仍占多数，但其分布表现出向城市和镇偏移的态势。

表 11 - 2 河南 60 岁及以上老年人口家庭户城乡分布

单位：户，%

| | 2000 年 | | 2010 年 | |
|---|---|---|---|---|
| | 户数 | 比重 | 户数 | 比重 |
| 全省 | 6583305 | 100 | 8172454 | 100 |
| 城市 | 865892 | 13.15 | 1294097 | 15.83 |
| 镇 | 469255 | 7.13 | 1324513 | 16.21 |
| 乡村 | 5248158 | 79.72 | 5553844 | 67.96 |

## （二）65岁及以上老年人口家庭户

2010 年，河南 65 岁及以上老年人口家庭户总计 575.43 万户，其中，城市占 15.95%，镇占 15.96%，乡村则占 68.09%。同 2000 年相比，其比重城市和镇依次增加 3.77 个和 9.05 个百分点，乡村则相应下降 12.81 个百分点（见表 11 - 3）。河南 65 岁及以上老年人口家庭户的分布也是乡村占多数，并同样表现出向城市和镇偏移的态势，且其偏移速度快于 60 岁及以上老年人口家庭户。

表 11 – 3　河南 65 岁及以上老年人口家庭户城乡分布

单位：户，%

|  | 2000 年 | | 2010 年 | |
|---|---|---|---|---|
|  | 户数 | 比重 | 户数 | 比重 |
| 全省 | 4944138 | 100 | 5754338 | 100 |
| 城市 | 602459 | 12. 19 | 917883 | 15. 95 |
| 镇 | 341861 | 6. 91 | 918510 | 15. 96 |
| 乡村 | 3999818 | 80. 90 | 3917945 | 68. 09 |

# 四　老年人口家庭户构成

老年人口家庭户构成，是指老年人口家庭户中老年人口的数量构成，包括"有一位老年人的户"、"有两位老年人的户"和"有三位及以上老年人的户"三种类型。2010 年"六普"中，第一类又细分为"单身老人户"、"一个老年人与未成年的亲属户"和"其他"三种情况；第二类细分为"只有一对老夫妇的户"、"一对老夫妇与未成年的亲属户"和"其他"三种情况。

## （一）整体状况

### 1. 60 岁及以上老年人口家庭户

"六普"数据显示，2010 年河南有 60 岁及以上老年人口家庭户 817. 25 万户，其中一位老人户有 463. 34 万户，占 56. 7%；两位老人户 343. 04 万户，占 41. 97%；三位及以上老人户 10. 87 万户，占 1. 33%（见表 11 – 4）。同 2000 年相比，三种类型老人户分别增加 58. 63 万户、97. 28 万户和 3 万户，其占全省 60 岁及以上老年人口家庭户比重，一位老人户下降 4. 78 个百分点，而两位老人户和三位及以上老人户则分别上升 4. 65 个和 0. 13 个百分点（见表 11 – 5）。

表 11 - 4　2010 年河南 60 岁及以上老年人口家庭户构成

单位：户，%

| | 合计 | 一位老人户 | | 两位老人户 | | 三位及以上老人户 | |
|---|---|---|---|---|---|---|---|
| | | 户数 | 比重 | 户数 | 比重 | 户数 | 比重 |
| 全省 | 8172454 | 4633381 | 56.70 | 3430380 | 41.97 | 108693 | 1.33 |
| 城市 | 1294097 | 672601 | 51.97 | 609845 | 47.13 | 11651 | 0.90 |
| 镇 | 1324513 | 745702 | 56.30 | 561659 | 42.40 | 17152 | 1.29 |
| 乡村 | 5553844 | 3215078 | 57.89 | 2258876 | 40.67 | 79890 | 1.44 |

分城乡来看，2010 年河南城市有 60 岁及以上老年人口家庭户 129.41 万户，其中，一位老人户有 67.26 万户，占 51.97%；两位老人户 60.98 万户，占 47.13%；三位及以上老人户 1.17 万户，占 0.9%（见表 11 - 4）。同 2000 年相比，三种类型老人户分别增加 17.4 万户、25.13 万户和 0.29 万户，其占全省 60 岁及以上老年人口家庭户比重，一位老人户和三位及以上老人户分别降低 5.61 个和 0.11 个百分点，而两位老人户则提高 5.72 个百分点（见表 11 - 5）。

在镇，有 60 岁及以上老年人口家庭户 132.45 万户，其中，一位老人户有 74.57 万户，占 56.3%；两位老人户 56.17 万户，占 42.4%；三位及以上老人户 1.72 万户，占 1.29%（见表 11 - 4）。同 2000 年相比，三种类型老人户分别增加 46.21 万户、38.13 万户和 1.19 万户，其占全省镇 60 岁及以上老年人口家庭户比重，一位老人户下降 4.14 个百分点，而两位老人户和三位及以上老人户则分别上升 3.98 个和 0.17 个百分点（见表 11 - 5）。

在乡村，有 60 岁及以上老年人口家庭户 555.38 万户，其中，一位老人户有 321.51 万户，占 57.89%；两位老人户 225.89 万户，占 40.67%；三位及以上老人户 7.99 万户，占 1.44%（见表 11 - 4）。同 2000 年相比，一位老人户减少 4.97 万户，两位老人户和三位及以上老人户分别增加 34.02 万户和 1.52 万户，其占全省乡村 60 岁及以上老年人口家庭户比重，一位老人户降低 4.32 个百分点，而两位老人户和三位及以上老人户则分别上升

4.11 个和 0.21 个百分点（见表 11-5）。

综上分析可见，整体看，河南全省无论一位老人户，还是两位老人和三位及以上老人户，其绝对数都在增加，从其构成看，一位老人户所占比重下降而两位老人户和三位及以上老人户所占比重上升的趋势非常明显。在城市和镇表现出与此基本相同的趋势（在城市，只是三位及以上老人户所占比重略有下降），但是，在乡村，除了一位老人户所占比重下降，两位老人户和三位及以上老人户的规模和比重都在增大外，其一位老人户的绝对数也在显著减少，这一点应引起注意。

表 11-5 2000~2010 年河南 60 岁及以上老年人口家庭户构成变动

单位：户，个百分点

| | 合计 | 一位老人户 | | 两位老人户 | | 三位及以上老人户 | |
|---|---|---|---|---|---|---|---|
| | | 户数变化 | 比重变化 | 户数变化 | 比重变化 | 户数变化 | 比重变化 |
| 全省 | 1589149 | 586340 | -4.78 | 972844 | 4.65 | 29965 | 0.13 |
| 城市 | 428205 | 173982 | -5.61 | 251320 | 5.72 | 2903 | -0.11 |
| 镇 | 855258 | 462065 | -4.14 | 381340 | 3.98 | 11853 | 0.17 |
| 乡村 | 305686 | -49707 | -4.32 | 340184 | 4.11 | 15209 | 0.21 |

**2. 65 岁及以上老年人口家庭户**

"六普"结果显示，2010 年河南有 65 岁及以上老年人口家庭户 575.43 万户，其中一位老人户有 378.2 万户，占 65.73%；两位老人户 194 万户，占 33.71%；三位及以上老人户 3.23 万户，占 0.56（见表 11-6）。同 2000 年相比，三种类型老人户分别增加 30.66 万户、49.6 万户和 0.76 万户，其占全省 65 岁及以上老年人口家庭户比重，一位老人户下降 4.57 个百分点，而两位老人户和三位及以上老人户则分别上升 4.51 个和 0.06 个百分点（见表 11-7）。

在城市，2010 年河南有 65 岁及以上老年人口家庭户 91.79 万户，其中一位老人户有 55.14 万户，占 60.08%；两位老人户 36.27 万户，占 39.51%；三位及以上老人户 0.38 万户，占 0.41%（见表 11-6）。同 2000 年相

表 11 - 6　2010 年河南 65 岁及以上老年人口家庭户构成

单位：户，%

| | 合计 | 一位老人户 | | 两位老人户 | | 三位及以上老人户 | |
|---|---|---|---|---|---|---|---|
| | | 户数 | 比重 | 户数 | 比重 | 户数 | 比重 |
| 全省 | 5754338 | 3782040 | 65.73 | 1939986 | 33.71 | 32312 | 0.56 |
| 城市 | 917883 | 551431 | 60.08 | 362688 | 39.51 | 3764 | 0.41 |
| 镇 | 918510 | 601229 | 65.46 | 312068 | 33.98 | 5213 | 0.57 |
| 乡村 | 3917945 | 2629380 | 67.11 | 1265230 | 32.29 | 23335 | 0.60 |

比，三种类型老人户分别增加 13.48 万户、17.94 万户和 0.13 万户，其占全省城市 65 岁及以上老年人口家庭户比重，一位老人户和三位及以上老人户分别降低 9.08 个和 0.01 个百分点，而两位老人户则升高 9.09 个百分点（见表 11 - 7）。

表 11 - 7　2000 ~ 2010 年河南 65 岁及以上老年人口家庭户构成变动

单位：户，个百分点

| | 合计 | 一位老人户 | | 两位老人户 | | 三位及以上老人户 | |
|---|---|---|---|---|---|---|---|
| | | 户数变化 | 比重变化 | 户数变化 | 比重变化 | 户数变化 | 比重变化 |
| 全省 | 810200 | 306642 | - 4.57 | 495973 | 4.51 | 7585 | 0.06 |
| 城市 | 315424 | 134781 | - 9.08 | 179391 | 9.09 | 1252 | - 0.01 |
| 镇 | 576649 | 361602 | - 4.64 | 211447 | 4.54 | 3600 | 0.10 |
| 乡村 | - 81873 | - 189741 | - 3.37 | 105135 | 3.29 | 2733 | 0.08 |

在镇，2010 年河南有 65 岁及以上老年人口家庭户 91.85 万户，其中一位老人户有 60.12 万户，占 65.46%；两位老人户 31.21 万户，占 33.98%；三位及以上老人户 0.52 万户，占 0.57%（见表 11 - 6）。同 2000 年相比，三种类型老人户分别增加 36.16 万户、21.14 万户和 0.36 万户，其占全省镇 65 岁及以上老年人口家庭户比重，一位老人户降低 4.64 个百分点，而两位老人户和三位及以上老人户则分别上升 4.54 个和 0.1 个百分点（见表 11 - 7）。

在乡村，2010 年河南有 65 岁及以上老年人口家庭户 391.79 万户，其中一位老人户有 262.94 万户，占 67.11%；两位老人户 126.52 万户，占

32.29%；三位及以上老人户 2.33 万户，占 0.6%（见表 11 - 6）。同 2000年相比，一位老人户户数减少 18.97 万户，两位老人户和三位及以上老人户分别增加 10.51 万和 0.27 万户，其占全省乡村 65 岁及以上老年人口家庭户比重，一位老人户下降 3.37 个百分点，而两位老人户和三位及以上老人户则分别上升 3.29 个和 0.08 个百分点（见表 11 - 7）。

综合来看，河南 65 岁及以上老年人口家庭户的构成情况，不论在每种类型的规模、其所占比重方面，还是在分城乡层面，都表现出与 60 岁及以上老年人基本相同的特征。

### （二）一位老人户构成

#### 1. 60 岁及以上一位老人户

2010 年，河南 463.34 万户 60 岁及以上一位老人户中，单身老人户有104.77 万户，占 22.61%；一个老人与未成年的亲属户有 12.18 万户，占2.63%；其他有 346.39 万户，占 74.76%（见表 11 - 8）。同 2000 年相比，单身老人户增加 38.94 万户，一位老人与未成年的亲属户增加 4.93 万户，其占全省 60 岁及以上一位老人户总数的比重分别提高 6.35 个和 0.84 个百分点；其他类型户增加 14.77 万户，其所占比重下降 7.18 个百分点（见表 11 - 9）。

表 11 - 8　2010 年河南有一位 60 岁及以上老人户构成

单位：户，%

| | 小计 | 单身老人户 | | 一个老人与未成年的亲属户 | | 其他 | |
|---|---|---|---|---|---|---|---|
| | | 户数 | 比重 | 户数 | 比重 | 户数 | 比重 |
| 全省 | 4633381 | 1047722 | 22.61 | 121764 | 2.63 | 3463895 | 74.76 |
| 城市 | 672601 | 153800 | 22.87 | 6084 | 0.90 | 512717 | 76.23 |
| 镇 | 745702 | 153665 | 20.61 | 15027 | 2.02 | 577010 | 77.38 |
| 乡村 | 3215078 | 740257 | 23.02 | 100653 | 3.13 | 2374168 | 73.84 |

在城市，2010 年河南有 67.26 万户 60 岁及以上一位老人户，其中，单身老人户有 15.38 万户，占 22.87%；一个老人与未成年的亲属户有 0.61 万

户，占0.9%；其他有51.27万户，占76.23%（见表11-8）。同2000年相比，城市60岁及以上单身老人户增加7万户，其占全省60岁及以上城市一位老人户总数的比重上升6.06个百分点；一位老人与未成年的亲属户减少0.11万户，所占比重下降0.53个百分点；其他类型户增加10.5万户，比重下降5.53个百分点（见表11-9）。

在镇，2010年河南有74.57万户60岁及以上一位老人户，其中，单身老人户有15.37万户，占20.61%；一个老人与未成年的亲属户有1.5万户，占2.02%；其他有57.7万户，占77.38%（见表11-8）。同2000年相比，镇60岁及以上单身老人户增加10.65万户，其占全省60岁及以上镇一位老人户总数的比重上升3.98个百分点；一位老人与未成年的亲属户增加0.94万户，所占比重上升0.02个百分点；其他类型户增加34.62万户，比重下降4.01个百分点（见表11-9）。

在乡村，2010年河南有321.51万户60岁及以上一位老人户，其中，单身老人户有74.03万户，占23.02%；一个老人与未成年的亲属户有10.07万户，占3.13%；其他有237.42万户，占73.84%（见表11-8）。同2000年相比，乡村60岁及以上单身老人户增加21.29万户，其占全省60岁及以上乡村一位老人户总数的比重上升6.87个百分点；一位老人与未成年的亲属户增加4.1万户，所占比重上升1.3个百分点；其他类型户减少30.36万户，比重下降8.17个百分点（见表11-9）。

表11-9　2000~2010年河南有一位60岁及以上老人户构成变动

单位：户，个百分点

| | 小计 | 单身老人户 | | 一个老人与未成年的亲属户 | | 其他 | |
|---|---|---|---|---|---|---|---|
| | | 户数变化 | 比重变化 | 户数变化 | 比重变化 | 户数变化 | 比重变化 |
| 全省 | 586340 | 389406 | 6.35 | 49284 | 0.84 | 147650 | -7.18 |
| 城市 | 173982 | 69996 | 6.06 | -1063 | -0.53 | 105049 | -5.53 |
| 镇 | 462065 | 106517 | 3.98 | 9379 | 0.02 | 346169 | -4.01 |
| 乡村 | -49707 | 212893 | 6.87 | 40968 | 1.30 | -303568 | -8.17 |

综上分析可见，从 2000 年到 2010 年，河南 60 岁及以上老年人口单身化趋势非常明显，不仅单身老人户规模在扩大，其所占比重也在不断提高，无论城市、镇，还是乡村，都是如此。特别是乡村，单身老人户的增长速度远远快于城市和镇，也高于全省平均水平，同时，一位老人与未成年的亲属户也在较快增长，与此相对应，其他户的规模和比重则在快速下降，农村老人"留守化""空巢化"趋势发展迅速。

**2. 65 岁及以上一位老人户**

2010 年，河南有 378.2 万户 65 岁及以上一位老人户，其中，单身老人户有 82.69 万户，占 21.86%；一个老人与未成年的亲属户有 7.78 万户，占 2.06%；其他有 287.74 万户，占 76.08%（见表 11 – 10）。同 2000 年相比，65 岁及以上单身老人户增加 31.83 万户，一位老人与未成年的亲属户增加 3.04 万户，其占全省 65 岁及以上一位老人户总数的比重分别上升 7.23 个和 0.69 个百分点；其他类型户减少 4.2 万户，其所占比重下降 7.92 个百分点（见表 11 – 11）。

**表 11 – 10　2010 年河南有一位 65 岁及以上老人户构成**

单位：户，%

| | 小计 | 单身老人户 | | 一个老人与未成年的亲属户 | | 其他 | |
|---|---|---|---|---|---|---|---|
| | | 户数 | 比重 | 户数 | 比重 | 户数 | 比重 |
| 全省 | 3782040 | 826922 | 21.86 | 77762 | 2.06 | 2877356 | 76.08 |
| 城市 | 551431 | 124931 | 22.66 | 3750 | 0.68 | 422750 | 76.66 |
| 镇 | 601229 | 121460 | 20.20 | 9183 | 1.53 | 470586 | 78.27 |
| 乡村 | 2629380 | 580531 | 22.08 | 64829 | 2.47 | 1984020 | 75.46 |

在城市，2010 年河南有 55.14 万户 65 岁及以上一位老人户，其中，单身老人户有 12.49 万户，占 22.66%；一个老人与未成年的亲属户有 0.38 万户，占 0.68%；其他有 42.28 万户，占 76.66%（见表 11 – 10）。同 2000 年相比，城市 65 岁及以上单身老人户增加 6.11 万户，其占全省 65 岁及以上城市一位老人户总数的比重上升 7.32 个百分点；一位老人与未成年的亲属

户减少 0.12 万户，所占比重下降 0.51 个百分点；其他类型户增加 7.49 万户，比重下降 6.81 个百分点（见表 11-11）。

在镇，2010 年河南有 60.12 万户 65 岁及以上一位老人户，其中，单身老人户有 12.15 万户，占 20.2%；一个老人与未成年的亲属户有 0.92 万户，占 1.53%；其他有 47.06 万户，占 78.27%（见表 11-10）。同 2000 年相比，镇 65 岁及以上单身老人户增加 8.57 万户，其占全省 65 岁及以上镇一位老人户总数的比重上升 5.29 个百分点；一位老人与未成年的亲属户增加 0.54 万户，所占比重下降 0.05 个百分点；其他类型户增加 27.05 万户，比重下降 5.23 个百分点（见表 11-11）。

在乡村，2010 年河南有 262.94 万户 65 岁及以上一位老人户，其中，单身老人户有 58.05 万户，占 22.08%；一个老人与未成年的亲属户有 6.48 万户，占 2.47%；其他有 198.4 万户，占 75.46%（见表 11-10）。同 2000 年相比，乡村 65 岁及以上单身老人户增加 17.15 万户，其占全省 65 岁及以上乡村一位老人户总数的比重上升 7.57 个百分点；一位老人与未成年的亲属户增加 2.62 万户，所占比重上升 1.09 个百分点；其他类型户减少 38.74 万户，比重下降 8.66 个百分点（见表 11-11）。

表 11-11 2000~2010 年河南有一位 65 岁及以上老人户构成变动

单位：户，个百分点

| | 小计 | 单身老人户 | | 一个老人与未成年的亲属户 | | 其他 | |
|---|---|---|---|---|---|---|---|
| | | 户数变化 | 比重变化 | 户数变化 | 比重变化 | 户数变化 | 比重变化 |
| 全省 | 306642 | 318287 | 7.23 | 30381 | 0.69 | -42026 | -7.92 |
| 城市 | 134781 | 61051 | 7.32 | -1206 | -0.51 | 74936 | -6.81 |
| 镇 | 361602 | 85718 | 5.29 | 5400 | -0.05 | 270484 | -5.23 |
| 乡村 | -189741 | 171518 | 7.57 | 26187 | 1.09 | -387446 | -8.66 |

整体看，从 2000 年到 2010 年，河南 65 岁及以上一位老人户构成，与 60 岁及以上一位老人户构成相比，其特征与趋势基本相同。其不同点在于，65 岁及以上一位老人户中，单身老人户所占比重的增长普遍快于

60 岁及以上一位老人户，这表明 65 岁及以上一位老人户的单身化趋势更为严重。

### （三）两位老人户构成

#### 1. 60 岁及以上两位老人户

2010 年，河南有 343.04 万户两位 60 岁及以上老人户，其中，只有一对老夫妇的户有 135.18 万户，占 39.41%；一对老夫妇与未成年的亲属户有 18.63 万户，占 5.43%；其他有 189.22 万户，占 55.16%（见表 11 - 12）。同 2000 年相比，只有一对老夫妇的户增加 43.55 万户，其所占比重上升 2.12 个百分点；一对老夫妇与未成年的亲属户增加 8.56 万户，比重升高 1.33 个百分点；其他类型户增加 45.18 万户，所占比重下降 3.45 个百分点（见表 11 - 13）。

表 11 - 12　2010 年河南有两位 60 岁及以上老人户构成

单位：户，%

| | 小计 | 只有一对老夫妇的户 | | 一个老夫妇与未成年的亲属户 | | 其他 | |
| --- | --- | --- | --- | --- | --- | --- | --- |
| | | 户数 | 比重 | 户数 | 比重 | 户数 | 比重 |
| 全省 | 3430380 | 1351836 | 39.41 | 186300 | 5.43 | 1892244 | 55.16 |
| 城市 | 609845 | 264540 | 43.38 | 13018 | 2.13 | 332287 | 54.49 |
| 镇 | 561659 | 214147 | 38.13 | 22586 | 4.02 | 324926 | 57.85 |
| 乡村 | 2258876 | 873149 | 38.65 | 150696 | 6.67 | 1235031 | 54.67 |

在城市，河南 2010 年有 60.98 万户两位 60 岁及以上老人户，其中，只有一对老夫妇的户有 26.45 万户，占 43.38%；一对老夫妇与未成年的亲属户有 1.3 万户，占 2.13%；其他有 33.23 万户，占 54.49%（见表 11 - 12）。同 2000 年相比，只有一对老夫妇的户增加 12.34 万户，其所占比重上升 4.02 个百分点；一对老夫妇与未成年的亲属户减少 0.08 万户，比重下降 1.71 个百分点；其他类型户增加 12.86 万户，所占比重下降 2.31 个百分点（见表 11 - 13）。

在镇，2010 年河南有 56.17 万户两位 60 岁及以上老人户，其中，只有一对老夫妇的户有 21.41 万户，占 38.13%；一对老夫妇与未成年的亲属户有 2.26 万户，占 4.02%；其他有 32.49 万户，占 57.85%（见表 11 - 12）。同 2000 年相比，只有一对老夫妇的户增加 14.51 万户，其所占比重下降 0.15 个百分点；一对老夫妇与未成年的亲属户增加 1.42 万户，比重下降 0.63 个百分点；其他类型户增加 22.2 万户，所占比重上升 0.78 个百分点（见表 11 - 13）。

在乡村，河南 2010 年有 225.89 万户两位 60 岁及以上老人户，其中，只有一对老夫妇的户有 87.31 万户，占 38.65%；一对老夫妇与未成年的亲属户有 15.07 万户，占 6.67%；其他有 123.5 万户，占 54.67%（见表 11 - 12）。同 2000 年相比，只有一对老夫妇的户增加 16.69 万户，其所占比重上升 1.85 个百分点；一对老夫妇与未成年的亲属户增加 7.21 万户，比重上升 2.58 个百分点；其他类型户增加 10.11 万户，所占比重下降 4.42 个百分点（见表 11 - 13）。

表 11 - 13　2000～2010 年河南有两位 60 岁及以上老人户构成变动

单位：户，个百分点

| | 小计 | 只有一对老夫妇的户 | | 一对老夫妇与未成年的亲属户 | | 其他 | |
|---|---|---|---|---|---|---|---|
| | | 户数变化 | 比重变化 | 户数变化 | 比重变化 | 户数变化 | 比重变化 |
| 全省 | 972844 | 435490 | 2.12 | 85575 | 1.33 | 451779 | -3.45 |
| 城市 | 251320 | 123435 | 4.02 | -754 | -1.71 | 128639 | -2.31 |
| 镇 | 381340 | 145122 | -0.15 | 14197 | -0.63 | 222021 | 0.78 |
| 乡村 | 340184 | 166933 | 1.85 | 72132 | 2.58 | 101119 | -4.42 |

由上述分析可见，从 2000 年到 2010 年，河南有两位 60 岁及以上老人户中，只有一对老夫妇的户，不论整体看，还是分城乡看，其绝对数都在大规模地增加，其所占比重除镇稍有下降外，城市、乡村和省整体水平也都在上升。此外，一对老夫妇与未成年的亲属户的规模和比重，从整体上看也在扩大和提高。其他户的规模无论城乡还是整体，也都在增长，但是，其所占

比重，除镇外都呈现下降趋势，乡村尤为严重。总之，河南有两位60岁及以上老人户的构成，越来越偏向于只有一对老夫妇的户，城乡相比，十年间城市只有一对老夫妇的户所占比重的增长（4.02个百分点）高于乡村（1.85个百分点），而乡村一对老夫妇与未成年的亲属户所占比重的增长（2.58个百分点）则远远高于城市（-1.71个百分点）。

**2.65岁及以上两位老人户**

2010年，河南有两位65岁及以上老人户194万户，其中，只有一对老夫妇的户有86.09万户，占44.38%；一对老夫妇与未成年的亲属户有7.86万户，占4.05%；其他有100.05万户，占51.57%（见表11-14）。同2000年相比，只有一对老夫妇的户增加28.81万户，其所占比重上升4.71个百分点；一对老夫妇与未成年的亲属户增加3.02万户，比重升高0.7个百分点；其他类型户增加17.77万户，所占比重下降5.41个百分点（见表11-15）。

表11-14 2010年河南有两位65岁及以上老人户构成

单位：户，%

| | 小计 | 只有一对老夫妇的户 | | 一对老夫妇与未成年的亲属户 | | 其他 | |
|---|---|---|---|---|---|---|---|
| | | 户数 | 比重 | 户数 | 比重 | 户数 | 比重 |
| 全省 | 1939986 | 860915 | 44.38 | 78609 | 4.05 | 1000462 | 51.57 |
| 城市 | 362688 | 176256 | 48.60 | 6099 | 1.68 | 180333 | 49.72 |
| 镇 | 312068 | 134860 | 43.21 | 9464 | 3.03 | 167744 | 53.75 |
| 乡村 | 1265230 | 549799 | 43.45 | 63046 | 4.98 | 652385 | 51.56 |

在城市，2010年河南有36.27万户两位65岁及以上老人户，其中，只有一对老夫妇的户有17.63万户，占48.6%；一对老夫妇与未成年的亲属户有0.61万户，占1.68%；其他有18.03万户，占49.72%（见表11-14）。同2000年相比，只有一对老夫妇的户增加9.77万户，其所占比重上升5.72个百分点；一对老夫妇与未成年的亲属户减少0.06万户，比重下降1.97个百分点；其他类型户增加8.23万户，所占比重下降3.76个百分点（见表11-15）。

在镇，2010 年河南有 31.21 万户两位 65 岁及以上老人户，其中，只有一对老夫妇的户有 13.49 万户，占 43.21%；一对老夫妇与未成年的亲属户有 0.95 万户，占 3.03%；其他有 16.77 万户，占 53.75%（见表 11 – 14）。同 2000 年相比，只有一对老夫妇的户增加 9.42 万户，其所占比重上升 2.85 个百分点；一对老夫妇与未成年的亲属户增加 0.53 万户，比重下降 1.08 个百分点；其他类型户增加 11.19 万户，所占比重下降 1.78 个百分点（见表 11 – 15）。

在乡村，河南 2010 年有 126.52 万户两位 65 岁及以上老人户，其中，只有一对老夫妇的户有 54.98 万户，占 43.45%；一对老夫妇与未成年的亲属户有 6.3 万户，占 4.98%；其他有 65.24 万户，占 51.56%（见表 11 – 14）。同 2000 年相比，只有一对老夫妇的户增加 9.62 万户，其所占比重上升 4.35 个百分点；一对老夫妇与未成年的亲属户增加 2.54 万户，比重上升 1.74 个百分点；其他类型户减少 1.65 万户，所占比重下降 6.09 个百分点（见表 11 – 15）。

表 11 – 15　2000～2010 年河南有两位 65 岁及以上老人户构成变动

单位：户，个百分点

|  | 小计 | 只有一对老夫妇的户 | | 一对老夫妇与未成年的亲属户 | | 其他 | |
|---|---|---|---|---|---|---|---|
|  |  | 户数变化 | 比重变化 | 户数变化 | 比重变化 | 户数变化 | 比重变化 |
| 全省 | 495973 | 288068 | 4.71 | 30181 | 0.70 | 177724 | − 5.41 |
| 城市 | 179391 | 97666 | 5.72 | − 586 | − 1.97 | 82311 | − 3.76 |
| 镇 | 211447 | 94246 | 2.85 | 5330 | − 1.08 | 111871 | − 1.78 |
| 乡村 | 105135 | 96156 | 4.35 | 25437 | 1.74 | − 16458 | − 6.09 |

从全省来看，2000 年至 2010 年，河南 65 岁及以上两位老人户构成的变动，与 60 岁及以上两位老人户基本相同，都是只有一对老夫妇户和一对老夫妇与未成年的亲属户的规模和比重在增加，其他类型户的比重在下降。不同之处在于，其增加和下降的幅度，高于 60 岁及以上两位老人户。分城乡来看，其变动趋势也大体一致，只是稍有差别而已。

# 五　单身老人户及构成

单身老人户，是指只有一位 60 岁及以上老年人口的家庭户。

## （一）单身老人户状况

"六普"数据显示，2010 年河南有单身老人户 104.77 万户，占河南全省一人户总数的 39.63%；城市有单身老人户 15.38 万户，占全省城市一人户总数的 21.86%；镇有单身老人户 15.37 万户，占全省镇一人户总数的 40.47%；乡村有单身老人户 74.03 万户，占全省乡村一人户总数的 47.44%（见表 11 - 16）。在全省城市、镇和乡村的一人户中，乡村的单身老人户所占的比重最高，这表明农村的"老人单身化"现象较城市和镇更为普遍。

表 11 - 16　2010 年河南单身老人户状况

单位：户，%

|  | 一人户 | 单身老人户 | 比重 |
|---|---|---|---|
| 总计 | 2643470 | 1047722 | 39.63 |
| 城市 | 703520 | 153800 | 21.86 |
| 镇 | 379693 | 153665 | 40.47 |
| 乡村 | 1560257 | 740257 | 47.44 |

## （二）单身老人户构成

### 1. 性别构成

2010 年，河南有男性单身老人户 48.98 万户，女性单身老人户 55.79 万户，分别占全省单身老人户总数的 46.75% 和 53.25%。城市有男性单身老人户 5.7 万户，女性单身老人户 9.68 万户，分别占全省城市单身老人户总数的 37.07% 和 62.93%。镇有男性单身老人户 6.84 万户，女性单身老人户 8.53 万户，分别占全省镇单身老人户总数的 44.49% 和 55.51%。乡村有男性单身老人户 36.45 万户，女性单身老人户 37.58 万户，分别占全省乡村单身老人户总数的 49.23% 和 50.77%（见表 11 - 17）。不论从全省看，还是分城乡看，都是女性单身老人户所占比重高于男性，其中，城市单身老人户中，女性所占比重最高，达到 60% 以上。

表 11 - 17    2010 年河南单身老人户性别状况

单位：户，%

| | 男 | | 女 | |
|---|---|---|---|---|
| | 户数 | 比重 | 户数 | 比重 |
| 总计 | 489833 | 46.75 | 557889 | 53.25 |
| 城市 | 57014 | 37.07 | 96786 | 62.93 |
| 镇 | 68366 | 44.49 | 85299 | 55.51 |
| 乡村 | 364453 | 49.23 | 375804 | 50.77 |

### 2. 城乡构成

2010 年，河南单身老人户 104.77 万户，有 15.38 万户分布在城市，占 14.68%；有 15.37 万户分布在镇，占 14.67%；有 74.03 万户分布在乡村，占 70.65%（见图 11 - 2）。同 2000 年相比，城市和镇所占比重分别上升 1.95 个和 7.5 个百分点，而乡村单身老人所占比重则相应下降 9.45 个百分点。综合来看，当前河南的单身老人户仍大多分布在乡村，但是其分布重心向城市和镇偏移的趋势非常明显。

### 3. 地区构成

整体来看，2010 年河南单身老人户最多的地区是南阳和商丘，分别有 11.87 万户和 11.83 万户，依次占全省单身老人户总数的 11.33% 和 11.29%。其次为信阳和周口，分别有 10.16 万户和 9.93 万户，依次占全省单身老人户总数的 9.7% 和 9.48%。4 地市合计约占全省的 2/5 多。最少的为济源与鹤壁，分别有 0.49 万户和 1.18 万户，仅占全省单身老人户总数的 0.46% 和 1.13%（见表 11 - 18）。

从城市看，单身老人户最多的是郑州和洛阳，分别有 3.30 万户和 2.04

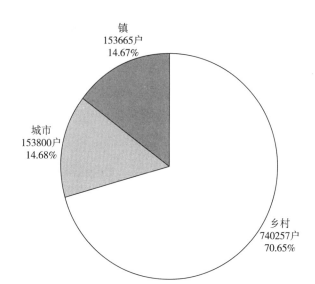

镇
153665户
14.67%

城市
153800户
14.68%

乡村
740257户
70.65%

图 11 - 2　2010 年河南单身老人户城乡分布

万户，依次占全省城市单身老人户总数的 21.43% 和 13.24%，二者合计约占全省城市单身老人户总数的 1/3。最少的是济源和濮阳，分别有 0.1 万户和 0.3 万户，依次占全省城市单身老人户总数的 0.66% 和 1.94%（见表 11 - 18）。

从镇来看，单身老人户最多的是南阳、商丘、周口和信阳，分别有 2 万户、1.79 万户、1.75 万户和 1.64 万户，依次占全省镇单身老人户总数的 13%、11.63%、11.36% 和 10.64%，4 地市合计约占全省镇单身老人户总数的 47%。最少的是济源与鹤壁，分别仅有 0.07 万户和 0.17 万户，依次占全省镇单身老人户总数的 0.46% 和 1.1%（见表 11 - 18）。

从乡村看，单身老人户最多的是商丘、南阳、信阳、周口和驻马店，分别有 9.25 万户、9.11 万户、7.89 万户、7.83 万户和 7.62 万户，依次占全省乡村单身老人户总数的 12.5%、12.31%、10.66%、10.58% 和 10.3%，5 地市合计占全省乡村单身老人户总数的一半多。最少的是济源与鹤壁，分别有 0.31 万户和 0.68 万户，仅占全省乡村单身老人户总数的 0.42% 和 0.91%（见表 11 - 18）。

表 11 – 18　2010 年河南单身老人户地区分布

单位：户，%

| | 全地市 | | 城市 | | 镇 | | 乡村 | |
|---|---|---|---|---|---|---|---|---|
| | 户数 | 比重 | 户数 | 比重 | 户数 | 比重 | 户数 | 比重 |
| 驻马店 | 91570 | 8.74 | 3391 | 2.20 | 11959 | 7.78 | 76220 | 10.30 |
| 周口 | 99290 | 9.48 | 3548 | 2.31 | 17452 | 11.36 | 78290 | 10.58 |
| 郑州 | 69503 | 6.63 | 32956 | 21.43 | 6768 | 4.40 | 29779 | 4.02 |
| 许昌 | 47497 | 4.53 | 6821 | 4.43 | 6314 | 4.11 | 34362 | 4.64 |
| 信阳 | 101579 | 9.70 | 6305 | 4.10 | 16352 | 10.64 | 78922 | 10.66 |
| 新乡 | 43514 | 4.15 | 10745 | 6.99 | 6346 | 4.13 | 26423 | 3.57 |
| 商丘 | 118293 | 11.29 | 7903 | 5.14 | 17866 | 11.63 | 92524 | 12.50 |
| 三门峡 | 23187 | 2.21 | 5278 | 3.43 | 3995 | 2.60 | 13914 | 1.88 |
| 濮阳 | 35399 | 3.38 | 2981 | 1.94 | 5832 | 3.80 | 26586 | 3.59 |
| 平顶山 | 54398 | 5.19 | 9281 | 6.03 | 8619 | 5.61 | 36498 | 4.93 |
| 南阳 | 118680 | 11.33 | 7559 | 4.91 | 19982 | 13.00 | 91139 | 12.31 |
| 漯河 | 25528 | 2.44 | 3305 | 2.15 | 3977 | 2.59 | 18246 | 2.46 |
| 洛阳 | 66356 | 6.33 | 20360 | 13.24 | 8078 | 5.26 | 37918 | 5.12 |
| 开封 | 48098 | 4.59 | 11886 | 7.73 | 5752 | 3.74 | 30460 | 4.11 |
| 焦作 | 22444 | 2.14 | 5747 | 3.74 | 3840 | 2.50 | 12857 | 1.74 |
| 济源 | 4862 | 0.46 | 1014 | 0.66 | 710 | 0.46 | 3138 | 0.42 |
| 鹤壁 | 11804 | 1.13 | 3363 | 2.19 | 1683 | 1.10 | 6758 | 0.91 |
| 安阳 | 65720 | 6.27 | 11357 | 7.38 | 8140 | 5.30 | 46223 | 6.24 |

#### 4. 年龄构成

2010 年，河南全省有 60～69 岁低龄单身老人户 43.6 万户，占全省单身老人户总数的 41.61%；70～79 岁中龄单身老人户有 42.58 万户，占 40.64%；80～89 岁高龄单身老人户有 17.02 万户，占 16.24%；90 岁及以上超高龄单身老人户 1.57 万户，占 1.5%（见表 11 – 19）。低龄、中龄单身老人户合计占全省单身老人户总数的 80% 以上，但是，不足 20% 的高龄、超高龄单身老人户更应该引起人们的关注。

在城市，低龄、中龄单身老人户分别有 5.73 万户和 6.82 万户，依次占全省城市单身老人户总数的 37.27% 和 44.31%；高龄、超高龄单身老人户分别有 2.6 万户和 0.23 万户，依次占全省城市单身老人户总数的 16.9% 和

1.52% （见表 11 - 19）。低龄、中龄单身老人户合计占全省城市单身老人户总数的 81.58%。

在镇，低龄、中龄单身老人户分别有 6.38 万户和 6.26 万户，依次占全省镇单身老人户总数的 41.53% 和 40.74%；高龄、超高龄单身老人户分别有 2.49 万户和 0.23 万户，依次占全省镇单身老人户总数的 16.22% 和 1.52% （见表 11 - 19）。低龄、中龄单身老人户合计占全省镇单身老人户总数的 82.27%。

在乡村，低龄、中龄单身老人户分别有 31.48 万户和 29.51 万户，依次占全省乡村单身老人户总数的 42.53% 和 39.86%；高龄、超高龄单身老人户分别有 11.93 万户和 1.11 万户，依次占全省乡村单身老人户总数的 16.11% 和 1.5% （见表 11 - 19）。低龄、中龄单身老人户合计占全省乡村单身老人户总数的 82.39%。

综上分析可见，不论从整体看，还是分城乡看，2010 年河南低龄、中龄单身老人户的比重都在 82% 左右，而高龄、超高龄单身老人户的比重都在 18% 上下。

表 11 - 19　2010 年河南单身老人户年龄构成

单位：户，%

| | 低龄 | | 中龄 | | 高龄 | | 超高龄 | |
|---|---|---|---|---|---|---|---|---|
| | 户数 | 比重 | 户数 | 比重 | 户数 | 比重 | 户数 | 比重 |
| 总计 | 435960 | 41.61 | 425834 | 40.64 | 170181 | 16.24 | 15747 | 1.50 |
| 城市 | 57320 | 37.27 | 68150 | 44.31 | 25995 | 16.90 | 2335 | 1.52 |
| 镇 | 63812 | 41.53 | 62601 | 40.74 | 24922 | 16.22 | 2330 | 1.52 |
| 乡村 | 314828 | 42.53 | 295083 | 39.86 | 119264 | 16.11 | 11082 | 1.50 |

## 六　空巢家庭户状况及构成

空巢老人，在此处主要指单身或只有一对夫妇居住的老年人。空巢家庭户，指只有一位老年人或一对老年夫妇居住的家庭户。

## （一）空巢家庭户状况

### 1. 60 岁及以上老年人

2010 年"六普"结果显示，河南有 60 岁及以上空巢老人家庭户 239.96 万户，占全省家庭户总数的 9.25%，占全省 60 岁及以上老人户总数的 29.36%。同 2000 年相比，空巢老人家庭户增加 82.49 万户，增长 52.39%，占全省家庭户总数和全省 60 岁及以上老人户总数比重分别提高 2.76 个和 5.44 个百分点（见表 11－20）。

在城市，2010 年河南有 60 岁及以上空巢老人家庭户 41.83 万户，占全省城市家庭户总数的 7.82%，占全省城市 60 岁及以上老人户总数的 32.33%。同 2000 年相比，城市空巢老人家庭户增加 19.34 万户，增长 86%，占全省城市家庭户总数和全省城市 60 岁及以上老人户总数比重分别提高 2.02 个和 6.35 个百分点（见表 11－20）。

在镇，2010 年河南有 60 岁及以上空巢老人家庭户 36.78 万户，占全省镇家庭户总数的 8.08%，占全省镇 60 岁及以上老人户总数的 27.77%。同 2000 年相比，镇空巢老人家庭户增加 25.16 万户，增长 216.61%，占全省镇家庭户总数和全省镇 60 岁及以上老人户总数比重分别提高 2.51 个和 3.01 个百分点（见表 11－20）。

表 11－20　2010 年河南 60 岁及以上空巢老人家庭户状况及变动

| | 户数(户) | 占家庭户总数比重(%) | 占 60 岁及以上老人户比重(%) | 与 2000 年相比变动 | | | |
| --- | --- | --- | --- | --- | --- | --- | --- |
| | | | | 增加户数(户) | 增长率(%) | 占家庭户总数比重变化(个百分点) | 占 60 岁及以上老人户比重变化(个百分点) |
| 总计 | 2399558 | 9.25 | 29.36 | 824896 | 52.39 | 2.76 | 5.44 |
| 城市 | 418340 | 7.82 | 32.33 | 193431 | 86.00 | 2.02 | 6.35 |
| 镇 | 367812 | 8.08 | 27.77 | 251639 | 216.61 | 2.51 | 3.01 |
| 乡村 | 1613406 | 10.07 | 29.05 | 379826 | 30.79 | 3.32 | 5.55 |

在乡村，2010 年河南有 60 岁及以上空巢老人家庭户 161.34 万户，占全省乡村家庭户总数的 10.07%，占全省乡村 60 岁及以上老人户总数的 29.05%。同 2000 年相比，乡村空巢老人家庭户增加 37.98 万户，增长 30.79%，占全省乡村家庭户总数和全省乡村 60 岁及以上老人户总数比重分别提高 3.32 个和 5.55 个百分点（见表 11 – 20）。

**2.65 岁及以上老年人**

"六普"结果显示，2010 年河南有 65 岁及以上空巢老人家庭户 168.78 万户，占全省家庭户总数的 6.51%，占全省 65 岁及以上老人户总数的 29.33%。同 2000 年相比，空巢老人家庭户增加 60.64 万户，增长 56.07%，占全省家庭户总数和全省 65 岁及以上老人户总数比重分别提高 2 个和 7.46 个百分点（见表 11 – 21）。

在城市，2010 年河南有 65 岁及以上空巢老人家庭户 30.12 万户，占全省城市家庭户总数的 5.63%，占全省城市 65 岁及以上老人户总数的 32.81%。同 2000 年相比，城市空巢老人家庭户增加 15.87 万户，增长 111.4%，占全省城市家庭户总数和全省城市 65 岁及以上老人户总数比重分别提高 1.96 个和 9.17 个百分点（见表 11 – 21）。

表 11 – 21　2010 年河南 65 岁及以上空巢老人家庭户状况及变动

| | 户数(户) | 占家庭户总数比重（%） | 占 65 岁及以上老人户比重(%) | 与 2000 年相比变动 | | | |
| --- | --- | --- | --- | --- | --- | --- | --- |
| | | | | 增加户数（户） | 增长率（%） | 占家庭户总数比重变化（个百分点） | 占 65 岁及以上老人户比重变化（个百分点） |
| 总计 | 1687837 | 6.51 | 29.33 | 606355 | 56.07 | 2.0 | 7.46 |
| 城市 | 301187 | 5.63 | 32.81 | 158717 | 111.40 | 1.96 | 9.17 |
| 镇 | 256320 | 5.63 | 27.91 | 179964 | 235.69 | 1.97 | 5.57 |
| 乡村 | 1130330 | 7.05 | 28.85 | 267674 | 31.03 | 2.33 | 7.28 |

在镇，2010 年河南有 65 岁及以上空巢老人家庭户 25.63 万户，占全省镇家庭户总数的 5.63%，占全省镇 65 岁及以上老人户总数的 27.91%。同 2000 年相比，镇空巢老人家庭户增加 18 万户，增长 235.69%，占全省镇家

庭户总数和全省镇 65 岁及以上老人户总数比重分别提高 1.97 个和 5.57 个百分点（见表 11 - 21）。

在乡村，2010 年河南有 65 岁及以上空巢老人家庭户 113.03 万户，占全省乡村家庭户总数的 7.05%，占全省乡村 65 岁及以上老人户总数的 28.85%。同 2000 年相比，乡村空巢老人家庭户增加 26.77 万户，增长 31.03%，占全省乡村家庭户总数和全省乡村 65 岁及以上老人户总数比重分别提高 2.33 个和 7.28 个百分点（见表 11 - 21）。

### （二）空巢家庭户构成

#### 1. 城乡构成

2010 年"六普"结果显示，河南 239.96 万户 60 岁及以上空巢老人家庭户中，有 67.24% 的分布于乡村，15.33% 的分布于镇，17.43% 的分布在城市（见图 11 - 3）。与 2000 年相比，城市所占比重上升 3.15 个百分点，镇上升 7.95 个百分点，而乡村则相应下降 11.1 个百分点。

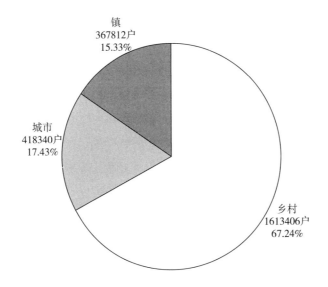

**图 11 - 3　2010 年河南 60 岁及以上老人空巢家庭户城乡分布**

从 65 岁及以上老人看，河南 168.78 万户空巢老人家庭户中，有 66.97% 的分布于乡村，15.19% 的分布于镇，17.84% 的在城市（见图 11 - 4）。与 2000 年相比，城市所占比重提高 4.67 个百分点，镇提高 8.13 个百分点，而乡村相应下降 12.8 个百分点。

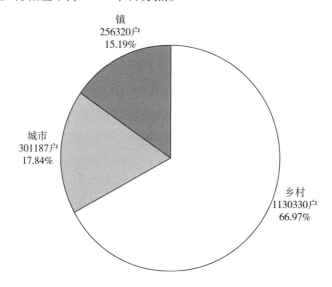

**图 11 - 4 2010 年河南 65 岁及以上老人空巢家庭户城乡分布**

总之，不论从 60 岁及以上老人看，还是从 65 岁及以上老人看，65% 以上的空巢老人家庭都分布在乡村，但是，其所占比重则呈快速下降趋势，十年下降了 10 余个百分点。

**2. 地区构成**

（1）60 岁及以上老人

2010 年，河南 239.96 万户 60 岁及以上空巢老人家庭户中，商丘和周口最多，分别有 29.52 万户和 24.09 万户，依次占 12.3% 和 10.04%；其次为南阳，有 23.17 万户，占 9.66%。3 地市合计约占全省的 1/3。济源最少，有 1.17 万户，占比为 0.49%；其次为鹤壁，有 2.91 万户，占 1.21%（见表 11 - 22）。

在城市 41.83 万户 60 岁及以上空巢老人家庭户中，有 9.01 万户分布在郑州，占全省城市 60 岁及以上空巢老人家庭户总数的 21.54%；其次为洛阳，有 5.54 万户，占 13.25%；其余各市均在 3 万户以下，其中济源最少，仅 0.3 万户，占 0.72%（见表 11－22）。

在镇 36.78 万户 60 岁及以上空巢老人家庭户中，南阳、商丘和周口均超过 4 万户，分别为 4.47 万户、4.47 万户和 4.43 万户，依次占全省镇 60 岁及以上空巢老人家庭户总数的 12.16%、12.15% 和 12.04%。3 地市合计达到 36.35%。其余各地市中济源最少，为 0.17 万户，占 0.46%；其次为鹤壁，有 0.43 万户，占 1.17%（见表 11－22）。

在乡村 161.34 万户 60 岁及以上空巢老人家庭户中，商丘和周口两市最多，分别有 22.92 万户和 18.64 万户，依次占全省乡村 60 岁及以上空巢老人家庭户总数的 14.21% 和 11.55%；其次为南阳、信阳和驻马店，分别有 16.58 万户、15.97 万户和 15.94 万户，依次占 10.27%、9.9% 和 9.88%；其余各地市均低于 10 万户，其中济源最少，有 0.71 万户，占 0.44%，其次为鹤壁，有 1.55 万户，占 0.96%（见表 11－22）。

**表 11－22　2010 年河南 60 岁及以上空巢老人家庭户地区构成**

单位：户，%

| | 全地区 | | 城市 | | 镇 | | 乡村 | |
|---|---|---|---|---|---|---|---|---|
| | 户数 | 比重 | 户数 | 比重 | 户数 | 比重 | 户数 | 比重 |
| 总计 | 2399558 | 100 | 418340 | 100 | 367812 | 100 | 1613406 | 100 |
| 郑州 | 173111 | 7.21 | 90115 | 21.54 | 15755 | 4.28 | 67241 | 4.17 |
| 开封 | 115227 | 4.80 | 27994 | 6.69 | 14652 | 3.98 | 72581 | 4.50 |
| 洛阳 | 160008 | 6.67 | 55422 | 13.25 | 20475 | 5.57 | 84111 | 5.21 |
| 平顶山 | 116295 | 4.85 | 26488 | 6.33 | 18270 | 4.97 | 71537 | 4.43 |
| 安阳 | 144766 | 6.03 | 28818 | 6.89 | 18067 | 4.91 | 97881 | 6.07 |
| 鹤壁 | 29134 | 1.21 | 9312 | 2.23 | 4317 | 1.17 | 15505 | 0.96 |
| 新乡 | 105747 | 4.41 | 28215 | 6.74 | 15693 | 4.27 | 61839 | 3.83 |
| 焦作 | 55913 | 2.33 | 16429 | 3.93 | 9467 | 2.57 | 30017 | 1.86 |
| 濮阳 | 90138 | 3.76 | 11817 | 2.82 | 15966 | 4.34 | 62355 | 3.86 |
| 许昌 | 109870 | 4.58 | 19266 | 4.61 | 14872 | 4.04 | 75732 | 4.69 |
| 漯河 | 55729 | 2.32 | 9097 | 2.17 | 9219 | 2.51 | 37413 | 2.32 |
| 三门峡 | 52532 | 2.19 | 14011 | 3.35 | 8923 | 2.43 | 29598 | 1.83 |

| | 全地区 | | 城市 | | 镇 | | 乡村 | |
|---|---|---|---|---|---|---|---|---|
| | 户数 | 比重 | 户数 | 比重 | 户数 | 比重 | 户数 | 比重 |
| 南阳 | 231739 | 9.66 | 21255 | 5.08 | 44711 | 12.16 | 165773 | 10.27 |
| 商丘 | 295238 | 12.30 | 21290 | 5.09 | 44707 | 12.15 | 229241 | 14.21 |
| 信阳 | 213681 | 8.91 | 16656 | 3.98 | 37284 | 10.14 | 159741 | 9.90 |
| 周口 | 240886 | 10.04 | 10176 | 2.43 | 44285 | 12.04 | 186425 | 11.55 |
| 驻马店 | 197795 | 8.24 | 8974 | 2.15 | 29470 | 8.01 | 159351 | 9.88 |
| 济源 | 11749 | 0.49 | 3005 | 0.72 | 1679 | 0.46 | 7065 | 0.44 |

（2）65 岁及以上老人

2010 年，河南全省 65 岁及以上空巢老人家庭户有 168.78 万户，其中超过 15 万户的地市有 3 个，分别是商丘（21.62 万户）、周口（16.87 万户）和南阳（16.04 万户），依次占全省 65 岁及以上空巢老人家庭户总数的 12.81%、10% 和 9.5%。3 地市合计约占全省的 1/3。空巢老人家庭户最少的是济源，有 0.75 万户，占 0.45%；其次为鹤壁，有 1.96 万户，占比为 1.16%（见表 11 -23）。

在城市，河南全省有 65 岁及以上空巢老人家庭户 30.12 万户，郑州和洛阳最多，分别有 6.58 万户和 4.12 万户，依次占全省城市 65 岁及以上空巢老人家庭户总数的 21.84% 和 13.67%。2 地市合计占到 35.51%。济源和驻马店最少，分别有 0.2 万户和 0.62 万户，依次占 0.67% 和 2.07%（见表 11 -23）。

在镇，河南全省有 65 岁及以上空巢老人家庭户 25.63 万户，其中，商丘、周口和南阳 3 地市最多，均超过 3 万户，分别为 3.28 万户、3.14 万户和 3.04 万户，依次占全省镇 65 岁及以上空巢老人家庭户总数的 12.79%、12.27% 和 11.86%；济源与鹤壁最少，分别有 0.11 万户和 0.28 万户，占比依次为 0.42% 和 1.1%（见表 11 -23）。

在乡村，河南全省有 65 岁及以上空巢老人家庭户 113.03 万户，商丘和周口 2 地市最多，分别有 16.77 万户和 13.01 万户，依次占全省乡村 65 岁及以上空巢老人家庭户总数的 14.84% 和 11.51%；其次为南阳（11.56 万

户）、驻马店（11.28 万户）和信阳（11.09 万户），其占比依次为
10.23%、9.98% 和 9.81%；济源和鹤壁最少，分别有 0.44 万户和 1 万户，
依次占 0.39% 和 0.88%（见表 11 – 23）。

表 11 – 23 2010 年河南 65 岁及以上空巢老人家庭户地区构成

单位：户，%

| | 全地区 | | 城市 | | 镇 | | 乡村 | |
|---|---|---|---|---|---|---|---|---|
| | 户数 | 比重 | 户数 | 比重 | 户数 | 比重 | 户数 | 比重 |
| 总计 | 1687837 | 100 | 301187 | 100 | 256320 | 100 | 1130330 | 100 |
| 郑州 | 124076 | 7.35 | 65776 | 21.84 | 11087 | 4.33 | 47213 | 4.18 |
| 开封 | 80741 | 4.78 | 20905 | 6.94 | 10055 | 3.92 | 49781 | 4.40 |
| 洛阳 | 113482 | 6.72 | 41183 | 13.67 | 14369 | 5.61 | 57930 | 5.13 |
| 平顶山 | 84185 | 4.99 | 18657 | 6.19 | 13129 | 5.12 | 52399 | 4.64 |
| 安阳 | 96846 | 5.74 | 20346 | 6.76 | 11926 | 4.65 | 64574 | 5.71 |
| 鹤壁 | 19615 | 1.16 | 6830 | 2.27 | 2827 | 1.10 | 9958 | 0.88 |
| 新乡 | 73797 | 4.37 | 20865 | 6.93 | 10909 | 4.26 | 42023 | 3.72 |
| 焦作 | 39686 | 2.35 | 12104 | 4.02 | 6642 | 2.59 | 20940 | 1.85 |
| 濮阳 | 59622 | 3.53 | 7288 | 2.42 | 9815 | 3.83 | 42519 | 3.76 |
| 许昌 | 77823 | 4.61 | 13650 | 4.53 | 10467 | 4.08 | 53706 | 4.75 |
| 漯河 | 40547 | 2.40 | 6582 | 2.19 | 6656 | 2.60 | 27309 | 2.42 |
| 三门峡 | 36808 | 2.18 | 10108 | 3.36 | 6292 | 2.45 | 20408 | 1.81 |
| 南阳 | 160423 | 9.50 | 14376 | 4.77 | 30403 | 11.86 | 115644 | 10.23 |
| 商丘 | 216227 | 12.81 | 15715 | 5.22 | 32771 | 12.79 | 167741 | 14.84 |
| 信阳 | 147996 | 8.77 | 11358 | 3.77 | 25753 | 10.05 | 110885 | 9.81 |
| 周口 | 168712 | 10.00 | 7181 | 2.38 | 31449 | 12.27 | 130082 | 11.51 |
| 驻马店 | 139736 | 8.28 | 6246 | 2.07 | 20694 | 8.07 | 112796 | 9.98 |
| 济源 | 7515 | 0.45 | 2017 | 0.67 | 1076 | 0.42 | 4422 | 0.39 |

### 3. 人员构成

人员构成，是指空巢老人家庭户是由一位单身老人还是由一对老夫妇组
成。"六普"结果显示，2010 年河南 239.96 万户 60 岁及以上空巢老人家庭
户中，单身老人户有 104.77 万户，占 43.66%；只有一对老夫妇的户有
135.18 万户，占 56.34%（见表 11 – 24）。同 2000 年相比，单身老人户所
占比重上升 1.86 个百分点，空巢老人的单身化趋势比较明显。

表 11 - 24　2000 ~ 2010 年河南空巢老人家庭户人员构成

单位：%

| | 单身老人户 | | 只有一对老夫妇的户 | |
| --- | --- | --- | --- | --- |
| | 2010 年 | 2000 年 | 2010 年 | 2000 年 |
| 60 岁及以上老人 | 43.66 | 41.81 | 56.34 | 58.19 |
| 65 岁及以上老人 | 48.99 | 47.03 | 51.01 | 52.97 |

　　从 168.78 万户 65 岁及以上空巢老人家庭户看，单身老人户有 82.69 万户，占 48.99%；只有一对老夫妇的户有 86.09 万户，占 51.01%（见表 11 - 24）。65 岁及以上空巢老人家庭户中只有一对老夫妇的户的比重明显低于 60 岁及以上空巢老人家庭户。同 2000 年相比，65 岁及以上空巢老人家庭户中单身老人户所占比重提高 1.96 个百分点，表现出更加明显的单身化趋势。

# 七　小结

　　第一，河南 2010 年有 60 岁及以上老年人口家庭户 817.25 万户，占全省家庭户总数的 31.52%，与 2000 年相比，增加 158.91 万户，增长 24.14%。其中，城市、镇和乡村分别有 129.41 万户、132.45 万户和 555.38 万户，依次占城市、镇和乡村家庭户总数的 24.19%、29.1% 和 34.65%；与 2000 年相比，分别增加 42.82 万户、85.53 万户和 30.57 万户，依次增长 49.45%、182.26% 和 5.82%。

　　第二，老年人口家庭户分布重心仍在乡村，但已表现出向城市和镇偏移的趋势。2010 年，河南 817.25 万户 60 岁及以上老年人口家庭户中，15.83% 的分布在城市，16.21% 的在镇，67.96% 的在乡村；与 2000 年相比，其比重城市和镇分别增加 2.68 个和 9.08 个百分点，乡村则减少 11.76 个百分点，其分布重心向城市和镇转移趋势比较明显。

　　第三，从家庭户构成看，2010 年河南 60 岁及以上老年人口家庭户中，一位老人户占 56.7%，两位老人户占 41.97%，三位及以上老人户占1.33%。同 2000 年相比，一位老人户下降 4.78 个百分点，而两位老人户和三位及以上老人户则分别上升 4.65 个和 0.13 个百分点。

第四，河南 2010 年有单身老人户 104.77 万户，其中，男性 48.98 万户，女性 55.79 万户，分别占 46.75% 和 53.25%；城市 15.38 万户，镇15.37 万户，乡村 74.03 万户，占比依次为 14.68%、14.67% 和 70.65%。

第五，河南 2010 年有 60 岁及以上空巢老人家庭户 239.96 万户，占全省家庭户总数的 9.25%，占全省 60 岁及以上老人户总数的 29.36%。同2000 年相比，增加 82.49 万户，增长 52.39%，占全省家庭户总数和全省 60岁及以上老人户总数比重分别提高 2.76 个和 5.44 个百分点。

第六，从"六普"数据看，河南 60 岁及以上空巢老人家庭户，67.24% 的分布于乡村，15.33% 的分布于镇，17.43% 的分布在城市。与2000 年相比，城市所占比重上升 3.15 个百分点，镇上升 7.95 个百分点，而乡村则相应下降 11.1 个百分点。

# 第十二章　老年人口生活来源状况研究

随着老年人数的不断增长和人口老龄化的快速发展，老年人的养老问题越来越引起人们的普遍关注。生活来源和生活能力是影响老年人生活的两个最重要因素。进入老年期以后，人们的生活来源和生活能力都将发生较大的变化，这种变化是养老问题产生的直接根源。特别是前者，它是老年人养老的一个核心问题。因此，研究和了解老年人的主要经济生活来源，是认识养老问题与制定有关政策的重要基础。

## 一　数据来源

本章将利用 2010 年第六次全国人口普查的数据[①]，对河南老年人的主要生活来源进行全面分析和研究。普查中的相关数据为由 10% 的抽样获取的长表数据，故我们通过"长表汇总数据×10"的方法推算总体数据。

本研究中的老年人指 60 岁及以上老人。第六次全国人口普查，将主要生活来源划分为"劳动收入"、"离退休金养老金"、"最低生活保障金"、"财产性收入"、"家庭其他成员供养"和"其他"六种类型。

## 二　老年人口生活来源构成

### （一）整体状况

2010 年第六次全国人口普查数据显示，河南 60 岁及以上老年人口生

---

① 河南省统计局、河南省人口普查办公室编《河南省 2010 年人口普查资料》，中国统计出版社，2012。

活来源的最主要方式还是依靠家庭其他成员供养，占老年人口总数的41.55%；其次为自己的劳动收入，占38.43%；离退休金养老金位居第三位，占13.76%。以这三种形式为主要生活来源的老年人占全部老年人的93.74%。此外，其他各种来源合计只占老年人总体的6.26%（见表12-1）。

表12-1 2010年河南老年人口生活来源及构成

单位：万人，%

| | | 60岁及以上人口 | | 劳动收入 | | 离退休金养老金 | | 最低生活保障金 | |
|---|---|---|---|---|---|---|---|---|---|
| | | 人数 | 比重 | 人数 | 比重 | 人数 | 比重 | 人数 | 比重 |
| 总计 | | 1196.92 | 100.00 | 459.97 | 38.43 | 164.65 | 13.76 | 43.11 | 3.60 |
| 性别 | 男 | 569.89 | 100.00 | 266.83 | 46.82 | 102.81 | 18.04 | 23.79 | 4.18 |
| | 女 | 627.03 | 100.00 | 193.14 | 30.80 | 61.84 | 9.86 | 19.32 | 3.08 |
| 城乡 | 城市 | 193.35 | 100.00 | 16.37 | 8.47 | 109.99 | 56.89 | 4.55 | 2.35 |
| | 镇 | 193.99 | 100.00 | 56.72 | 29.24 | 34.77 | 17.92 | 7.60 | 3.92 |
| | 乡村 | 809.59 | 100.00 | 386.88 | 47.79 | 19.89 | 2.46 | 30.97 | 3.83 |

| | | 财产性收入 | | 家庭其他成员供养 | | 其他 | |
|---|---|---|---|---|---|---|---|
| | | 人数 | 比重 | 人数 | 比重 | 人数 | 比重 |
| 总计 | | 3.26 | 0.27 | 497.32 | 41.55 | 28.62 | 2.39 |
| 性别 | 男 | 1.73 | 0.30 | 161.23 | 28.29 | 13.50 | 2.37 |
| | 女 | 1.53 | 0.24 | 336.09 | 53.60 | 15.12 | 2.41 |
| 城乡 | 城市 | 1.35 | 0.70 | 56.37 | 29.15 | 4.73 | 2.44 |
| | 镇 | 0.74 | 0.38 | 88.52 | 45.63 | 5.64 | 2.91 |
| | 乡村 | 1.17 | 0.14 | 352.43 | 43.53 | 18.25 | 2.25 |

（二）性别差异

从性别看，河南男性老年人主要生活来源构成与女性老年人存在明显差异。男性老年人多以劳动收入（46.82%）为最主要生活来源，家庭其他成员供养（28.29%）排第二位；而女性老年人则大多以家庭其他成员供养（53.6%）为主要生活来源，劳动收入（30.8%）排第二位（见表12-1）。

### （三）城乡差异

河南老年人主要生活来源构成也存在明显的城乡差异。在城市，56.89%的老年人以离退休金养老金为主要生活来源，家庭其他成员供养排第二位，占29.15%。在镇，以家庭其他成员供养为主要生活来源的老年人占比最高，达到45.63%，劳动收入（29.24%）排第二位。在乡村，则是以劳动收入为主要生活来源的老年人最多，占47.79%，家庭其他成员供养次之，占43.53%（见表12-1）。

### （四）年龄差异

不同年龄段，河南老年人主要生活来源存在显著差异。在60～64岁和65～69岁低龄老年人中，以劳动收入为其主要生活来源的老年人最多，分别占59.63%和45.78%；其次为家庭其他成员供养，依次占23.35%和33.92%。在70～74岁和75～79岁中龄老年人中，以家庭其他成员供养为主要生活来源的老年人所占比重迅速上升，分别达到50.04%和61.61%；劳动收入退居第二位，依次占25.05%和15.84%。在80岁及以上高龄、超高龄老年人中，依靠家庭其他成员供养的老年人人数在各年龄组均位居首位，不同的是，80～84岁和85～89岁两个年龄段，以离退休金养老金（占比分别为10.84%和6.9%）为主要生活来源的老年人人数位居第二位，90岁及以上超高龄老年人中，以最低生活保证金为主要生活来源的老人所占比重进一步升高，在其中两个年龄段都位居第二位（见表12-2）。

总体来看，家庭其他成员供养、劳动收入和离退休金养老金是各个年龄段老年人的最主要生活来源；随着年龄段的升高，以家庭其他成员供养为主要生活来源的老人所占比重迅速上升，而以劳动收入为主要生活来源的老人所占比重逐渐下降。另外，以最低生活保障金为主要生活来源的老年人所占比重，也随着年龄段的升高整体呈现上升趋势；而以离退休金养老金为主要生活来源的老年人比重，则呈先升后降趋势，70～74岁年龄组最高，达到17.21%。

表 12 - 2　2010 年河南老年人不同年龄段主要生活来源构成

单位：%

| | 合计 | 劳动收入 | 离退休金养老金 | 最低生活保障金 | 财产性收入 | 家庭其他成员供养 | 其他 |
|---|---|---|---|---|---|---|---|
| 60~64 岁 | 100 | 59.63 | 12.85 | 1.82 | 0.33 | 23.35 | 2.02 |
| 65~69 岁 | 100 | 45.78 | 14.65 | 3.00 | 0.30 | 33.92 | 2.35 |
| 70~74 岁 | 100 | 25.05 | 17.21 | 4.74 | 0.23 | 50.04 | 2.72 |
| 75~79 岁 | 100 | 15.84 | 13.96 | 5.51 | 0.20 | 61.61 | 2.88 |
| 80~84 岁 | 100 | 6.85 | 10.84 | 6.22 | 0.18 | 73.25 | 2.67 |
| 85~89 岁 | 100 | 4.51 | 6.90 | 6.21 | 0.15 | 79.76 | 2.47 |
| 90~94 岁 | 100 | 3.83 | 4.53 | 6.68 | 0.21 | 82.81 | 1.95 |
| 95~99 岁 | 100 | 7.93 | 2.88 | 6.58 | 0.29 | 80.56 | 1.77 |
| 100 岁及以上 | 100 | 9.62 | 0.64 | 12.50 | 0.00 | 74.04 | 3.21 |

## （五）地区差异

在河南各地市，家庭其他成员供养、劳动收入和离退休金养老金都是老年人的最主要生活来源。其中，除郑州外，以离退休金养老金为主要生活来源的老年人人数在各地市都位居第三位。以家庭其他成员供养为主要生活来源的老人人数占首位的地市有郑州、洛阳、平顶山、安阳、鹤壁、新乡、焦作、濮阳、许昌、漯河、信阳和济源，占比均在 41% 以上，最高的济源达到 55.45%。以劳动收入为主要生活来源的老人人数占首位的地市有开封、三门峡、南阳、商丘、周口和驻马店，占比均在 40% 以上，最高的是周口，达到 50.36%（见表 12 - 3）。

表 12 - 3　2010 年河南各地市老年人主要生活来源构成

单位：%

| | 合计 | 劳动收入 | 离退休金养老金 | 最低生活保障金 | 财产性收入 | 家庭其他成员供养 | 其他 |
|---|---|---|---|---|---|---|---|
| 郑州 | 100 | 21.05 | 31.12 | 3.16 | 0.80 | 41.10 | 2.77 |
| 开封 | 100 | 40.81 | 17.40 | 2.96 | 0.26 | 36.55 | 2.02 |
| 洛阳 | 100 | 27.63 | 24.42 | 4.34 | 0.28 | 41.02 | 2.30 |
| 平顶山 | 100 | 32.73 | 14.32 | 5.49 | 0.29 | 43.53 | 3.64 |

|  | 合计 | 劳动收入 | 离退休金养老金 | 最低生活保障金 | 财产性收入 | 家庭其他成员供养 | 其他 |
|---|---|---|---|---|---|---|---|
| 安阳 | 100 | 32.11 | 16.72 | 2.95 | 0.24 | 45.77 | 2.22 |
| 鹤壁 | 100 | 24.65 | 21.46 | 2.64 | 0.17 | 48.54 | 2.54 |
| 新乡 | 100 | 29.64 | 17.32 | 2.93 | 0.20 | 47.58 | 2.33 |
| 焦作 | 100 | 22.86 | 22.40 | 2.17 | 0.16 | 49.89 | 2.53 |
| 濮阳 | 100 | 35.47 | 13.66 | 3.21 | 0.16 | 45.36 | 2.14 |
| 许昌 | 100 | 37.87 | 11.09 | 3.69 | 0.22 | 44.43 | 2.70 |
| 漯河 | 100 | 37.50 | 12.77 | 3.59 | 0.26 | 42.53 | 3.36 |
| 三门峡 | 100 | 40.76 | 15.86 | 4.39 | 0.39 | 36.27 | 2.33 |
| 南阳 | 100 | 48.02 | 9.68 | 3.04 | 0.19 | 37.03 | 2.03 |
| 商丘 | 100 | 47.57 | 6.42 | 5.65 | 0.34 | 37.27 | 2.74 |
| 信阳 | 100 | 41.25 | 8.96 | 3.86 | 0.14 | 43.65 | 2.13 |
| 周口 | 100 | 50.36 | 4.95 | 2.79 | 0.20 | 39.83 | 1.88 |
| 驻马店 | 100 | 48.10 | 6.15 | 3.66 | 0.21 | 39.65 | 2.22 |
| 济源 | 100 | 23.82 | 15.37 | 2.73 | 0.18 | 55.45 | 2.45 |

# 三 不同健康状况老人生活来源构成

## （一）总体状况

身体健康的老年人，以劳动收入为主要生活来源者人数最多，占53.52%，家庭其他成员供养居第二位，占26.24%。在身体基本健康的老人中，以家庭其他成员供养为主要生活来源的老年人比重上升到第一位，占到46.58%，以劳动收入为主要生活来源者所占比重下降到第二位，为33.14%。身体不健康但能自理和生活不能自理的老年人，大多数以家庭其他成员供养为主要生活来源，分别占71.74%和78.34%，前者中依靠劳动收入为主要生活来源的老人人数虽然列居第二位，但其比重已经下降到9.45%，仅高于依赖最低生活保障金的老人（9.11%）0.34个百分点；后者中以最低生活保障金为主要生活来源的老人人数居第二位，占8.71%，靠离退休金养老金为主要生活来源的老人占8.32%，列第三位（见表12-4）。

　　整体看，随着老年人身体健康状况的恶化，以劳动收入为主要生活来源者人数明显减少，而以家庭其他成员供养为主要生活来源者人数迅速增加，达到70%以上，家庭其他成员供养仍然是老年人特别是绝大多数非健康老年人的最主要生活来源。此外，离退休金养老金更多的是作为健康和基本健康老年人的主要生活来源，非健康老年人中以它作为主要生活来源者甚少，不及9%，离退休金养老金在老年人养老中未能充分发挥其关键作用。以最低生活保障金作为主要生活来源者在非健康老人中的比重明显增加，但占比仍然较低，不足10%，需要继续强化。

## （二）城乡差别

　　在城市，不论是身体健康老年人还是非健康老年人，离退休金养老金和家庭其他成员供养都是其主要生活来源。在身体健康和基本健康的老人中，以离退休金养老金为主要生活来源者分别占到60.57%和56.10%，另有23.65%和32.15%的老年人以家庭其他成员供养为主要生活来源。但在身体不健康而能自理和生活不能自理的老人中，以家庭其他成员供养为主要生活来源者为最多，分别占47.21%和48.72%，而以离退休金养老金为主要生活来源者比重分别下降到40.08%和42.25%，居第二位（见表12-4）。总之，随着城市老年人健康状况的恶化，以离退休金养老金为主要生活来源的老年人的比重显著下降，而以家庭其他成员供养为主要生活来源的老年人的比重急剧上升，家庭在老年人特别是非健康老年人的养老中几乎占据半壁江山。

　　在镇，健康的老人更多地以劳动收入（41.49%）作为主要生活来源，其次为家庭其他成员供养（32.65%），离退休金养老金（21.01%）居第三位。身体基本健康的老人，半数以上以家庭其他成员供养（51.4%）为主要生活来源，其次为劳动收入（23.22%）和离退休金养老金（17.61%）。身体不健康但能自理和生活不能自理的老人，绝大多数以家庭其他成员供养（70.42%和76.04%）为主要生活来源，其次为离退休金养老金或最低生活保障金，人数约占10%左右（见表12-4）。可见，家庭其他成员供养在镇老年人特别是镇不健康老年人养老中的地位远远超过城市。

在乡村，无论健康老人还是亚健康老人，劳动收入和家庭其他成员供养都构成了其主要生活来源的两大方面。健康老人大多以劳动收入（68.65%）为主要生活来源；身体基本健康和不健康但能自理的老人中，分别有41.99%和10.81%的以劳动收入为主要生活来源；即使生活不能自理的老人，仍有相当一部分以劳动收入（2.66%）为主要生活来源。同一健康状况下，以劳动收入为主要生活来源的老人的比重，乡村均高于城市和镇。此外，家庭其他成员供养在乡村非健康老人养老中的地位远远高于城市和镇，在不健康但能自理和生活不能自理的老年人中，分别有74.94%的和84.20%的老年人以家庭其他成员供养为主要生活来源（见表12-4）。

表12-4  2010年河南不同健康状况老年人主要生活来源构成

单位：%

| | | 总计 | 劳动收入 | 离退休金养老金 | 最低生活保障金 | 财产性收入 | 家庭其他成员供养 | 其他 |
|---|---|---|---|---|---|---|---|---|
| 总体 | 健康 | 100 | 53.52 | 16.45 | 1.55 | 0.32 | 26.24 | 1.92 |
| | 基本健康 | 100 | 33.14 | 13.66 | 3.66 | 0.27 | 46.58 | 2.69 |
| | 不健康,但生活能自理 | 100 | 9.45 | 6.29 | 9.11 | 0.17 | 71.74 | 3.24 |
| | 生活不能自理 | 100 | 2.24 | 8.32 | 8.71 | 0.12 | 78.34 | 2.27 |
| 城市 | 健康 | 100 | 11.33 | 60.57 | 1.32 | 0.78 | 23.65 | 2.35 |
| | 基本健康 | 100 | 6.06 | 56.10 | 2.57 | 0.66 | 32.15 | 2.46 |
| | 不健康,但生活能自理 | 100 | 1.96 | 40.08 | 7.31 | 0.42 | 47.21 | 3.02 |
| | 生活不能自理 | 100 | 0.67 | 42.25 | 5.72 | 0.28 | 48.72 | 2.37 |
| 镇 | 健康 | 100 | 41.49 | 21.01 | 1.92 | 0.42 | 32.65 | 2.51 |
| | 基本健康 | 100 | 23.22 | 17.61 | 4.09 | 0.38 | 51.40 | 3.29 |
| | 不健康,但生活能自理 | 100 | 7.15 | 9.24 | 9.47 | 0.26 | 70.42 | 3.46 |
| | 生活不能自理 | 100 | 1.62 | 10.38 | 9.40 | 0.15 | 76.04 | 2.40 |
| 乡村 | 健康 | 100 | 68.65 | 2.67 | 1.53 | 0.15 | 25.35 | 1.65 |
| | 基本健康 | 100 | 41.99 | 2.62 | 3.81 | 0.15 | 48.84 | 2.60 |
| | 不健康,但生活能自理 | 100 | 10.81 | 1.66 | 9.25 | 0.13 | 74.94 | 3.22 |
| | 生活不能自理 | 100 | 2.66 | 1.73 | 9.10 | 0.08 | 84.20 | 2.23 |

## 四 不同婚姻状况老年人生活来源构成

第六次全国人口普查将老年人的婚姻状况分为未婚、有配偶、离婚和丧偶四种情况。老年人婚姻状况不同，其主要生活来源构成也有所不同。未婚和有配偶的老年人更多的是以劳动收入为主要生活来源，分别占 46.55% 和 45.19%，不同的是，有配偶的老年人以家庭其他成员供养（33.83%）为主要生活来源者也占了较大比重，而未婚的老年人则是以最低生活保障金（25.64%）为主要生活来源者占有相当比重。离婚老年人则以劳动收入和家庭其他成员供养为主要生活来源者居多，分别占 37.84% 和 35.42%，此外，依靠离退休金养老金者（16.67%）也占有一定比重。丧偶的老年人，大多以家庭其他成员供养（63.94%）为主要生活来源，不过，依靠劳动收入者（20.05%）也占有较大比重。

**表 12－5　2010 年河南不同婚姻状况老年人主要生活来源构成**

单位：%

|  | 合计 | 劳动收入 | 离退休金养老金 | 最低生活保障金 | 财产性收入 | 家庭其他成员供养 | 其他 |
|---|---|---|---|---|---|---|---|
| 未婚 | 100 | 46.55 | 1.31 | 25.64 | 0.23 | 19.86 | 6.41 |
| 有配偶 | 100 | 45.19 | 16.24 | 2.23 | 0.31 | 33.83 | 2.20 |
| 离婚 | 100 | 37.84 | 16.67 | 6.54 | 0.33 | 35.42 | 3.20 |
| 丧偶 | 100 | 20.05 | 8.47 | 4.89 | 0.18 | 63.94 | 2.47 |

## 五 主要研究发现

本章利用 2010 年第六次全国人口普查数据，对河南老年人口的主要生活来源构成进行了全面的分析，从分析结果看，主要有以下发现。

第一，2010 年河南老年人口的主要生活来源是家庭其他成员供养（41.55%），其次为劳动收入（38.43%），以这两种形式为主要生活来源的老人占全部老年人的79.98%。离退休金养老金（13.76%）居第三位。

第二，河南老年人主要生活来源构成存在明显的性别、城乡差异。男性以劳动收入者（46.82%）为多，家庭其他成员供养（28.29%）排第二位；而女性则以家庭其他成员供养者（53.6%）为多数，劳动收入（30.8%）排第二位。城市靠离退休金养老金者（56.89%）为多数，家庭其他成员供养（29.15%）次之；镇则以家庭其他成员供养者（45.63%）为多，劳动收入（29.24%）次之；乡村则靠劳动收入者（47.79%）为多，家庭其他成员供养（43.53%）次之。

第三，河南老年人主要生活来源也存在显著的年龄差异。低龄老年人多以劳动收入为主，家庭其他成员供养次之；中龄老年人以家庭其他成员供养者增多，靠劳动收入的老年人人数降到第二位；高龄、超高龄老年人绝大多数都以家庭其他成员供养为主要收入来源，离退休金养老金或最低生活保障金次之。总之，随着年龄的增长，以劳动收入为主要生活来源的老年人逐渐减少，而以家庭其他成员供养者迅速增多，家庭在老年人特别是高龄老年人养老中仍起着关键作用。

第四，在河南18个地市中，有12个地市以家庭其他成员供养为主要生活来源的老年人人数为最多，占比均在41%以上；有6个地市以劳动收入为主要生活来源的老年人人数最多，占比均在40%以上。

第五，身体健康的老年人大多以劳动收入（53.52%）为主要生活来源，随着身体状况的恶化，以家庭其他成员供养为主要生活来源的老年人迅速增多，特别是在生活不能自理的老年人中，靠家庭其他成员供养者已达到78.34%，家庭在非健康老年人的养老中仍发挥着主体作用。这一点在镇和乡村尤其明显。

第六，从婚姻状况看，未婚、有配偶和离婚的老年人，以劳动收入为主要生活来源者占有相当比重，列居首位，而丧偶的老年人，大多数以家庭其他成员供养（63.94%）为主要生活来源。

# 第十三章　老年人口迁移流动状况研究

随着经济社会的发展以及市场化、城市化的快速推进，人口的流动成为新趋势、新常态。老年人口的流动是人口流动社会效应微观方面的不可忽视的内容。随着人口老龄化的不断加快，老年人口的流动也变得日益活跃，并出现了一些新的特点和变动趋势，对社会经济发展具有直接和重要的影响。认识这些新特点和新变化，对于我们制定人口以及社会政策，特别是对于制定和完善老年社会服务和社会保障政策具有重要的现实意义。

## 一　数据与测量

本章借助 2000 年和 2010 年的第五次[①]和第六次[②]全国人口普查相关数据进行分析和探讨。其中，2000 年第五次全国人口普查数据为抽样所得的长表数据，抽样比为 9.5%，为同 2010 年第六次全国人口普查相关数据进行比较分析，我们采取"长表汇总数据/0.095"的方法换算总体数据。

流动人口，在人口普查中，通常被定义为"人户分离"人口，即户口所在地与现住地不在同一乡镇街道且离开户口所在地已经超过半年的人口。

2000 年人口普查，将在本地登记的常住人口分为五类：①居住在本乡镇街道，户口在本乡镇街道；②居住在本乡镇街道半年以上，户口在外乡镇街道；③在本乡镇街道居住不满半年，离开户口登记地半年；④居住在本乡镇街道，户口待定；⑤原住本乡镇街道，现在国外工作学习，暂无户口。在

---

① 河南省人口普查办公室编《河南省 2000 年人口普查资料》上卷，河南人民出版社，2003。

② 河南省统计局、河南省人口普查办公室编《河南省 2010 年人口普查资料》，中国统计出版社，2012。

这里，第一类人反映的是居住地和户口所在地一致的人口，他们都属于本地人。而第二类和第三类人反映的是居住地和户口所在地相分离的人口，即人户分离人口。这些人普查登记时居住在本地，但户口在外地。我们把第二类和第三类人定义为常住本地的外来人口，简称为流动人口或外来人口。①

与以往历次普查均采用"常住人口"作为调查对象不同，2010年人口普查采用"现有人口和户籍人口"同时进行登记的办法，即2010年10月31日晚住本普查区的人口和户口登记在本普查区但2010年10月31日晚未住本普查区的人口。这一登记办法可以把普查对象分为三类：一是人在本普查区且户口也在本普查区的人口，二是人在本普查区但户口在别的普查区的人口，三是户口在本普查区而人在其他普查区的人口。第一类是人在户口也在的非流动人口，而第二类和第三类则均属于"人户分离"的流动人口。非流动人口在普查时只登记一次，而流动人口理论上则被登记了两次，一次是在现住地登记，另一次是在户口所在地登记。由于普查还对"人户分离"人口询问了离开户口所在地的时间，这样就可以根据常住人口的时间界定来使"人户分离"人口只被计算一次，即如果流动人口离开户口所在地半年以上，则被记入现住地；如果不到半年，则被记入户口所在地。经过这样的事后处理，2010年人口普查最终公布的数据仍然以半年以上常住人口为对象。在对常住人口进行分类时，仍然可以分为五类人：①居住在本地，户口也在本地；②居住在本地，户口不在本地，但已经离开户口登记地半年以上；③户口在本地，居住地在外地，但离开户口登记地不到半年；④居住在本地，户口待定；⑤原住在本地，现在国外工作学习。尽管这里的第二类人和第三类人在界定上与2000年第五次人口普查略有不同，但二者之和仍然等于"人户分离"人口。可以说，两次普查的流动人口在界定上基本相同，具有可比性。②

---

① 乔晓春、黄衍华：《中国跨省流动人口状况——基于"六普"数据的分析》，《人口与发展》2013年第1期，第13~14页。

② 乔晓春、黄衍华：《中国跨省流动人口状况——基于"六普"数据的分析》，《人口与发展》2013年第1期，第13~14页。

## 二  老年流动人口规模与变动

### （一）整体状况

2010 年，河南有老年流动人口 62 万人，占全省流动人口总数的 6.35%，同 2000 年（18.99 万人，3.67%）相比，老年流动人口总量增加 43.01 万人，占比上升 2.68 个百分点。2010 年河南老年流动人口规模是 2000 年的 3.26 倍。

### （二）分性别状况

分性别看，2010 年，河南有男性老年流动人口 33.60 万人，占全省男性流动人口总数的 6.7%，比 2000 年增加 24.11 万人，占比上升 2.4 个百分点；有女性老年流动人口 28.41 万人，占全省女性流动人口总数的 5.98%，比 2000 年增加 18.9 万人，占比上升 2.78 个百分点。河南老年流动人口中，男性比女性多 5.19 万人，但其占比上升速度稍慢于女性。

### （三）分城乡状况

分城乡看，2010 年，河南城市老年流动人口为 36.92 万人，占城市流动人口总数（606.33 万人）的 6.09%；镇老年流动人口为 16.03 万人，占镇流动人口总数（275.41 万人）的 5.82%；乡村老年流动人口为 9.06 万人，占乡村流动人口总数（94.67 万人）的 9.57%。与镇和乡村相比，城市老年流动人口的规模最大。

## 三  老年流动人口构成特征

### （一）性别构成

2010 年，河南老年流动人口中，男性占 54.19%，女性占 45.81%，男性所占比重高于女性 8.37 个百分点。与 2000 年（男性占比 49.96%，女性占比 50.04%）相比，2010 年男性老年流动人口所占比重有了较大幅度的增加，而女性则相应下降了 4.22 个百分点。

### （二）城乡构成

2010 年，河南老年流动人口中，城市占 59.55%，镇占 25.85%，乡村占 14.61%。乡村和镇合计仅约占 40%，城市占了大部分（见图 13-1）。

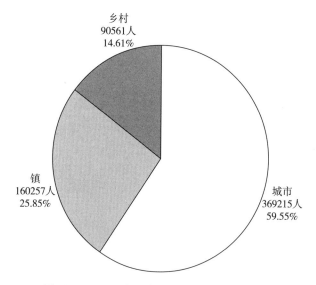

乡村
90561人
14.61%

镇
160257人
25.85%

城市
369215人
59.55%

**图 13-1 2010 年河南老年流动人口城乡构成**

### （三）年龄构成

整体看，河南老年流动人口规模随着年龄段的上升而下降，60~64 岁年龄段最多，占老年流动人口总数的 37.24%；其次为 65~69 岁年龄段，占比为 24.57%。二者合计约占 61.82%。70~79 岁中龄老年流动人口占河南老年流动人口总数的 29.71%。80 岁及以上各年龄段的高龄、超高龄老年流动人口合计占 8.48%（见表 13-1）。也就是说，河南的老年流动人口以低龄、中龄老年人口为主。

表 13 - 1　2010 年河南不同年龄段老年流动人口

单位：人，%

| | 人数 | 比重 |
|---|---|---|
| 总计 | 620033 | 100.00 |
| 60 ~ 64 岁 | 230924 | 37.24 |
| 65 ~ 69 岁 | 152351 | 24.57 |
| 70 ~ 74 岁 | 113971 | 18.38 |
| 75 ~ 79 岁 | 70237 | 11.33 |
| 80 ~ 84 岁 | 33665 | 5.43 |
| 85 ~ 89 岁 | 12962 | 2.09 |
| 90 ~ 94 岁 | 4113 | 0.66 |
| 95 ~ 99 岁 | 1640 | 0.26 |
| 100 岁及以上 | 170 | 0.03 |

# 四　老年流动人口流向特征

整体看，河南老年流动人口以短距离省内流动为主，约占全省老年流动人口总数的 95.28%，而跨省流动只占 4.72%（见表 13 - 2）。

分性别看，男性老年流动人口省内流动比重（94.9%）略低于女性老年流动人口（95.72%），与此相对应，其省外流动的占比（5.1%）则高于女性（4.28%）（见表 13 - 2）。

分城乡看，无论城市、镇还是乡村的老年流动人口，都是省内流动占绝大多数。其中，镇老年流动人口占比最高，为 96.99%，其次为城市（95.41%）和乡村（91.67%），与此相对应，省外流动则是乡村占比最高，为 8.33%，其次为城市（4.59%）和镇（3.01%）（见表 13 - 2）。

表 13 - 2  2010 年不同类别老年流动人口的流向

单位：人，%

| | | 合计 | 省内 | | 省外 | |
|---|---|---|---|---|---|---|
| | | | 人数 | 比重 | 人数 | 比重 |
| 总计 | | 620033 | 590737 | 95.28 | 29296 | 4.72 |
| 性别 | 男 | 335967 | 318823 | 94.90 | 17144 | 5.10 |
| | 女 | 284066 | 271914 | 95.72 | 12152 | 4.28 |
| 城乡 | 城市 | 369215 | 352286 | 95.41 | 16929 | 4.59 |
| | 镇 | 160257 | 155437 | 96.99 | 4820 | 3.01 |
| | 乡村 | 90561 | 83014 | 91.67 | 7547 | 8.33 |

# 五  老年流动人口流动原因

2010 年第六次全国人口普查，将流动人口的流动原因划分为"务工经商"、"工作调动"、"学习培训"、"随迁家属"、"投亲靠友"、"拆迁搬家"、"记挂户口"、"婚姻嫁娶"和"其他"九种类型。因"其他"项指代内容过于含糊、繁杂，意义不明确，我们忽略不计，只对另外 8 种类型进行比较分析（下同）。

普查结果显示，2010 年河南老年流动人口中基于"随迁家属""拆迁搬家"而流动的人口最多，分别占 19.38% 和 18.49%，其次为"投亲靠友"和"务工经商"，分别占 13.38% 和 13.11%。其余四种原因合计占 13.02%（见表 13 - 3）。2000 年第五次全国人口普查，将流动人口的流动原因划分为"务工经商"、"工作调动"、"分配录用"、"学习培训"、"拆迁搬家"、"婚姻迁入"、"随迁家属"、"投亲靠友"和"其他"九种类型，尽管类型划分与"六普"时不尽相同，但"拆迁搬家"（31.14%）、"投亲靠友"（19.36%）和"随迁家属"（16.76%）仍然是最主要的原因，排在前三位（见表 13 - 4）。

表 13 - 3　2010 年河南老年流动人口流动原因构成

单位：%

| | | 合计 | 务工经商 | 工作调动 | 学习培训 | 随迁家属 | 投亲靠友 | 拆迁搬家 | 寄挂户口 | 婚姻嫁娶 | 其他 |
|---|---|---|---|---|---|---|---|---|---|---|---|
| 总计 | | 100 | 13.11 | 7.45 | 0.44 | 19.38 | 13.38 | 18.49 | 1.60 | 3.54 | 22.62 |
| 性别 | 男 | 100 | 16.15 | 11.02 | 0.40 | 13.14 | 12.04 | 17.95 | 2.10 | 2.59 | 24.62 |
| | 女 | 100 | 9.52 | 3.24 | 0.48 | 26.75 | 14.97 | 19.13 | 1.00 | 4.66 | 20.25 |
| 城乡 | 城市 | 100 | 11.71 | 5.34 | 0.35 | 18.30 | 14.38 | 24.17 | 0.91 | 2.86 | 21.98 |
| | 镇 | 100 | 17.95 | 8.90 | 0.70 | 24.60 | 9.92 | 13.64 | 1.72 | 3.23 | 19.34 |
| | 乡村 | 100 | 10.28 | 13.49 | 0.32 | 14.53 | 15.44 | 3.92 | 4.16 | 6.86 | 31.02 |

分性别看，男性老年流动人口，在"拆迁搬家"和"务工经商"两原因方面占比最高，依次为 17.95% 和 16.15%，"随迁家属"（13.14%）居第三位；而女性老年流动人口则在"随迁家属"和"拆迁搬家"两原因方面占比最高，分别为 26.75% 和 19.13%，"投亲靠友"（14.97%）居第三位（见表 13 - 3）。

表 13 - 4　2000 年河南老年流动人口的流动原因构成

单位：%

| | 合计 | 务工经商 | 工作调动 | 分配录用 | 学习培训 | 拆迁搬家 | 婚姻迁入 | 随迁家属 | 投亲靠友 | 其他 |
|---|---|---|---|---|---|---|---|---|---|---|
| 总计 | 100 | 6.71 | 4.02 | 0.58 | 0.03 | 31.14 | 4.09 | 16.76 | 19.36 | 17.32 |
| 男 | 100 | 10.89 | 6.59 | 0.91 | 0.03 | 32.21 | 1.12 | 10.20 | 15.69 | 22.37 |
| 女 | 100 | 2.53 | 1.45 | 0.25 | 0.02 | 30.08 | 7.05 | 23.32 | 23.02 | 12.29 |

分城乡看，城市老年流动人口中，"拆迁搬家"为首要原因，占到 24.17%，其次为"随迁家属"（18.3%）和"投亲靠友"（14.38%）；镇老年流动人口中，"随迁家属"为首要原因，占 24.6%，其次为"务工经商"（17.95%）和"拆迁搬家"（13.64%）；乡村老年流动人口中，"投亲靠友"类所占比重最高，为 15.44%；其次为"随迁家属"（14.53%）和"工作调动"（13.49%）（见表 13 - 3）。

# 六　主要研究发现

第一，河南省老年流动人口规模迅速扩大。2000 年第五次全国人口普查时，只有 18.99 万人，到 2010 年第六次全国人口普查时，已增加到 62 万人，是 2000 年的 3.26 倍，占全省流动人口的比重十年上升了 2.68 个百分点。

第二，河南省老年流动人口规模，男性（33.60 万人）大于女性（28.41 万人），但其占比上升速度稍慢于女性；城市（36.92 万人）远远大于镇（16.03 万人）和乡村（9.06 万人）。

第三，河南老年流动人口以低龄老年人为最多，占到老年流动人口总数的 61.82%；其次为中龄老年人，占 29.71%。

第四，河南老年流动人口主要是短距离省内流动，省外流动人数很少，只占 4.72%。相比而言，男性省外流动占比（5.1%）高于女性（4.28%），乡村省外流动占比（8.33%）高于城市（4.59%）和镇（3.01%）。

第五，河南老年流动人口主要是基于"随迁家属""拆迁搬家"两种非经济原因而流动，分别占 19.38% 和 18.49%，其次为"投亲靠友"（13.38%）和"务工经商"（13.11%）。相比而言，男性更侧重于"拆迁搬家"（17.95%）和"务工经商"（16.15%），女性更侧重于"随迁家属"（26.75%）；城市偏重于"拆迁搬家"（24.17%），镇偏重于"随迁家属"（24.6%），乡村则偏重于"投亲靠友"（15.44%）。

# 第十四章　老年人口死亡状况研究

死亡是一种生物现象，更是一种社会现象。就前者而言，它意味着个人生命周期的结束；就后者而言，它受到社会经济发展程度的强烈影响，即其发生的原因、后果，与人口所处的社会经济发展状况、医疗卫生条件和生活水平都有非常密切的关系，是人口健康和发展的重要指标。因此，对人口死亡状况的分析和研究，一直是人口学研究的重要课题。

老年人口死亡状况，是人口死亡状况研究中的一个重要组成部分。随着社会的不断进步和人口老龄化渐趋加剧，老年人口死亡状况越来越受到人们的广泛关注。它不仅直接影响老年人群体的年龄、性别结构，影响老年人口群体的数量、素质、预期寿命和生活质量水平，而且对人口总体结构同样具有诸方面的影响。同时，它还如同一面镜子，真实地再现出当时经济与社会的发展水平、人口的健康水平、医疗卫生水平、科学技术水平，乃至社会文明进步的程度。因此，老年人口死亡状况的研究，已不仅仅局限于狭义人口学范畴，而在很大程度上涉及发展的问题，具有极为重要的现实意义。

## 一　数据与指标

### （一）数据来源

2000 年进行的第五次全国人口普查和 2010 年进行的第六次全国人口普查，分别对河南省 1999 年 11 月 1 日至 2000 年 10 月 31 日和 2009 年 11 月 1 日至 2010 年 10 月 31 日这两个年度死亡的老年人口的情况进行了详细登记，获得了关于河南省及其各地区老年死亡人口的性别、年龄等方面的数据，为我们分析 21 世纪以来河南省及其各地区分性别、分年龄的老年死亡人口的数量、分布、死亡水平、差异和变化趋势提供了新的资料。本研究所用数据资料均来自第五次、第六次全国人口普查。[①]

## （二）测量指标

### 1. 老年死亡人口数

老年死亡人口数，是度量老年人口死亡的最为直接的指标。它指的是一定时期，通常是一年内因各种原因而失去生命的老年人口人数之和，是对老年人口死亡的最为直观的反映。

由于老年死亡人口数受到人口特别是老年人口规模、性别结构、年龄结构等因素的影响，因此，它只能反映一定时期、一定地域的人口总体的死亡规模，并不能反映其实际的死亡水平。

### 2. 老年人口粗死亡率

老年人口粗死亡率，是衡量老年人口死亡水平的一个简单易算、也最为常用的指标。它是指某地区某年的老年死亡人口数与该地区这一年的老年平均人口数之比，通常用千分数表示。用公式表示为：

$$老年人口粗死亡率 = \frac{该地该年老年人口死亡人数}{该地该年平均老年人口数} \times 1000‰$$

由于老年人口粗死亡率排除了老年人口规模对死亡的影响，因此，与老年死亡人口数相比，能够在一定程度上反映老年人口的死亡水平的高低。

### 3. 老年人口分年龄死亡率

老年人口分年龄死亡率，是指一定时期、一定地域内某一年龄（或年龄组）的老年人口死亡人数与相应年龄（或年龄组）的平均人口数之比，

---

① 河南省人口普查办公室编《河南省 2000 年人口普查资料》上卷，河南人民出版社，2003；河南省统计局、河南省人口普查办公室编《河南省 2010 年人口普查资料》，中国统计出版社，2012。

通常用千分数表示。其计算公式为：

$$m_x = \frac{D_x}{\overline{P_x}} \times 1000‰$$

式中，$m_x$ 表示 $x$ 岁（或岁组）老年人口死亡率，$D_x$ 为 $x$ 岁（或岁组）老年人口之死亡人数，$\overline{P_x}$ 为 $x$ 岁（或岁组）之老年人口平均人口数。

老年人口分年龄死亡率，也称为老年人口年龄别（组）死亡率，反映的是某个年龄或年龄段老年人口的死亡水平和强度。由于研究的是特定年龄老年人口的死亡水平，分组就显得尤为重要，2000 年第五次全国人口普查和 2010 年第六次全国人口普查对老年人口的年龄分组为"60～64 岁、65～69 岁、70～74 岁……95～99 岁、100 岁及以上"。由于老年人口分年龄死亡率已经消除了年龄构成的影响，因此不同时期、不同地区的年龄别死亡率可以进行直接比较。

**4. 老年人口标准化死亡率**

老年人口标准化死亡率，也可称为按年龄调整的死亡率，是用同一老年人口标准年龄构成作为权数来计算不同地区、不同时期的老年人口死亡率。标准化老年人口死亡率的目的，是为了消除老年人口年龄结构对老年人口死亡率的影响，它虽然不能反映实际的老年人口死亡水平，却能较真实地反映不同地区、不同时期老年人口死亡水平的差异并进行比较研究。

# 二 老年死亡人口及分布

## （一）老年死亡人口规模与变化

第六次全国人口普查数据显示，2010 年（2009 年 11 月 1 日至 2010 年 10 月 31 日，下同）河南老年死亡人口为 38.69 万人，占总死亡人口（50.96 万人）的75.92%。与2000年（1999年11月1至2000年10月31日，下同）相比，人数增加1.04万人，占比上升6.17个百分点（见表14-1）。

分性别看，2010年河南老年死亡人口男性为21.28万人，比2000年增加1.6万人，增长8.13%；女性为17.41万人，比2000年减少0.56万人，下降3.13%（见表14-1）。

分城乡看，2010年河南城市老年死亡人口为4.41万人，较2000年增加0.8万人，增长22.24%；镇老年死亡人口为6.09万人，较2000年增加3.81万人，增长167.09%；乡村老年死亡人口为28.19万人，较2000年减少3.57万人，下降了11.25%（见表14-1）。

表14-1 2010年河南分性别、城乡、年龄的老年死亡人口数与2000年比较

单位：人

| 年份 | | | 总死亡人口数 | 老年死亡人口总数 | 60~64岁 | 65~69岁 | 70~74岁 | 75~79岁 | 80~84岁 | 85~89岁 | 90~94岁 | 95~99岁 | 100岁及以上 |
|---|---|---|---|---|---|---|---|---|---|---|---|---|---|
| 总计 | | 2010年 | 509591 | 386900 | 45953 | 52241 | 72537 | 81498 | 72198 | 41410 | 15829 | 4140 | 1094 |
| | | 2000年 | 539795 | 376527 | 42442 | 62162 | 81765 | 79452 | 66773 | 29319 | 11392 | 2969 | 253 |
| 性别 | 男 | 2010年 | 294237 | 212777 | 29132 | 32618 | 43157 | 46012 | 36701 | 18140 | 5539 | 1218 | 260 |
| | | 2000年 | 295129 | 196774 | 26777 | 38096 | 46835 | 40862 | 29305 | 10957 | 3240 | 661 | 41 |
| | 女 | 2010年 | 215354 | 174123 | 16821 | 19623 | 29380 | 35486 | 35497 | 23270 | 10290 | 2922 | 834 |
| | | 2000年 | 244666 | 179753 | 15665 | 24066 | 34930 | 38590 | 37468 | 18362 | 8152 | 2308 | 212 |
| 城乡 | 城市 | 2010年 | 58758 | 44094 | 4921 | 5871 | 8730 | 9480 | 7911 | 4664 | 1839 | 527 | 151 |
| | | 2000年 | 52228 | 36071 | 5155 | 6696 | 7711 | 6669 | 5501 | 2737 | 1276 | 294 | 32 |
| | 镇 | 2010年 | 80179 | 60859 | 7364 | 8284 | 11444 | 12779 | 11123 | 6416 | 2525 | 728 | 196 |
| | | 2000年 | 33170 | 22786 | 2832 | 4083 | 4881 | 4527 | 3848 | 1725 | 700 | 175 | 15 |
| | 乡村 | 2010年 | 370654 | 281947 | 33668 | 38086 | 52363 | 59239 | 53164 | 30330 | 11465 | 2885 | 747 |
| | | 2000年 | 454397 | 317670 | 34455 | 51383 | 69173 | 68256 | 57424 | 24857 | 9416 | 2500 | 206 |

综合来看，从2000年到2010年，河南老年死亡人口的规模不断扩大，其占总死亡人口的比重也呈增长趋势。分性别、城乡来看，男性、城市和镇老年死亡人口的规模在不断扩大，而女性和乡村老年死亡人口的规模在逐渐缩小。

## （二）老年死亡人口的分布与变动

### 1. 性别分布

2010 年河南老年死亡人口中，男性占 55%，女性占 45%，同 2000 年相比，男性所占比重上升了 2.74 个百分点（见表 14 - 2）。

表 14 - 2　2010 年河南老年死亡人口性别、城乡构成与 2000 年比较

单位：%，个百分点

| | 性别 | | | 城乡 | | | |
|---|---|---|---|---|---|---|---|
| | 总计 | 男 | 女 | 总计 | 城市 | 镇 | 乡村 |
| 2010 年 | 100 | 55.00 | 45.00 | 100 | 11.40 | 15.73 | 72.87 |
| 2000 年 | 100 | 52.26 | 47.74 | 100 | 9.58 | 6.05 | 84.37 |
| 2010 年比 2000 年 | — | 2.74 | - 2.74 | — | 1.82 | 9.68 | - 11.50 |

### 2. 城乡分布

2010 年河南老年死亡人口中，城市占 11.4%，镇占 15.73%，乡村占 72.87%，与 2000 年相比，城市和镇所占比重分别上升 1.82 个和 9.68 个百分点，乡村则下降了 11.5 个百分点（见表 14 - 2）。

### 3. 年龄分布

2010 年，河南老年死亡人口中，75 ~ 79 岁年龄组所占比重最高，为 21.06%，而 2000 年时是 70 ~ 74 岁年龄组占比最高，为 21.72%，与 2000 年相比，2010 年推迟了一个年龄组。从低龄、中龄、高龄、超高龄四个年龄组看，80 岁以下的低龄、中龄年龄组老年死亡人口所占比重分别下降了 2.4 个和 3 个百分点，80 岁及以上的高龄和超高龄年龄组老年死亡人口所占比重则分别上升了 3.84 个和 1.56 个百分点（见图 14 - 1）。这说明，随着经济社会的发展和医疗健康水平的提高，老年人的寿命在逐步提高。

### 4. 地区分布

2010 年河南老年死亡人口中，南阳市所占比重最高，达到 11.47%；其次是周口和驻马店，也分别占到 10.31% 和 9.05%；最少的是济源、鹤壁和

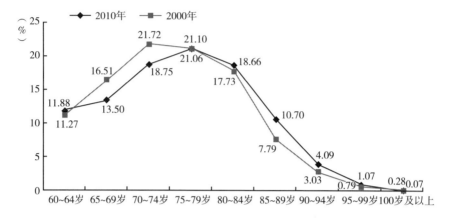

**图 14 - 1   2010 年河南老年死亡人口年龄构成与 2000 年比较**

三门峡，所占比重均在 2% 以下。与 2000 年相比，有 8 个地市老年死亡人口所占比重有所下降，它们依次是周口（-0.68 个百分点）、焦作（-0.64 个百分点）、三门峡（-0.31 个百分点）、信阳（-0.25 个百分点）、驻马店（-0.18 个百分点）、安阳（-0.18 个百分点）、济源（-0.02 个百分点）和平顶山（-0.01 个百分点）（见表 14 - 3）。

**表 14 - 3   2010 年河南各地区老年死亡人口及比重与 2000 年比较**

|  | 2010 年 | | 2000 年 | | 2010 年与 2000 年相比 | |
|---|---|---|---|---|---|---|
|  | 人数（人） | 比重（%） | 人数（人） | 比重（%） | 人数变化（人） | 比重变化（个百分点） |
| 总计 | 386900 | 100 | 376527 | 100 | 10373 | 0 |
| 郑州 | 27249 | 7.04 | 23964 | 6.36 | 3285 | 0.68 |
| 开封 | 20614 | 5.33 | 19382 | 5.15 | 1232 | 0.18 |
| 洛阳 | 23820 | 6.16 | 23065 | 6.13 | 755 | 0.03 |
| 平顶山 | 20889 | 5.40 | 20375 | 5.41 | 514 | -0.01 |
| 安阳 | 20626 | 5.33 | 20755 | 5.51 | -129 | -0.18 |
| 鹤壁 | 6095 | 1.58 | 5148 | 1.37 | 947 | 0.21 |
| 新乡 | 21783 | 5.63 | 20992 | 5.58 | 791 | 0.05 |
| 焦作 | 12601 | 3.26 | 14658 | 3.89 | -2057 | -0.64 |
| 濮阳 | 15229 | 3.94 | 13690 | 3.64 | 1539 | 0.30 |
| 许昌 | 19038 | 4.92 | 18365 | 4.88 | 673 | 0.04 |

| | 2010 年 | | 2000 年 | | 2010 年与 2000 年相比 | |
|---|---|---|---|---|---|---|
| | 人数（人） | 比重（%） | 人数（人） | 比重（%） | 人数变化（人） | 比重变化（个百分点） |
| 漯河 | 10225 | 2.64 | 9115 | 2.42 | 1110 | 0.22 |
| 三门峡 | 7146 | 1.85 | 8110 | 2.15 | −964 | −0.31 |
| 南阳 | 44362 | 11.47 | 41769 | 11.09 | 2593 | 0.37 |
| 商丘 | 32423 | 8.38 | 30915 | 8.21 | 1508 | 0.17 |
| 信阳 | 27098 | 7.00 | 27310 | 7.25 | −212 | −0.25 |
| 周口 | 39884 | 10.31 | 41360 | 10.98 | −1476 | −0.68 |
| 驻马店 | 35027 | 9.05 | 34780 | 9.24 | 247 | −0.18 |
| 济源 | 2791 | 0.72 | 2774 | 0.74 | 17 | −0.02 |

# 三 老年人口死亡率及其差异

## （一）整体状况及发展

2010 年，河南老年人口粗死亡率为 33.27‰，与 2000 年（42.11‰）相比，下降了 8.83 个千分点。若以 2010 年河南省老年人口年龄构成为标准人口年龄结构，计算得 2000 年河南老年人口标准化死亡率为 43.83‰（见表 14 −4），也就是说，消除人口年龄结构的影响，2010 年河南老年人口的真实死亡水平较 2000 年下降了 10.56 个千分点。

## （二）性别差异及变动

分性别看，2010 年河南男性老年人口粗死亡率为 38.18‰，女性为 28.76‰，男性高于女性 9.41 个千分点。与 2000 年相比，男性老年人口粗死亡率下降了 8.59 个千分点，女性下降了 9.2 个千分点，女性下降的幅度大于男性。若以 2010 年河南老年人口的年龄构成为标准人口年龄结构，那么 2010 年河南老年人口标准化死亡率男性为 41.38‰，女性为 26.69‰，男性高于女性 14.69 个千分点，同 2000 年的男性、女性标准化死亡率 53.8‰

和36.39‰相比，依次下降12.43个和9.7个千分点，男性下降的幅度高于女性（见表14-4）。总之，不论从粗死亡率还是标准化死亡率来看，河南男性老年人口的死亡水平都远高于女性老年人口，同时，其真实死亡水平下降的速度也高于女性。

### （三）城乡差异及变动

分城乡看，2010年河南老年人口粗死亡率城市（23.11‰）最低，乡村（36.14‰）最高，镇（31.73‰）居中，与2000年相比，都有不同程度的下降，其中下降幅度最大的是乡村，下降了8.64个千分点。从标准化死亡率看，也表现出上述特点，只是下降幅度最大的不再是乡村，而是城市，下降了11.1个千分点（见表14-4）。总之，不论从粗死亡率还是标准化死亡率看，河南老年人口的死亡水平都是城市最低、乡村最高，且城市老年人口的真实死亡水平的下降速度快于乡村。

表14-4 河南分性别、城乡的老年人口死亡率比较

单位：‰

| | | 2010 年 | | 2000 年 | |
|---|---|---|---|---|---|
| | | 粗死亡率 | 标准化死亡率 | 粗死亡率 | 标准化死亡率 |
| 总计 | | 33.27 | 33.27 | 42.11 | 43.83 |
| 性别 | 男性 | 38.18 | 41.38 | 46.77 | 53.8 |
| | 女性 | 28.76 | 26.69 | 37.96 | 36.39 |
| 城乡 | 城市 | 23.11 | 24.1 | 29.95 | 35.2 |
| | 镇 | 31.73 | 32.26 | 35.38 | 38.34 |
| | 乡村 | 36.14 | 35.75 | 44.78 | 45.62 |

注：以2010年河南省老年人口年龄构成为标准年龄结构。

### （四）年龄差异及变动

年龄别死亡率是分不同年龄（组）计算的，因此和人口年龄结构没有关系，彻底排除了人口年龄结构的影响，可以更加精细地刻画出人口的死亡率水平。

分年龄组看，河南老年人口的粗死亡率表现出两大特点：一是随着年龄组的升高，老年人口的粗死亡率快速上升；二是2010年老年人口各年龄组（"100岁及以上"除外）粗死亡率均低于2000年相应年龄组（见图14-2）。前者属于人类生命进程中的自然现象；后者则更加精细地展现了老年人口死亡水平不断下降的趋势，彰显了社会的发展进步、人民生活水平与医疗卫生状况的改善，以及人民健康水平的不断提高。

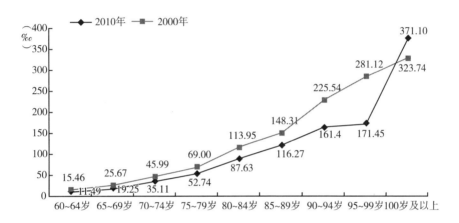

图14-2　2010年与2000年河南年龄别老年人口死亡率曲线

# 四　主要研究发现

第一，第六次全国人口普查数据显示，2010年河南老年死亡人口为38.69万人，占全省死亡人口总数的75.92%。与2000年相比，占比上升6.17个百分点。这与快速老龄化背景下河南老年人口整体规模的扩大有密切关系。分性别、城乡来看，男性、城市和镇老年死亡人口的规模在不断扩大，而女性和乡村老年死亡人口的规模在逐渐缩小。

第二，2010年河南老年死亡人口中，男性占比（55%）高于女性（45%），乡村占比（72.87%）高于城市（11.4%）和镇（15.73%）。与2000年相比，男性、城市和镇所占比重有所上升，而女性和乡村占比有所下降。另外，从两次人口普查结果看，老年死亡人口的分布中心有明显的向较高年龄组推移的趋势，老年人口的寿命在不断提高。从地区看，南阳、周口和驻马店的老年死亡人口最多，合计占 2010 年全省老年死亡人口总数的 30.83%。

第三，2010 年，河南老年人口粗死亡率为 33.27‰，比 2000 年下降了 8.83 个千分点。若按 2010 年河南省老年人口年龄构成进行标准化，消除人口年龄结构的影响，则实际下降了 10.56 个千分点。

第四，从第六次全国人口普查数据看，河南男性老年人口的死亡水平远高于女性老年人口，乡村远高于城市和镇。老年人口的真实死亡水平的下降速度，男性快于女性，城市快于乡村。另外，从 2000 年到 2010 年，河南老年人口各年龄组（"100 岁及以上"除外）粗死亡率均呈现下降趋势，说明人们的生活水平和医疗健康状况不断得到改善。

# 下篇 河南省养老服务 体系研究

## 第十五章 需要：养老服务体系 建设的基点

概念是研究的起点。本章重点梳理和探讨养老服务体系概念的内涵和外延，并借助人类需要理论，阐述养老服务体系建设的理论基础，在此基础上，进一步分析老年人需要与社会养老服务体系建设的逻辑辩证关系，为河南养老服务体系建设奠定理论框架。

### 一 养老、养老服务与养老服务体系

（一）养老

传统意义上的养老，实质是外部对老年人的奉养或养活。我国向来有养老敬老的历史传统，从最初的一种自发的家庭行为逐渐演变成为一种约定俗成的文化传承。《周礼·地官·大司徒》："以保息六养万民：一曰慈幼，二

曰养老……"唐张说《让右丞相表》之二："臣幸沐遗簪堕履之恩，好生养老之德，朝游简牍，暮对图书。"从传统意义上看，接受养老的老年人带有生活的被动性。[1]

与此相对应，现代意义上的养老则是一个很宽泛的概念，不同学者有不同的表述。熊必俊认为，养老的实质是代际的交换。穆光宗认为，对养老可以有两种不同的理解：一是谁来支持老年人或老年人的生活；二是如何度过老年生活。陈功认为，养老有两种含义：一是指奉养老年人，指经济供养、生活上的照顾和精神上的慰藉三个含义的结合；二是指对老年人生活状态的一种描述。宋健认为，养老是指人与人之间奉养与被奉养的关系。苏保忠认为，养老是指由家庭、社区、国家或社会组成的养老支持系统为满足老年人的基本生活需要而利用各种养老资源对其进行的经济和服务支持，在外延上还包括老年人去世后的送终行为。[2]

本书中"养老"的含义，偏重于"奉养老年人"，即对老年人所需物质生活资料、照料服务、价值发挥等提供全方位保障和服务的行为，以及精神赡养和老有所为等系列服务。

## （二）养老服务

"服务"是指为他人做事并使他人从中受益的一种有偿或无偿的活动。"养老服务"是指为了使老年人更好地进行养老而为老年人提供的各种服务。[3] 具体来讲，养老服务就是为了帮助老年人安享晚年对老年人提供的生活照料、精神慰藉、医疗保健、尊严保护、文化教育等服务行为。也有学者从更宽泛的意义上界定，认为养老服务是指国家和社会以发扬敬老爱老美德、维护老人健康、安定老人生活、充实老人精神文化生活为目的而采取的政策措施和提供的服务和设施的总称。[4] 我们也更偏向于从较宽泛的意义上

---

① 李慧：《我国城市社会养老服务研究》，湖南师范大学硕士学位论文，2013，第10页。
② 苏保忠：《中国农村养老问题研究》，清华大学出版社，2009，第6~7页。
③ 李朝智：《江苏养老服务体系建设研究》，东南大学硕士学位论文，2010。
④ 刘露：《广东省社会养老服务体系建设研究》，华南理工大学硕士学位论文，2014，第9页。

理解"养老服务"，在外延上，它不仅包括具体的服务行为，还应该包括政策措施、基础设施等方面的内容。

### （三）家庭（社会、居家、机构、社区）养老

家庭养老：英文为"family support of the aged"，是指老年人居住在家中或养老机构内，养老费用由家庭（包括老年人自身）承担。

社会养老：英文为"social support of the aged"，是指老年人居住在家中或养老机构内，养老费用由社会养老保障体系（包括各类商业保险）承担。

居家养老：英文为"home-based senior care"，是指老年人居住在家中，养老费用由家庭和（或）社会养老保障体系支付。

机构养老：英文为"agency support of the aged"，是指老年人居住在养老机构内，费用由家庭和（或）社会养老保障体系支付。

社区养老：英文为"community support for the elderly"，是居家养老的重要支撑，具有社区日间照料和居家养老支持两类功能，主要为家庭日间暂时无人或者无力照护的社区老年人提供服务。[①]

### （四）社会养老服务

社会养老服务是根据老年人养老服务的提供主体而提出的与家庭养老服务相对应的概念，主要指由政府、社会组织、志愿者、企业为老年人提供各种生活所需的服务，其养老经济来源支撑主要是自身积累或家庭支持，部分依赖政府财政的福利支出。"社会养老服务"与"社会养老"两个概念提出的依据有所不同：前者是基于服务提供的主体（是家庭还是政府、社会组织、志愿者、企业）而提出的；后者是基于养老资源的提供者（是个人、家庭还是社会）而提出的。

---

① 《广东省2011~2015年社会养老服务体系建设规划》（粤民福〔2011〕51号），广东省民政厅，2011。

## （五）社会养老服务体系

对于"社会养老服务体系"，学术界以往很少涉及，目前使用的表述主要是由政府有关文件提出的。[①] 2000 年 2 月，国务院办公厅在文件中明确，"在供养方式上坚持以居家为基础、以社区为依托、以社会福利机构养老为补充的发展方向"[②] 的社会福利社会化路子。鉴于养老服务在社会福利中的重要地位，这一概括逐渐演变为专指养老服务体系，并于 2006 年前后最终确定为"以居家养老为基础、社区服务为依托、机构养老为补充的服务体系"。[③] 2009 年，国家发改委、民政部开始在全国一些省份实施"基本养老服务体系试点"。2010 年，温家宝在《政府工作报告》中明确，要"加快建立健全养老社会服务体系"。党的十七届五中全会强调要"优先发展社会养老服务"。2010 年 11 月，民政部李立国部长在全国社会养老服务体系推进会上指出，要"立足基本国情，着力构建与经济社会发展水平相符合、与人口老龄化进程相适应，以居家养老为基础、社区服务为依托、机构养老为补充，资金保障与服务提供相匹配，无偿、低偿、有偿服务相结合，政府主导、部门协同、社会参与、公众互助相结合的社会养老服务体系"。[④] 在"养老服务体系"前加"社会"两字，意在表明"需要以全社会之力做好这项工作，即充分发挥政府、家庭、机构和社区等的作用"，而非剥离政府组织，专指"企业""非政府组织"等社会力量构建的"养老服务体系"，当然，也不能理解成与"家庭养老"相并列的"'社会养老'的服务体系"。2011 年，民政部进一步修正为"以居家养老为基础、社区服务为依托、机构养老为支撑，资金保障与服务保障相匹配，基本服务与选择性服务相结

---

① 董红亚：《我国社会养老服务体系的解析和重构》，《社会科学》2012 年第 3 期，第 68 ～ 69 页。

② 《关于加快实现社会福利社会化意见的通知》（国办发〔2000〕19 号）。

③ 《关于加快发展养老服务业意见的通知》（国办发〔2006〕6 号）。

④ 李立国：《积极贯彻优先发展方针 加快构建适应老龄化的社会养老服务体系》，《中国社会报》2010 年 11 月 12 日。

合，形成'政府主导、社会参与、全民关怀'的服务体系"。①

随着 2010 年前后，有关"社会养老服务体系"的研究和表述的不断增多，学术界对社会养老服务体系也有探讨，主要看法有以下几种。

第一，同意或接近政府的提法。② 大部分学者在论述养老服务体系时，都采用政府的表述。有的虽有不同，但基本接近。这是主流意见。比如，刘益梅提出的"建立社会化养老服务体系"③，包括了以居家养老为基础、机构养老为支撑，多主体、多元化、多层次提供养老服务的含义。周宁也认为，要转变观念，改革传统的由政府直接提供养老服务模式，构建政府主导下的社会化养老服务体系。④ 吴诺指出，新型社会养老服务体系的专业养老院、老年公寓、社区居家养老、家庭养老这四种养老模式相互补充、和谐共存，是一个多元化的社会养老系统。⑤

第二，宽泛意义上的提法。⑥ 例如，金双秋、曹述蓉认为，要建立健全"养老服务机构体系、老年人服务制度体系、老年人供养服务体系、老年人医疗服务体系、老年人再就业服务体系、老年人继续学习服务体系、养老服务人力资源开发体系"⑦，以完善养老服务体系。

第三，更为广义的提法。⑧ 即把养老服务体系看成一个大系统，特别是把社会养老保险作为内容列入，认为这是重要的经济保障。"建立一个由个人、家庭、社会、企业和政府共同组成的养老服务保障体系，是我国养老服

---

① 《民政部就"困难群众生活救助和养老服务体系建设"答记者问》，http://news.cntv.cn/special/2011lhzb/ylfwtx/，最后访问日期：2018 年 4 月 24 日。

② 魏文斌、李永根、高伟江：《社会养老服务体系的模式构建及其实现路径》，《苏州大学学报》（哲学社会科学版）2013 年第 2 期，第 48～49 页。

③ 刘益梅：《人口老龄化背景下社会化养老服务体系的探讨》，《广西社会科学》2011 年第 7 期，第 100～104 页。

④ 周宁：《构建政府主导下的社会化养老服务体系：以南京市鼓楼区为例》，《中国民政》2012 年第 2 期，第 22～23 页。

⑤ 吴诺：《构建新型社会养老服务体系的研究》，《天津社会保险》2011 年第 6 期，第 12～14 页。

⑥ 董红亚：《我国社会养老服务体系的解析和重构》，《社会科学》2012 年第 3 期，第 69 页。

⑦ 金双秋、曹述蓉：《完善养老服务体系的构想》，《社会工作》（学术版）2011 年第 1 期。

⑧ 董红亚：《我国社会养老服务体系的解析和重构》，《社会科学》2012 年第 3 期，第 69 页。

务体系的基本模式。"强调"我们应当提倡一种混合经济模式，整合政府、非政府、社区和企业各机构的资源，提供各种有差异的、不同模式的服务，来构建我国养老服务体系以及实践我国养老服务事业"。① 有的虽然肯定"我们要构建以居家养老为基础、社区照料服务为依托、机构养老为补充的具有中国特色的养老服务体系"，但在行文中仍然用大量篇幅论述了养老保险问题。② 也有学者分析了家庭、居家、机构等各种照顾系统的不足，提出"需要建构一个多样化、个性化、家庭化的养老服务体系"。③

学术界的上述提法，有的不能反映养老服务体系的本质特征，有的甚至大而无当。相比之下，政府的提法更接近于养老服务的本身含义，况且，这一提法在实践中也已使我国的养老服务事业取得突破性进展。故本课题中的社会养老服务体系在本质上遵循政府的提法。根据国务院办公厅印发的《社会养老服务体系建设规划（2011～2015年）》，将其界定为：社会养老服务体系是与经济社会发展水平相适应，以满足老年人养老服务需求、提升老年人生活质量为目标，面向所有老年人，提供生活照料、康复护理、精神慰藉、紧急救援和社会参与等设施、组织、人才和技术要素形成的网络，以及配套的服务标准、运行机制和监管制度。

## 二 需要、社会需要与老年人需要

### （一）需要及其属性

此处的"需要"（英文称为"need"），是指社会福利中的"需要"，它不同于以货币为度量工具的市场交换中的"需要"，也不等同于"需求"

---

① 刘畅：《我国养老服务体系的构建——基于系统论的视角》，《兰州商学院学报》2010年第1期。

② 张晓霞：《江西基本养老服务体系建设的现状及完善对策》，《江西社会科学》2011年第2期。

③ 范灵璐、郑梓桢：《不能自理老年人照顾方式调查与养老服务体系的建构——以广东省为例》，《贵州社会科学》2008年第7期。

（want）、"欲求"（demand，在经济学等学科中翻译为"需求"）、"欲望"
（desire）。"需要"可以被抽象地理解为：人们在某一社会中为了使自己的
生存和发展成为可能而要满足的要求。①

需要是人的本质属性，是人成为人的根本，当一个人的需要不存在时，
这个人在社会中也就不存在了。需要是人的实践活动的内在动力，而实践活
动则把人们联系在一起，构成了社会关系和社会活动。后者一经产生，又反
过来决定着生产和需要。因此，需要具有社会性。

需要还具有普适性和客观性。需要作为人们为了使自己的生存和发展成
为可能而要满足的要求，它是人们生存和发展的必要条件，即人们的需要至
少要在某种程度上得到满足，才能使需要的主体作为人而存在，正如人的生
存状态是客观和普遍的一样，需要也是普适的和客观的。

需要更是历史的和主观的。人类从出生开始，就是在需要的引导下行动
的，人类历史的延续也包括了人的需要的历史的延续。需要也因为历史社会
的不同而相异。需要具有历史性。需要虽然有客观性，但个人意识到的需要
就是他的需要。人们感觉到的所有真实的需要必须被认为是真实的，它包括
人们意识到的需要、人们表达的需要和人们努力追求予以满足的需要。从这
个角度看，需要具有主观性。②

## （二）社会需要及类型

### 1. 社会需要

社会需要，是社会成员需要的集合。即当个体社会成员的需要，聚集成
一种在同一社会文化背景下的社会群体成员具有的需要时，个体的需要就变
成了社会需要。

社会福利视角下的社会需要，又通常被表述为：人类为了生存和福祉的

---

① 彭华民等：《西方社会福利理论前沿：论国家、社会、体制与政策》，中国社会出版社，
2009，第30页。
② 〔民主德国〕勒德雷尔主编《人的需要》，邵晓光等译，辽宁大学出版社，1988，第2～
17页。

生理、心理、经济、文化和社会要求。[1]

研究和工作中常常使用的社会需要界定方法有三种：社会成员定义的需要（population-defined need）、照顾者定义的需要（caretaker-defined need）、从事社会工作实务的人推断出的需要（inferred need）等。[2] 埃费的上述三种通过需要评估而发展成为社会需要内容的方法，实际上是以社会福利的接受者和提供者为基础的两分法。当然，这种由社会福利的提供者和受益者的双重角度发展出来的社会需要内容，同需要概念的本质含义有一定差别。

**2. 社会需要的类型**

社会需要被不同的学者分为不同的层次和类型。其代表性的看法有以下几种。

第一，马斯洛（Maslow）的五分法。马斯洛从人类动机的角度出发，把社会需要按满足的递进关系分为五种：生存的需要、安全的需要、归属和爱的需要、自尊的需要、自我实现的需要。[3]

第二，步瑞德山（Bradshaw）的四分法。步瑞德山研究指出，在社会福利输送过程中，社会需要可以分为四种类型：感觉性需要（felt need）、表达性需要（expressed need）、规范性需要（normative need）和比较性需要（comparative need）。[4]

第三，泰勒－古比（Taylor-Gooby）的三分法。泰勒－古比以社会福利制度为背景，将需要分成终极需要、中介需要和个人需要三种类型。[5]

第四，多伊和高夫（Doyal & Gough）的二分法。多伊和高夫也从社会福利的角度将需要分为基本需要和中介需要。[6]

---

[1] Macarov, D., *Social Welfare: Structure and Practice* (Thousand Oaks: Stage Publications, 1995), pp. 17-18.

[2] Ife, J., "The Determination of Social Need. A Model of Need Statements in Social Administration," *Australian Journal of Social Issues* 15 (1980): 2.

[3] Maslow, A. H., *Motivation and Personality* (New York: Harper &Row, Publisher, Inc., 1970).

[4] Bradshaw, J., "The Taxonomy of Social Need," in *New Society*, (1972), p. 496.

[5] Taylor-Gooby, P. &Dale, J., *Social Theory and Social Welfare* (London: Edward Arnold, 1981), p. 212.

[6] Doyal, L. & Gough, I., *A Theory of Human Need* (Basingstoke: Macmillan, 1991).

另外，联合国在解决贫穷问题时，把人类需要分为基本需要与非基本需要，其中，基本需要的满足是解决贫困问题的社会政策目标。① 此外，对中国香港、天津、上海、台湾的华人社群的实证研究证明，衣食住行是华人社群基本需要的内容。②

## （三）老年人的需要

### 1. 老年人的需要的特征

老年人的需要和其他年龄段的人群的需要相比，有相同性，更有异质性。养老服务是对老年人特质性需要的满足，是各类供给主体针对老年人的特征而提供的提高老年人生活和生命质量的有偿或无偿的活动。社会养老服务体系，就是围绕这一过程而形成的一个复合系统。一般来讲，老年人的需要具有以下特性。③

（1）内容丰富，以工具性需要为重。老年人的需要内容丰富，涉及生活的方方面面，可概括为物质需要、精神需要和工具性需要。④ 其中，工具性需要最为突出，即需要更多地借助各种工具和辅助设施。由于身体机能下降，老年人难以通过自身努力满足原来由自己的手、脚、眼等完成的基本生活需求，必须全部或部分交由他人来做，或借助其他设施设备来满足。一少部分人还由于智力的衰退造成失智，完全需要他人服务来满足其基本生活需要。因此，在老年人的需要中，工具性植入十分重要，它渗透在方方面面及其需要满足的全过程。

（2）层次多重，缺乏型需要突出。马斯洛将人的需求划分为生理的需要、安全的需要、归属和爱的需要、尊重的需要、自我实现的需要等五个层次。其中前四种为缺乏型需要，第五种为成长型需要。这些需要

---

① UNDP. , *Human Development Report 2000*（Oxford：Oxford University Press，2000）.

② 周健林、王卓棋：《关于中国人对需要及其先决条件的观念的实证研究》，载《中国社会科学季刊》，1999，第 25 页。

③ 董红亚：《我国社会养老服务体系的解析和重构》，《社会科学》2012 年第 3 期，第 72 页。

④〔美〕凯瑟琳·麦金尼斯–迪特里克：《老年社会工作：生理、心理及社会方面的评估与干预》，隋玉杰译，中国人民大学出版社，2008，第 91 页。

由低到高，具有逐级满足的递进性。① 该理论对老年人群体并不完全适合。因为按照撤退理论，老年人从成年期参与的社会活动、担任的主要角色中退出了，因而其自我实现的需要减弱，甚至消失。而缺乏型需要，特别是低层次需要中的生理的需要、安全的需要、归属和爱的需要走上了前台，重新占据主导地位。对部分失能老人来说，生理的需要有时候可能更急迫。

（3）线性变化，专业化需要递进。老年人的需要，从本质上看是基于他们的身体条件。每一老年人个体，其生理机能的衰退及疾病的发展，都是一个程度不断深化及反复的过程。建立在这一基础上的需要及满足，也因此不断变化并有规律可循。初始阶段，由他人提供一般性生活服务，继而寻求专业机构服务，并逐步趋于更多的照护服务。总体看，随着老年人身体机能的衰退，其需要满足的专业性不断提高。

（4）方式多样，偏重社区人文性。老年人的需要，从居住形态角度看，可以在家庭完成，也可以在社区完成，或直接到机构中完成。但是，由于长期形成的安全性感受，尤其是社区的人文文化氛围，或者成本因素的考虑，老年人更容易接受需要满足的居家式方式。也就是说，老年人居家接受服务时，因处于熟悉的社区中，更具有心理安全和低成本的优势，更能接受这样的实现方式。

概而言之，养老服务的本质是照护（照料和护理）。对所有老年人来说，生活照料满足其基本的工具性需要、缺乏型需要；对其中的失能老人来说，在生活照料的基础上，护理更为突出，而这种护理具有专业性。就老年人服务的方式来看，他们需要在熟悉的社区获得综合性、连贯性的服务。

**2. 老年人需要的内容②**

中国对老年人需要的研究始于 20 世纪 80 年代初，经过系统研究，中国学者概括出"五个老有"，即"老有所养，老有所医，老有所为，

---

① 〔美〕马斯洛：《动机与人格》，许金声等译，华夏出版社，1987，第 40～64 页。
② 李晏伟等：《中国城市老人社区照顾综合服务模式的探索》，社会科学文献出版社，2011，第 51～53 页。

老有所学，老有所乐"。老有所养，是指经济赡养、精神慰藉和生活照料。老有所医，是指医疗保健，生病能够得到治疗。老有所为，是指参与社会、参与活动。老有所学，是指老年人的再学习、知识增长和更新。老有所乐，是指精神欢娱。"五个老有"被写入1996年8月29日通过的《中华人民共和国老年人权益保障法》，成为全国老龄工作的奋斗目标。[①]

姚远等从基本权利角度探讨老年人的需要，主要包括：①与生存权对应的经济收入和住房需要；②与发展权对应的精神和心理需要；③与健康权对应的健康需要；④与被照料权对应的照料需要；⑤与安全权对应的安全需要。[②] 姚远等人的分类是对五个"老有"的发展、扩充和更新，尤其是照料需求得到了强调。

此外，穆光宗也对老年人需要做出了分类。①生存性需要。即指追求基本需要的满足，健康和安全就属于生存性需要。"老有所养、衣食无忧"和"老有所医、身心健康"构成了老年人需要最基本的层面。②发展性需要。包括老有所爱、老有所伴、老有所乐、老有所亲、老有所学和老有所美等。③价值性需要。包括老有所为、老有所用、老有所成和老有善终。该分类比较注重老年人需要的层次性，尤其突出了精神需要，更加符合老年人群体的需要特点。

整体来看，在中国学者的老年人需要研究中，一般还是侧重于对经济、医疗等较低层次的需要，而将心理、社会类需要统称为"精神需要"，与经济、医疗需要相并列。比如，陈功就认为，养老内容就是养老需要，因此他从"老有所养"即经济帮助、生活照料、精神慰藉三个方面来分析老年人需要。[③]

---

① 姚远等：《老年人的基本权利、不同老年人口群体的需求》，载邬沧萍主编《社会老年学》，中国人民大学出版社，1999，第246页。

② 姚远等：《老年人的基本权利、不同老年人口群体的需求》，载邬沧萍主编《社会老年学》，中国人民大学出版社，1999，第233～244页。

③ 陈功：《我国养老方式研究》，北京大学出版社，2003。

# 三　需要满足与社会养老服务体系建设

## （一）逻辑域

从逻辑关系的视角看，老年人需要满足，是社会养老服务体系建设的价值目标与归宿。社会养老服务体系是为了满足老年人需要而存在的，是老年人社会需要满足的制度设计，当单个老年人的需要集合成为一种集体的、可表述的社会需要的时候，社会养老服务体系设计便成为老年人需要满足的重要手段。社会养老服务体系设计作为老年人需要满足的工具性手段，是集体主义观念下的需要满足对象、需要满足程度有机整合的结果。老年人个体根据社会养老服务体系设计，获得不同的需要满足。

## （二）发展域

从发展的视角看，老年人的需要推动着社会养老服务体系的建立和发展，它是社会养老服务体系发展、变迁的动力。其中，老年人基本需要，是社会养老服务体系建设和发展的基本动力，也就是说，社会养老服务体系的主要内容，都是以老年人生理发展过程和基本能力提高的过程的需要为本的。

## （三）权利域

从权利的视角看，通过构建社会养老服务体系去满足社会老年人的需要，也是老年人个体公民权实现的表现。同时，老年人的社会权利发展所提出的新的需要，更是社会养老服务体系发展的新的动力，即基于新的需要，社会养老服务体系不断发展。

总之，"需要"是社会养老服务体系建设的理论基石，也是社会养老服务体系发展的动力。"需要满足"是社会养老服务体系建构的价值目标与归宿，社会养老服务体系则是老年人需要满足的制度工具与手段。

我们为什么要建设社会养老服务体系，要构建什么样的社会养老服务体系，在不同历史阶段和社会背景下，社会养老服务体系建设的战略规划和具体任务是什么，这一系列问题的回答归根结底取决于老年人的"需要"。因此，对老年人需要的研究，是社会养老服务体系建设研究的核心内容。

# 第十六章　河南省城市老年人经济状况及需要研究

老年人的经济状况常被作为其生活质量高低的重要考量，这是因为一方面老年人逐渐退出社会劳动，经济收入减少甚至中断；另一方面，老年人在医药、日常生活消费方面的经济需求具有刚性化特点。所以，老年人有无经济收入、经济收入多寡必然影响老年人的生活状况。

养老保险是由政府立法确定，依靠政府、企业和个人的养老保险基金，保证社会劳动者在年老失去劳动能力或退出劳动岗位时享有退休养老的权利的一项社会保险制度。被纳入养老保险的社会成员，在年老失去劳动能力或退出工作岗位时可以获得退休金补偿，这无疑有利于缓解老年人的经济压力，保障老年人的生活水平。但和我国社会政治经济制度相适应，我国传统养老保险具有明显的二元特征，长期以来只覆盖城镇企事业单位工作人员，这就导致有些老年人即便已经迈入老年，老年风险已经发生，却很可能由于制度性的原因而享受不到退休金。所以本课题组首先把河南城市老年人按照是否享有退休金分为两组——退休者和非退休者，并对二者的经济状况分别进行描述（见表16-1）。

表16-1　河南城市老年人退休基本情况

单位：人，%

| 退（离）休状况 | 性别 | | 合计 |
| --- | --- | --- | --- |
| | 男 | 女 | |
| 在职 | 38(69.09) | 17(30.91) | 55(100) |
| 退（离）休 | 428(55.95) | 337(44.05) | 765(100) |
| 从未就业 | 53(26.63) | 146(73.37) | 199(100) |
| 其他 | 86(60.56) | 56(39.44) | 142(100) |

说明：由于并非所有被调查者都填报了所有调查项目，所以本章中各项的被调查总人数并不相同。以下章节与此情况相同，不再另做说明。

资料来源：课题组2016年开展的河南城乡老年人需求状况调查。本章资料皆出于此，下不另注。

# 一 退休者的经济状况

## （一）退休金

图 16-1 的调查结果显示，被调查的河南城市老年人没有退休金的人数为 349 人，所占比例为 30.7%，即有三成的城市老年人无法享有国家建立的养老保险，在老年这种风险发生的时候，只能依靠自己和家庭的力量。而在能享有养老保险的老年人中，由于其工作所在单位和行业存在差异，其能获得的退休金也存在差别，但多分布在 501~3000 元，其中退休后能领取501~1000 元退休金的老年人数为 167 人，所占比例为 14.7%；1001~1500元人数为 179 人，所占比例为 15.7%；1501~2000 元人数为 146 人，所占比例为 12.8%；2001~3000 元人数为 164 人，所占比例为 14.4%；500 元及以下和 3000 元以上的人数都较少。

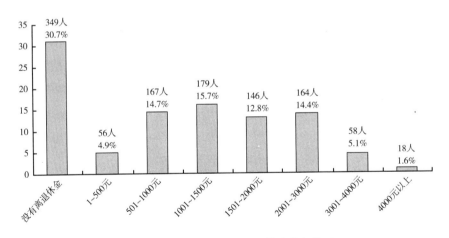

图 16-1 河南城市老年人退休金收入情况

## （二）其他经济收入

河南城市老年人除了退休金外，还有没有其他经济收入呢？本研究从数量和来源上进行考察。

**1. 其他经济收入额**

河南城市老年人在退休金外，其他收入每月最低为 0 元，最高为 10000 元，平均为 433.57 元，标准差为 985.5 元，可见在退休金外，河南城市老年人其他收入存在很大差异。值得注意的是，有 57.4% 的河南城市老年人除退休金外，没有任何其他经济收入。

接下来我们要问的是，对那些有其他经济收入的老年人而言，其他经济收入来源主要有哪些呢？

**2. 其他经济收入来源**

表 16-2 的结果显示，有 42.3% 的城市老年人从子女、亲属那里得到补贴，有 12.3% 的老年人能获得理财、股票、保险等投资性收入，还有 9.6% 的老年人通过再工作获得额外收入。值得注意的是，还有 21.2% 的老年人通过低保等获得政府救助、补贴。我国的社会救助制度是拾遗补阙型的社会救助制度，只有未达到最低生活保障水平的人才能享有社会救助。这说明，即便在河南城市，也有一部分老年人的经济收入状况堪忧。再进一步做退休金与是否通过低保获得政府补助、补贴的交叉表分析，发现随着老年人能领取的退休金的增多，通过低保获得政府补助的比例逐渐降低。Pearson 卡方检验表明，Sig. 值为 0，小于 0.05，说明是否有退休金、退休金的多少显著影响老年人是否需要通过低保获得补助。可见，是否有退休金对老年人的经济状况影响很大。

表 16-2 河南城市老年人其他收入来源

单位：人，%

| 其他经济收入来源 | 频数 | 有效百分比 |
| --- | --- | --- |
| 子女、亲属补贴 | 573 | 42.3 |
| 再工作报酬 | 130 | 9.6 |
| 理财、股票、保险等投资性收入 | 167 | 12.3 |
| 低保等政府补助、补贴 | 287 | 21.2 |
| 其他 | 198 | 14.6 |
| 合计 | 1355 | 100.0 |

上述分析还表明，有一成左右的老年人在达到退休年龄后，仍然参与有报酬的社会劳动。我国关于退休年龄的一般性规定为：男工人和男干部年满60周岁，女工人年满50周岁，女干部年满55周岁。随着人均寿命的延长和生活医疗水平的提高，人们达到退休年龄后，还有很长一段时间是有足够的能力和精力参加社会劳动的，所以不排除有些老年人在退休后再次就业。这不仅有利于老年人发挥余热，丰富社会劳动资源，而且也增加了这部分老年人的经济收入，增强了其抗风险能力。但无论如何，退休金都是河南省城市老年人养老过程中的主要经济来源，养老保险制度对老年人有特别重要的意义。

## 二　非退休人员的月收入

对那些没有退休金的老年人而言，他们每月的经济收入状况如何呢？调查显示，有349位老年人不是退休人员，即没有被纳入传统的养老保险制度中。有52.7%的非退休人员月收入为0元，22.1%的老年人月收入为1～500元，月收入在501～1000元的老年人所占比例为14.0%，仅有11.2%的老年人月收入在1000元以上。即只有一成左右的老年人月收入在1000元以上，其余近九成老年人月收入为1000元及以下（见表16－3）。这一方面说明没有退休金的老年人月收入差距很大，另一方面也说明对很多老年人来说，没有退休金，其收入很少甚至没有。老年人的生活面临很大挑战。

表16－3　河南城市非退休人员收入

单位：人，%

| 非退休人员收入 | 频数 | 有效百分比 |
| --- | --- | --- |
| 0元 | 184 | 52.7 |
| 1～500元 | 77 | 22.1 |
| 501～1000元 | 49 | 14.0 |
| 1001～2000元 | 26 | 7.4 |
| 2000元以上 | 13 | 3.7 |
| 合计 | 349 | 100.0 |

## 三 城市老年人经济状况满意度及影响因素

### （一）城市老年人日常开支情况

在问及城市老年人有无足够的钱应付日常开支时，有 3.3% 的老年人认为很不够，12.1% 的老年人认为不够，认为刚刚够的比例为 31.5%，稍有节余的比例为 38.8%，有较多节余的比例为 14.3%。从这个数据上看，城市老年人的经济状况还是比较好的，有五成以上的老年人其收入在维持日常开支外还有节余，八成以上的老年人其经济收入都足以应付日常开支，只有不足两成的城市老年人其收入在应付日常开支上有困难。

### （二）经济压力的主要原因

表 16 - 4 显示，给城市老年人造成经济压力的情况主要集中在以下几个方面：身体方面，如城市老年人自身患严重疾病，医药费负担重，比例为 26.3%，或生活自理有困难，需请人帮助，其比例为 14.1%；子女方面，子女无力或不愿赡养老年人，甚至需要老年人对子女进行贴补也对老年人造成很大的经济压力，包括有 10.8% 的老年人需要贴补有困难的子女，有 9.9% 的老年人其子女有困难，无力赡养他们，还有 6.2% 的老年人子女不尽赡养义务；退休金有无及发放方面，有 9.5% 的老年人反映其经济压力大在于其配偶没有退休金，需要自己供养，还有 7.5% 的老年人因为单位拖欠退休金造成其经济压力大；还有 15.7% 的老年人因为其他原因面临较大经济压力。

表 16 - 4　河南城市老年人经济压力的来源

单位：人，%

| 经济压力的来源 | 频数 | 有效百分比 |
| --- | --- | --- |
| 本人患严重疾病,医药费负担重 | 319 | 26.3 |
| 生活自理有困难,需请人帮助 | 171 | 14.1 |
| 单位拖欠退休金 | 91 | 7.5 |

| 经济压力的来源 | 频数 | 有效百分比 |
|---|---|---|
| 子女有困难,无力赡养 | 120 | 9.9 |
| 子女不尽赡养义务 | 75 | 6.2 |
| 子女有困难,需要贴补他们 | 131 | 10.8 |
| 一老养一老 | 115 | 9.5 |
| 其他 | 190 | 15.7 |
| 合计 | 1212 | 100.0 |

## （三）城市老年人经济状况满意度

上文中本课题组从各个方面对城市老年人的经济状况进行了描述。那么，城市老年人自己对其经济状况是如何看待的呢？他们是否满意？如表16－5数据显示，河南省城市老年人对自己的经济状况极不满意的比例为3.3%，不满意的比例为12.4%，一般的比例为36%，比较满意的比例为42.1%，非常满意的比例为6.1%。总体来说，河南城市老年人对自己的经济状况主观满意度还是比较高的，近五成的城市老年人比较或非常满意自己的经济状况，超过八成的城市老年人认为自己的经济状况为一般及以上，只有15.7%的城市老年人对自己的经济状况不满意。

**表16－5　河南城市老年人经济状况满意度**

单位：人，%

| 经济状况满意 | 频数 | 有效百分比 |
|---|---|---|
| 极不满意 | 38 | 3.3 |
| 不满意 | 141 | 12.4 |
| 一般 | 410 | 36.0 |
| 比较满意 | 480 | 42.1 |
| 非常满意 | 70 | 6.1 |
| 合计 | 1139 | 100.0 |

那么，哪些因素影响城市老年人对自己经济状况的评价呢？这是本课题组接下来需重点探讨的问题。

## （四）城市老年人经济状况满意度的影响因素

**1. 单因素分析**

为了更好也更简便地找出城市老年人经济状况满意度的影响因素，本课题组将城市老年人对自己经济状况的评价进行简化，即将评价从原来的极不满意、不满意、一般、比较满意、非常满意五分法简化为三分法，将极不满意、不满意合并为不满意，将比较满意、非常满意合并为满意。

（1）人口学因素对城市老年人经济状况满意度的影响分析

①性别。分性别而言，女性对自己经济状况不满意的比例为19%，男性仅为12.7%；女性对自己经济状况满意的比例为45.7%，男性则为50.8%（见表16-6），说明男性对自己经济状况的满意度要高于女性。而且 $P = 0.012$，小于0.05，说明性别对老年人经济状况自我评价影响显著。

**表16-6 不同性别老年人经济状况满意度**

单位：人，%

| | 不满意 | | 一般 | | 满意 | |
|---|---|---|---|---|---|---|
| | 频数 | 百分比 | 频数 | 百分比 | 频数 | 百分比 |
| 男 | 75 | 12.7 | 216 | 36.5 | 301 | 50.8 |
| 女 | 103 | 19.0 | 192 | 35.4 | 248 | 45.7 |

注：卡方 = 8.834，$P = 0.012$（$P < 0.05$）。

②年龄。老年人年龄不同，经济状况满意度也存在差异。具体而言，对自己的经济状况不满意比例最高的组是80岁及以上老人组，最低的是70~79岁老人组；满意比例最高的是70~79岁老人组，最低的是80岁及以上老人组。而且卡方检验的 $P$ 值小于0.05，说明年龄对老年人的经济状况满意度影响显著（见表16-7）。

表 16 – 7　不同年龄老年人经济状况满意度

单位：人，%

| | 不满意 | | 一般 | | 满意 | |
|---|---|---|---|---|---|---|
| | 频数 | 百分比 | 频数 | 百分比 | 频数 | 百分比 |
| 60~69 岁 | 86 | 16.8 | 177 | 34.5 | 250 | 48.7 |
| 70~79 岁 | 33 | 8.7 | 147 | 38.9 | 198 | 52.4 |
| 80 岁及以上 | 18 | 17.5 | 35 | 34.0 | 50 | 48.5 |

注：卡方 = 13.267，$P = 0.011$（$P < 0.05$）。

③婚姻状况。婚姻状况不同，老年人的经济状况满意度也有差异。综合而言，已婚有配偶的老年人经济状况满意度稍高于无配偶的。但 $P$ 值大于 0.05（见表 16 – 8），所以该影响不显著，可能是抽样原因造成的，需要进一步研究。

表 16 – 8　不同婚姻状况下老年人经济状况满意度

单位：人，%

| | 不满意 | | 一般 | | 满意 | |
|---|---|---|---|---|---|---|
| | 频数 | 百分比 | 频数 | 百分比 | 频数 | 百分比 |
| 有配偶 | 124 | 15.3 | 281 | 34.7 | 404 | 49.9 |
| 无配偶 | 55 | 16.9 | 127 | 39.1 | 143 | 44.0 |

注：卡方 = 3.284，$P = 0.194$（$P > 0.05$）。

④文化程度。文化程度对经济状况满意度有显著影响。文化程度越高，老年人对经济状况不满意的比例越低，对经济状况满意的比例越高。即随着文化程度的提高，老年人对自己经济状况满意度持续上升（见表 16 – 9）。

表 16 – 9　不同文化程度老年人经济状况满意度

单位：人，%

| | 不满意 | | 一般 | | 满意 | |
|---|---|---|---|---|---|---|
| | 频数 | 百分比 | 频数 | 百分比 | 频数 | 百分比 |
| 小学以下 | 113 | 23.5 | 197 | 41 | 170 | 35.4 |
| 初中 | 36 | 12.5 | 97 | 33.7 | 155 | 53.8 |
| 高中或中专 | 24 | 8.9 | 91 | 33.6 | 156 | 57.6 |
| 大专及以上 | 5 | 5.2 | 24 | 25.0 | 67 | 69.8 |

注：卡方 = 75.332，$P = 0.000$。

⑤身边有无子女。身边有无子女对老年人经济状况满意度无显著影响（见表16－10）。

表16－10　身边子女数与老年人经济状况满意度

单位：人，%

|  | 不满意 | | 一般 | | 满意 | |
|---|---|---|---|---|---|---|
|  | 频数 | 百分比 | 频数 | 百分比 | 频数 | 百分比 |
| 身边无子女 | 31 | 17.5 | 63 | 35.6 | 83 | 46.9 |
| 身边有子女 | 148 | 15.4 | 345 | 36.0 | 465 | 48.5 |

注：卡方＝0.495，$P$＝0.781（$P > 0.05$）。

（2）社会经济因素对城市老年人经济状况满意度的影响分析

①是否退休。表16－11显示，对目前经济状况不满意比例较高的是从未就业和目前仍然在职的老年人。因为目前的经济状况不好，所以在迈入老年后仍然需要工作；或从未正式就业，经济收入不固定，其经济满意度自然不高。对目前经济状况不满意比例最低、满意比例最高的是退休的老年人，这可能和其退休后有退休金维持基本生活有关。对目前经济状况表示满意的比例最低的是从未就业的老年人，这部分老年人因为各种原因年轻时未能就业，现在也无法通过参加社会劳动获得收入，所以其经济状况满意度最低。

表16－11　工作状况与老年人经济状况满意度

单位：人，%

|  | 不满意 | | 一般 | | 满意 | |
|---|---|---|---|---|---|---|
|  | 频数 | 百分比 | 频数 | 百分比 | 频数 | 百分比 |
| 在职 | 17 | 30.9 | 20 | 36.4 | 18 | 32.7 |
| 退休 | 66 | 8.9 | 237 | 32.0 | 439 | 59.1 |
| 从未就业 | 59 | 31.4 | 85 | 45.2 | 44 | 23.4 |
| 其他 | 32 | 23.0 | 63 | 45.3 | 44 | 31.7 |

注：卡方＝139.749，$P$＝0.000。

②退休金。由表 16 - 12 可以看出，有无退休金、退休金多少对老年人经济状况满意度有很大影响。随着退休金的增多，老年人对自己经济状况满意的比例逐步上升。

表 16 - 12　不同退休金收入老年人经济状况满意度

单位：人，%

| | 不满意 | | 一般 | | 满意 | |
|---|---|---|---|---|---|---|
| | 频数 | 百分比 | 频数 | 百分比 | 频数 | 百分比 |
| 无退休金 | 88 | 25.9 | 164 | 48.2 | 88 | 25.9 |
| 1 ~ 500 元 | 14 | 25.0 | 26 | 46.4 | 16 | 28.6 |
| 501 ~ 1000 元 | 18 | 11.2 | 61 | 37.9 | 82 | 50.9 |
| 1001 ~ 2000 元 | 34 | 10.6 | 102 | 31.8 | 185 | 57.6 |
| 2000 元以上 | 8 | 3.6 | 52 | 23.2 | 164 | 73.2 |

注：卡方 = 158.191，$P = 0.000$。

③退休金外其他月收入。由表 16 - 13 可以看出，除退休金外其他月收入对老年人经济满意度没有显著影响。之所以如此，是因为对大多数河南城市老年人而言，除养老金外的其他收入没有或很少，对老年人经济状况影响不大，这也说明了政府建立的社会养老保险对城市老年人晚年生活的意义和重要性。

表 16 - 13　其他收入与老年人经济状况满意度

单位：人，%

| | 不满意 | | 一般 | | 满意 | |
|---|---|---|---|---|---|---|
| | 频数 | 百分比 | 频数 | 百分比 | 频数 | 百分比 |
| 没有其他收入 | 96 | 15.1 | 226 | 35.5 | 315 | 49.5 |
| 1 ~ 500 元 | 45 | 20.0 | 88 | 39.1 | 92 | 40.9 |
| 501 ~ 2000 元 | 20 | 11.8 | 66 | 39.1 | 83 | 49.1 |
| 2000 元以上 | 18 | 16.8 | 30 | 28.0 | 59 | 55.1 |

注：卡方 = 11.265，$P = 0.081$（$P > 0.05$）。

④非退休人员的月收入。如果老年人不是退休人员，即每月没有退休金，那么，老年人每月收入对其经济状况满意度有显著影响。这种影响并不意味着随着收入的提高，老年人经济状况满意度随之升高，而是比较复杂。表 16－14 显示，月收入在 500 元以上的老年人其经济状况满意度最高，不满意度最低。但经济满意度较低、不满意度较高的不仅包括完全没有收入的老年人，而且包括有月收入但月收入在 500 元及以下的老年人。这似乎从侧面说明了随着社会经济的发展，即便老年人再节俭，每月月收入低于一定程度也会导致老年人无法维持基本生活，处于困顿中。

**表 16－14　非退休人员月收入与老年人经济状况满意度**

单位：人，%

| | 不满意 | | 一般 | | 满意 | |
|---|---|---|---|---|---|---|
| | 频数 | 百分比 | 频数 | 百分比 | 频数 | 百分比 |
| 没有收入 | 29 | 30.2 | 29 | 30.2 | 38 | 39.6 |
| 1～500 元 | 59 | 36.9 | 70 | 43.8 | 31 | 19.4 |
| 501～2000 元 | 21 | 9.1 | 89 | 38.7 | 120 | 52.2 |
| 2000 元以上 | 7 | 12.7 | 12 | 21.8 | 36 | 65.5 |

注：卡方 = 79.003，$P = 0.000$。

⑤有无成年子女需负担。本次调查对象是已经年满 60 岁的老年人，一般而论，这部分老年人应该接受子女奉养，颐养天年。但在今天的社会环境下，不可否认有这样的社会现实，即成年子女在经济上可能仍然需要老年人的贴补和支持。本次调查显示，有 14.3% 的城市老年人需要对其成年子女进行经济的支持。那么，这是否会对老年人的经济状况满意度产生影响呢？

如表 16－15 所示，是否在经济上需要负担成年子女对老年人的经济状况满意度有显著影响。需要在经济上负担成年子女的老年人比不需要负担的老年人不满意比例大而满意比例小。

表 16 - 15　有无老养小与老年人经济状况满意度

单位：人，%

| | 不满意 | | 一般 | | 满意 | |
|---|---|---|---|---|---|---|
| | 频数 | 百分比 | 频数 | 百分比 | 频数 | 百分比 |
| 无 | 125 | 13. 0 | 329 | 34. 3 | 506 | 52. 7 |
| 有 | 47 | 29. 0 | 75 | 46. 3 | 40 | 24. 7 |

注：卡方 = 51. 048，$P = 0.000$。

⑥与子女关系。中国人很注重家庭，尽管随着时代的变迁，家庭的重心逐步由纵向的亲子关系变为横向的以夫妻关系为重心或二者并重，但在大多数的父母心中，都很看重与子女的关系。尤其作为老年父母，其与子女的关系不仅关系到精神慰藉，还可能和其能从子女处获得的经济支持密切相关。在中国目前社会保障和社会养老不健全的情况下，老年父母和子女的关系对老年人的晚年生活必定会有影响。这种影响会影响到老年人对经济生活状况的满意度吗？

数据分析显示，和子女的关系会显著影响城市老年人对自己经济状况满意度的评价，和子女关系越好，老年人对经济状况满意度评价越高。

**2. 城市老年人经济状况满意度的多元 Logistic 回归分析**

通过前面的单因素分析可以发现，城市老年人经济生活满意度有诸多影响因素，但这些影响因素是如何影响城市老年人经济生活满意度的，影响程度如何？要了解这些问题，需要进一步进行分析。回归分析是一种探求现象之间关系的统计方法，由于城市老年人经济状况满意度不是数值型变量，而是定序变量，所以可以进行有序多分类 Logistic 回归分析。其中的因变量为城市老年人经济状况满意度，将其分为三种类型：0 = 不满意，1 = 一般，2 = 满意。自变量包括性别、年龄、婚姻状况、文化程度、是否退休、身边子女数、退休金、退休金外其他月收入、非退休人员的月收入、是否需负担成年子女、与子女关系等 11 个。因为前文的分析已显示婚姻状况、身边子女数、退休金外其他月收入对老年人经济状况满意度的影响没有统计学意义，因此没有将这三个自变量纳入回归模型，这样共有 8 个自变量可以纳入回归模型。具体变量名称和取值见表 16 - 16。

16 - 16　变量及编码

| 影响因素 | 赋值 |
| --- | --- |
| 年龄 | 1 = 60 ~ 69 岁,2 = 70 ~ 79 岁,3 = 80 岁及以上 |
| 性别 | 0 = 男,1 = 女 |
| 文化程度 | 0 = 不识字,1 = 小学及初中,2 = 高中及以上 |
| 是否退休 | 0 = 在职,1 = 退休,2 = 从未就业 |
| 退休金 | 0 = 没有,1 = 1 ~ 500 元,2 = 500 元以上 |
| 非退休人员月收入 | 0 = 没有,1 = 1 ~ 500 元,2 = 500 元以上 |
| 有无成年子女需负担 | 0 = 没有,1 = 有 |
| 与子女的关系 | 0 = 差,1 = 一般或说不清,2 = 好 |

然后以经济满意度为因变量，利用 SPSS17.0 采用主效应模型对自变量进行有序多分类 Logistic 回归分析。模型拟合信息、拟合度及伪 R 平方见表 16 - 17、表 16 - 18 及表 16 - 19。

表 16 - 17　模型拟合信息

| 模型 | 模型拟合标准 | | 似然比检验 | |
| --- | --- | --- | --- | --- |
| | - 2 倍对数似然值 | 卡方 | df | 显著水平 |
| 仅截距 | 505. 903 | — | — | — |
| 最终 | 271. 371 | 234. 531 | 8 | 0. 000 |

表 16 - 18　拟合度

| | 卡方 | df | 显著性 |
| --- | --- | --- | --- |
| Pearson | 187. 244 | 130 | 0. 001 |
| 偏差 | 149. 585 | 130 | 0. 115 |

表 16 - 19　伪 R 平方

| | |
| --- | --- |
| Cox 和 Snell | 0. 214 |
| Nagelkerke | 0. 269 |
| McFadden | 0. 151 |

由表 16 - 17 可见，零模型的 - 2 倍对数似然值为 505.903，完整模型的 - 2 倍对数似然值为 271.371，似然比检验的卡方值为 234.531，显著性水平为 0，即在 0.05 的显著性水平下拒绝零假设。即至少有一个自变量显著影响城市老年人经济状况满意度。由此推断，整体模型具有良好的区分组的判别能力。

表 16 - 18 呈现的是拟合度，即采用 SPSS 有序多分类 Logistic 回归构建的回归方程和实际数据的拟合程度。Pearson 卡方检验的原假设是拟合的回归方程，与实际数据无关，即拟合方程完全不能反映原始数据。从表 16 - 18 给出的显著性水平 $P = 0.001$ 可知，本课题组采用的 Logistic 回归构建的回归方程在 0.05 显著性水平下能显著反映原始数据，说明模型的拟合度较好。

伪 R 平方统计量，是对模型整体有效性的评价，只要其各个值大于 0.2 就说明模型整体可接受。其中 Cox 和 Snell - R 平方衡量的是比较似然值，Nagelkerke - R 平方衡量的是由自变量解释的因变量方差的比例，McFadden - R 平方是量化自变量辨别能力的指标。由表 4 - 19 可见，尽管这三个统计量值都不高，但由于自变量都是分类变量，所以这三个值不可能太高。

表 16 - 20 列出了回归系数估计值、标准误、Wald 数值、自由度、显著性水平和 0.05 显著性水平下的置信区间。SPSS 在 Logistic 回归中自动默认因变量取值最高的为参照组，即将城市老年人经济状况满意度取值中满意组为参照组，将不满意和一般与此进行对比，从中可以看出变量的影响方向和影响程度。

表 16 - 20　参数估计

| | 估计 | 标准误 | Wald | df | 显著性 | 95% 置信区间 | |
| --- | --- | --- | --- | --- | --- | --- | --- |
| | | | | | | 下限 | 上限 |
| 经济状况满意度 = 0 | - 3.050 | 0.365 | 69.670 | 1 | 0.000 | - 3.767 | - 2.334 |
| 经济状况满意度 = 1 | 1.314 | 0.318 | 17.028 | 1 | 0.000 | 0.690 | 1.938 |
| 性别 = 0 | - 0.027 | 0.142 | 0.035 | 1 | 0.851 | - 0.305 | 0.252 |
| 性别 = 1 | 0[a] | — | — | 0 | — | — | — |

续表

| | 估计 | 标准误 | Wald | df | 显著性 | 95% 置信区间 | |
| --- | --- | --- | --- | --- | --- | --- | --- |
| | | | | | | 下限 | 上限 |
| 年龄分组 = 1 | − 0.238 | 0.240 | 0.977 | 1 | 0.323 | − 0.709 | 0.234 |
| 年龄分组 = 2 | − 0.070 | 0.247 | 0.079 | 1 | 0.778 | − 0.554 | 0.415 |
| 年龄分组 = 3 | 0[a] | — | — | 0 | — | — | — |
| 退休状况 = 0 | 0.657 | 0.460 | 2.040 | 1 | 0.153 | − 0.245 | 1.560 |
| 退休状况 = 1 | 1.244 | 0.158 | 61.977 | 1 | 0.000 | 0.934 | 1.553 |
| 退休状况 = 2 | 0[a] | — | — | 0 | — | — | — |
| 与子女关系 = 0 | − 2.657 | 0.372 | 50.976 | 1 | 0.000 | − 3.386 | − 1.928 |
| 与子女关系 = 1 | − 1.667 | 0.215 | 60.230 | 1 | 0.000 | − 2.087 | − 1.246 |
| 与子女关系 = 2 | 0[a] | — | — | 0 | — | — | — |
| 老养小 = 0 | 1.067 | 0.210 | 25.779 | 1 | 0.000 | 0.655 | 1.479 |
| 老养小 = 1 | 0[a] | — | — | 0 | — | — | — |

由表 16 - 20 可以看出，在 0.05 显著性水平下，进入模型的有三个自变量：退休状况、与子女关系及老年人是否需要负担成年子女生活。以从未就业的老年人为对照组，退休和离休的老年人对经济状况的满意度更高，从未就业的老年人和目前仍在职的老年人无差异（$P > 0.05$）。子女关系显著影响城市老年人经济状况满意度，与和子女关系好的老年人相比，和子女关系一般及不好的老年人经济状况满意度更低。和需要在经济上仍然负责成年子女生活的老年人相比，无此负担的老年人经济满意度更高。

## 四 主要研究发现

综合以上分析，可以发现以下几点。

第一，河南城市老年人基本经济情况。有近七成的河南城市老年人享有退休金，大多在 501 ~ 3000 元。除退休金外，只有不到一半的城市老年人还有其他经济收入，平均为 433.57 元，但个人之间差异很大，其他经济收入来源最主要的是子女、亲属的补贴。

对于其他三成没有退休金的老年人而言，其经济收入状况不容乐观，这部分老年人有3/4月收入在500元及以下，更甚者有一半没有任何收入，其维持老年生活主要依靠的是各种社会救助制度和子女接济。可见，对于那些没有退休金的老年人而言，老年生活还是比较艰难的。

在维持日常开支方面，五成以上的老年人能维持日常开支并有节余，八成以上的老年人可以应付日常开支，只有不足两成的城市老年人其收入在应付日常开支上有困难。城市老年人经济压力主要来自身体、子女两方面。总体而言，河南省城市老年人对自己的经济状况满意比例为48.3%，不满意比例为15.7%，还有36.0%的老年人认为自己经济状况一般。

第二，影响城市老年人经济状况满意度的因素。从人口因素和社会经济因素两方面进行单因素分析发现，影响城市老年人经济状况满意度的因素包括性别、年龄、文化程度、退休状况、退休金多少、非退休人员月收入和有无成年子女需要负担、与子女关系等。进一步进行有序多分类 Logistic 回归分析，在0.05显著性水平下可纳入回归模型的自变量有退休状况、与子女关系和是否有成年子女需负担，说明这三个因素显著影响城市老年人经济状况满意度。

# 第十七章　河南省农村老年人经济状况及需要研究

从前文的分析中我们不难发现，河南城市老年人的经济状况较好，城市老年人对自我的经济状况评价也较高。那么，河南农村老年人经济状况如何呢？

## 一　家用电器持有情况

对彩电、洗衣机、冰箱、空调这四大家用电器的持有情况调查显示，有92.5%的农村老年人家里有彩电，72.8%的农村老年人家里有洗衣机，53.6%的农村老年人家里有冰箱，还有27.6%的农村老年人家里有空调。就常见家用电器持有情况而言，彩电、洗衣机已经普遍进入河南农村老年人的日常生活，有一半的农村老年人在使用冰箱，还有接近三成的农村老年人用上了空调。

但对几乎是每个城市家庭都拥有的彩电、洗衣机、冰箱、空调等现代社会常见的四种家用电器，只有23.3%的农村老年人家庭全部拥有，仍然有5%的农村老年人家庭一种都没有，有17.2%的农村老年人家庭只拥有其中一种家用电器，有27.6%的农村老年人家庭拥有其中的两种，有26.9%的农村老年人家庭拥有其中的三种。

## 二　农村老年人月收入

在问及农村老年人的全部月收入时，有20.3%的农村老年人没有任何收入，12.6%的农村老年人全部月收入在 1～100 元，15.2%的农村老年人全部月收入为 101～200 元，20.4%的农村老年人全部月收入在 201～500 元，15.1%的农村老年人全部月收入在 501～1000 元，7.5%的农村老年人全部月收入在 1001～1500 元，只有 4.5%的农村老年人全部月收入在 1500 元以上，还有 4.4%的农村老年人月收入不确定。总的来说，河南农村老年人月收入状况不容乐观，有近五成的河南农村老年人月收入完全没有或在 200 元及以下，两成左右的农村老年人月收入在 201～500 元，只有近三成的农村老年人月收入在 500 元以上（见图 17－1）。

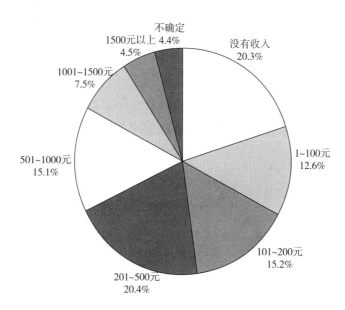

**图 17－1　河南农村老年人月收入**

和河南城市老年人收入对比可以发现，城市老年人有近七成都有退休金，没有退休金的老年人中，有 184 位同时没有其他收入，占所有被调查城市老年人的比例为 16.2%，即有 16.2%的城市老年人没有任何收入，而农村此比例为 20.3%。总体来说，农村没有任何收入的老年人比例要高于城市没有任何收入的老年人。

## 三 农村老年人经济来源

由于农村老年人经济收入的主要来源可能不止一个，所以本题为多选题。调查结果如表17-1所示。可以看出，农村老年人经济收入来源中排在第一位的是由不同住儿子媳妇给予，所占比例为20.2%；排在第二位的是本人或配偶的劳动收入，所占比例为19.3%；排在第三位的是由同住儿子媳妇给予，所占比例为15.1%；其余依次为社会救助，由不同住女儿女婿给予，本人或配偶的退休金、抚恤金，储蓄、利息、收房租等，由同住女儿女婿给予，其所占比例依次为14.5%、13.0%、9.3%、5.6%、3.0%。

进一步分析可知，河南农村老年人的主要经济收入来源中排在第一位的是子女给予，无论是同住还是不同住的儿子媳妇，或女儿女婿；排在第二位的是老年人自己或配偶的劳动收入；排在第三位的是社会救助；排在第四位的是本人或配偶的退休金、抚恤金；排在第五位的是老年人的储蓄或其他收入。可见，对农村老年人而言，老年生活主要依靠的还是子女和自己，即主要依靠家庭资源来养老，农村社会保障制度如新型农村养老保险、社会救助等还未能发挥其应有作用。

农村老年人对其经济生活主要承担者的回答验证了这一点，有54.7%的农村老年人目前在经济上主要是由其子女承担的，43.5%的农村老年人主要依靠自己或配偶，仅有1.8%的农村老年人其经济的主要承担者是政府或其他主体。

**表17-1　河南农村老年人经济收入的主要来源**

单位：人，%

| 经济收入的来源 | 频数 | 百分比 |
| --- | --- | --- |
| 本人或配偶的劳动收入 | 632 | 19.3 |
| 由不同住儿子媳妇给予 | 662 | 20.2 |
| 由同住儿子媳妇给予 | 494 | 15.1 |
| 由不同住女儿女婿给予 | 426 | 13.0 |
| 由同住女儿女婿给予 | 97 | 3.0 |

续表

| 经济收入的来源 | 频数 | 百分比 |
|---|---|---|
| 本人或配偶的退休金、抚恤金 | 304 | 9.3 |
| 社会救助,如农村五保等 | 473 | 14.5 |
| 储蓄、利息、收房租等 | 183 | 5.6 |

资料来源:调查组 2016 年开展的河南城乡老年人养老需求状况调查。本章资料皆出于此,下不另注。

# 四　新型农村养老保险享有情况

## （一）领取新型农村养老保险金情况

我国养老保险具有明显的二元特征,长期以来只覆盖城镇国有企事业单位的职工,广大农村居民一直被排除在体制外。进入 21 世纪,我国提出建立覆盖城乡、普惠型的社会保障制度,养老保险是其中的一个重点。2009 年底,河南省人民政府下发了《河南省人民政府关于开展新型农村社会养老保险试点的实施意见》（下文简称《意见》）。《意见》指出了河南省新型农村养老保险的基本原则、目标任务、覆盖对象、基金筹集、实施细则等,并要求逐步扩大试点范围,尽早实现新型农村养老保险的全覆盖,让广大农村居民尽早享有社会经济发展成果。

近年来,河南省新型农村养老保险改革也取得了很大的成绩。现实中,河南农村老年人是否真的享有了这项惠民政策呢?

此次调查显示,有 71.3%（调查得比较早,现在比例估计到 90% 以上）的农村老年人已经享有新型农村养老保险发放的养老金。还有近三成的农村老年人没有享有的原因主要有两个:其一,新型农村养老保险的全覆盖有个过程,调查时还有部分地区没有实行新型农村养老保险制度;其二,河南省此次实行的新型农村养老保险制度规定,年满 60 周岁的农村老年人无须缴费,但需要其符合条件的子女参加新型农村养老保险,有一部分老年人的子女或因外出打工或因对新型农村养老保险不信任而并未加入新型农村养老保险，导致这部分老年人无法享有国家发放的养老金。

## （二）对新型农村养老保险制度的评价

河南农村老年人对新型农村养老保险制度的评价如何呢？如表 17 - 2 所示，有 36.4% 的河南农村老年人对新型农村养老保险制度比较满意，有 10.6% 的河南农村老年人对新型农村养老保险制度非常满意，还有 37.9% 的农村老年人认为新型农村养老保险制度一般，对新型农村养老保险制度不满意和极不满意的比例为 9.7% 和 5.3%。总的来说，有近半数的河南农村老年人对新型农村养老保险制度还是比较满意和非常满意的。通过访谈资料，发现农村老年人对新型农村养老保险制度比较满意的原因在于：老年人认为自己不用缴纳养老保险费就能得到国家发放的 55 元养老金，说明国家和政府心中有他们，是社会主义制度好的表现。还有超过一半的农村老年人对新型农村养老保险制度不满意或认为一般的原因主要集中在以下两个方面：一是认为国家发放的养老保险金太少，在今天的物价指数下"不经花"；二是认为新型农村养老保险实施细则上有问题，尤其是要求符合参加条件的子女参加老年人才能享有养老保险金的规定不合理。为了验证这一点，本课题组进一步做了是否享有新型农村养老保险发放的养老保险金和对新型农村养老保险评价的交叉表，卡方检验显示，在 0.05 的显著性水平下，河南农村老年人是否享有退休金和其对新型农村养老保险制度的评价显著相关，但相关程度不高，Pearson 相关系数为 0.233。

表 17 - 2　河南农村老年人对新农保的评价

单位：人，%

| 评价 | 频数 | 有效百分比 |
|---|---|---|
| 极不满意 | 83 | 5.3 |
| 不满意 | 151 | 9.7 |
| 一般 | 589 | 37.9 |
| 比较满意 | 566 | 36.4 |
| 非常满意 | 164 | 10.6 |
| 合计 | 1553 | 100 |

## 五　农村老年人经济状况满意度及影响因素

### （一）农村老年人日常开支情况

在问及农村老年人有无足够的钱应付日常开支时，有2.5%的老年人认为很不够，14.0%的老年人认为不够，认为刚刚够的比例为36.7%，稍有节余的比例为35.9%，有较多节余的比例为11.0%。从数据本身看，河南农村老年人日常开支情况还是可以的，有八成多的河南农村老年人可以应付日常开支，仅有16.5%的河南农村老年人其收入不足以应付日常开支（见表17-3）。结合河南农村老年人收入状况进行考量，河南农村老年人月收入还是很低的，在这么低的月收入状况下能维持日常开支，说明河南农村老年人目前开支很低，消费需求很少，不是没有需要，而是因为经济收入低，所以老年人会尽最大可能压缩自己的消费需求，以维持日常开支。

表17-3　河南农村老年人日常开始情况

单位：人，%

| 日常开支 | 频数 | 百分比 |
| --- | --- | --- |
| 很不够 | 40 | 2.5 |
| 不够 | 223 | 14 |
| 刚刚够 | 586 | 36.7 |
| 稍有节余 | 573 | 35.9 |
| 有较多节余 | 175 | 11 |
| 合计 | 1597 | 100 |

### （二）农村老年人经济状况满意度

河南省农村老年人对自己的经济状况极不满意的比例为2.4%，不满意的比例为16.1%，一般的比例为43.5%，比较满意的比例为32.3%，非常满意的比例为5.7%。对比城市老年人和农村老年人对自己经济状况满意度可以发现，二者在极不满意的选项上比例基本一致，但农村老年人对自己经济状况表示不满意和一般的比例分别比城市老年人高 3.7 个和 7.5 个百分点，而比较满意和非常满意的比例则分别低了 9.8 个和 0.4 个百分点（见图17－2）。总体而言，河南城市老年人对自己的经济状况主观满意度要高于农村老年人。对比二者的实际月收入，再联系二元的社会经济结构尤其是二元的社会保障政策，我们似乎不难理解其中的原因。

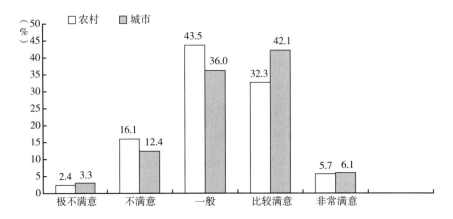

图 17－2　河南城市和农村老年人经济满意度比较

## （三）农村老年人经济状况满意度的影响因素

**1. 单因素分析**

（1）人口学因素对农村老年人经济状况满意度的影响分析

对河南农村老年人人口学方面的因素对其经济状况满意度的影响的考察主要从性别、年龄、婚姻状况、孩子数及身边是否有子女五个方面进行，即分别分析上述五个因素对河南农村老年人经济状况满意度的影响，其数据统计结果见表17－4。

①性别。分性别而言，河南农村老年人对经济状况满意度的差别不大，但相对而言，女性老年人对自己的经济状况满意度稍高，这和城市老年人刚好相反。具体表现如下：男、女老年人对自己经济状况不满意的比例几乎一

样（分别为 18.6% 和 18.4%），认为自己经济状况一般的比例男性高于女性 3.3 个百分点，而对自己经济状况表示满意的比例男性低于女性 3.5 个百分点。但卡方检验显示，对河南农村老年人而言，性别对老年人经济状况自我评价影响不显著（见表 17-4）。

②年龄。河南农村老年人年龄不同，其经济状况满意度差别不大。尤其是在满意的比例上，三组几乎相同，差别主要体现在对经济状况表示一般和不满意的比例上。对自己的经济状况不满意比例最高的组和城市老年人情况一样，仍然是 80 岁及以上老人组，其次是 70~79 岁老人组，再次是 60~69 岁老人组。这说明年龄对老年人经济状况满意度有影响，尤其是高龄老年人的经济状况满意度要低于低龄老年人。但卡方检验的 $P$ 值大于 0.05，说明年龄对河南农村老年人的经济状况满意度影响不显著（见表 17-4）。

③婚姻状况。由表 17-4 可以看出，对河南农村老年人而言，已婚有配偶的老年人经济状况满意度要高于无配偶的。而且卡方检验的 $P$ 值为 0，说明有无配偶对河南农村老年人经济状况满意度的影响显著。

④孩子数。孩子数对河南农村老年人经济状况满意度有显著影响。总的来说，差别最明显的表现体现在有孩子的农村老年人经济状况满意度明显高于没有孩子的，至于孩子具体数量是在 1~3 个或 3 个以上区别则不大。但由于本次调查中没有孩子的农村老年人比较少，一共只有 36 位，相对样本总数而言占比仅为 2%，研究有无孩子对河南农村老年人经济状况满意度的影响现实意义似乎不强。更重要的指标是身边有无子女对老年人经济状况满意度的影响的研究（见表 17-4）。

⑤身边是否有子女。如表 17-4 所示，身边有无子女对老年人经济状况满意度有显著影响。身边无子女的农村老年人对自己经济状况满意度的评价明显低于身边有子女的。身边无子女的老年人对自己经济状况表示不满意的比例高于有子女的 11.5 个百分点，表示满意的比例低于有子女的 4.8 个百分点。而前文的分析表明，对城市老年人而言，有无子女住在本市对他们经济状况满意度的影响不大，其中的原因本课题组认为最重要的是两者的养老方式不同，城市老年人更多地依靠自我和社会保

障养老，而农村老年人无法依靠自我和社会保障养老，更多地依靠子女养老，所以如果子女不在身边，或对他们照应较少会严重影响其经济状况满意度。

表 17 – 4　人口学因素与河南农村老年人经济状况满意度

单位：人，%

| | 不满意 | | 一般 | | 满意 | |
|---|---|---|---|---|---|---|
| | 频数 | 百分比 | 频数 | 百分比 | 频数 | 百分比 |
| 男 | 151 | 18.6 | 366 | 45.2 | 293 | 36.2 |
| 女 | 146 | 18.4 | 332 | 41.9 | 315 | 39.7 |
| 卡方 = 2.361，$P = 0.308$（$P > 0.05$） | | | | | | |
| 60 ~ 69 岁 | 149 | 17.7 | 369 | 43.8 | 324 | 38.5 |
| 70 ~ 79 岁 | 98 | 18.3 | 235 | 43.9 | 202 | 37.8 |
| 80 岁及以上 | 46 | 22.1 | 83 | 39.9 | 79 | 38 |
| 卡方 = 2.476，$P = 0.649$（$P > 0.05$） | | | | | | |
| 有配偶 | 147 | 14.7 | 426 | 42.6 | 425 | 42.6 |
| 无配偶 | 149 | 24.9 | 268 | 44.7 | 182 | 30.4 |
| 卡方 = 35.813，$P = 0.000$ | | | | | | |
| 没有孩子 | 21 | 58.3 | 9 | 25 | 6 | 16.7 |
| 有 1 ~ 3 个孩子 | 152 | 18.7 | 353 | 43.4 | 309 | 38 |
| 有 3 个以上孩子 | 124 | 16.5 | 336 | 44.6 | 293 | 38.9 |
| 卡方 = 40.054，$P = 0.000$ | | | | | | |
| 身边无子女 | 108 | 27.2 | 153 | 38.5 | 136 | 34.3 |
| 身边有子女 | 189 | 15.7 | 545 | 45.2 | 472 | 39.1 |
| 卡方 = 26.351，$P = 0.000$ | | | | | | |

（2）社会经济因素对农村老年人经济状况满意度的影响分析

社会经济因素对农村老年人经济状况满意度影响的分析主要从家里的主要劳动力、农村老年人与子女的关系、农村老年人的月收入、养老的主要负担者、有无养老金、对养老金的评价、有无足够的钱应付日常开支及有无成年子女需要老年人进行负担等 8 个方面进行考察。

①家里的主要劳动力。本次调查显示，相比老年人自己是家里的主要劳动力而言，子女或孙子女是家里的主要劳动力及老年人与后辈共同成为家里的主要劳动力的老年人经济状况满意度更高。那些家里的主要劳动力是自己的农村老年人对经济状况不满意的比例最高，为23.6%；其次为老年人和后辈共同为家里的主要劳动力，不满意比例为19.7%；不满意比例最低的为子女或孙子女为家里的主要劳动力，比例为17.0%。而对自己经济状况表示满意比例较高的农村老年人，其家里的主要劳动力为子女或孙子女，比例为40.3%，其次为老年人和后辈共同为家里的主要劳动力，比例为39.9%，二者相差不大。对自己的经济状况满意度最低的是那些老年人自己为主要劳动力的家庭，满意比例仅为26.8%（见表17-5）。

很多农村老年人一直参与生产劳动，但随着老年人年龄的增加和身体健康的逐步丧失，老年人是否仍然是家里的主要劳动力却影响农村老年人对自己经济状况满意度的评价。这也从侧面说明了目前河南农村老年人主要依靠家庭养老。卡方检验显示，家里的主要劳动力对农村老年人经济状况满意度的影响具有显著性。

②与子女的关系。如表17-5所示，与子女的关系显著影响农村老年人经济状况满意度。那些与子女关系好的老年人其经济状况满意度明显高于与子女关系差的老年人。这也进一步说明了对农村老年人而言，能否得到子女的情感和经济支持对老年人生活影响很大。

③月收入。农村老年人的月收入显著影响其经济状况满意度。那些月收入在500元以上的老年人经济状况满意度最高，为52.3%；其次为月收入在100元及以下的，为32.8%；再次为月收入在101～500元的，满意比例为30.0%。而不满意比例依次为月收入在101～500元的（24.4%）、月收入在100元及以下的（20.0%）、月收入在500元以上的（10.1%）。总体而言，老年人月收入在500元以上的经济状况满意度最高，但奇怪的是，经济状况满意度最低的不是月收入最低的农村老年人，而是月收入在101～500元的老年人（见表17-5）。说明对农村老年人而言，月收入对经济状

况满意度的影响是比较复杂的。

④家用电器的个数。如表17-5所示，家用电器的个数显著正向影响农村老年人经济状况满意度。家用电器数越多，农村老年人的经济状况满意比例越高，不满意比例就越低。

⑤老年人经济生活的主要负担者。研究发现，农村老年人在经济上的主要负担者不同，其经济状况满意度显著不同。相比而言，那些主要靠自己和配偶负担经济生活的农村老年人满意比例最低、不满意比例较高，分别为34.6%和21.0%；其次为主要靠女儿或其他亲属经济供养的老年人，其满意比例居中，不满意比例最高，分别为38.7%和30.1%；在经济上主要靠儿子供养的农村老年人满意比例最高，不满意比例最低，分别为40.9%和14.8%（见表17-5）。

⑥养老金。河南农村老年人享有的养老金主要来自新型农村养老保险，简称新农保。从2009年开始河南推行新农保的试点，至本课题组调查时，新农保已覆盖全省。调查显示，是否领取新农保养老金对农村老年人经济状况满意度影响不明显，但其对新农保的评价却显著正向影响经济状况满意度。如表17-5所示，那些对新农保满意的农村老年人其经济状况满意度最高，对新农保政策不满意的农村老年人其经济状况满意度也最低。之所以如此，本调查组认为主要在于国家目前为农村提供的新农保尽管覆盖面很宽，但保障水平很低，很多农村老年人只领取国家补贴的每人每月55元，这笔钱在当今的物价水平下确实很难保障农村老年人的生活。

⑦日常开支情况。调查显示，日常开支情况显著正向影响农村老年人的经济状况满意度。那些日常开支不够的农村老年人经济状况满意度最低，其不满意比例为65.4%，满意比例仅为4.6%；其次为日常开支刚刚够的农村老年人，其不满意比例为18.5%，满意比例为17.6%；最高的为日常开支有节余的农村老年人，其不满意比例仅为2.4%，满意比例为66%。

⑧有无老养小。调查发现，和城市老年人类似，家里是否有成年子女需要老年人进行负担显著影响其经济状况满意度。那些有成年子女需要老年人进行负担的家庭其经济状况满意度要低于没有成年子女要进行负担的老年人。

表 17 - 5　社会经济因素与河南农村老年人经济状况满意度

单位：人，%

| | | 不满意 | | 一般 | | 满意 | |
|---|---|---|---|---|---|---|---|
| | | 频数 | 百分比 | 频数 | 百分比 | 频数 | 百分比 |
| 家里主要劳动力 | 老年人自己 | 65 | 23.6 | 137 | 49.6 | 74 | 26.8 |
| | 子女或孙子女 | 194 | 17.0 | 486 | 42.7 | 459 | 40.3 |
| | 共同 | 35 | 19.7 | 72 | 40.4 | 71 | 39.9 |
| | 卡方 = 19.073，$P$ = 0.001（$P < 0.05$） | | | | | | |
| 与子女的关系 | 差 | 74 | 50.3 | 49 | 33.3 | 24 | 16.3 |
| | 一般 | 100 | 24.2 | 233 | 56.3 | 81 | 19.6 |
| | 好 | 111 | 10.9 | 410 | 40.3 | 497 | 48.8 |
| | 卡方 = 229.817，$P$ = 0.000 | | | | | | |
| 月收入 | 100 元及以下 | 105 | 20 | 247 | 47.1 | 172 | 32.8 |
| | 101 ~ 500 元 | 139 | 24.4 | 260 | 45.6 | 171 | 30 |
| | 500 元以上 | 51 | 10.1 | 191 | 37.7 | 265 | 52.3 |
| 家用电器的个数 | 0 个 | 32 | 41.6 | 29 | 37.7 | 16 | 20.8 |
| | 1 ~ 2 个 | 198 | 27.5 | 363 | 50.4 | 159 | 22.1 |
| | 3 ~ 4 个 | 67 | 8.3 | 306 | 38 | 433 | 53.7 |
| | 卡方 = 219.540，$P$ = 0.000 | | | | | | |
| 老年人经济生活的主要负担者 | 自己或配偶 | 145 | 21 | 307 | 44.4 | 239 | 34.6 |
| | 儿子 | 118 | 14.8 | 354 | 44.3 | 327 | 40.9 |
| | 女儿或他人 | 28 | 30.1 | 29 | 31.2 | 36 | 38.7 |
| | 卡方 = 22.593，$P$ = 0.000 | | | | | | |
| 养老金 | 没有养老金 | 86 | 18.9 | 190 | 41.9 | 178 | 39.2 |
| | 有养老金 | 210 | 18.7 | 494 | 44 | 420 | 37.4 |
| | 卡方 = 0.630，$P$ = 0.730（$P > 0.05$） | | | | | | |
| 对新农保的评价 | 不满意 | 89 | 38.2 | 94 | 40.3 | 50 | 21.5 |
| | 一般 | 101 | 17.2 | 343 | 58.4 | 143 | 24.4 |
| | 满意 | 101 | 13.9 | 233 | 32.1 | 392 | 54 |
| | 卡方 = 203.884，$P$ = 0.000 | | | | | | |

续表

| | | 不满意 | | 一般 | | 满意 | |
| --- | --- | --- | --- | --- | --- | --- | --- |
| | | 频数 | 百分比 | 频数 | 百分比 | 频数 | 百分比 |
| 日常开支<br>情况 | 不够 | 169 | 65.4 | 81 | 30.9 | 12 | 4.6 |
| | 刚刚够 | 108 | 18.5 | 373 | 63.9 | 103 | 17.6 |
| | 有节余 | 18 | 2.4 | 236 | 31.6 | 492 | 66 |
| 卡方 = 786.240, $P$ = 0.000 | | | | | | | |
| 有无老养小 | 无老养小 | 216 | 15.8 | 596 | 43.7 | 551 | 40.4 |
| | 有老养小 | 73 | 31.7 | 100 | 43.5 | 57 | 24.8 |
| 卡方 = 40.015, $P$ = 0.000 | | | | | | | |

### 2. 农村老年人经济状况满意度的多元 Logistic 回归分析

参照城市老年人经济生活状况满意度的分析，本课题组以农村老年人经济状况满意度为因变量，仍然将其分为三种类型：0 = 不满意，1 = 一般，2 = 满意。自变量包括性别、年龄、婚姻状况、孩子数、身边有无子女、家庭主要劳动力、家庭月收入、家用电器个数、与子女关系、生产负担、对农村养老金的评价、日常开支情况、是否需负担成年子女等 13 个。因为前文的分析已显示性别、年龄对农村老年人经济状况满意度的影响没有统计学意义，因此没有将这两个自变量纳入回归模型，这样共有 11 个自变量纳入回归模型。具体变量名称及取值如表 17 - 6。

表 17 - 6　变量及编码

| 影响因素 | 赋值 |
| --- | --- |
| 婚姻状况 | 0 = 有配偶，1 = 无配偶 |
| 孩子数 | 0 = 没有孩子，1 = 有 1～3 个孩子，2 = 有 3 个以上孩子 |
| 身边有无子女 | 0 = 没有，1 = 有 |
| 家庭主要劳动力 | 0 = 老年人自己，1 = 子女或孙子女，2 = 共同 |
| 与子女关系 | 0 = 差，1 = 一般，2 = 好 |
| 月收入 | 0 = 100 元及以下，1 = 101～500 元，2 = 500 元以上 |
| 家用电器个数 | 0 = 没有，1 = 1～2 个，2 = 3～4 个 |

续表

| 影响因素 | 赋值 |
|---|---|
| 生产负担 | 0＝自己或配偶,1＝儿女,2＝女儿或他人 |
| 对养老金的评价 | 0＝不满意,1＝一般,2＝满意 |
| 日常开支情况 | 0＝不够,1＝刚刚够,2＝有节余 |
| 是否有老养小 | 0＝没有,1＝有 |

　　然后以经济满意度为因变量,利用 SPSS17.0 采用主效应模型对自变量进行有序多分类 Logistic 回归分析。模型拟合信息、拟合度及伪 R 平方见表 17 – 7、17 – 8 及表 17 – 9。

表 17 – 7　模型拟合信息

| 模型 | −2 倍对数似然值 | 卡方 | df | 显著性 |
|---|---|---|---|---|
| 仅截距 | 2717.379 | — | — | — |
| 最终 | 1854.381 | 862.998 | 19 | 0.000 |

表 17 – 8　拟合度

| | 卡方 | df | 显著性 |
|---|---|---|---|
| Pearson | 2272.403 | 1839 | 0.000 |
| 偏差 | 1670.732 | 1839 | 0.998 |

17 – 9　伪 R 平方

| | |
|---|---|
| Cox 和 Snell | 0.444 |
| Nagelkerke | 0.508 |
| McFadden | 0.283 |

　　由表 17 – 7 可见,零模型的 −2 倍对数似然值为 2717.379,完整模型的 −2 倍对数似然值为 1854.381,似然比检验的卡方值为 862.998,显著性水平为 0,即在 0.05 的显著性水平下拒绝零假设。即至少有一个自变量显著影响农村老年人经济状况满意度。由此推断,整体模型具有良好的区分组的判别能力。

表 17 - 8 呈现的是拟合度，即采用 SPSS 有序多分类 Logistic 回归构建的回归方程和实际数据的拟合程度。Pearson 卡方检验的原假设是拟合的回归方程，与实际数据无关，即拟合方程完全不能反映原始数据。从表 17 - 8 给出的显著性水平 $P = 0.000$ 可知，本课题组采用的 Logistic 回归构建的回归方程在 0.05 显著性水平下能显著反映原始数据，说明模型的拟合度较好。

伪 R 平方统计量，是对模型整体有效性的评价，只要其各个值大于 0.2 就说明模型整体可接受。其中 Cox 和 Snell - R 平方衡量的是比较似然值，Nagelkerke - R 平方衡量的是由自变量解释的因变量方差的比例，McFadden - R 平方是量化自变量辨别能力的指标。由表 17 - 9 可见，这三个统计量值都超过 0.2，说明整体模型很有效。

表 17 - 10 列出了回归系数估计值、标准误、Wald 数值、自由度、显著性水平和 0.05 显著性水平下的置信区间。SPSS 在 Logistic 回归中自动默认因变量取值最高的为参照组，即将农村老年人经济状况满意度取值中满意组为参照组，将不满意和一般与此进行对比，从中可以看出变量的影响方向和影响程度。

表 17 - 10　参数估计值

| | | 估计 | 标准误 | Wald | df | 显著性 | 95% 置信区间 | |
| --- | --- | --- | --- | --- | --- | --- | --- | --- |
| | | | | | | | 下限 | 上限 |
| 阈值 | 经济状况满意度 = 0 | - 3.839 | 0.365 | 110.458 | 1 | 0.000 | - 4.555 | - 3.123 |
| | 经济状况满意度 = 1 | - 0.557 | 0.344 | 2.619 | 1 | 0.106 | - 1.231 | 0.118 |
| 位置 | 婚姻状况 = 0 | 0.135 | 0.126 | 1.158 | 1 | 0.282 | - 0.111 | 0.381 |
| | 婚姻状况 = 1 | 0[a] | — | — | 0 | — | — | — |
| | 孩子数 = 0 | - 1.410 | 0.816 | 2.984 | 1 | 0.084 | - 3.010 | 0.190 |
| | 孩子数 = 1 | - 0.391 | 0.117 | 11.163 | 1 | 0.001 | - 0.620 | - 0.162 |
| | 孩子数 = 2 | 0[a] | — | — | 0 | — | — | — |
| | 身边有无子女 = 0 | 0.191 | 0.146 | 1.721 | 1 | 0.190 | - 0.095 | 0.477 |
| | 身边有无子女 = 1 | 0[a] | — | — | 0 | — | — | — |
| | 家庭主要劳动力 = 0 | 0.123 | 0.226 | 0.298 | 1 | 0.585 | - 0.320 | 0.567 |
| | 家庭主要劳动力 = 1 | 0.116 | 0.183 | 0.402 | 1 | 0.526 | - 0.243 | 0.475 |
| | 家庭主要劳动力 = 2 | 0[a] | — | — | 0 | — | — | — |

续表

| | | 估计 | 标准误 | Wald | df | 显著性 | 95% 置信区间 | |
|---|---|---|---|---|---|---|---|---|
| | | | | | | | 下限 | 上限 |
| 阈值 | 经济状况满意度 = 0 | -3.839 | 0.365 | 110.458 | 1 | 0.000 | -4.555 | -3.123 |
| | 经济状况满意度 = 1 | -0.557 | 0.344 | 2.619 | 1 | 0.106 | -1.231 | 0.118 |
| 位置 | 与子女关系 = 0 | -0.890 | 0.212 | 17.594 | 1 | 0.000 | -1.306 | -0.474 |
| | 与子女关系 = 1 | -0.604 | 0.133 | 20.692 | 1 | 0.000 | -0.864 | -0.343 |
| | 与子女关系 = 2 | 0[a] | — | — | 0 | — | — | — |
| | 月收入 = 0 | 0.153 | 0.158 | 0.937 | 1 | 0.333 | -0.157 | 0.463 |
| | 月收入 = 1 | 0.045 | 0.148 | 0.092 | 1 | 0.761 | -0.246 | 0.336 |
| | 月收入 = 2 | 0[a] | — | — | 0 | — | — | — |
| | 家用电器个数 = 0 | -0.479 | 0.293 | 2.667 | 1 | 0.102 | -1.053 | 0.096 |
| | 家用电器个数 = 1 | -0.758 | 0.125 | 37.088 | 1 | 0.000 | -1.003 | -0.514 |
| | 家用电器个数 = 2 | 0[a] | — | — | 0 | — | — | — |
| | 生产负担 = 0 | 0.049 | 0.248 | 0.038 | 1 | 0.845 | -0.437 | 0.535 |
| | 生产负担 = 1 | 0.337 | 0.244 | 1.912 | 1 | 0.167 | -0.141 | 0.815 |
| | 生产负担 = 2 | 0[a] | — | — | 0 | — | — | — |
| | 养老金评价 = 0 | -0.766 | 0.173 | 19.563 | 1 | 0.000 | -1.106 | -0.427 |
| | 养老金评价 = 1 | -0.810 | 0.125 | 41.916 | 1 | 0.000 | -1.055 | -0.565 |
| | 养老金评价 = 2 | 0[a] | — | — | 0 | — | — | — |
| | 应付日常开支 = 0 | -3.731 | 0.213 | 307.502 | 1 | 0.000 | -4.148 | -3.314 |
| | 应付日常开支 = 1 | -1.833 | 0.141 | 168.043 | 1 | 0.000 | -2.110 | -1.556 |
| | 应付日常开支 = 2 | 0[a] | — | — | 0 | — | — | — |
| | 老养小 = 0 | 0.661 | 0.160 | 17.149 | 1 | 0.000 | 0.348 | 0.974 |
| | 老养小 = 1 | 0[a] | — | — | 0 | — | — | — |

　　表 17-10 显示，进入农村老年人经济状况满意度回归模型的自变量有孩子数、家用电器个数、与子女关系、日常开支情况、对新型农村养老保险的评价、是否有成年子女需负担。以孩子数多于 3 个的农村老年人为对照组，没有孩子的农村老年人的经济状况满意度稍低，与孩子数在 1~3 个的农村老年人无显著差异。与子女关系显著影响河南农村老年人经济状况满意度，以和子女关系好的老年人相比，和子女关系一般及不好的农村老年人经济状况满意度更低，说明对农村老年人而言，从子女处获得的支持显著影响农村老年人经济状况满意度。与家用电器个数为 3~4 个的农村老年人相比，

家用电器数在 1~2 个的农村老年人经济状况满意度更低，且有显著差异。家用电器一个都没有的经济状况满意度也更低，但不显著。对新型农村养老金的评价显著影响农村老年人经济状况满意度，与对养老金的评价满意的农村老年人相比，对养老金评价不满意和一般的农村老年人经济状况满意度更低。应付日常开支的情况显著影响农村老年人经济状况满意度，以应付日常开支有节余的老年人为对照组，日常开支不够和刚刚够的农村老年人经济状况满意度更低。和需要在经济上负担成年子女的农村老年人相比，无须负担成年子女的农村老年人经济状况满意度更高。

## 六　本章主要研究结论

第一，河南农村老年人基本经济情况。从河南农村老年人月收入来看，有近五成的河南农村老年人月收入完全没有或在 200 元及以下，两成左右的农村老年人月收入在 201~500 元，只有近三成的农村老年人月收入在 500 元以上。由于我国实行的是城乡二元的社会保障制度，农村老年人无法享有和城镇职工一样的养老保险，只能享有低水平的新型农村养老保险，其对农村老年人经济补偿有限，农村老年人经济收入来源主要是儿子媳妇、本人或配偶的劳动收入。

第二，影响农村老年人经济状况满意度的因素。从人口因素和社会经济因素两方面进行单因素分析发现，影响农村老年人经济状况满意度的因素包括婚姻状况、孩子数、身边有无子女、家庭主要劳动力、与子女关系、月收入、家用电器数、养老负担、对养老金的评价、日常开支情况、有无成年子女负担等 11 个。进一步进行有序多分类 Logistic 回归分析，可纳入回归模型的自变量有孩子数、家用电器个数、与子女关系、日常开支情况、对新型农村养老保险的评价、是否有成年子女需负担等六个，说明这六个因素显著影响农村老年人经济状况满意度。

# 第十八章 河南省城市老年人居住
# 状况及需要研究

居住安排对老年人来说具有特别重要的意义，影响老年人的社会经济地位、社会支持状况和个人福利实现水平。联合国将老年人居住状况分为五类：独居、仅与配偶居住、与子女（包括孙子女）同住、与其他亲属同住以及与不相关的人同住。本研究在借鉴吸纳此分类的基础上，进一步细化为八类。

## 一 居住方式

### （一）居住面积

城市老年人所住住房面积最大值为 704 平方米，最小值为 10 平方米，均值为 116.7 平方米，标准差为 55.9 平方米。可见总体而言，城市老年人住房面积较大，住房比较宽敞，但住房面积较大者和较小者的差异明显，尤其是一部分住房条件较差的老年人所住房间面积非常小，居住条件恶劣。

### （二）居住方式

老年人的居住方式反映的是老年人与什么人居住在一起。通过考察老年人的居住状况可以直接或间接地了解其经济来源、照料方式、代际关系、社会支持等多方面的重要信息。不同居住方式下的老年人对各种养老资源的需求存在差异，进而对老年社会保障、社会福利和服务政策产生影响。

由表 18-1 可以看出目前河南城市老年人最主要的户居方式是与老伴儿同住，所占比例为 41.9%，其次为与已婚的儿子同住，比例为 39.3%，老人独居的比例为 7.6%，与未婚儿子同住的比例为 7.3%，与已婚女儿同住的比例为 2.0%，与未婚女儿同住的比例为 0.9%，还有 0.9% 的是与孙子女同住，没有老年人与亲友同住。

从表 18 - 1 我们可以发现河南城市老年人居住方式的两大特点。第一，与子女分开居住的比例（包括与老伴儿同住和独居，比例为 49.5%）和与子女同住的比例（包括与已婚或未婚的子女同住及与孙子女同住，比例为 50.5%）几乎完全相同。第二，在与已婚子女同住的老年人中，95% 以上的老年人是和已婚儿子同住的，这说明尽管在城市，老年人和其子女仍然深受传统思想的影响，更愿意和儿子而不是和女儿一起生活。

表 18 - 1　河南城市老年人现实的户居方式

单位：人，%

| 居住方式 | 频数 | 百分比 |
| --- | --- | --- |
| 独居 | 89 | 7.6 |
| 与老伴儿同住 | 492 | 41.9 |
| 与已婚儿子同住 | 461 | 39.3 |
| 与未婚儿子同住 | 86 | 7.3 |
| 与已婚女儿同住 | 24 | 2 |
| 与未婚女儿同住 | 11 | 0.9 |
| 与孙子女同住 | 11 | 0.9 |
| 与亲友同住 | 0 | 0 |
| 合计 | 1174 | 100 |

### （三）未和子女同住的原因

近一半的老年人不和子女居住的原因比较复杂，有 24.1% 的老年人是因为子女工作忙，没有时间照顾老人，21.9% 的老年人是因为怕给子女添麻烦，19.9% 的老年人认为分开住更自由，还有 15.0% 的老年人是因为子女不在身边，无法和子女共同居住，另外还有 9.9% 的老年人是因为儿子家房子太小没法和儿子一起住，9.2% 的是因为子女不愿意和老年人一起住。从上述老年人没和子女一起居住的原因来看，只有 19.9% 的老年人是自己主动不和子女一起居住，认为老年人和子女分开住更自由，其余的都是基于主观或客观的考量被迫和子女分开住的（见表 18 - 2）。

表 18 - 2　河南城市老年人未和子女同住的原因

单位：人，%

| 不与子女同住的原因 | 频数 | 百分比 |
| --- | --- | --- |
| 房子小 | 79 | 9.9 |
| 子女不愿意 | 73 | 9.2 |
| 分开住自由 | 158 | 19.9 |
| 子女忙，没时间照顾自己 | 191 | 24.1 |
| 怕给子女添麻烦 | 174 | 21.9 |
| 子女不在身边 | 119 | 15 |
| 合计 | 794 | 100 |

## 二　居住意愿

从前文的分析中可以看到，尽管现实中有不少父母是和子女分开居住的，但分开居住的原因可能是主观或客观的不便。那么，河南城市老年人的居住意愿如何呢？在问及自己的居住意愿时，有 47.5% 的城市老年人愿意和子女同住，有 27% 的城市老年人愿意自己独居或仅与老伴儿同住，23.3% 的城市老年人没有固定倾向，认为视情况而定，还有 2.3% 的城市老年人愿意去养老院生活（见表 18 - 3）。

表 18 - 3　河南城市老年人居住意愿

单位：人，%

| 居住意愿 | 频数 | 百分比 |
| --- | --- | --- |
| 和已婚儿子同住 | 239 | 22.2 |
| 和已婚女儿同住 | 73 | 6.8 |
| 和已婚子女同住 | 199 | 18.5 |
| 自己单独住 | 291 | 27 |
| 住养老院 | 25 | 2.3 |
| 不一定，看情形 | 251 | 23.3 |
| 合计 | 1078 | 100 |

进一步比较河南城市老年人实际居住情况和居住意愿可以发现，两者之间还是存在较大差别的。

第一，老年人目前实际居住情况中有 49.5% 的是独居或与老伴儿居住，而在问及他们真实的居住意愿时，仅有 27.0% 的老年人愿意独居或仅与老伴儿一起住。这两个比例的差别似乎说明河南城市老年人在居住意愿上更倾向于与子女同住，但已有的很多实证研究结论认为老年人开始转变家庭观念，不愿意和子女居住在一起，倾向于老年人自己或老年夫妇独自生活，与子女同住的传统正因两代对独立和自由的追求而被不断的分家过程所实际割裂和削弱。[①] 这似乎说明本研究的研究结论和已有的很多研究结果相悖，是否真的如此呢？本课题组注意到，还有 23.3% 的老年人居住意愿不确定，根据实际情况调整自己的居住方式。结合访谈资料，这部分的很多老年人反映，他们的居住意愿要看孩子们是否需要，即如果子女需要他们帮忙看孩子或料理家务，他们就会和孩子住在一起，否则就会自己独居或和老伴儿一起居住。

第二，实际居住情况中有 46.6% 的城市老年人与儿子一起居住，与女儿同住的比例仅为 2.9%。但在问及居住意愿时，愿意和儿子同住的比例为 22.2%，要远远低于实际居住情况中和儿子同住的比例；有 6.8% 的老人愿意和女儿同住，还有 7.3% 的老年人认为与儿子或女儿同住均可。可见，和实际居住中体现的绝对的儿子偏好相比，老年人的居住意愿方面尽管也有儿子偏好，但已经不那么绝对。其中的原因，结合访谈资料，主要在于很多老年人在心理上已经接纳儿子女儿都一样，但现实中在养老责任上，尤其是在居住、日常赡养的责任划分上，更偏向于由儿子承担。

在问及河南城市老年人不愿意和子女同住的原因时，有 768 位老年人进行了选择，他们所选择的原因和现实中他们未能和子女同住的原因基本类

---

① 郭爱妹、张戌凡：《城乡空巢老年人的生存状态与社会保障研究》，中山大学出版社，2010。

似，其中差别比较大的体现在他们不愿意和子女同住的原因中占比最高的是怕给子女添麻烦，比例为33.7%（见表18－4）。这也部分地解释了在问及老年人居住意愿时，选择看情形安排的比例为何比较高。

表18－4　河南城市老年人不愿意和子女同住的原因

单位：人，%

| 不愿意和子女同住的原因 | 频数 | 百分比 |
| --- | --- | --- |
| 房子小 | 70 | 9.1 |
| 子女不愿意 | 78 | 10.2 |
| 分开住自由 | 148 | 19.3 |
| 子女忙，没时间照顾自己 | 152 | 19.8 |
| 怕给子女添麻烦 | 259 | 33.7 |
| 子女不在身边 | 61 | 7.9 |
| 合计 | 768 | 100 |

## 三　主要饮食方式

河南城市老年人最主要的饮食方式是与子女一起吃，所占比例为50.6%，其次为自己单独吃，所占比例为34.2%，再次为在不同子女家轮流吃，所占比例为5.7%，其他的比例为9.4%（见表18－5）。

表18－5　河南城市老年人主要饮食方式

单位：人，%

| 主要饮食方式 | 频数 | 百分比 |
| --- | --- | --- |
| 自己单独吃 | 401 | 34.2 |
| 与子女一起吃 | 593 | 50.6 |
| 在不同子女家轮流吃 | 67 | 5.7 |
| 其他 | 110 | 9.4 |
| 合计 | 1171 | 100 |

## 四 城市老年人居住满意度及影响因素

### （一）城市老年人居住满意度

在问及河南城市老年人对自己居住的满意程度时，有14.1%的老年人表示非常满意，认为比较满意的比例为49.6%，两者之和为63.7%，即有63.7%的河南城市老年人对自己目前的居住状况是满意的；一般的比例为27.3%；不满意和极不满意的比例分别为5.8%和3.1%，两者之和为8.9%，即仅有不到一成的河南城市老年人对自己目前的居住方式不满意（见表18-6）。总的来说，河南城市老年人对自己目前的居住状况满意度很高。

表 18-6 河南城市老年人居住满意度

单位：人，%

| 居住满意度 | 频数 | 百分比 |
|---|---|---|
| 极不满意 | 36 | 3.1 |
| 不满意 | 67 | 5.8 |
| 一般 | 313 | 27.3 |
| 比较满意 | 568 | 49.6 |
| 非常满意 | 162 | 14.1 |
| 合计 | 1146 | 100 |

### （二）城市老年人居住状况满意度影响因素分析

#### 1. 单因素分析

（1）人口学因素对城市老年人居住状况满意度的影响分析

对河南城市老年人人口学方面的因素对其居住状况满意度的影响的考察主要从性别、年龄、婚姻状况、孩子数及身边有无子女五个方面进行，即分别分析这五个因素对河南城市老年人居住状况满意度的影响，其数据统计结果见表 18 - 7。

①性别。性别对河南城市老年人居住状况满意度的影响不显著。相对而言，女性老年人对自己的居住状况满意度稍高。

②年龄。分析结果显示，河南城市老年人年龄越大，对自己居住状况满意度越高。但卡方检验的 $P$ 值大于 0.05，说明年龄对河南城市老年人的居住状况满意度影响不显著。

③婚姻状况。由表 18 - 7 可以看出，对河南城市老年人而言，已婚有配偶的老年人居住状况满意度要高于无配偶的。而且卡方检验的 $P$ 值为 0，说明有无配偶对河南城市老年人居住状况满意度的影响显著。

④孩子数。孩子数对河南城市老年人居住状况满意度有显著影响。总的来说，差别最明显体现在无孩子的城市老年人均表示对自己的居住状况不满意。但由于本次样本中仅有 3 个家庭一个孩子也没有，所以进一步分析的意义不大。而在孩子的数目多少上，孩子数在 1~3 个的城市老年人居住状况满意度要稍低于 3 个以上的。而卡方检验显示，这种区别有显著意义。

⑤身边有无子女。如表 18 - 7 所示，身边有无子女对老年人居住状况满意度有显著影响。身边无子女的城市老年人对自己居住状况满意度的评价要低于身边有子女的，约低 10 个百分点。可见，如果有子女和城市老年人生活在一起或至少生活在一个城市，能显著提高城市老年人居住状况满意度。

表 18 - 7　人口学因素与河南城市老年人居住状况满意度

单位：人，%

| | 不满意 | | 满意 | |
|---|---|---|---|---|
| | 频数 | 百分比 | 频数 | 百分比 |
| 男 | 225 | 37.6 | 374 | 62.4 |
| 女 | 187 | 34.6 | 354 | 65.4 |
| 卡方 = 1.106，P = 0.293（P > 0.05） | | | | |

续表

| | 不满意 | | 满意 | |
|---|---|---|---|---|
| | 频数 | 百分比 | 频数 | 百分比 |
| 60~69 岁 | 195 | 37.4 | 327 | 62.6 |
| 70~79 岁 | 132 | 34.8 | 247 | 65.2 |
| 80 岁及以上 | 29 | 28.2 | 74 | 71.8 |
| 卡方 = 3.288, P = 0.193 (P > 0.05) | | | | |
| 有配偶 | 264 | 32.6 | 546 | 67.4 |
| 无配偶 | 150 | 45.7 | 178 | 54.3 |
| 卡方 = 17.414, P = 0.000 | | | | |
| 没有孩子 | 3 | 100 | 0 | 0 |
| 有 1~3 个孩子 | 302 | 37.1 | 512 | 62.9 |
| 有 3 个以上孩子 | 111 | 33.7 | 218 | 66.3 |
| 卡方 = 6.424, P = 0.04 (P < 0.05) | | | | |
| 身边无子女 | 82 | 44.8 | 101 | 55.2 |
| 身边有子女 | 332 | 34.6 | 627 | 65.4 |
| 卡方 = 6.904, P = 0.009 (P < 0.05) | | | | |

（2）社会经济因素对城市老年人居住状况满意度的影响分析

社会经济因素对城市老年人居住状况满意度影响的分析主要从居住方式、与子女关系、饮食方式、住房面积、居住意愿等 5 个方面进行考察。

①居住方式。如表 18-8 所示，居住方式显著影响城市老年人居住状况满意度。相对而言，和子女居住在一起的城市老年人居住状况满意度稍高于自己独居或仅与老伴儿居住的老年人。潘永康指出，有两种相反的力量影响着家庭居住方式和结构。一种是促成两代人同住的力量，如中国的传统道德，还有两代人同住带来的好处：经济上，老年人需要子女赡养和帮助，子女也可以从老年人那里受益，得到各种补贴；家务上，老年人可以帮助子女料理家务，如买菜、做饭、带孩子，子女也可以帮助老年人做较重的家务和照顾病弱的老年人；心理上，老年人到晚年希望享受儿孙绕膝之乐等。另一

种是促成两代人分离的力量，包括人际关系、代沟和生活方式的差异等。同时，潘允康还认为，分家的力量大于合家的力量。① 从本研究的研究结果，很明显可以看到促成两代人同住和分离的力量。但从河南城市老年人自身感受而言，促成两代人同住的力量要稍占上风，即从居住方式对河南城市老年人居住状况满意度的影响而言，河南城市老年人更喜欢和子女同住。

②与子女关系。城市老年人与子女关系显著影响其居住状况满意度。如表18－8所示，城市老年人与子女关系越好，其居住状况满意度越高，反之则越低。

③饮食方式。饮食方式显著影响城市老年人居住状况满意度。如表18－8所示，与子女一起吃的满意度最高（69.2%），不满意度最低（30.8%），其次为在子女家轮流吃的（满意度63.9%，不满意度36.1%），而自己单独吃的满意度最低（55.7%），不满意度最高（44.3%）。

④住房面积。如表18－8所示，住房面积显著正向影响城市老年人居住状况满意度。住房面积越大，城市老年人的居住状况满意度越高。

⑤居住意愿。从城市老年人的居住意愿看，独居或仅与老伴儿一起居住的老年人居住状况满意度最高，为68.2%；其次为和子女一起居住，满意度为62.2%；再次为不一定，看情形再说，比例为58.6%；最后为住养老院，比例为50%。但从卡方检验可知，这种区别未通过0.05水平下的显著性检验。

表18－8　社会经济因素与河南城市老年人居住状况满意度

单位：人，%

| | 不满意 | | 满意 | |
|---|---|---|---|---|
| | 频数 | 百分比 | 频数 | 百分比 |
| 独居或和老伴儿一起居住 | 227 | 40.1 | 339 | 59.9 |
| 和子女居住 | 184 | 32.1 | 389 | 67.9 |
| 卡方 = 18.482, P = 0.000 | | | | |

① 潘允康：《住房与中国城市的家庭结构——区位学理论思考》，《社会学研究》1997年第6期。

续表

| | 不满意 | | 满意 | |
|---|---|---|---|---|
| | 频数 | 百分比 | 频数 | 百分比 |
| 差 | 51 | 82.3 | 11 | 17.7 |
| 说不清 | 132 | 79 | 35 | 21 |
| 好 | 231 | 25.4 | 678 | 74.6 |
| 卡方=234.568，$P=0.000$ | | | | |
| 自己单独吃 | 176 | 44.3 | 221 | 55.7 |
| 与子女一起吃 | 176 | 30.8 | 395 | 69.2 |
| 在子女家轮流吃 | 61 | 36.1 | 108 | 63.9 |
| 卡方=18.482，$P=0.000$ | | | | |
| 住房面积小于50平方米 | 17 | 60.7 | 11 | 39.3 |
| 住房面积在50~100平方米 | 203 | 46.7 | 232 | 53.3 |
| 住房面积在100平方米以上 | 184 | 28.4 | 463 | 71.6 |
| 卡方=44.671，$P=0.000$ | | | | |
| 和子女居住 | 190 | 37.8 | 313 | 62.2 |
| 独居或和老伴儿一起居住 | 92 | 31.8 | 197 | 68.2 |
| 住养老院 | 10 | 50 | 10 | 50 |
| 不一定，看情形 | 104 | 41.4 | 147 | 58.6 |
| 卡方=6.957，$P=0.073(P>0.05)$ | | | | |

**2. 城市老年人居住状况满意度的二元 Logistic 回归分析**

通过做城市老年人居住状况满意度和性别、年龄、婚姻状况、孩子数、身边有无子女、与子女关系、住房面积、居住方式、居住意愿、饮食方式的交叉表分析，发现显著影响城市老年人居住状况满意度的因素主要包括婚姻状况、孩子数、身边有无子女、与子女关系、住房面积、居住方式、主要饮食方式等7个自变量。

表18-9显示了河南城市老年人居住状况满意度的逐步回归分析结果，以步骤3的最终模型为例，由B列的系数可得二元 Logistic 回归模型为：

$$P(y = 1 \mid x) = \pi(x) = \frac{1}{1 + e^{-g(x)}}$$

其中 $g(x) = -3.676 + 0.558 \times$ 住房面积 $+ 0.299 \times$ 孩子数 $+ 1.817 \times$ 与子女关系。另外，Wald 统计量的 Sig. 值全部小于 0.05，说明参数估计值都显著地不为 0。从此统计结果可以看出，住房面积、孩子数、与子女关系都显著正向影响城市老年人居住状况满意度。

**表 18 - 9　河南城市老年人居住满意度的二元 Logistic 回归分析**

|  |  | B | S. E. | Wald | df | 显著性 | Exp（B） |
|---|---|---|---|---|---|---|---|
| 步骤 1[a] | 与子女关系 | 1.954 | 0.164 | 141.268 | 1 | 0.000 | 7.06 |
|  | 常数 | -2.866 | 0.306 | 87.901 | 1 | 0.000 | 0.057 |
| 步骤 2[b] | 住房面积 | 0.575 | 0.13 | 19.467 | 1 | 0.000 | 1.778 |
|  | 与子女关系 | 1.869 | 0.165 | 128.183 | 1 | 0.000 | 6.483 |
|  | 常数 | -3.6 | 0.355 | 102.969 | 1 | 0.000 | 0.027 |
| 步骤 3[c] | 住房面积 | 0.558 | 0.131 | 18.175 | 1 | 0.000 | 1.747 |
|  | 孩子数 | 0.299 | 0.117 | 6.573 | 1 | 0.010 | 1.349 |
|  | 与子女关系 | 1.817 | 0.166 | 120.37 | 1 | 0.000 | 6.154 |
|  | 常数 | -3.676 | 0.356 | 106.593 | 1 | 0.000 | 0.025 |

注：a. 步骤 1 上输入的变量：与子女关系。b. 步骤 2 上输入的变量：住房面积。c. 步骤 3 上输入的变量：孩子数。

## 五　本章主要研究结论

第一，城市老年人在居住方式的选择上与子女分开居住和与子女同住的比例基本相当，说明促成两代人同住和分开居住的力量同时在起作用。而在和孩子同住的老年人中，绝大多数是和已婚的儿子同住，说明现在的河南城市老年人有很明显的与儿子同住偏好。再结合河南城市老年人的居住意愿，可以发现影响河南城市老年人居住状况的主要是传统价值观和现代价值观分离的结果。传统价值观认为，中国的文化传统让中国父母倾向于与子女生活在一起，感到被子女照顾很光荣，同时父母也可以在这种照顾方式中与子女相互支持。而现代化的理论假设认为，随着工业化或现代化的发展，城市老年人较为重视隐私和独立，因此倾向于独居或仅与配偶同住。总体而言，尽管促成两代人分居的力量在逐渐增大，但这不是一蹴而就的，是日积月累逐渐渗透的过程。

第二，通过做城市老年人居住状况满意度和其影响因素的交叉表分析，可以发现婚姻状况、孩子数、身边有无子女、与子女关系、住房面积、居住方式、主要饮食方式等显著影响城市老年人居住状况满意度。再进一步做城市老年人居住状况满意度的二元 Logistic 回归分析发现，排除掉影响因素间的相互影响及虚假相关，仅有住房面积、孩子数、与子女关系显著正向影响城市老年人居住状况满意度。

# 第十九章　河南省农村老年人居住状况及需要研究

## 一　居住方式

### （一）居住方式

调查显示，河南农村老年人的居住方式占比最多的是与老伴儿同住，所占比例为40.6%，其次为与已婚儿子同住，占比为37.7%，再次为独居，所占比例为15.5%，其余如与女儿、孙子女、未婚儿子等同住的比例都非常低。

进一步分析可发现，河南农村老年人独居或仅与老伴儿同住的比例为56.1%，其余与儿子、女儿等他人合住等的比例为43.9%。和前文对城市老年人居住方式的分析对比可发现，河南农村老年人和子女分开居住的比例要稍高于城市老年人，而和子女同住的农村老年人和城市老年人相似，都有明显的儿子偏好，即父母有与儿子同住的强烈趋向。我们的研究也从另一方面验证了约翰·罗根和边馥琴等学者的观点：在中国这种受传统文化影响较深的亚洲国家，悠久的传统家庭文化不可能随着现代化"旋即"瓦解，现代化仅仅是缓慢地改变了家庭代际成员共同居住的形式，家庭代际关系无论在城乡，都在社会福利和社会保障领域继续扮演着重要角色。[①]

### （二）未和子女同住的原因

由上文的分析中可以发现河南农村有超过一半的老年人独居或仅与老伴

---

① 边馥琴、约翰·罗根：《中美家庭代际关系比较研究》，《社会学研究》2001年第2期。

儿一起生活，他们不和子女一起居住的原因主要包括以下几个方面：选择人数最多的是怕给子女添麻烦，占比为 23.3%；其次为子女不在身边，占比为 22.4%；再次为分开住自由，占比为 19.2%；接下来包括子女不愿意和子女忙，没时间照顾。

### （三）居住条件比较

调查显示，有 58.7% 的农村老年人认为自己和其他家人所住房间条件在设施、面积等方面是一样的，有 21.5% 的老年人认为自己所住的房间条件和其他家人相比要稍好，还有 19.7% 的老年人认为所住房间的条件要相对差一些。

## 二 居住意愿

在问及自己的居住意愿时，有 33.1% 的农村老年人愿意自己单独住或仅和老伴儿同住，有 45.2% 的老年人倾向于和已婚子女同住，有 19.9% 的老年人认为视情况变化选择合适的居住方式，仅有 1.8% 的农村老年人愿意住乡镇养老院（见表 19-1）。

对比河南城乡老年人居住意愿可以发现，农村老年人愿意自己或仅与老伴儿居住的比例高于城市老年人 6.1 个百分点，而与此相反，愿意和子女同住的比例要低于城市老年人 2.3 个百分点。按照现代化理论假设，城市老年人更注重隐私和独立，应该更趋向于自己单独居住或仅与老伴儿一起合住。为什么本课题组的研究和此假设相矛盾呢？这是因为我们看到了更复杂的情景，促使城市两代人合居的力量在目前阶段超过其分居的力量。比如城市的高房价，不少家庭受住房条件的限制，老年人较少拥有独立住房，再加上不少城市年轻夫妇都是双职工，和父母同住能更合理地解决家务与工作的矛盾。而农村一则房屋较大，两代人有实现分居的现实条件，二则在农村即便分居，两代人居住也比较近，一般仍在一个村子甚至一个院子，仍能发挥两代人合居的合力，如互相照顾，但能避免合住导致的矛盾多、不好调理等。

表 19 -1　河南农村老年人居住意愿

单位：人，%

| 居住意愿 | 频数 | 百分比 |
|---|---|---|
| 和已婚儿子同住 | 435 | 27.5 |
| 和已婚女儿同住 | 62 | 3.9 |
| 和已婚子女同住 | 219 | 13.8 |
| 自己单独住 | 524 | 33.1 |
| 住乡镇养老院 | 28 | 1.8 |
| 不一定，看情况 | 316 | 19.9 |
| 合计 | 1584 | 100 |

# 三　主要饮食方式

表 19 - 2 显示，河南农村老年人最主要的饮食方式是与子女一起吃，所占比例为 44.4%，其次为自己单独吃，所占比例为 41.3%，再次为在不同子女家轮流吃，所占比例为 6.5%，其他的比例为 7.8%。

对比城市和农村老年人的饮食方式可以发现，二者在饮食方式选择的排序上是一样的，但在比例上有差别。最主要的比例差别就在于老年人是自己吃还是和子女一起吃。与子女一起吃的比例城市老年人比农村老年人高 6.2 个百分点，自己单独吃的比例城市老年人又比农村老年人低 7.1 个百分点。二者差别的原因在前文已经分析，这里不再赘述。

表 19 -2　河南农村老年人饮食方式

单位：人，%

| 饮食方式 | 频数 | 百分比 |
|---|---|---|
| 自己单独吃 | 663 | 41.3 |
| 与子女一起吃 | 714 | 44.4 |
| 在不同子女家轮流吃 | 104 | 6.5 |
| 其他 | 126 | 7.8 |
| 合计 | 1607 | 100 |

## 四　农村老年人居住状况满意度及影响因素

### （一）农村老年人居住状况满意度

在问及河南农村老年人对自己居住状况的满意程度时，有7.9%的老年人表示非常满意，认为比较满意的比例为40.6%，两者之和为48.5%，可以认为有48.5%的河南农村老年人对自己目前的居住状况是满意的；一般的比例为38.1%；不满意和极不满意的比例分别为10.8%和2.6%，两者之和为13.4%，即有13.4%的河南农村老年人对自己目前的居住状况不满意（见表19－3）。

对比河南城乡老年人居住状况满意度可以发现，总的来说，河南城市老年人对自己居住状况的满意度要高于农村老年人。

**表 19 － 3　河南农村老年人居住满意度**

单位：人，%

| 居住满意度 | 频数 | 百分比 |
| --- | --- | --- |
| 极不满意 | 42 | 2.6 |
| 不满意 | 172 | 10.8 |
| 一般 | 610 | 38.1 |
| 比较满意 | 649 | 40.6 |
| 非常满意 | 126 | 7.9 |
| 合计 | 1599 | 100 |

### （二）农村老年人居住状况满意度影响因素分析

#### 1. 单因素分析

按照城市老年人居住状况满意度影响因素的分析思路，做农村老年人居住状况满意度与其影响因素的交叉表分析，通过卡方检验可知，显著影响农村老年人居住状况满意度的因素有孩子数、身边有无子女、婚姻状况、与子

女关系、居住方式、饮食方式六种。下面进一步做农村老年人居住状况满意
度的二元 Logistic 回归分析，探讨去除掉自变量之间的虚假相关，显著影响
农村老年人居住状况满意度的因素。

**2. 农村老年人居住状况满意度的二元 Logistic 回归分析**

表 19 - 4 显示了河南农村老年人居住状况满意度的逐步回归分析结果，以
步骤 3 的最终模型为例，由 B 列的系数可得二元 Logistic 回归模型为 $P\ (y=$
$1\mid x)\ =\pi\ (x)\ =\dfrac{1}{1+\mathrm{e}^{-g(x)}}$，其中 $g\ (x)\ =-2.331+1.48\times$ 与子女关系 $-$
$0.916\times$ 婚姻状况 $+0.53\times$ 居住方式。另外，Wald 统计量的 Sig. 值全部小于
0.05，说明参数估计值都显著地不为 0。从此统计结果可以看出，居住方式、
婚姻状况、与子女关系都显著正向影响农村老年人居住状况满意度。

**表 19 - 4　河南农村老年人居住状况满意度的二元 Logistic 回归分析**

|  |  | B | S. E. | Wald | df | 显著性 | Exp（B） |
|---|---|---|---|---|---|---|---|
| 步骤 1[a] | 与子女关系 | 1.546 | 0.106 | 214.041 | 1 | 0.000 | 4.691 |
|  | 常数 | -2.525 | 0.187 | 182.670 | 1 | 0.000 | 0.080 |
| 步骤 2[b] | 婚姻状况 | -0.753 | 0.118 | 40.950 | 1 | 0.000 | 0.471 |
|  | 与子女关系 | 1.500 | 0.106 | 199.538 | 1 | 0.000 | 4.484 |
|  | 常数 | -2.180 | 0.193 | 128.220 | 1 | 0.000 | 0.113 |
| 步骤 3[c] | 居住方式 | 0.530 | 0.120 | 19.449 | 1 | 0.000 | 1.699 |
|  | 婚姻状况 | 0.916 | 0.125 | 53.510 | 1 | 0.000 | 0.400 |
|  | 与子女关系 | 1.480 | 0.107 | 189.715 | 1 | 0.000 | 4.394 |
|  | 常数 | -2.331 | 0.199 | 137.532 | 1 | 0.000 | 0.097 |

注：a. 步骤 1 上输入的变量：与子女关系。b. 步骤 2 上输入的变量：婚姻状况。c. 步骤 3 上输
入的变量：居住方式。

# 五　本章主要研究发现

第一，河南农村老年人在居住方式上和城市老年人相似，都有明显的儿
子偏好，即父母有与儿子同住的强烈趋向。在居住意愿上，农村老年人愿意

自己或仅与老伴儿居住的比例高于城市老年人 6.1 个百分点，而与此相反，愿意和子女同住的比例要低于城市老年人 2.3 个百分点。

第二，通过做农村老年人居住状况满意度和其影响因素的交叉表分析，可以发现孩子数、身边有无子女、婚姻状况、与子女关系、居住方式、饮食方式等显著影响农村老年人居住状况满意度。再进一步做农村老年人居住状况满意度的二元 Logistic 回归分析发现，排除掉影响因素间的相互影响及虚假相关，仅有居住方式、婚姻状况、与子女关系显著正向影响农村老年人居住状况满意度。

# 第二十章 河南省城市老年人医疗健康状况及需要研究

健康长寿是我们对生命的美好希望，即人类所追求的不仅是活得更长，还要活得健康。但随着人寿命的延长，很多老年人却面临健康的问题。健康反映了个人或群体的生理功能，是老年人生活质量的重要影响因素。

## 一 健康状况自评

健康状况自评是请受访者评估自己的健康状况。研究表明，健康状况自评虽然主观，却可以获得医学检查方法不能得到的信息，有可能是个人身体实际状况的最准确指标。

如表 20 – 1 所示，城市老年人认为自己的身体非常好的比例为 7.5%，比较好的比例为 31.9%，一般的比例为 38%，比较差的比例为 19.3%，非常差的比例为 3.3%。总的来说，认为自己身体好的老年人所占比例较高，认为非常好和非常差的老年人比较少。

表 20 – 1　河南城市老年人健康状况自评

单位：人，%

| 身体状况自评 | 频数 | 百分比 |
| --- | --- | --- |
| 非常差 | 39 | 3.3 |
| 比较差 | 228 | 19.3 |
| 一般 | 448 | 38 |
| 比较好 | 376 | 31.9 |
| 非常好 | 88 | 7.5 |
| 合计 | 1179 | 100 |

长寿是健康的标志，但长寿并不能充分体现健康。事实上，很多人随着年龄的增加，身体机能日益减退。由表 20-2 可知，年龄显著影响城市老年人对自己身体状况的评价。80~89 岁组显著比 60~69 岁组和 70~79 岁组对自己身体状况的评价低。

表 20-2　年龄与河南城市老年人身体状况评价

单位：%

| 身体状况 | 年龄 | | |
| --- | --- | --- | --- |
| | 60~69 岁 | 70~79 岁 | 80~89 岁 |
| 非常差 | 2.3 | 2.8 | 5.5 |
| 较差 | 12.6 | 26 | 29.4 |
| 一般 | 40.5 | 38 | 41.3 |
| 较好 | 36 | 28.3 | 21.1 |
| 非常好 | 8.7 | 4.8 | 2.8 |
| 合计 | 100 | 100 | 100 |

注：卡方 = 46.81，$P = 0.000$。

## 二　慢性病测量

老年人是慢性疾病（慢性非传染性疾病）的高发人群。据第六次全国人口普查统计数据，中国是世界上唯一老龄人口过亿的国家，其中 60 岁以上老年人近半数患有糖尿病、高血压等慢性病。研究表明，慢性疾病是影响老年人健康、自立与预期寿命的最重要因素。

世界卫生组织研究表明，心血管疾病、糖尿病、高血压、肿瘤、慢性阻塞性肺部疾患等是老年人最主要的疾病，也是个人、家庭和国家付出昂贵代价的主要疾病。据此，本研究列举了八大类老年人常见的慢性疾病，采用不定项选择的方法对河南城市老年人进行调查，然后采用多重响应的方式进行统计分析。

研究结果如表 20-3 所示，有 18.3% 的河南城市老年人没有患本研究所列出的这些慢性疾病，身体比较健康。其余 81.7% 的城市老年人患有不同的慢性疾病。具体而言，有 28.4% 的河南城市老年人患有高血压，有 12.6% 的河南城市老年人患有心脏病或冠心病，有 10.3% 的老年人患有糖尿病，有 8% 的城市老年人患有脑出血或脑血栓，有 9.5% 的城市老年人患有气管炎或哮喘，有 9.1% 的老年人在肠、胃、肝、肺、胆等脏器上患有疾病，还有 2.2% 的和 1.7% 的城市老年人患有前列腺肥大或恶性肿瘤。

表 20 - 3　河南城市老年人患慢性病情况

单位：人，%

| 城市老年人患慢性病情况 | 频数 | 百分比 |
| --- | --- | --- |
| 脑出血、脑血栓 | 130 | 8 |
| 高血压 | 460 | 28.4 |
| 气管炎、哮喘 | 154 | 9.5 |
| 肠、胃、肝、肺、胆疾病 | 148 | 9.1 |
| 糖尿病 | 167 | 10.3 |
| 前列腺肥大 | 35 | 2.2 |
| 心脏病、冠心病 | 204 | 12.6 |
| 恶性肿瘤 | 27 | 1.7 |
| 没有以上疾病 | 297 | 18.3 |
| 合计 | 1622 | 100 |

进一步分析可发现，在患有疾病的城市老年人中，有 63.9% 的仅仅患有一种或一类慢性疾病，有 28.6% 的患有两种或两类慢性疾病，还有 7.5% 的患有三种或三类以上的疾病。

## 三　自理能力和保健意识

能否自己做些轻便家务是衡量老年人自理能力的重要标准。如表 20 - 4 所示，大多数城市老年人能自己做轻便家务，但还有 14.9% 的城市老年人连轻便家务都无法靠自己完成。这部分老年人尤其需要家人和社会的照料。

表 20 - 4　河南城市老年人做轻便家务情况

单位：人，%

| 能否做轻便家务 | 频数 | 百分比 |
| --- | --- | --- |
| 不能 | 175 | 14.9 |
| 基本能 | 487 | 41.3 |
| 能 | 516 | 43.8 |
| 合计 | 1178 | 100 |

从前面的分析中可知老年人易受疾病侵害，尤其是慢性病患病率高。而按时体检有利于人们更早地发现自身疾病，做到早发现、早治疗，不仅能节约医药资源，减少病人痛苦，而且能取得更好的疗效，更有益于病人身体健康。那么，河南城市老年人是否会主动检查身体呢？调查显示，有 62.1% 的城市老年人在最近一年去医院检查过身体，但还有 37.9% 的城市老年人没有去检查过身体。其中最主要的原因是这些老年人的自我健康意识不强，认为身体没感到不舒服就是健康，也有可能是讳疾忌医，不太愿意去医院检查身体。

## 四　医疗服务享有情况

如表 20 - 5 所示，在生病时，有 64.1% 的城市老年人基本能得到治疗，有 20.8% 的城市老年人每次都能得到治疗，两者之和为 84.9%；生病时，只有偶尔能得到治疗的比例为 11.7%，还有 3.4% 的老年人生病时从来都不能得到治疗。

表 20 - 5　河南城市老年人生病治疗情况

单位：人，%

| 生病时的治疗情况 | 频数 | 百分比 |
| --- | --- | --- |
| 从来都不能 | 40 | 3.4 |
| 偶尔能 | 137 | 11.7 |
| 基本能 | 751 | 64.1 |
| 每次都能 | 244 | 20.8 |
| 合计 | 1172 | 100 |

老年人随着年龄的增加，腿脚越来越不方便，尤其生病时出行更是不易。本次调查显示，有 35.5% 的城市老年人认为去医院看病还是比较方便的，有 32.6% 的城市老年人认为去医院看病便捷程度还可以，还有 20% 的老年人认为看病不方便，认为非常方便的比例为 9.2%，极不方便的比例为 2.7%（见表 20-6）。可见，总的来说，河南城市老年人生病时大多数就医还是比较方便的，但也有两成多的老年人去医院看病时不方便。

表 20-6 河南城市老年人看病便捷情况

单位：人，%

| 到医院看病便捷情况 | 频数 | 百分比 |
| --- | --- | --- |
| 极不方便 | 32 | 2.7 |
| 不方便 | 235 | 20 |
| 一般 | 383 | 32.6 |
| 比较方便 | 417 | 35.5 |
| 非常方便 | 108 | 9.2 |
| 合计 | 1175 | 100 |

# 五 医疗费用支付

人生病时，不仅需要医疗服务，还需要承担医疗费用。老年人身体较弱，容易生病，而罹患慢性疾病后，所需医疗费用是一笔较大的开支。

本次调查显示，有 55.1% 的城市老年人基本能承担日常的医疗费用，有 22.3% 的老年人完全能承担日常的医疗费用，二者之和为 77.4%；有 16.8% 的城市老年人承担日常医疗费用有点困难，还有 5.8% 的城市老年人无力承担日常医疗费用。

社会医疗保险是以国家或社会为责任主体建立起来的，在劳动者患病时为其提供基本医疗保障的社会保险制度。我国的社会医疗保险的主体是基本医疗保险制度，按照服务对象的不同可分为城镇职工基本医疗保险制度和城镇居民医疗保险制度以及农村的新型农村合作医疗。社会医疗保险在公民生病时给予经济补偿，减轻人们在健康受损时的经济损失。

在问及河南城市老年人是否拥有医疗保险时，有93.4%的城市老年人拥有医疗保险，还有6.5%的城市老年人没有医疗保险。

我国基本医疗保险实行的是社会统筹和个人账户相结合的制度。个人账户属于个人私有，用于支付门诊及小病费用；住院、大额医疗费在起付标准以上和最高限额以下部分由统筹账户支付，但个人也要承担一定的比例。调查显示，有79.6%的城市老年人因住院而使用过医疗保险，即因住院而从社会统筹账户中得到补偿。

如表20－7所示，城市老年人对基本医疗保险非常满意的比例是9.3%，比较满意的比例为42%，两者之和为51.3%；认为基本医疗保险一般的比例是37.1%，不满意的比例是8.1%，极不满意的比例为3.5%。总的来说，大部分城市老年人对基本医疗保险还是比较满意的。

**表 20－7　河南城市老年人医保满意度**

单位：人，%

| 医保满意度 | 频数 | 百分比 |
| --- | --- | --- |
| 极不满意 | 40 | 3.5 |
| 不满意 | 94 | 8.1 |
| 一般 | 429 | 37.1 |
| 比较满意 | 486 | 42 |
| 非常满意 | 108 | 9.3 |
| 合计 | 1157 | 100 |

# 六　本章研究发现

本章主要对城市老年人的身体健康状况和能享受的医疗服务、医疗保险进行分析。研究发现，河南城市老年人对自身健康自我评价较多的是适中偏高，即认为自己身体一般和较好的人较多，但认为非常好和非常差的城市老年人比较少。随着年龄的增加，老年人容易罹患慢性疾病。本次研究发现，没有慢性疾病的城市老年人不到两成。在患有慢性疾病的城市老年人中，有三成以上的城市老年人还患有不止一种慢性疾病。在患病时，大多数城市老年人能负担自己日常的医疗费用，也能得到及时治疗，同时超过九成的城市老年人享有基本医疗保险，大多数城市老年人对基本医疗保险比较满意。

# 第二十一章 河南省农村老年人医疗健康状况及需要研究

## 一 健康状况自评

如表 21-1 所示，农村老年人认为自己的身体非常好的比例为 6%，比较好的比例为 33.2%，一般的比例为 39.2%，比较差的比例为 17.7%，非常差的比例为 4%。对比城市和农村老年人对自我健康的评价可以发现，二者差别不大，但相对来说，城市老年人对自己身体健康状况的评价要稍高于农村老年人。

**表 21-1 河南农村老年人健康状况自评**

单位：人，%

| 身体状况自评 | 频数 | 百分比 |
|---|---|---|
| 非常差 | 64 | 4 |
| 比较差 | 285 | 17.7 |
| 一般 | 631 | 39.2 |
| 比较好 | 534 | 33.2 |
| 非常好 | 96 | 6 |
| 合计 | 1610 | 100 |

## 二 慢性病测量

如表 21-2 所示，有 19.7% 的农村老年人没有患本研究所列出的八类慢性疾病。其余 80.3% 的农村老年人患有不同的慢性疾病。具体而言，有

28.2%的农村老年人患有高血压，有14%的老年人在肠、胃、肝、肺、胆等脏器上患有疾病，有9.7%的农村老年人患有气管炎或哮喘，有8.7%的农村老年人患有糖尿病，有8.5%的农村老年人患有脑出血或脑血栓，有8.2%的农村老年人患有心脏病或冠心病，还有2.3%的和0.7%的农村老年人患有前列腺肥大或恶性肿瘤。

对比农村和城市老年人患慢性病的情况可以发现，农村老年人没有患上述八类慢性病的比例要高于城市老年人1.4个百分点。在患有慢性病的老年人中，城市和农村患病率最高的都是高血压，比例也几乎一样。但在城市老年人中，患病率第二的是心脏病、冠心病，第三的为糖尿病，而这二者都超过了10%；但对农村老年人而言，除了患病率第一的高血压比例高于10%，就只有排名第二的肠、胃、肝、肺、胆等内脏患病率高于10%，其他的如气管炎或哮喘、脑出血或脑血栓、糖尿病、心脏病或冠心病这四类慢性病患病率都没超过10%，而且患病比例比较接近。同时，患病率最低的疾病农村老年人和城市老年人都是一样的，都是恶性肿瘤，只是在具体患病比例上农村老年人要低于城市老年人1个百分点。

表21-2　河南农村老年人患慢性病情况

单位：人，%

| 农村老年人患慢性病情况 | 频数 | 百分比 |
| --- | --- | --- |
| 脑出血、脑血栓 | 197 | 8.5 |
| 高血压 | 653 | 28.2 |
| 气管炎、哮喘 | 225 | 9.7 |
| 肠、胃、肝、肺、胆疾病 | 324 | 14 |
| 糖尿病 | 202 | 8.7 |
| 前列腺肥大 | 53 | 2.3 |
| 心脏病、冠心病 | 191 | 8.2 |
| 恶性肿瘤 | 17 | 0.7 |
| 没有以上疾病 | 457 | 19.7 |
| 合计 | 2319 | 100 |

就患病种类而言，在患有疾病的农村老年人中，有 51.5% 的仅仅患有一种或一类慢性疾病，有 39.2% 的患有两种或两类慢性疾病，还有 9.3% 的患有三种或三类以上的疾病。对比城市和农村老年人患病种类可发现，农村老年人尽管在患病比例上比城市老年人稍低一点，但农村老年人患病种类要高于城市老年人，在患病种类两类及三类以上者都高于城市老年人。就患慢性病情况而言，农村老年人健康状况要稍逊于城市老年人。

## 三 自理能力和保健意识

表 21 - 3 为河南农村老年人做轻便家务情况。对比农村和城市老年人做家务情况可以发现，农村老年人不能做轻便家务的比例要低于城市老年人 3.5 个百分点，基本能做轻便家务的比例比城市老年人高 6 个百分点，完全能做家务的比例比城市老年人低 2.4 个百分点。

表 21 - 3　河南农村老年人做轻便家务情况

单位：人，%

| 能否做轻便家务 | 频数 | 百分比 |
| --- | --- | --- |
| 不能 | 182 | 11.4 |
| 基本能 | 758 | 47.3 |
| 能 | 663 | 41.4 |
| 合计 | 1603 | 100 |

总的来说，尽管就做家务而言，农村老年人和城市老年人在具体比例上稍有差别，但差别不大。但在保健意识上却存在很大差别。调查发现，仅有 37.8% 的农村老年人在最近一年进行了体检，还有 62.2% 的农村老年人在最近一年未进行体检。这和城市老年人刚好相反，说明农村大部分老年人没有体检的意识，对疾病很难做到早发现、早治疗，甚至会存在小病拖成大病的情况，影响农村老年人的身体健康。

## 四 医疗服务享有情况

生病时，农村老年人是否能及时得到治疗，享受医疗服务呢？如表21－4所示，在生病时，有63.3%的农村老年人基本能得到治疗，有13.6%的农村老年人每次都能得到治疗，两者之和为76.9%；生病时，只有偶尔能得到治疗的比例为19.1%，还有4.1%的农村老年人生病时不能得到及时治疗。从上述比例看，农村老年人在及时享有医疗服务方面要低于城市老年人。

**表21－4 河南农村老年人生病治疗情况**

单位：人，%

| 生病时的治疗情况 | 频数 | 百分比 |
| --- | --- | --- |
| 从来都不能 | 65 | 4.1 |
| 偶尔能 | 305 | 19.1 |
| 基本能 | 1013 | 63.3 |
| 每次都能 | 218 | 13.6 |
| 合计 | 1601 | 100 |

进一步考察农村老年人享有医疗服务的便利情况，可以发现，有38.5%的农村老年人认为去医院看病的便捷程度还可以，有27.8%的农村老年人认为去医院看病比较方便，还有25.3%的老年人认为看病不方便，认为极不方便的比例为6.1%，非常方便的比例为2.2%（见表21－5）。对比城市和农村老年人对看病便捷程度的评价可以发现，河南城市老年人生病时大多数就医还是比较方便的，但农村老年人在生病就医时还有相当一部分老年人认为不方便。

结合访谈资料可知，农村老年人认为看病不方便的主要原因有：绝大部分人是依村落而居的，但往往是几个村落才有一个诊所，多数村民需要去外村或乡镇上就医；另外就是遇到重大疾病，需要去市里或县里的大医院就医时，路途就会更加遥远，再加上公共交通不便，农村老年人就会感觉就医困难；如果需要住院，就更会脱离老年人熟悉的乡土社会，让老年人感觉不便。

表 21 - 5　河南农村老年人看病便捷情况

单位：人，%

| 到医院看病便捷情况 | 频数 | 百分比 |
|---|---|---|
| 极不方便 | 98 | 6.1 |
| 不方便 | 407 | 25.3 |
| 一般 | 619 | 38.5 |
| 比较方便 | 447 | 27.8 |
| 非常方便 | 35 | 2.2 |
| 合计 | 1606 | 100 |

# 五　医疗费用支付

从前文的分析中可以发现，农村老年人在享有医疗服务方面要落后于城市老年人，那么在医疗费用的负担和对医疗服务的评价方面又如何呢？调查显示，有47.8%的农村老年人基本能负担自己日常的医疗费用，有20.2%的农村老年人完全能负担，还有23.3%的农村老年人在负担自己的日常费用时存在困难，另有8.7%的农村老年人完全不能负担自己的日常医疗费用。即有超过三成的农村老年人在负担自己的医疗费用方面存在困难。

我国在农村建立了新型农村合作医疗保险，这是一种农村居民自愿参加，个人、集体和政府多方筹资，以大病统筹为主的社会保险制度。新型农村合作医疗保险在农村居民生病时给予一定的资金补助和服务供给，有助于农村居民减轻经济负担，尽快恢复健康。那么，河南农村老年人参加新型农村合作医疗保险的情况是怎样的呢？他们对新型农村合作医疗保险的评价又如何呢？

调查显示，河南农村老年人对新型农村合作医疗保险的参保率是95.1%，即绝大多数的农村老年人在生病时都能享有新型农村合作医疗保险的补偿。在被调查的农村老年人中，有87.8%的使用过新型农村合作医疗保险，得到了相应的服务和经济补助。

那么，农村老年人对新型农村合作医疗保险的看法是怎样的呢？如表21－6所示，农村老年人对基本医疗保险非常满意的比例是6.1%，比城市老年人低3.2个百分点；比较满意的比例为46.8%，比城市老年人高4.8个百分点；一般的比例为36.5%，比城市老年人低0.6个百分点；不满意的比例是8.4%，极不满意的比例为2.3%。总的来说，城市老年人和农村老年人对自己所享有的基本医疗保险的评价差别不大。需要注意的是，农村和城市老年人所享有的基本医疗保险是存在区别的，城市老年人如果是退休人员则享有城镇职工基本医疗保险，否则的话可以自愿参加城镇居民基本医疗保险，农村居民参加的则都是新型农村合作医疗保险。相对而言，城镇职工基本医疗保险制度提供的待遇要优于居民医疗保险制度，而新型农村合作医疗保险提供的补偿待遇最低。但就老年人分别对自己享有的医疗保险的评价而言，很难看出这种制度的差别。

表21－6　河南农村老年人医保满意度

单位：人，%

| 医保满意度 | 频数 | 百分比 |
| --- | --- | --- |
| 极不满意 | 37 | 2.3 |
| 不满意 | 134 | 8.4 |
| 一般 | 585 | 36.5 |
| 比较满意 | 750 | 46.8 |
| 非常满意 | 98 | 6.1 |
| 合计 | 1604 | 100 |

## 六　本章研究结论

第一，在健康状况自评和家务自理能力上，农村和城市老年人相差不大，但在保健意识上却差别很大，超过六成的城市老年人有主动体检的意识并在最近一年进行了体检，而农村老年人正好相反，有超过六成的老年人没有主动体检的意识。

第二，在慢性病测量上，二者既有区别又有相同点。相同点在于城市老年人和农村老年人患病率最高的都是高血压，而且在患病比例上也很接近，但在其余的患病比例上存在差别。

第三，在享有医疗服务及费用支付方面，农村老年人都要落后于城市老年人。但尽管二者所享有的基本医疗保险制度存在差别，但他们对医疗保险的满意度则差别不大。

# 第二十二章 个案: 健康对洛阳农村老年人生活满意度的影响研究

健康与幸福密切相关, 不管在哪个年龄阶段, 健康的身体都是幸福感的重要来源。对老年人来说, 尤为如此。乐森 (1978) 通过对老年人生活状态的研究发现, 在各种影响因素中, 健康状况与老年人的生活满意度关系最为密切。Bowling (1991) 进一步指出, 对于 85 岁以上的老年人, 只有健康状况对其幸福感有明显影响。[①] 本研究旨在揭示洛阳农村老年人的健康状况以及其相关因素对其生活满意度的影响, 同时为改善老年人健康状况并增强其生活幸福感提供可行性建议。

## 一 对象与方法

### (一) 对象

采取多段随机抽样方法, 依次抽取洛阳 5 个县 10 个乡 (镇) 20 个行政村进行调查, 调查对象为该村 60 岁及以上意识清醒能回答问卷问题的老年人。由经过专门培训的调查员以入户访问方式进行调查, 共发放问卷 620 份, 完成有效问卷 615 份。男性 283 人, 占 46%; 女性 332 人, 占 54%。60~69 岁 306人, 占 49.8%; 70~79 岁 204 人, 占 33.2%; 80 岁及以上 105 人, 占 17.1%。

### (二) 工具

自编农村老年人健康状况与生活满意度调查表。内容包括人口社会特

---

① 郑希付:《我们的幸福感》, 暨南大学出版社, 2008, 第 222 页。

征、经济状况、居住方式、健康因素、生活满意度、社会支持等方面，具体变量及编码见表22-1。

表22-1　变量及变量编码

| 变量 | 编码 |
| --- | --- |
| 性别 | 0=女,1=男(参照组) |
| 年龄 | 1=60~69岁,2=70~79岁,3=80岁及以上(参照组) |
| 婚姻状况 | 0=独身(分居、离婚、丧偶、未婚),1=已婚有偶(参照组) |
| 身边有无子女 | 0=没有子女,1=有子女(参照组) |
| 居住方式 | 0=独居或与老伴儿住,1=与子女同住(参照组) |
| 饮食方式 | 0=单独吃,1=同子女一块或轮流吃,2=其他(参照组) |
| 经济收入 | 0=没有收入,1=200元以下/月,2=200元以上/月,3=不确定(参照组) |
| 有无钱应付日常开支 | 0=不够,1=刚刚够,2=有剩余(参照组) |
| 健康自评 | 0=差,1=一般,2=好(参照组) |
| 能否做轻便家务活儿 | 0=不能,1=基本能,2=能(参照组) |
| 能否承担日常医疗费 | 0=不能,1=能(参照组) |
| 生病时能否及时治疗 | 0=不能,1=基本能,2=能(参照组) |
| 是否享有医疗保险 | 0=否,1=是(参照组) |
| 是否希望政府出钱提供服务 | 0=否,1=是(参照组) |
| 生活满意度 | 0=不满意,1=一般,2=满意(参照组) |

（三）统计学分析

对有效问卷进行数据录入，采用SPSS17.0中文版统计软件进行数据管理与分析。分析方法包括描述性统计、相关分析、多元Logistic回归分析等。

# 二　结果

（一）健康状况

健康自评结果显示，洛阳有20.7%的农村老年人认为自己的身体状况"非常差"或"较差"，认为"较好"或"非常好"的只有约31%，自评结果均值为1.1,基本处于"一般"状态。从劳动能力看,约有17.7%的农村老年人"不能"做轻便的家务活儿,43.3%的农村老年人"基本能"做轻便的家务活儿,即有约61%的农村老年人处于"不能"或"勉强能"做轻便家务活儿状态,洛阳农村老年人的整体健康状况不是很好(见表22-2)。

表22-2 洛阳农村老年人健康与生活满意度情况

单位: 人, %

| | 健康自评 | | | 承担家务活儿能力 | | | 生活满意度 | | |
|---|---|---|---|---|---|---|---|---|---|
| | 差 | 一般 | 好 | 不能 | 基本能 | 能 | 不满意 | 一般 | 满意 |
| 频数 | 126 | 294 | 189 | 108 | 264 | 237 | 96 | 300 | 216 |
| 百分比 | 20.7 | 48.3 | 31 | 17.7 | 43.3 | 38.9 | 15.7 | 49 | 35.3 |
| 均值 | 健康自评=1.1 | | | 能否做轻便家务活儿=1.21 | | | 生活满意度=1.2 | | |

## (二)生活幸福指数

调查结果表明,有35.3%的农村老年人对目前生活"非常满意"或"比较满意",只有15.7%的人表示"不满意"或"极不满意",生活幸福指数均值为1.2,处于"一般"与"满意"之间,整体看,洛阳农村老年人的生活满意度较高。

## (三)健康因素与生活满意度的相关

表22-3显示,洛阳农村老年人的健康状况与其生活满意度关系极为密切,不论是健康自评结果还是承担家务能力,与生活满意度都表现出高度显著相关性,这与乐森等人的研究结果是一致的。此外,看病便捷度即生病时能否得到及时治疗与其生活满意度也有极为显著的相关关系。承担日常医疗费用能力与生活满意度也有显著相关关系,但是在控制了"经济状况"变量后,二者相关关系并不显著。可见,"承担日常医疗费能力"主要通过"经济状况"与"生活满意度"发生相关关系。再者,"是否享有医疗保险"变量,在控制其他变量后与生活满意度具有显著的相关关系,但是在现实中不控制

其他变量的情况下，二者相关性却并不显著，这表明"医疗保险"在提高农村老年人生活质量方面的积极作用在现实环境中尚未得到充分发挥。

表22－3　健康因素与生活满意度的相关和偏相关

| | 健康自评 | 承担家务活儿能力 | 承担日常医疗费能力 | 生病时能否及时治疗 | 是否享有医疗保险 |
|---|---|---|---|---|---|
| 相关系数 | 0.502 ** | 0.497 ** | 0.356 ** | 0.549 ** | － 0.010 |
| 偏相关系数 | 0.442 ** | 0.413 ** | 0.023 | 0.320 ** | － 0.172 ** |

注: ** 指 0.01 显著水平下相关。

控制变量: 性别、年龄、婚姻状况、身边有无子女、居住方式、饮食方式、经济收入、有无钱应付日常开支、是否希望政府出钱提供服务。

### （四）健康因素对农村老年人生活满意度的影响

以生活满意度为因变量，采取向前步进法对自变量进行多元 Logistic 回归分析，模型从没有自变量开始，根据预先设定的参数，每次将一个最符合条件的变量引入模型，直至所有符合条件的变量都进入模型为止，最终由 8 个变量进入模型，依次是生病时能否及时治疗、健康自评、年龄、能否做轻便家务活儿、有无钱应付日常开支、居住方式、是否享有医疗保险和承担日常医疗费能力，其他自变量对农村老年人生活满意度影响不够显著，故舍去不再进行进一步分析。

将上述 8 个自变量分成研究变量（健康因素）和控制变量（经济状况、居住方式和人口特征）两类，先对研究变量——健康因素进行回归分析构建模型 1，随后将控制变量逐次纳入模型分别重新进行回归，建立模型 2、模型 3 和模型 4（见表 22－4）。为节省篇幅，我们仅展示和分析"不满意—满意（参照组）"部分，略去了"一般—满意（参照组）"情况。

模型 1 显示，"生病时能否及时治疗"和"能否承担日常医疗费"对农村老年人生活满意度有显著影响，"不能得到及时治疗"的 Wald 值（36.33）远大于"不能承担日常医疗费"的 Wald 值（17.9），说明前者的影响强于后者，"生病时不能得到及时治疗"的农村老年人，比"不能承担日常医疗费"的贫困的农村老年人，对生活不满意的可能性更大，并且前者的显著性在模型2、模型3和模型4中得到了保持，具有稳定性；相反，农村老年人自身身体状况和"是否享有医疗保险"则影响不显著。

模型2引入了经济状况——"有无钱应付日常开支"控制变量，"能否承担日常医疗费"变量的显著性消失，"是否享有医疗保险"变量的显著性增强，同时，新纳入的"有无钱应付日常开支"变量具有统计的显著性，这表明该变量不仅对农村老年人生活满意度有重要影响，而且与"是否享有医疗保险"和"能否承担日常医疗费"有较强的相关性。这种状况在纳入了"居住方式"和"人口特征"控制变量的模型3和模型4依然存在。

模型2、模型3和模型4还表明，"医疗保险"对农村老年人生活满意度的正向促进作用并不明显，同"享有医疗保险"的农村老年人相比，"未享有医疗保险"的农村老年人生活不满意的可能性更小。这一点同前面相关分析的结论基本保持一致，值得我们进一步深入研究。

表 22-4 生活满意度的多项 Logistic 回归分析的显著性水平和相对风险比值

| 变量 | 编码 | 模型 1 | | 模型 2 | | 模型 3 | | 模型 4 | |
|---|---|---|---|---|---|---|---|---|---|
| 不满意-满意(参照组) | | Sig. | Exp(B) | Sig. | Exp(B) | Sig. | Exp(B) | Sig. | Exp(B) |
| 健康自评 | 差 | 0.734 | 1.173 | 0.131 | 2.206 | 0.102 | 2.624 | 0.261 | 1.967 |
| | 一般 | 0.495 | 0.761 | 0.960 | 1.022 | 0.146 | 0.470 | 0.156 | 0.480 |
| 能否做轻便家务活儿 | 不能 | 0.097 | 2.130 | 0.958 | 0.972 | 0.863 | 1.109 | 0.526 | 1.477 |
| | 基本能 | 0.248 | 0.615 | 0.058 | 0.405 | 0.507 | 0.700 | 0.677 | 0.788 |
| 能否承担日常医疗费 | 不能 | 0.000 | 6.323 | 0.460 | 1.468 | 0.474 | 1.530 | 0.721 | 1.252 |
| 生病时能否及时治疗 | 不能 | 0.000 | 23.173 | 0.000 | 27.100 | 0.000 | 28.955 | 0.000 | 36.109 |
| | 基本能 | 0.743 | 1.207 | 0.679 | 1.288 | 0.484 | 1.614 | 0.486 | 1.613 |
| 是否享有医疗保险 | 否 | 0.434 | 0.655 | 0.038 | 0.308 | 0.001 | 0.100 | 0.001 | 0.081 |
| 有无钱应付日常开支 | 不够 | — | — | 0.000 | 27.655 | 0.000 | 51.311 | 0.000 | 63.755 |
| | 刚刚好 | — | — | 0.987 | 0.990 | 0.769 | 1.224 | 0.649 | 1.384 |
| 居住方式 | 独居或与老伴儿住 | — | — | — | — | 0.001 | 5.492 | 0.000 | 7.427 |
| 年龄 | 60~69 岁 | — | — | — | — | — | — | 0.468 | 0.623 |
| | 70~79 岁 | — | — | — | — | — | — | 0.146 | 0.404 |

# 三　讨论

本研究以洛阳为例从实证的角度对健康因素对农村老年人生活满意度的影响进行了研究，总体上支持了乐森等人的观点，即健康与幸福密切相关，健康状况与老年人的生活满意度关系密切。所不同的是，在城乡二元体制下，受"剩余福利"政策的影响，尽管健康状况（健康自评、承担轻便家务活儿能力）与农村老年人的生活满意度高度相关，但是整体不高的健康水平对其生活满意度的影响作用并不具有显著性，相比而言，看病便捷度即医疗卫生资源可及性（生病时能否得到及时治疗）和由经济状况决定的支付日常医疗费能力则显得尤为重要。此外，本应该对老年人生活满意度有重要促进作用的医疗保险，在实践中积极效果并不明显，其主要原因是现有农村合作医疗保险制度以"大病统筹为主"，而农村老年人更多遇到的则是常见病和多发病，及其引发的日常医疗费压力和看病"难"（不方便）问题，农村老年人的低收入和经济困境进一步放大了该问题对其生活满意度的影响。

鉴于此，从健康视角看，以新农村建设为契机，以城乡一体化为动力，以惠民生、促发展为主线，加快农村医疗卫生体制改革，大力推进基本医疗服务均等化进程，是提高农村居民特别是老年人幸福指数的重要途径。具体来讲，一是要加大投入力度，提供政策环境，深入推进县、乡、村三级医疗机构的非营利性建设，积极培养民间非营利医疗组织；二是要深入推进村卫生室改革，改变个体诊所代办村卫生室局面，进一步实现乡村医疗机构一体化治理，并使村卫生室的医疗服务重点实现由"治疗"向"预防和保健"转变；三是要进一步健全和完善新农村合作医疗制度和医疗救助制度，对前者应在不断完善"大病统筹"基础上，对一些常见病和多发病降低或取消起付线，提高报销比例，对后者应考虑将救助对象扩大至全体农村老年人，救助形式上主要以"大病"救助为主。①

---

① 林宪斋、刘道兴：《2011 年河南社会形势分析与预测》，社会科学文献出版社，2011，第209~210 页。

# 第二十三章　河南省城市老年人主观幸福感研究

人口老龄化越来越成为社会各界关注的热点。2015 年全国 1% 的人口抽样调查结果显示，截至 2015 年 11 月 1 日零时，全国 60 岁及以上人口为 22182 万人，占全国总人口的 16.15%，其中 65 岁及以上人口为 14374 万人，占 10.47%。同 2010 年第六次全国人口普查相比，60 岁及以上人口比重上升 2.89 个百分点，65 岁及以上人口比重上升 1.60 个百分点。[①]

河南省自 1998 年进入老龄化社会以来，人口老龄化也已进入快速发展期。截至 2014 年底，其 60 岁及以上老年人口已达 1406.91 万人，占全省常住人口比重为 14.91%，其中 65 岁及以上老年人口为 884 万人，占 9.4%，与 2010 年第六次全国人口普查时相比，分别增加了 210.09 万和 98.07 万人，提高了 2.19 个和 1.04 个百分点。[②] 城乡相比，目前河南城镇 60 岁及以上老年人口约 394.94 万人，占全省老年人口总数的 33%，尽管在人口规模和比重上，农村仍占多数，但是城镇老年人口的增长速度远快于农村，河南省老年人口的分布重心正逐步向镇和城市转移[③]，城镇老年人口问题也应该给予足够的关注。

幸福是一种感到满意的愉快体验，它是生命的自然目的，也是最高的目

---

① 《2015 年全国 1% 人口抽样调查主要数据公报》，中华人民共和国国家统计局网，http：//www.stats.gov.cn/tjsj/zxfb/201604/t20160420_ 1346151.html，最后访问日期：2018 年 4 月 24 日。

② 河南省统计局、国家统计局河南调查总队编《河南统计年鉴 2015》，中国统计出版社，2015，第 126、128 页。

③ 贾金玲：《河南省老龄人口的空间分布及变动》，《地域研究与开发》2015 年第 2 期，第 164～165 页。

的，甚至可以说是其他一切目的的目的，一切属灵之物，都有追求幸福的倾向。大力提高老年人生活物质水平和主观幸福感，是实现我国健康老龄化和积极老龄化的目标的保证。老年人经历身体机能的衰退、社会声望的下降、经济收入的减少、子女离开身边等变化，研究老年人主观幸福感有助于认识和改善老年人的整体生活质量，进而有利于国家更好地应对人口老龄化问题。基于此，本章对河南省城市老年人口的主观幸福感状况及影响因素进行初步研究。

# 一 数据与方法

## （一）数据来源

本研究采取定量研究的方法，运用结构式问卷调查的方式收集资料，实际发放问卷1200份，有效问卷1179份，有效回收率98%。调查范围涉及河南省12个地级市。全部问卷资料由课题组成员核查后进行编码。调查对象为60岁及以上城市老年人，其中男性612人，女性567人。从年龄上看，60～69岁占51.3%，70～79岁占38.2%，80岁及以上占10.5%。从婚姻状况看，已婚有偶的占71.7%，丧偶的占23.8%，分居的占1.6%，离婚的占2.5%，从未结婚的占0.4%。从文化程度看，未上过学的占17.3%，上过小学的占25.6%，上过初中的占25.1%，高中或中专占23.4%，大专以及上占8.6%。样本的性别和年龄分布与河南城市老年人总体的分布大体一致，调查数据具有较强的代表性和可信度。

## （二）变量测量

主观幸福感（Subjective Well-being，简称SWB），作为评价者根据自定的标准对其生活质量所做出的整体性评价，它是个体感觉自己现有的生活状态和理想状态相吻合后的肯定评价，是衡量个体生活质量的一个综合性心理指标。① 因此，在概念可操作化方面，我们选取"主观指标——城市老年人自评的主观幸福感受"来测量，问题为："您是否感到幸福：（1）极不幸福；（2）不幸福；（3）一般；（4）比较幸福；（5）非常幸福。"这样处理不仅是对概念本质内涵的把握，同时也使调查对象更易于理解和回答。

影响老年人主观幸福感的因素指标，即自变量主要涉及以下层面：①人口社会特征，包括年龄、性别、婚姻状态、子女数、户籍类型等；②居住状况，包括居住方式、居住条件、饮食类型等；③经济状况，包括经济收入、经济来源、经济水平、经济负担等；④医疗健康，包括健康自评、患病情况、医疗保险、就医情况等；⑤精神生活，包括娱乐方式、精神状态等；⑥家庭关系，主要指代际在经济、家务、情感等方面的相互支持、照顾情况。上述6个方面，共包含39个具体问题。

（三）统计学处理

应用SPSS17.0中文版统计软件进行分析。首先采用单因素分析，即通过将每个自变量分别与因变量（主观幸福感）进行交叉分析，探讨各自变量与因变量之间可能存在的关系，并运用卡方检验和Cramer's V相关系数来检查这种关系的强弱和是否显著；然后进行多因素分析，即在交叉分析基础上，运用多元线性回归模型对影响老年人主观幸福感的因素进行分析；最后，采取因子分析法，通过提取公共因子，达到降维的目的。

## 二　研究结果与分析

（一）城市老年人主观幸福感现状

对老年人主观幸福感的测量，采用李克特五级量表评定法，将"极不幸福"赋值"1"，"非常幸福"赋值"5"。调查结果显示，有19.4%的城

---

① Diener E. ，"Subjective Well-being," *Psychol Bull*, 95（3）（1984）：542 – 575.

市老年人认为自己生活非常幸福，有 49.1% 的认为比较幸福，23.0% 的认为一般，6.8% 的回答不幸福，1.6% 的回答极不幸福。幸福指数均值为 3.78，高于量表中位数"一般"水平。可见，河南省城市老年人的幸福指数处于中等偏上水平。

## （二）各自变量与主观幸福感的单因素交叉分析

各自变量与城市老年人主观幸福感的单因素交叉分析结果显示，39 个自变量中，性别、守在身边的子女数、子女供给和帮子女分担家务四个变量的 $P$ 检验值大于 0.05，其余 35 个变量对老年人生活主观幸福感的影响都通过了显著性检验（$P < 0.05$）。其中，相关系数大于 0.2 的变量有 20 个（见表 23-1），大于 0.3 的自变量有 8 个，依次是与子女关系、住房面积、居住状况、月收入、日常开支能力、经济状况满意度、心情。

表 23-1　各自变量与主观幸福感交叉分析的卡方检验值克拉默 V 相关系数

| 自变量 | Pearson | Asymp. Sig. | Cramer's V |
| --- | --- | --- | --- |
| $X_1$ 年龄 | 185.789a | 0.000 | 0.214 |
| $X_2$ 与子女之间的关系 | 1336.183a | 0.000 | 0.537 |
| $X_3$ 住房面积 | 884.660a | 0.000 | 0.444 |
| $X_4$ 居住状况满意度 | 167.101a | 0.000 | 0.510 |
| $X_5$ 除退（离）休金以外，其他收入每月大约有 | 442.962a | 0.000 | 0.309 |
| $X_6$ 如果您不是退（离）休人员，您的月收入有 | 539.636a | 0.000 | 0.341 |
| $X_7$ 遗属补贴 | 62.188a | 0.000 | 0.278 |
| $X_8$ 有无足够钱应付日常开支 | 496.316a | 0.000 | 0.332 |
| $X_9$ 对自己的经济状况是否满意 | 569.717a | 0.000 | 0.353 |
| $X_{10}$ 单位拖欠退休金 | 32.982a | 0.000 | 0.201 |
| $X_{11}$ 家里人口数量 | 174.550a | 0.000 | 0.200 |
| $X_{12}$ 觉得您的身体状况怎样 | 245.327a | 0.000 | 0.230 |
| $X_{13}$ 能承担得起日常的医疗费用吗 | 204.472a | 0.000 | 0.211 |
| $X_{14}$ 觉得老年人到医院看病是否方便 | 213.233a | 0.000 | 0.215 |
| $X_{15}$ 平时生病时能否得到及时治疗 | 191.307a | 0.000 | 0.204 |
| $X_{16}$ 对所拥有的医疗保险的评价 | 248.054a | 0.000 | 0.234 |

续表

| 自变量 | Pearson | Asymp. Sig. | Cramer's V |
|---|---|---|---|
| $X_{17}$对目前的生活是否满意 | 738.058a | 0.000 | 0.400 |
| $X_{18}$目前生活中最大的困难是 | 250.541a | 0.000 | 0.237 |
| $X_{19}$是否经常感到孤独、烦闷 | 247.313a | 0.000 | 0.330 |
| $X_{20}$是否拥有医疗保险 | 97.201a | 0.000 | 0.206 |

注：Cramer's V 相关系数的 Approx. Sig. 值等同于 Pearson Chi – Square 检验中的 Asymp. Sig. （2 – sided）值。

## （三）相关性较强变量与主观幸福感的多因素线性回归分析

尽管单因素分析中有 35 个自变量对主观幸福感的影响通过了显著性检验（$P < 0.05$），但其中相当一部分变量与主观幸福感的相关性非常弱（相关系数 $< 0.2$），基于方便、简洁的考虑，我们只对相关性较强（相关系数 $> 0.2$）的 20 个自变量进一步做多因素分析。

首先，采用前进法对上述 20 个自变量做多元线性回归分析，结果依次有年龄、健康自评、与子女关系、居住情况、身体状况、医疗承担能力等 12 个变量进入模型。接下来，采用进入法对上述模型中的 12 个自变量重新进行线性回归分析，其结果如表 23 – 2 所示。

表 23 – 2　进入法对老年人主观幸福感影响变量的多元线性回归结果

| | 偏相关系数 | 标准误差 | 标准化系数 | $T$ | 显著度（$T$） |
|---|---|---|---|---|---|
| （常量） | – 0.220 | 0.251 | — | – 0.878 | 0.380 |
| 年龄 | 0.006 | 0.003 | 0.049 | 2.144 | 0.032 |
| 与子女之间的关系如何 | 0.528 | 0.027 | 0.506 | 19.543 | 0.000 |
| 目前最主要的居住情况 | 0.029 | 0.020 | 0.033 | 1.449 | 0.148 |
| 觉得您的身体状况怎样 | 0.011 | 0.025 | 0.012 | 0.434 | 0.665 |
| 能承担得起日常的医疗费用吗 | – 0.023 | 0.032 | – 0.021 | – 0.717 | 0.474 |
| 平时生病时能得到及时治疗 | – 0.026 | 0.034 | – 0.020 | – 0.760 | 0.448 |
| 觉得老年人到医院看病是否方便 | – 0.021 | 0.024 | – 0.023 | – 0.907 | 0.365 |
| 是否拥有医疗保险 | 0.126 | 0.086 | 0.034 | 1.473 | 0.141 |
| 对目前的生活是否满意 | 0.256 | 0.034 | 0.242 | 7.500 | 0.000 |
| 有无足够钱应付日常开支 | 0.070 | 0.028 | 0.077 | 2.486 | 0.013 |
| 经济状况满意度分组 | 0.101 | 0.047 | 0.065 | 2.134 | 0.033 |
| 是否经常感到孤独、烦闷 | 0.083 | 0.035 | 0.061 | 2.391 | 0.017 |

注：R = 0.746，R Square = 0.557，Adjustde R = 0.551。

从表 23 - 2 可见，在控制了其他自变量的情况下，年龄、与子女之间的关系、对目前的生活满意度、经济满意度、孤独烦闷感和日常开支承担能力是影响老年人主观幸福感的最为重要的变量。另外，在最终回归模型中，身体状况、居住情况、治病及时程度、看病便捷度、是否拥有医保等变量的系数检验未达到显著性水平。根据调整 $R^2$，我们得知整个模型的解释力为 55.1%，该模型对解释河南省城市老年人主观幸福感的能力较强。

### （四）主观幸福感影响因素的因子分析

为进一步探讨影响老年人主观幸福感的重要因素，我们尝试对回归结果中回归系数检验达到显著水平的 6 个自变量进行因子分析，适用性检验结果显示，KMO 检验值为 0.791，Bartlett 球形检验统计量的 Sig. 值小于 0.01，适合做因子分析。随后，将因子轴经最大方差旋转法（Varinax Rotation）旋转，用最大似然法提取公因子，最终模型中，6 个变量分别划归 4 个公因子解释（见表 23 - 3），因子 1 可称为经济能力因子，即日常经济支出能力、经济生活满意情况；因子 2 可称为精神感受因子；因子 3 可称为家庭关系因子；因子 4 可称为生理年龄因子。

表 23 - 3    主观幸福感主要影响因素的因子分析结果

| 自变量 | 因子 1 | 因子 2 | 因子 3 | 因子 4 |
|---|---|---|---|---|
| 承担日常经济支出能力 | 0.909 | — | — | — |
| 经济收入满意度 | 0.850 | — | — | — |
| 生活满意度 | 0.666 | — | — | — |
| 孤独烦闷感 | — | 0.956 | — | — |
| 与子女关系 | — | — | 0.950 | — |
| 年龄 | — | — | — | 0.995 |

## 三　研究结论与启示

调查结果显示，城市老年人主观幸福指数整体处于中等偏上水平，他们对自己的生活基本满意。研究还表明，尽管影响城市老年人主观幸福感的因素有很多，39 个自变量中有 35 个通过了显著性检验，但是相当一部分变量与城市老年人主观幸福感的相关性极弱，其相关系数 <0.2。对相关性较强变量运用不同方法进行多元回归分析的结果表明，在控制其他自变量情况下，对城市老年人主观幸福感影响最显著的因素有年龄、与子女之间的关系、孤独烦闷感、日常开支承担能力，对目前的生活满意度和经济满意度等 6 个变量。通过因子分析，可提取经济能力、精神感受、家庭关系和生理年龄 4 个公因子，能够解释总方差的 87.62%。

在某种意义上，"钱不是万能的，没有钱是万万不能的"，这个通俗的说法指出了经济收入状况和主观幸福感关系的一个根本规律。[1] 经济因素，主要是通过个体的预期和社会比较等心理机制来影响老年人的主观幸福感。[2] 也就是说，经济收入影响着老年人日常物质生活的质量，进而影响到其心态。Diener 等人的研究结果已证明，一定的财富是主观幸福感的重要影响因素。[3] 一般来讲，富裕的人比贫穷的人主观幸福感更强，因为较高的经济收入能满足老年人的生理需要，如老年人可以减少因医药费的问题引起的焦虑，从而保持一个良好的心理状态，这有利于老年人的主观幸福感体验。本研究也证明了这一点，经济生活满意度、承担日常开支的能力等构成的经济能力因子，能解释 4 个公因子可解释总方差的 39.71%。可见，要提高河南城市老年人口的主观幸福感，保障和提高基本经济收入是重要途径。

幸福是感官愉悦的最大满足，是一种主观感受。精神感受是影响老年人主观幸福感的另一个重要因素，在因子分析中，它解释了 18.16% 的方差，占 4 个公因子可解释总方差的 20.72%。这里的精神感受主要指老年人是否经常感到孤独烦闷。孤独烦闷对老年人主观幸福感的影响在国外许多研究中

---

① 周长城等：《主观生活质量：指标构建及其评价》，社会科学文献出版社，2008，第 24 页。

② 秦安兰、徐奕俊：《中国老年人的幸福密码——国内老年人主观幸福感影响因素研究与展望》，《老龄科学研究》2004 年第 1 期，第 66 页。

③ Diener, E., "Subject Well-being: the Science of Happiness and a Proposal for a National Index," *American Psychologist* 55 (1) (2000): 34-43.

也得到了证明，多项研究结果表明，社会支持少、主观幸福感低、孤独是21世纪老年人生活质量研究至关重要的问题。[1] 国内学者王枫、况成云等人也研究指出，"多数学者认为主观支持比客观支持更有意义"，在主观幸福感的影响因素中，心理因素的影响可能比生物因素更为重要。[2] 由此可见，观念决定心态，心态影响幸福。我们应该大力培养老年社会工作人才，运用独特的工作方法，帮助老年人建立社会支持系统，进行心理疏导，加强老年人的主观幸福体验。

家庭是社会的细胞，更是老年人的主要栖息地。良好、亲密的家庭关系，是人们对生活的基本需要，也是老年人生活质量的重要组成部分。正如一位哲学家所说："人生的美好是人情的美好，人生的丰富是人际关系的丰富。"[3] 这里的人际关系，当然包括家庭关系。良好的家庭关系，是老年人主观幸福感的重要影响因素，本研究中，家庭关系因子能解释17.81%的方差，占4个公因子所解释总方差的20.32%。国内其他学者的研究也证实了这一点，比如贺志峰对农村老年人的主观幸福感进行研究后指出，代际支持中的子女日常照料的"不足"，已影响了农村老年人晚年的生活质量，但子女的经济支持，能够显著地提升老年人的主观幸福感。[4] 王大华等人的研究也表明，亲子支持通过老年人的自尊感、孤独感和恩情感影响老年人的主观幸福感。[5] 可见，通过开展家庭社会工作，促进老年人家庭关系的和谐，增进代际支持，也是增强老年人主观幸福感的重要途径。

年龄是影响河南省城市老年人主观幸福感的又一个重要因素，生理年龄

---

[1] Chalise H. N., Saito T., Takahashi M., et al., "Relationship Specialization amongst Sources and Receivers of Social Support and Its Correlations with Loneliness and Subjective Well-being: A Cross Sectional Study of Nepalese Older Adults," *Arch Gerontol Geriatr* 44 (3) (2007): 299 –314.

[2] 王枫、况成云等：《农村老年人主观幸福感及其影响因素研究》，《中国卫生事业管理》2010年第5期，第350页。

[3] 周长城等：《主观生活质量：指标构建及其评价》，社会科学文献出版社，2008，第138页。

[4] 贺志峰：《代际支持对农村老年人主观幸福感的影响研究》，《人口与经济》2011年第S1期，第3页。

[5] 王大华等：《亲子支持对老年人主观幸福感的影响机制》，《心理学报》2004年第1期，第78页。

因子，能解释 16.86% 的方差，约占 4 个公因子可解释总方差的 19.24%。这和国外学者研究结果不谋而合。Diener 和 Subhde（1998）的研究报告显示，生活满意度在 18~19 岁平均水平稳定，而积极情感在 20~80 岁出现缓慢下降，消极情感在 20~60 岁缓慢下降，在 70~80 岁出现回弹。布兰克夫劳和奥斯瓦德认为年龄与主观幸福感之间存在 U 形关系，儿童时期和老年时期的主观幸福感最高，而中年时期（40 岁左右）的主观幸福感最低。[1]与此同时，国内也基于年龄与老年人主观幸福感的关系进行了研究。曹新美等研究发现，老年人主观幸福感的年龄差异十分显著。60~69 岁老年人的主观幸福感程度和对生活的满意程度最强，而在老年初期和老年晚期，主观幸福感较低。[2] 这主要是因为在刚进入老年初期时，老年人生活有一个适应阶段，这一阶段会出现失落感和无价值感，因此老年初期的主观幸福感较低；而进入高龄阶段后，老年人的身体机能退化的程度和对生活的无助感程度增加了，老年人对生活的满意感和主观幸福感程度比前一年龄段更低。以上表明，不同年龄段的老年人的主观幸福感呈现差异，因此在采取措施提升老年人主观幸福感时还应考虑到年龄因素。

---

[1]　郑雪、严标宾等：《幸福心理学》，暨南大学出版社，2004。

[2]　曹新美、刘翔平等：《赣州市老年人主观幸福感影响因素研究》，《赣南师范学院学报》2007 年第 2 期，第 70~74 页。

# 第二十四章　河南省农村老年人
# 主观幸福感研究

随着经济的发展和城镇化进程的加快，大量青壮年劳动力外出务工，河南省统计局发布的《2014 年河南省农民外出务工情况调查报告》显示，2014 年河南省 85.1% 的农村家庭有劳动力转移，户均劳动力转移人数为1.74 人。但由于他们绝大多数受教育程度偏低，主要靠出卖体力劳动为生，工作时间长，生活条件差，工资收入低，进城务工人员的父母大多不能一同前往。对于老年人来讲，传统的大家庭分崩离析，家庭养老失去现实基础，天伦之乐成为奢谈。学者们的研究表明，农村老年人经济收入不稳定，生活水平偏低，精神文化生活欠缺，身体健康状况不佳，生活照料、精神慰藉都面临严峻的问题。[1] 这样的状况，在"局外人"看来，贫苦的农村老年人几乎无幸福感可谈。事实上，主观幸福感是衡量个人和社会生活质量的一种重要的综合心理指标，是农村老年人根据自己内心的标准对其生活质量的整体性评估，它既体现老年人物质生活与精神生活状况，也影响老年人的身心健康。

## 一　文献梳理

本章梳理了农村老年人主观幸福感的相关研究，学者们认为农村老年人

<hr>

[1] 陈铁铮：《当前农村留守老人的生存状况——来自 258 位农村老人的调查》，《湖北社会科学》2009 年第 8 期，第 57～60 页；陈敏：《农村留守老人存在的问题及对策》，《现代农业科学》2009 年第 3 期，第225～227 页。

比城市老年人主观幸福感强。[1] 对影响农村老年人主观幸福感的因素，学者们主要是从老年人的人口基本特征、经济收入等方面进行探究的。人口特征方面，性别、年龄[2]、文化程度[3]、宗教信仰[4]、婚姻状况[5]是影响农村老年人主观幸福感的主要因素。经济方面，经济收入[6]是影响农村老年人主观幸福感的主要因素。健康是老年人关注的焦点，学者们也发现身体健康[7]、是

① 冯海英等：《彝族地区老年人人格及心理健康与主观幸福感的关系》，《中国老年学杂志》2010 年第 13 期，第 1875 ~ 1877 页；蒋怀滨等：《老年人主观幸福感的影响因素及其调适的调查研究》，《中国老年学杂志》2008 年第 24 期，第 2461 ~ 2462 页；李德明等：《中国农村老年人的生活质量和主观幸福感》，《中国老年学杂志》2007 年第 12 期，第 1193 ~ 1196 页。

② 蒋怀滨等：《老年人主观幸福感的影响因素及其调适的调查研究》，《中国老年学杂志》2008 年第 24 期，第 2461 ~ 2462 页；曲海英：《新型城镇化中农村老年人主观幸福感的影响因素研究》，《中国卫生事业管理》2015 年第 7 期，第 553 ~ 556 页。

③ 焦娜娜等：《农村空巢老人主观幸福感及影响因素分析》，《中国老年学杂志》2010 年第 1 期，第 86 ~ 88 页；蒋怀滨等：《老年人主观幸福感的影响因素及其调适的调查研究》，《中国老年学杂志》2008 年第 24 期，第 2461 ~ 2462 页。

④ 焦娜娜等：《农村空巢老人主观幸福感及影响因素分析》，《中国老年学杂志》2010 年第 1 期，第 86 ~ 88 页；艾景涵等：《新疆维吾尔族农村老年人主观幸福感及其影响因素》，《中国老年学杂志》2016 年第 2 期，第 436 ~ 438 页。

⑤ 崔红志：《农村老年人主观幸福感影响因素分析——基于全国 8 省（区）农户问卷调查数据》，《中国农村经济》2015 年第 4 期，第 72 ~ 80 页；艾景涵等：《新疆维吾尔族农村老年人主观幸福感及其影响因素》，《中国老年学杂志》2016 年第 2 期，第 436 ~ 438 页。

⑥ 焦娜娜等：《农村空巢老人主观幸福感及影响因素分析》，《中国老年学杂志》2010 年第 1 期，第 86 ~ 88 页；胡军生等：《江西农村老年人主观幸福感及影响因素》，《中国心理卫生杂志》2005 年第 5 期，第 342 页；崔红志：《农村老年人主观幸福感影响因素分析——基于全国 8 省（区）农户问卷调查数据》，《中国农村经济》2015 年第 4 期，第 72 ~ 80 页；李慧、利爱娟：《边疆地区农村老年人主观幸福感调查研究》，《湖南大学学报》（社会科学版）2012 年第 4 期，第 120 ~ 124 页；曲海英：《新型城镇化中农村老年人主观幸福感的影响因素研究》，《中国卫生事业管理》2015 年第 7 期，第 553 ~ 556 页；席雯等：《影响农村老年人主观幸福感的因素分析与培养策略》，《江苏师范大学学报》（教育科学版）2014 年第 2 期，第 90 ~ 93 页；艾景涵等：《新疆维吾尔族农村老年人主观幸福感及其影响因素》，《中国老年学杂志》2016 年第 2 期，第 436 ~ 438 页。

⑦ 胡军生等：《江西农村老年人主观幸福感及影响因素》，《中国心理卫生杂志》2005 年第 5 期，第 342 页；王健等：《农村居民主观幸福感与健康的相关性》，《山东大学学报》（医学版）2008 年第 9 期，第 919 ~ 921 页；崔红志：《农村老年人主观幸福感影响因素分析——基于全国 8 省（区）农户问卷调查数据》，《中国农村经济》2015 年第 4 期，第 72 ~ 80 页；曲海英：《新型城镇化中农村老年人主观幸福感的影响因素研究》，《中国卫生事业管理》2015 年第 7 期，第 553 ~ 556 页；艾景涵等：《新疆维吾尔族农村老年人主观幸福感及其影响因素》，《中国老年学杂志》2016 年第 2 期，第 436 ~ 438 页。

不是参加体育锻炼[①]是影响农村老年人主观幸福感的重要因素。老有所居，居住方式[②]对农村老年人的主观幸福感也起着重要的作用。家庭关系中子女是不是孝顺[③]以及子女个数[④]、有没有儿子[⑤]，生活预期[⑥]、希望水平[⑦]、人格和心理健康[⑧]等心理因素，生活质量[⑨]、社会保障[⑩]等因素均对农村老年人的主观幸福感产生影响。

综观以上研究，学者们的研究主要从主观和客观两大方面寻找农村老年人主观幸福感的影响因素，这些对本研究有很强的借鉴意义。但现有文献存

---

① 焦娜娜等：《农村空巢老人主观幸福感及影响因素分析》，《中国老年学杂志》2010 年第 1 期，第 86 ~ 88 页。

② 焦娜娜等：《农村空巢老人主观幸福感及影响因素分析》，《中国老年学杂志》2010 年第 1 期，第 86 ~ 88 页；蒋怀滨等：《老年人主观幸福感的影响因素及其调适的调查研究》，《中国老年学杂志》2008 年第 24 期，第 2461 ~ 2462 页；曲海英：《新型城镇化中农村老年人主观幸福感的影响因素研究》，《中国卫生事业管理》2015 年第 7 期，第 553 ~ 556 页。

③ 胡军生等：《江西农村老年人主观幸福感及影响因素》，《中国心理卫生杂志》2005 年第 5 期，第 342 页；曲海英：《新型城镇化中农村老年人主观幸福感的影响因素研究》，《中国卫生事业管理》2015 年第 7 期，第 553 ~ 556 页；席雯等：《影响农村老年人主观幸福感的因素分析与培养策略》，《江苏师范大学学报》（教育科学版）2014 年第 2 期，第 90 ~ 93 页；艾景涵等：《新疆维吾尔族农村老年人主观幸福感及其影响因素》，《中国老年学杂志》2016 年第 2 期，第 436 ~ 438 页。

④ 李慧、利爱娟：《边疆地区农村老年人主观幸福感调查研究》，《湖南大学学报》（社会科学版）2012 年第 4 期，第 120 ~ 124 页。

⑤ 崔红志：《农村老年人主观幸福感影响因素分析——基于全国 8 省（区）农户问卷调查数据》，《中国农村经济》2015 年第 4 期，第 72 ~ 80 页。

⑥ 崔红志：《农村老年人主观幸福感影响因素分析——基于全国 8 省（区）农户问卷调查数据》，《中国农村经济》2015 年第 4 期，第 72 ~ 80 页。

⑦ 王丽娜等：《希望水平对农村空巢老人主观幸福感的影响》，《中国老年学杂志》2015 年第 20 期，第 5907 ~ 5909 页。

⑧ 冯海英等：《彝族地区老年人人格及心理健康与主观幸福感的关系》，《中国老年学杂志》2010 年第 13 期，第 1875 ~ 1877 页。

⑨ 席雯等：《影响农村老年人主观幸福感的因素分析与培养策略》，《江苏师范大学学报》（教育科学版）2014 年第 2 期，第 90 ~ 93 页。

⑩ 胡军生等：《江西农村老年人主观幸福感及影响因素》，《中国心理卫生杂志》2005 年第 5 期，第 342 页；崔红志：《农村老年人主观幸福感影响因素分析——基于全国 8 省（区）农户问卷调查数据》，《中国农村经济》2015 年第 4 期，第 72 ~ 80 页；曲海英：《新型城镇化中农村老年人主观幸福感的影响因素研究》，《中国卫生事业管理》2015 年第 7 期，第 553 ~ 556 页；席雯等：《影响农村老年人主观幸福感的因素分析与培养策略》，《江苏师范大学学报》（教育科学版）2014 年第 2 期，第 90 ~ 93 页。

在以下几个方面的问题：其一，研究选取的研究对象虽然均是农村居民，但来自不同的地区，研究结果呈现一定的地区差异，地区之间的研究结果很难形成对话，也很难为其他地区的农村老年人主观幸福感提升策略提供实证基础；其二，学者们的研究涉及的方面很广泛，但是这些变量中哪些是对影响农村老年人主观幸福感比较重要的，很难看出来；其三，影响农村老年人主观幸福感的多重因素之间的关系如何，进行深度探究的研究尚显缺乏。基于此，本研究以河南省农村老年人为研究对象，探讨河南省农村老年人主观幸福感如何，有哪些因素影响河南农村老年人的主观幸福感。

## 二 研究方法、数据来源和变量选取

### （一）研究方法和数据来源

本研究采取定量研究的方法，运用结构式问卷调查的方式收集资料。

调查数据来源于课题组开展的河南省农村老年人生活状况问卷调查，调查对象为河南省农村村民中60岁及以上老年人，调查范围涉及郑州等14个地级市。调查问卷由课题组精心设计，问卷的具体调查工作由2013年暑假和2014年寒假期间回乡的大学生实施，调查员均为接受过社会调查研究方法训练的学生。

实际调查问卷1600份，有效问卷1400份，有效回收率87.5%。全部问卷资料由课题组成员逐一核查后进行编码，然后录入计算机，利用SPSS统计分析软件进行分析，分析类型主要有单变量描述分析和多元线性回归分析。

### （二）变量选取

#### 1. 因变量

本研究的因变量为农村老年人的主观幸福感，测量办法是由受访者对自己的生活状况做出总体性评价。根据农村老年人对"您觉得自己是否幸福"问题的回答，对农村老年人的主观幸福感程度进行赋值，"极不幸

福"赋值"1分","不幸福"赋值"2分","一般般"赋值"3分",
"比较幸福"赋值"4分","非常幸福"赋值"5分"。样本中农村老年
人的平均得分为3.47分,说明老年人的主观幸福感处于一般偏上水平。
其中,1.9%的老年人回答"极不幸福",9.1%的老年人回答"不幸福",
37.9%的老年人回答"一般般",41.8%的老年人回答"比较幸福",
9.3%的老年人回答"非常幸福"。

**2. 自变量**

借鉴农村老年人主观幸福感的相关研究,结合河南省农村老年人的特
点,本研究重点从以下几个维度考察农村老年人主观幸福感的影响因素。

第一,基本人口特征。主要包括性别、年龄、婚姻状况、是否空巢、子
女情况等几个变量。

第二,居住状况维度。居住状况主要包括是否与子女一起吃住、居住条
件的相对剥夺感、理想的居住方式、居住状况满意度等。

第三,经济状况维度。主要用农村老年人全部的月收入、能否应付日常
开支、是否存在经济上的"老养小"、经济状况满意度等指标来反映农村老
年人的经济状况。

第四,健康状况维度。主要包括健康状况的自我评价、能否做轻便的家
务活儿、对自己健康状况的了解程度等。

第五,医疗状况维度。主要包括能否承担起日常医疗费用(大病除
外)、看病便利度、生病能不能得到及时治疗、社会医疗保险的使用情
况等。

第六,生活状况维度。主要包括日常生活满意度、是否需要帮子女做家
务、心理状态等。

第七,社会支持维度。主要包括家庭支持和政府支持。家庭支持主要包
括家庭经济支持、生活支持和情感支持,分别用能否从子女那里获得经济支
持、能否获得子女日常生活照料和与子女的关系等变量测量。政府支持主要
包括是否领有国家发的养老金,是否享有社会医疗保险以及对政府为自己提
供服务的期望。

## 三　农村老年人主观幸福感的影响因素分析

### （一）农村老年人主观幸福感的双变量分析

我们对农村老年人的主观幸福感状况进行分别赋值，以此为因变量，并将基本人口特征、居住状况、经济状况、健康状况、医疗状况、生活状况、社会支持情况等作为自变量，对农村老年人的主观幸福感做单因素分析。

**1. 人口特征与农村老年人的主观幸福感**

通过单因方差分析发现，性别（$F = 0.056$，$P = 0.814$）、年龄（$F = 1.507$，$P = 0.211$）在农村老年人在主观幸福感方面不存在显著差异，而婚姻状况（$F = 15.189$，$P = 0.000$）、空巢与否（$F = 12.523$，$P = 0.000$）在农村老年人的主观幸福感方面存在差异。通过双变量相关分析发现儿子的数量与农村老年人的主观幸福感呈现弱负相关（$r = -0.062$，$P < 0.05$），女儿的数量与农村老年人的主观幸福感呈现弱正相关（$r = 0.063$，$P < 0.05$）。

**2. 居住状况与老年人的主观幸福感**

通过单因方差分析发现，独居与否（$F = 10.916$，$P = 0.001$）、房间条件的相对剥夺感（$F = 68.163$，$P = 0.000$）、理想的居住方式（$F = 8.889$，$P = 0.000$）、饮食方式（$F = 21.549$，$P = 0.000$）、居住满意度（$F = 217.784$，$P = 0.000$）等五个方面在农村老年人的主观幸福感上都呈现显著差异。

**3. 经济状况与农村老年人的主观幸福感**

通过单因方差分析发现，农村老年人的月收入（$F = 7.540$，$P = 0.000$）、应付日常开支状况（$F = 75.063$，$P = 0.000$）、存不存在经济上的"老养小"（$F = 217.784$，$P = 0.01$）、经济状况满意度（$F = 123.432$，$P = 0.000$）等经济状况在农村老年人的主观幸福感上均存在显著差异。

**4. 健康状况与农村老年人的主观幸福感**

通过单因方差分析发现，自评健康状况（$F = 58.875$，$P = 0.000$）、能否做家务活儿（$F = 38.349$，$P = 0.000$）、对自身健康状况知晓度（$F = 69.058$，$P = 0.000$）等在农村老年人主观幸福感上均存在显著差异。

**5. 医疗状况与农村老年人的主观幸福感**

通过单因方差分析发现，医疗费用的支付能力（$F = 57.089$，$P = 0.000$）、看病的便利程度（$F = 27.564$，$P = 0.000$）、使用公费医疗的情况（$F = 22.855$，$P = 0.000$）、生病能否得到及时治疗（$F = 67.350$，$P = 0.000$）等在农村老年人主观幸福感上均存在显著差异。

**6. 生活状况与农村老年人的主观幸福感**

当调查员让老年人对自己的生活进行一个评价时，45%的老年人表示生活比较满意，14%的老年人表示生活很不满意，中间状态的占到41%。43%的老年人还需要帮助子女带孩子、做家务，18%的老年人表示经常有孤独烦闷的感觉。

通过单因方差分析发现，生活满意度（$F = 176.772$，$P = 0.000$）、需不需要帮子女家务（$F = 10.218$，$P = 0.001$）、心理状态（$F = 78.300$，$P = 0.000$）等在农村老年人主观幸福感上均存在显著差异。

**7. 社会支持与农村老年人的主观幸福感**

社会支持维度主要包括家庭支持和政府支持。

家庭支持主要是家庭情感支持、经济支持和生活支持。通过单因方差分析发现，子女的情感支持（$F = 337.275$，$P = 0.000$）、经济支持（$F = 3.325$，$P = 0.003$）和生活支持（$F = 9.765$，$P = 0.000$）等方面在农村老年人的主观幸福感上均存在显著差异。

政府的支持主要包括享有国家发放的养老金的情况、享有社会医疗保险的情况以及对政府支持的期望。通过单因方差分析发现，享有国家发放的养老金的情况（$F = 4.704$，$P = 0.030$）、享有国家社会医疗保险的情况（$F = 33.486$，$P = 0.000$）、对政府支持的期望（$F = 16.014$，$P = 0.000$）方面在农村老年人的主观幸福感上均存在显著差异。

## （二）农村老年人主观幸福感的多因素分析

将农村老年人的主观幸福感作为因变量，将基本人口特征、经济状况、居住状况、健康状况、医疗状况、生活状况、社会支持等方面的变量经过量化处理后作为自变量，进行多元回归分析，方法为进入法，结果见表24-1。

**表24-1　河南农村老年人主观幸福感影响因素的多元线性回归分析**

| 模型 | 通过检验的变量 | 非标准化回归系数 | 标准误差 | 标准化回归系数 | 检验值 T | 显著度 | 模型检验值 |
|---|---|---|---|---|---|---|---|
| 农村老年人主观幸福感 | 独居与否 | 0.729 | 0.318 | 0.043 | 2.293 | 0.022 | R=0.782 R²=0.612 调整 R²=0.602 F=60.770 Sig.=0.000 |
| | 居住满意度 | 0.209 | 0.025 | 0.218 | 8.433 | 0.000 | |
| | 经济状况满意度 | 0.105 | 0.028 | 0.109 | 3.749 | 0.000 | |
| | 健康状况自评 | 0.067 | 0.023 | 0.074 | 2.896 | 0.004 | |
| | 对健康的知晓程度 | 0.084 | 0.034 | 0.048 | 2.451 | 0.014 | |
| | 生活满意度 | 0.109 | 0.031 | 0.103 | 3.578 | 0.000 | |
| | 家庭情感支持 | 0.442 | 0.023 | 0.455 | 19.317 | 0.000 | |
| | 政府支持期望 | -0.170 | 0.051 | -0.064 | -3.326 | 0.001 | |

农村老年人主观幸福感的影响因素多元线性回归分析结果显示，整个模型的 P 值为 0.000，通过了显著性检验（$P<0.05$），因此我们可以认为这个模型是有解释效力的，根据调整 R²，我们得知整个模型的解释力为 60.2%，该模型对农村老年人主观幸福感的解释力比较强。

从模型中，我们可以看出以下几点。

**1.独居老年人和居住满意度强的老年人主观幸福感更强**

从表24-1中可以看出，单独居住或者跟老伴儿一起居住的农村老年人比跟子女一起居住的主观幸福感要强，居住满意度强的农村老年人主观幸福感也更强烈。然而，居住满意度是农村老年人对自身居住情况的一个总体评价，哪些因素能够提升农村老年人的居住满意度呢？我们将农村老年人的居住满意度作为因变量，年龄、婚姻状况、理想居住方式、居住条件相对剥夺感等作为自变量进行回归分析，结果见表24-2。

表 24 - 2　河南农村老年人居住满意度影响因素的多元线性回归分析

| 模型 | 通过检验的变量 | 非标准化回归系数 | 标准误差 | 标准化回归系数 | 检验值 T | 显著度 | 模型检验值 |
|---|---|---|---|---|---|---|---|
| 农村老年人居住满意度 | （常量） | 2.450 | 0.559 | | 4.380 | 0.000 | R = 0.367 |
| | 理想居住方式 | - 0.129 | 0.051 | - 0.067 | - 2.514 | 0.012 | R² = 0.135 |
| | 居住条件的相对剥夺感 | 0.416 | 0.036 | 0.302 | 11.395 | 0.000 | 调整 R² = 0.130 |
| | 年龄 | 0.009 | 0.004 | 0.067 | 2.391 | 0.017 | F = 28.016 |
| | 婚姻状况 | 0.334 | 0.053 | 0.180 | 6.289 | 0.000 | Sig. = 0.000 |

从表 24 - 2 可以看出，房间条件相对较好的农村老年人居住满意度最高，房间条件一般的农村老年人居住满意度次之，房间条件相对较差的居住满意度最低。已婚有偶的农村老年人比离婚丧偶等其他婚姻状况的农村老年人居住满意度高。理想居住方式与居住满意度呈负相关，即向往自己单独住比向往与子女同住的农村老年人居住满意度低。年龄与居住满意度呈弱相关，年龄越大居住满意度越高。

结合表 24 -1 和表 24 -2，可以看出农村老年人的主观幸福感与是否独居和居住满意度有直接的关系，而年龄、婚姻状况、居住条件的相对剥夺感、理想的居住方式通过居住满意度间接地对农村老年人的主观幸福感产生影响。

农村老年人为什么喜欢独居呢？调查显示，有 39% 的农村老年人表示"害怕给子女添麻烦"，22% 的表示"分开住自由"，11% 的表示"子女不愿意"。在我们看来，不管是农村老年人追求自由，还是害怕给子女添麻烦，还是子女不愿意跟老年人住在一起，其中很重要的原因，就是年轻人和老年人在思想方法、价值观念、生活态度、兴趣爱好方面存在心理距离或心理隔阂，也即代差问题。

居住条件的相对剥夺感越强，农村老年人的居住满意度越低，主观幸福感也越低。可以做这样的解释：农村老年人一辈子倾尽所有为了子女的成长，当自己年老的时候，居住条件却比子女们差很多，难免会产生心理上的落差。

**2. 经济满意度越高，农村老年人的主观幸福感越强**

从表 24 -1 可以看出，农村老年人的经济满意度越高，主观幸福感越强。而经济满意度是农村老年人对自身经济状况的一个综合性主观评价。哪些因素影响着农村老年人的经济满意度呢？我们以农村老年人的经济满意度为因变量，以婚姻状况、家庭经济支持、应付日常开支程度、经济上的"老养小"等为自变量进行回归分析，结果见表24-3。

表24-3　河南农村老年人经济满意度影响因素的多元线性回归分析

| 模型 | 通过检验的变量 | 非标准化回归系数 | 标准误差 | 标准化回归系数 | 检验值 $T$ | 显著度 | 模型检验值 |
|---|---|---|---|---|---|---|---|
| 农村老年人经济满意度 | （常量） | 0.847 | 0.217 | | 3.900 | 0.000 | R = 0.667 |
| | 婚姻状况 | 0.099 | 0.041 | 0.054 | 2.387 | 0.017 | $R^2$ = 0.445 |
| | 家庭经济支持 | 0.139 | 0.038 | 0.079 | 3.714 | 0.000 | 调整 $R^2$ = 0.442 |
| | 应付日常开支程度 | 0.595 | 0.019 | 0.642 | 30.657 | 0.000 | $F$ = 135.884 |
| | 经济上的"老养小" | -0.149 | 0.052 | -0.060 | -2.878 | 0.004 | Sig. = 0.000 |

从表24-3可以看出，应付日常开支程度对农村老年人的经济满意度影响最大，节余越多农村老年人的经济满意度越高；有需要经济上"老养小"的农村老年人比没有的农村老年人经济满意度要低；经济上有儿女支持的农村老年人比没有儿女支持的经济满意度要高。

综合表24-1和表24-3，可以看出经济满意度对农村老年人的主观幸福感有直接的影响，而应付日常开支程度、日常节余的多少、经济上的"老养小"、家庭经济支持则通过经济满意度间接影响农村老年人的主观幸福感。

老年社会学理论中的角色理论认为，当个体经历老化过程所带来的变化时，他们会丧失象征中年的社会角色和社会关系。这一理论认为，成功的老年人之所以成功在很大程度上取决于对角色变化和角色丧失的调整适应。对于农村老年人而言，他们主要靠外出打工供养子女，子女靠父母的收入接受教育、娶妻生子等，老年人是一家之主，而随着老年人年龄的增长不得不退出一家之主的位置，但是生活的惯性提醒他们，如果能给子女补贴家用的钱而不去连累子女能减缓他们进入"不中用"时代。从表24-3的结果可以看出，农村老年人又不希望自己的子女"啃老",还希望自己的子女能给自己一些经济支持,实际上在我们看来,农村老年人并不在意子女给自己多少钱,而在于子女的经济支持所带来的心理满足感。另外,有了子女的经济支持,自己应付日常开支的节余就会多一点儿,这样就可以反馈给子女一些以体现自己的价值。

**3.身体健康以及对身体知晓程度高的农村老年人主观幸福感强**

身体越健康,农村老年人的主观幸福感越强,即对自己的身体健康状况越了解,主观幸福感也越强。老年人身体各器官生理功能及免疫力都随年龄的增长而减退,因此身体健康程度对老年人的主观幸福感产生直接影响,这与前人的研究结论是一致的。而实际上农村老年人的身体状况很不容乐观,调查显示,有28.2%的农村老年人患有高血压,14%的患有肠、胃、肝、胆、肺疾病,脑出血或脑血栓、气管炎、糖尿病、心脏病各占不足10%。

**4.生活满意度越高农村老年人的主观幸福感越强**

生活满意度是调查员让农村老年人对自己日常生活进行的一个主观评价。从表24-1可以看出,生活满意度对农村老年人的主观幸福感有直接的影响。有哪些因素影响着农村老年人的生活满意度呢?我们以农村老年人的生活满意度为因变量,以空巢农村老年人的心理状态等变量为自变量,进行回归分析,结果见表24-4。

表24-4 河南农村老年人生活满意度影响因素的多元线性回归分析

| 模型 | 通过检验的变量 | 非标准化回归系数 | 标准误差 | 标准化回归系数 | 检验值 $T$ | 显著度 | 模型检验值 |
|---|---|---|---|---|---|---|---|
| 农村老年人生活满意度 | 是否享有医疗保险 | 0.148 | 0.051 | 0.055 | 2.880 | 0.004 | R = 0.757 $R^2$ = 0.572 调整 $R^2$ = 0.568 F = 107.996 Sig. = 0.000 |
| | 医疗支付能力 | 0.074 | 0.023 | 0.080 | 3.305 | 0.001 | |
| | 生病能否及时治疗 | 0.111 | 0.026 | 0.096 | 4.293 | 0.000 | |
| | 是否孤独烦闷 | 0.103 | 0.026 | 0.082 | 3.954 | 0.000 | |
| | 家庭情感支持 | 0.149 | 0.020 | 0.166 | 7.361 | 0.000 | |
| | 居住满意度 | 0.219 | 0.022 | 0.242 | 9.908 | 0.000 | |
| | 经济状况满意度 | 0.190 | 0.025 | 0.208 | 7.620 | 0.000 | |
| | 健康状况自评 | 0.098 | 0.019 | 0.115 | 5.223 | 0.000 | |
| | 对身体知晓的程度 | -0.079 | 0.031 | -0.048 | -2.513 | 0.012 | |

从表 24-4 可以看出，享有医疗保险提升了农村老年人的生活满意度。医疗支付能力越强，生活满意度越高。生病时能够得到及时的治疗比得不到及时治疗的农村老年人生活满意度高，可见生病但得不到及时治疗时的恐惧和无助降低了农村老年人的生活满意度。孤独烦闷感越弱，与子女的关系越融洽，生活满意度越高；自觉越健康，经济状况越满意，居住越满意，生活满意度越高。但越是对自己的身体状况了解，生活越不满意，这可能是身体的不健康给农村老年人带来比较大的心理压力，但又缺乏疏解的渠道。

综合表 24-1 和表 24-4，可以发现生活满意度对农村老年人的主观幸福感产生直接影响，医疗支付能力、生病能否得到及时治疗、孤独烦闷感、与子女的关系、健康状况、经济状况满意度、居住满意度等则通过生活满意度间接地对农村老年人的主观幸福感产生影响。

**5. 家庭情感支持越多、对政府支持的期待越少的农村老年人主观幸福感越强**

从表 24-1 可以看出，家庭情感支持越强，即与子女的关系越融洽，农村老年人的主观幸福感越强。不希望政府提供服务的农村老年人主观幸福感更强。在我们看来，往往是自己缺乏，才会希望政府给予，期待的程度越强，表明需要的程度越强。调查中也证实了这一点，在没有任何月收入的农村老年人中，91%的希望政府出钱为自己提供一些服务，尽管他们中有75%的有子女经济上的支持，然而仍有93%的人刚刚够日常生活的开支，可见子女的支持只是杯水车薪，希望政府给予一些支持也在情理之中。

# 四　结论与讨论

经过双变量的单因方差分析、相关分析发现，农村老年人主观幸福感在性别和年龄方面不存在显著差异，在其他变量上均存在显著差异。农村老年人的主观幸福感到底受哪些因素的影响？这些变量之间有什么样的关系？控制了其他变量之后，在这些变量上还会呈现农村老年人主观幸福感的差异吗？我们接下来又进行了多变量的多元回归分析，研究结果表明，基本人口特征、医疗状况对农村老年人的主观幸福感没有直接的影响，经济状况、居住状况、健康状况、生活状况、社会支持则对农村老年人的主观幸福感有直接影响。其中，社会支持中的家庭经济支持，经济状况中的应付日常开支的能力、经济上的"老养小"，以及基本人口特征中的婚姻状况则通过经济状况满意度间接地影响着农村老年人的主观幸福感；基本人口特征中的年龄、婚姻状况以及居住状况中的居住条件相对剥夺感、理想的居住方式则通过居住满意度间接地影响着农村老年人的主观幸福感；而医疗情况中的医疗保险享有情况、医疗支付能力、生病能不能得到及时治疗，健康状况中的健康自评、对身体的知晓程度，以及社会支持中的家庭情感支持，生活中的精神状态，经济状况满意度、居住满意度等则通过生活满意度间接地影响着农村老年人的主观幸福感（见图 24 - 1）。

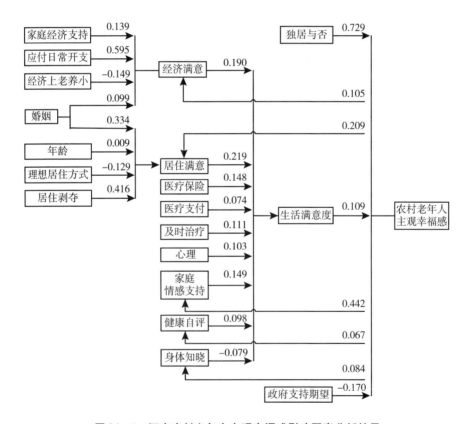

**图 24 - 1　河南农村老年人主观幸福感影响因素分析结果**

从研究结果看，农村老年人追求的幸福其实很简单，身体健康、有病能够得到治疗、经济上能应付日常开支、能有和老伴儿在一起居住的独立生活空间、子女们能给予经济支持和情感支持等就会感到幸福。实际上，就是希望病有所医、住有所居、老有所养。为此，我们认为可以从以下两大方面提升农村老年人的主观幸福感。

**1. 找准农村社区卫生服务中心的位置，切实提升基层卫生服务能力**

2012年，河南省卫生厅发布《关于新型农村社区医疗卫生机构建设的指导意见》（以下简称《意见》），指出新型农村社区医疗卫生机构建设要纳入新型农村社区建设总体规划。按照《意见》，设施升级、设备升级、技术升级、人员配备升级，农民在家门口就可享受规范、有效的非营利医疗服务。……社区卫生服务中心承担社区居民的健康档案建立、健康教育宣传、预防保健、重点人群健康管理等公共卫生服务，提供常见病、多发病诊疗和康复理疗服务。这对于农村老年人而言，无疑是一件大好事。然而，我们了解到的情况是，社区卫生服务中心更多地提供的是常见病的拿药服务，药品的确很便宜，减轻了农村老年人的日常医疗支付压力，但是健康档案的建立、健康教育的宣传、预防保健等做得还很不够，治疗水平也有待进一步提升。

身体健康以及生病时能得到及时治疗对农村老年人的主观幸福感有重要的影响。农村老年人的医疗需求很大，从一些私立医院或者保健品在农村宣传时农村老年人的反应可见一斑。早上五点多他们就搬着凳子去听"宣讲"，连续几天进行"考察"，入手保健产品，但实际上几乎没有效果，他们只是买了个"心理安慰"，或者得到私立医院的免费体检后，被告知自己得了多种病，又花钱买来一些"不痛不痒"的药。这显然是由农村社区卫生服务中心的功能严重缺位造成的，后果是追求健康的农村老年人盲目购买保健产品，使本来就经济拮据的老年人贫上加贫，进而陷入无限懊悔，主观幸福感随之降低。

因此，我们建议加大社区卫生服务中心的宣传，同时切实提升其服务水平，真正做到"农民生了病，可以去家门口的社区卫生服务中心"。

### 2.积极探索建立以社会工作者为中心的农村社会支持系统

大量的劳动力进城务工，"养儿"不再能够"防老"，农村老年人家庭经济支持、情感支持和生活支持全面缺乏，亟须社会支持系统的补充。村委会这个本应该为村民服务的基层自治组织，行政事务疲于应付，服务性的活动根本无暇也无力顾及。社会工作是个新兴的职业，它秉承助人自助的服务理念，综合运用多学科的专业知识和方法，能为老年人提供专业社会服务，帮助其缓解或解决生活中遇到的问题。

结合农村老年人的特点，以赋权增能理论为指导，开发设计适合老年人且能够帮助提升老年人生活质量的活动，增强老年人的价值感。比如：针对老年人的应付日常开支难的问题，可以结合老年人的特长，开展手工艺活动，适当贴补家用；针对老年人关心的健康问题，社会工作者可以链接外部资源进驻村庄，或者联合社区卫生服务中心，为老年人开办健康知识讲座，讲解保健以及日常的急救自救技巧，引导老年人选择正规的医疗机构进行治疗；针对老年人的日常照料问题，可以把城市社区运作良好的"时间银行"移植到农村，开展互助养老活动；为了提升老年人与子女的沟通质量，可以利用农民工返乡时候，开展"敬老爱老"等活动，培养子女的关爱老年人意识，提升老年人理解关爱子女的能力；等等。然而，这一切都需要政府的强大支持，为了提升农村老年人的主观幸福感，建议积极探索建立农村社会工作服务站，将社会工作扩展到更多的农村地区，让老年人及早享受到社会工作这一社会福利。

# 第二十五章　个案：洛阳市农村
## 老年人主观幸福感研究

幸福是一种感到满意的愉快体验，是人生的最终目的。主观幸福感是指人们从主观精神层面感受到的幸福，是一个人对整体生活的满意度与快乐感，是衡量个体生活质量的综合性心理指标[①]，通常包括生活满意度、积极情感和消极情感三个维度。老年人主观幸福感是老年人对其健康、生活状况乃至生存质量的自我评价和期望，是评价老年人心理健康水平和生活质量的重要指标。因此，研究农村老年人的主观幸福感，可为健全农村社会化养老服务体系，满足农村老年人的养老需求，进而改善其生存质量、提高其幸福指数提供重要的理论和实证依据。

## 一　数据与方法

### （一）数据来源

本项研究根据洛阳市社区建设与社会发展研究中心于 2011 年 7 月进行的"洛阳市农村老年人生活状况调查"所得资料进行分析。该调查采取多段随机抽样方法，依次抽取洛阳 5 个县 10 个乡（镇）20 个行政村进行调查，调查对象为该村 60 岁及以上意识清醒能回答问卷问题的老年人。由经过专门培训的调查员以入户访问方式进行资料收集，共

---

[①] Andrews FM, Robinson JP：《主观幸福感的测量》，后华杰译，载 Robinson JP, Shaver PR, Wrightsman LS（Eds），《性格与社会心理测量总揽》（上册），台北远流出版社，1997，第 90 ~ 156 页。

发放问卷 620 份，完成有效问卷 615 份。男性 283 人，占 46%；女性 332 人，占 54%。60~69 岁 306 人，占 49.8%；70~79 岁 204 人，占 33.2%；80 岁及以上 105 人，占 17.1%。样本的性别和年龄分布与洛阳农村老年人总体的分布大体一致，调查数据具有较强的代表性和可信度。

### （二）变量测量

在主观幸福感测量上，采取"主观指标——农村老年人自评的主观幸福感受"来测量，问题为："您是否感到幸福：（1）极不幸福；（2）不幸福；（3）一般；（4）比较幸福；（5）非常幸福。"这样处理可以使变量容易量化，同时也能使调查对象易于理解和回答。

影响老年人主观幸福感的因素指标，即自变量主要涉及以下层面：①人口社会特征，包括年龄、性别、婚姻、子女数、户口类型等；②居住状况，包括居住方式、居住条件、饮食类型等；③经济状况，包括经济收入、经济来源、经济水平、经济负担等；④医疗健康，包括健康自评、患病情况、医疗保险、就医情况等；⑤精神生活，包括娱乐方式、精神状态等；⑥家庭关系，主要指代际在经济、家务、情感等方面的相互支持、照顾情况。上述 6 个方面，共包含 39 个具体问题。

### （三）分析方法

应用 SPSS 17.0 中文版统计软件进行分析。首先采用单因素分析，即通过将每个自变量分别与因变量（主观幸福感）进行交叉分析，探讨各自变量与因变量之间可能存在的关系，并运用卡方检验和 Cramer's V 相关系数来检查这种关系的强弱和是否显著；然后进行多因素分析，即在交叉分析基础上，运用多元线性回归模型对影响农村老年人主观幸福感的因素进行分析；最后，采取因子分析法，通过提取公共因子，达到降维的目的。

## 二 研究结果与分析

### （一）农村老年人主观幸福感现状

对老年人主观幸福感的测量，采用李克特五级量表评定法，将"极不幸福"赋值"1"，"非常幸福"赋值"5"。调查结果显示，有2.5%的和13.2%的农村老年人对生活感到"极不幸福"和"不幸福"，有29.4%的和5.9%的农村老年人感到"比较幸福"和"非常幸福"，有49%的农村老年人回答"一般"。幸福指数均值为3.23，高于量表中位数"一般"水平。可见，洛阳农村老年人的幸福指数处于中等偏上水平。

### （二）各自变量与主观幸福感的单因素交叉分析

各自变量与农村老年人主观幸福感的单因素交叉分析结果显示，39个自变量中，家庭主要劳动力、代际数目、是否体检和家务活儿子女承担4个自变量的 $P$ 检验值大于0.05，其余35个自变量对老年人生活主观幸福感的影响都通过了显著性检验（$P < 0.05$）。其中，相关系数大于0.2的自变量有19个（见表25 – 1），大于0.3的自变量有6个，依次是生病治疗及时程度、日常开支承担能力、日常医疗费承担能力、家务活儿承担能力、身边子女数目和家庭规模。

**表25 – 1 各自变量与主观幸福感交叉分析的卡方检验值和克拉默 V 相关系数**

| 自变量 | Pearson Chi – Square | Asymp. Sig. (2 – sided) | Cramer's V |
|---|---|---|---|
| $X_1$ 生病治疗及时程度 | 299. 776 | 0. 000 | 0. 499 |
| $X_2$ 日常开支承担能力 | 232. 108 | 0. 000 | 0. 438 |
| $X_3$ 日常医疗费承担能力 | 103. 459 | 0. 000 | 0. 411 |
| $X_4$ 家务活儿承担能力 | 138. 977 | 0. 000 | 0. 339 |
| $X_5$ 身边子女数目 | 66. 076 | 0. 000 | 0. 330 |

续表

| 自变量 | Pearson Chi – Square | Asymp. Sig. (2 – sided) | Cramer's V |
|---|---|---|---|
| $X_6$ 家庭规模 | 99.635 | 0.000 | 0.316 |
| $X_7$ 自娱自乐能力 | 25.763 | 0.000 | 0.278 |
| $X_8$ 房间条件(与同住子女比) | 45.563 | 0.000 | 0.276 |
| $X_9$ 孤独烦闷感 | 86.147 | 0.000 | 0.267 |
| $X_{10}$ 子女的照料支持 | 42.520 | 0.000 | 0.265 |
| $X_{11}$ 本人或配偶的创收能力 | 36.419 | 0.000 | 0.245 |
| $X_{12}$ 居住类型 | 30.874 | 0.000 | 0.238 |
| $X_{13}$ 健康自评 | 65.267 | 0.000 | 0.232 |
| $X_{14}$ 子女的经济支持 | 28.285 | 0.000 | 0.216 |
| $X_{15}$ 给子女做家务 | 26.066 | 0.000 | 0.211 |
| $X_{16}$ 经济收入 | 79.897 | 0.000 | 0.209 |
| $X_{17}$ 慢性病数目 | 78.684 | 0.000 | 0.207 |
| $X_{18}$ 自我照料能力 | 25.787 | 0.000 | 0.206 |
| $X_{19}$ 集体娱乐活动参与状况 | 13.649 | 0.009 | 0.202 |

注：Cramer's V 相关系数的 Approx. Sig. 值等同于 Pearson Chi – Square 检验中的 Asymp. Sig. (2 – sided) 值。

### （三）相关性较强自变量与主观幸福感的多因素线性回归分析

尽管单因素分析中有 35 个自变量对主观幸福感的影响通过了显著性检验（$P < 0.05$），但其中相当一部分自变量与主观幸福感的相关性非常弱（相关系数 $< 0.2$），基于方便、简洁的考虑，我们只对相关性较强（相关系数 $> 0.2$）的 19 个自变量进一步做多因素分析。

首先，采用前进法对上述 19 个自变量做多元线性回归分析，结果依次有生病治疗及时程度、健康自评、房间条件、自我照料能力、本人或配偶的创收能力、日常开支承担能力等 11 个自变量进入模型。接下来，采用进入法对上述模型中的 11 个自变量重新进行线性回归分析，其结果如表 25 – 2 所示。

表 25 - 2　进入法对洛阳农村老年人主观幸福感影响自变量的多元线性回归结果

| 自变量 | 偏回归系数 | 标准误（B） | 标准化系数 | T | 显著度（T） |
|---|---|---|---|---|---|
| （Constant） | 2.348 | 0.195 | — | 12.017 | 0.000 |
| $X_{12}$ 居住类型 | 0.168 | 0.066 | 0.112 | 2.544 | 0.012 |
| $X_8$ 房间条件（与同住子女比） | -0.346 | 0.055 | -0.247 | -6.320 | 0.000 |
| $X_{11}$ 本人或配偶的创收能力 | -0.133 | 0.068 | -0.086 | -1.968 | 0.050 |
| $X_{14}$ 子女的经济支持 | 0.093 | 0.070 | 0.059 | 1.344 | 0.180 |
| $X_{18}$ 自我照料能力 | 0.275 | 0.072 | 0.169 | 3.835 | 0.000 |
| $X_2$ 日常开支承担能力 | 0.144 | 0.055 | 0.151 | 2.596 | 0.010 |
| $X_{13}$ 健康自评 | 0.304 | 0.043 | 0.294 | 7.084 | 0.000 |
| $X_3$ 日常医疗费承担能力 | -0.069 | 0.083 | -0.044 | -0.831 | 0.407 |
| $X_1$ 生病治疗及时程度 | 0.435 | 0.048 | 0.480 | 9.113 | 0.000 |
| $X_7$ 自娱自乐能力 | 0.175 | 0.069 | 0.098 | 2.550 | 0.011 |
| $X_9$ 孤独烦闷感 | 0.219 | 0.050 | 0.192 | 4.362 | 0.000 |

注：R = 0.827，R Square = 0.685，Adjusted，R Square = 0.670。

从表 25 - 2 可见，在控制了其他自变量的情况下，生病治疗及时程度、健康自评、孤独烦闷感、自我照料能力、日常开支承担能力和居住类型，是影响洛阳农村老年人主观幸福感的最为重要的自变量。另外，在最终回归模型中，日常医疗费承担能力和子女的经济支持两自变量的系数检验未达到显著性水平（P 值依次为 0.407 和 0.180）。

### （四）主观幸福感影响因素的因子分析

为进一步探讨影响洛阳农村老年人主观幸福感的重要因素，我们尝试对回归结果中回归系数检验达到显著水平的 9 个自变量进行因子分析，适用性检验结果显示，KMO 检验值为 0.703，Bartlett 球形检验统计量的 Sig. < 0.01，适合做因子分析。随后，将因子轴经最大方差旋转法（Varinax Rotation）旋转，用最大似然法提取公因子，最终模型中，9 个变量分别划归 3 个公因子解释（见表 25 - 3），因子 1 可称为生存保障因子，包括基本收入保障、医疗保障和精神保障；因子 2 可称为自我独立因子，主要指在生活起居、收入等方面的独立能力；因子 3 可称为心理感受因子，主要指在健康、居住、娱乐等方面因比较而产生的主观感受。

表 25 – 3　主观幸福感主要影响因素的因子分析结果

| 自变量 | 因子 1 | 因子 2 | 因子 3 |
|---|---|---|---|
| $X_2$ 日常开支承担能力 | 0.819 | — | — |
| $X_1$ 生病治疗及时程度 | 0.817 | — | — |
| $X_9$ 孤独烦闷感 | 0.628 | — | — |
| $X_{12}$ 居住类型 | — | - 0.787 | — |
| $X_{18}$ 自我照料能力 | — | 0.777 | — |
| $X_{11}$ 本人或配偶的创收能力 | — | 0.600 | — |
| $X_8$ 房间条件 (与同住子女住) | — | — | - 0.608 |
| $X_{13}$ 健康自评 | — | — | 0.558 |
| $X_7$ 自娱自乐能力 | — | — | 0.542 |

# 三　研究结论与启示

调查结果表明，农村老年人大多数的主观幸福指数处于中等偏上水平，他们对自己的生活基本上是满意的。研究还表明，尽管影响农村老年人主观幸福感的因素有很多，39 个自变量中有 35 个通过了显著性检验，但是相当一部分自变量与农村老年人主观幸福感的相关性极弱，其相关系数 <0.2。对相关性较强自变量运用不同方法进行多元回归分析的结果表明，在控制其他自变量的情况下，对农村老年人主观幸福感影响最显著的因素有生病治疗及时程度、健康自评、孤独烦闷感、自我照料能力、日常开支承担能力和居住类型等 9 个自变量。通过因子分析，可提取生存保障、自我独立和心理感受三个公因子，能够解释总方差的 58.77%。

生存保障问题是影响农村老年人主观幸福感的最为重要的因素，在因子分析中，能解释 24.87% 的方差，约占可解释总方差的 42.32%。生存保障包括维持其基本生活日常开支的收入保障、生病时能够得到及时治疗的医疗保障和不孤独和烦闷的精神保障等。特别是在维持日常开支的基本收入对主观幸福感的影响方面，同塞利格曼的研究结果不谋而合——财富只有缺少时才对幸福有较大影响，当财富增加到一定水平后，它与幸福的相关就小多了。可见，建立和完善农村最低生活保障和老年人养老保障制度，加快农村医疗卫生体制改革，大力推进基本医疗服务均等化进程，加强农村文化建设等，对提高农村老年人主观幸福感具有极为重要的意义。

自我独立能力是影响农村老年人主观幸福感的另一个重要因素，在因子分析中，它解释了 20.70% 的方差。这里的自我独立是指老年人有一个健康的身体，生活起居能够自立，能够靠自己或配偶的收入养活自己，不拖累子女，生活独立等。这一结论同乐森等人的研究结果也是一致的。乐森通过对老年人生活状态的研究发现，在各种影响因素中，健康状况与老年人的生活满意度关系最为密切。Bowling 进一步指出，对于 85 岁以上的老年人，只有健康状况对其主观幸福感有明显影响。[1] 这一点启示我们，进一步树立和贯彻健康老龄化理念，加强农村老年人慢性病的防治工作，提高老年人的健康水平，是增强农村老年人主观幸福感的一项根本性工作。

幸福是对愉悦的体验，是一种主观感受。因此，农村老年人对自身健康状况的评价，对家庭、社会在经济、居住、情感、照料等方面的支持和尊重的情绪体验，对看看电视、做做家务这些日常生活娱乐方式的接受度和满意度等心理感受因素，也影响着农村老年人的主观幸福感。对此，学术界已有相似的结论。王枫、况成云等人研究指出，"多数学者认为主观支持比客观支持更有意义"。[2] 梁渊等研究认为，慢性病患病对农村高龄老年人主观幸福感的影响不具有统计学意义，在主观幸福感的影响因素中，心理因素的影响可能比生物因素更为重要。[3] 由此可见，观念决定心态，心态影响幸福，一方面，我们应该积极开展老年教育，使老年人能够树立科学的老龄观，能够面对和接受现实，直面自己日益老去的局面，自尊、自立、自强、自信，以健康、积极、乐观的心态去面对自己的老年生活；另一方面，要积极动员

①　郑希付等：《我们的幸福感》，暨南大学出版社，2008，第222页。
②　王枫、况成云等：《农村老年人主观幸福感及其影响因素研究》，《中国卫生事业管理》2010年第5期，第350页。
③　梁渊、曾尔亢、吴植恩等：《农村高龄老人主观幸福感及其影响因素研究》，《中国老年学杂志》2004年第24期，第97页。

全社会弘扬敬老爱老养老的传统美德，营造有利于老年人身心健康的社会氛围，让青年人深刻认识到，敬老爱老养老既是一种传统美德，更是一种社会责任，不仅要为老年人提供物质支持，还要注意为其提供精神的慰藉，以使我国农村老年人的生活质量和主观幸福感，能在实现健康老龄化和积极老龄化过程中逐步得到改善和提高。

# 第二十六章　河南省城市老年人机构养老意愿研究

## 一　问题的提出

人口老龄化问题越来越成为各界人士关注的一个热点。2013 年，全国老龄工作委员会办公室在京发布我国第一部老龄事业发展蓝皮书——《中国老龄事业发展报告（2013）》。该报告指出，2012 年我国老年人口数量达到 1.94 亿人，老龄化水平达到 14.3%，2013 年老年人口数量突破 2 亿大关，达到 2.02 亿人，老龄化水平达到 14.8%。河南省自 1998 年进入老龄化社会以来，人口老龄化已进入快速发展期。据预测，到 2020 年，60 岁以上老年人将达到 1754 万人，占常住人口的 16.98%。为了应对老龄化的严峻挑战，河南省相继出台了《河南省社会养老服务体系建设规划（2011～2015 年）》《河南省关于加快推进社会养老服务体系建设的意见》《河南省社会办养老服务机构管理暂行办法》等文件，保障社会养老服务事业的健康有序发展。河南省对养老服务体系的定位是"以居家为基础、社区为依托、机构为支撑"。

与居家养老相比，机构养老可以通过提供社会化的养老服务分担家庭的养老功能；与社区养老相比，机构养老能够为老年人尤其是生活自理能力受限的老年人提供更为专业的服务。第六次全国人口普查数据显示，河南省城市中 60 岁以上人口中有 11% 的老年人身体处于亚健康状态，其中 24% 的老年人健康恶化到生活不能自理状态[1]，这无疑给家庭养老带来了很大的挑战。随着经济社会的发展，家庭规模小型化、核心化，社会发展给年轻人的

---

[1]　数据来源于第六次全国人口普查，http：//www. stats. gov. cn/tjsj/pcsj/rkpc/6rp/indexce. htm。

竞争压力和生活压力，更加弱化了家庭养老功能。在这种情况下，由专门提供养老床位，为老年人提供院舍式、住宿式养老服务，包括日常生活料理、卫生保健服务、群体活动、心理慰藉等的养老机构已经逐渐被越来越多的家庭所接受。

然而，当我们站在自己的角度力图为老年人设计养老模式的时候，作为主体的老年人，他们对机构养老持什么样的态度？他们愿不愿意入住养老机构？有哪些因素影响着他们的机构养老意愿？为什么老年人不愿意选择入住养老机构？是哪些因素影响着他们的入住意愿？国外相关研究中，分析了老年人个体因素，如老年人的人口学特征、家庭情况、经济状况、身体状况等对机构养老需求的影响。[①] 也有学者分析了政策和社会体系对机构养老意愿的影响。[②] 进入老龄化社会之后，我国学界也涌现了一批对老年人机构养老意愿的研究，综观已有研究可以看出，年龄[③]、性别[④]、学历[⑤]、经济状况[⑥]、身

① Branch, L. G, A. M. Jette, "A Prospective Study of Longterm Care Institutionalization among the Aged," *American Journal of Public Health* 12 (1982); Evashwick C., G. Rowe, P. Diehr, et al., "Factors Explaining the Use of Health Care Services by the Elderly," *Health Services Research* 8 (1984).

② Harrington C., Swan J. H., "The Impact of State Medicaid Nursing Home Policies on Utilization and Expenditures," *Inquiry*. 24 (2) (1987): 157－72; Wolf, R. S., "A Social System Model of Nursing Home Use" *Health Services Research* 8 (1978).

③ 韦云波：《贵阳市城乡老年人养老意愿及影响因素》，《南京人口管理干部学院学报》2010年第2期；初炜、胡冬梅、宋桂荣等：《老年人群养老需求及其影响因素调查分析》，《中国卫生事业管理》2007年第12期。

④ 宋宝安、杨铁光：《观念与需求：社会养老制度设计的重要依据——东北老工业基地养老方式与需求意愿的调查与分析》，《吉林大学社会科学学报》2003年第3期。

⑤ 蒋岳祥、斯雯：《老年人对社会照顾方式偏好的影响因素分析——以浙江省为例》，《人口与经济》2006年第3期；宋宝安、杨铁光：《观念与需求：社会养老制度设计的重要依据——东北老工业基地养老方式与需求意愿的调查与分析》，《吉林大学社会科学学报》2003年第3期；何英、江智霞、袁晓丽：《贵州省城市居民养老机构入住意愿及影响因素》，《中国老年学杂志》2013年第21期。

⑥ 宋宝安、杨铁光：《观念与需求：社会养老制度设计的重要依据——东北老工业基地养老方式与需求意愿的调查与分析》，《吉林大学社会科学学报》2003年第3期；赵迎旭、王德文：《老年人对非家庭养老方式态度的调查报告》，《南京人口管理干部学院学报》2006年第4期；初炜、胡冬梅、宋桂荣等：《老年人群养老需求及其影响因素调查分析》，《中国卫生事业管理》2007年第12期。

体健康状况、是否有配偶和对养老机构的知晓程度[①]等因素是影响老年人是否愿意入住养老机构的主要因素。具体而言，年龄越大、文化程度越高越愿意入住养老机构，女性较男性更愿意入住养老机构，经济状况越好越倾向于入住养老机构，身体状况较好的老年人更倾向于选择机构养老，丧偶老年人更倾向于选择机构养老，对养老机构的了解越多越容易入住养老机构。也有一些专门针对农村老年人[②]和高龄老年人[③]的养老机构入住意愿的研究。综观以往研究，不同地区老年人机构养老意愿程度不同，影响老年人机构养老意愿的因素也呈现出地区差异。河南省老年人机构养老的意愿如何？有哪些因素影响着他们的机构养老意愿？这些问题的探讨定将有助于河南省养老事业的发展。

## 二　研究方法和数据来源

本研究采取定量研究的方法，运用结构式问卷调查的方式收集资料，实际调查问卷1200份，有效问卷1119份，有效回收率93%。调查对象为河南省城市居民中60岁及以上老年人。调查范围涉及河南省12个地级市。全部问卷资料由课题组成员核查后进行编码，然后输入计算机，利用SPSS17.0分析软件进行分析，分析类型主要有单变量描述分析和多元线性回归分析。

## 三　河南省城市老年人养老机构入住意愿的影响因素

当问到"您是否愿意（现在或将来）入住养老机构"时，有9.1%的

---

① 蒋岳祥、斯雯：《老年人对社会照顾方式偏好的影响因素分析——以浙江省为例》，《人口与经济》2006年第3期。

② 王洪娜：《山东农村老人入住社会养老机构的意愿与需求分析》，《东岳论丛》2011年第9期；黄俊辉、李放：《生活满意度与养老院需求意愿的影响研究——江苏农村老年人的调查》，《南方人口》2013年第1期；左冬梅、李树茁、宋璐：《中国农村老年人养老院居住意愿的影响因素研究》，《人口学刊》2011年第1期。

③ 肖云：《高龄老人入住养老机构意愿的影响因素研究》，《西北人口》2012年第2期。

人回答"非常不愿意"，51.8%的人回答"不愿意"，23%的人回答"无所谓"，14.9%的人回答"愿意"，仅有1.2%的人回答"非常愿意"。从样本中看，河南省城市老年人入住养老机构的意愿略高于全国水平。全国老龄工作委员会办公室2012年发布的2010年中国城乡老年人口状况追踪调查结果显示，在入住养老机构意愿方面，城镇有11.3%的老年人愿意入住。当问及愿意入住养老机构的原因时，有37.3%的人选择了"家里无人照料"，26.2%的人选择了"集体生活快乐"，18.7%的人选择了"家里寂寞孤单"。当问及不愿意入住养老机构的原因时，有20.6%的老年人选择了"对子女影响不好"，17.1%的人选择了"只有无子女的人才住"，15.9%的人选择了"经济承担不起"，选择"服务不好"的占到了12.1%，然后是"不自由"，占到了11.1%。可见养老机构在老年人心目中首要的功能是照料，在不愿意入住的原因中可以看出，入住与不入住养老机构很重要的一个因素是子女的"面子"问题，两者结合起来看，家庭中子女的照料是老年人心目中的理想模式，中国社会这种养儿防老的"反馈模式"[①]，深深地刻在了老年人的心里，入住养老机构是在子女无法照料的情况下"最后的选择"[②]。

本研究借鉴前人的成果，结合河南城市老年人的现实情况，把城市老年人机构养老意愿操作化为老年人现在或者将来愿意入住养老机构的程度，把影响河南城市老年人机构养老意愿的因素划分为个人特征、家庭状况、经济状况、身心状况、医疗状况、对养老机构的知晓程度、对生活的主观评价等7个方面。同时，把个人特征操作化为年龄、性别、文化程度、婚姻状况等指标，家庭状况操作化为是否独居、同住的家庭代数、与子女的关系、代际支持（需要帮子女做家务）以及居住满意度等指标，经济状况操作化为收入状况、收入平衡度、有无"啃老族"等指标，身心状况操作化为身体健康状况以及是否经常感到孤独和烦闷等心理状态指标，医疗状况操作化为生

---

① 陈永杰等：《中国养老服务的挑战与选择——基于南海区的实证研究》，中山大学出版社，2013，第18页。
② 穆光宗：《我国机构养老发展的困境与对策》，《华中师范大学学报》（人文社会科学版）2012年第2期。

病时就医的便捷程度、能否承担起大病除外的医疗费以及对医疗保险的满意度等指标，对养老机构的知晓程度操作化为是否听说过养老机构以及对养老机构的了解程度等指标，对生活的主观评价则用老年人的生活幸福感和生活满意度进行测量。

为了寻找影响城市老年人机构养老意愿的因素，我们以城市老年人入住养老机构的意愿为因变量，以个人特征、家庭状况、经济状况、身心状况、医疗状况、对养老机构的知晓程度、生活满意度等为自变量，进行简单相关分析，找出与城市老年人入住养老机构的意愿有相关关系的变量。然后为城市老年人入住养老机构意愿的程度分别进行赋分，"非常不愿意"赋值为"1分"，"不愿意"赋值为"2分"，"无所谓"赋值为"3分"，"愿意"赋值为"4分"，"非常愿意"赋值为"5分"，作为因变量，把与入住养老机构的意愿有相关关系的变量进行量化处理，作为自变量，进行多元线性回归分析，方法为进入法。结果见表26-1，这里仅列出了通过检验的自变量（$P<0.05$）。

表26-1　河南城市老年人机构养老意愿影响因素的多元线性回归分析

| 模型 | 通过检验的变量 | 非标准化回归系数 | 标准误差 | 标准化回归系数 | 检验值 $T$ | 显著度 | 模型检验值 |
|---|---|---|---|---|---|---|---|
| | （常量） | 2.249 | 0.532 | | 4.229 | 0.000 | |
| | 性别 | 0.148 | 0.074 | 0.078 | 2.013 | 0.045 | |
| | 年龄 | -0.013 | 0.006 | -0.092 | -2.229 | 0.026 | |
| | 文化程度 | 0.025 | 0.010 | 0.103 | 2.401 | 0.017 | |
| | 有无配偶 | -0.294 | 0.111 | -0.140 | -2.656 | 0.008 | R = 0.474 |
| | 家庭代数 | -0.117 | 0.051 | -0.108 | -2.273 | 0.023 | $R^2$ = 0.225 |
| 城市老年人机构养老意愿 | 帮子女做家务 | -0.180 | 0.079 | -0.094 | -2.287 | 0.023 | 调整 |
| | 收支平衡度 | 0.118 | 0.051 | 0.125 | 2.298 | 0.022 | $R^2$ = 0.190 |
| | 有无"啃老" | 0.210 | 0.098 | 0.084 | 2.138 | 0.033 | $F$ = 6.408 |
| | 身体健康状况 | 0.111 | 0.051 | 0.112 | 2.161 | 0.031 | Sig. = 0.000 |
| | 孤独烦闷程度 | 0.187 | 0.064 | -0.131 | -2.909 | 0.004 | |
| | 对养老机构的知晓程度 | 0.357 | 0.050 | 0.287 | 7.151 | 0.000 | |
| | 生活满意度 | -0.173 | 0.062 | -0.155 | -2.786 | 0.006 | |
| | 就医便捷度 | 0.198 | 0.042 | 0.209 | 4.708 | 0.000 | |

城市老年人入住养老机构意愿的影响因素多元线性回归分析结果显示，整个模型的 $P$ 值为0.000，通过了显著性检验（$P<0.05$），因此我们可以认

为这个模型是有解释效力的，根据调整 $R^2$，我们得知整个模型的解释力为19%，该模型对解释城市老年人养老机构入住意愿的解释能力是有限的，可见影响城市老年人入住养老机构意愿的可挖掘的因素还有很多。

从模型中，我们可以看出以下几点。

## （一）个人因素中性别和是否有配偶对城市老年人入住养老机构意愿的影响较强

从表26－1可以看出，与男性相比，女性更愿意入住养老机构；年龄与入住意愿呈负相关关系，即随着年龄的增长，入住意愿的强度在减弱；文化程度越高，越愿意入住养老机构。有无配偶与入住意愿呈负相关关系，即与没有配偶的相比，有配偶的城市老年人入住养老机构意愿的程度较弱。

根据马斯洛的需求层次理论，老年人的需求有生理需求、安全需求、社交和情感需求、尊重的需求、自我实现的需求。其中老年人对社交和情感的需求尤为值得关注，社交和情感的需求主要体现在家庭的温暖、子女的孝顺和通过交流排解生活中的寂寞。配偶健在可以补充因子女的工作繁忙而缺失的情感支持，家庭中的"互养"比养老机构的照料更易被城市老年人接受。然而，由于女性往往比男性的寿命长，丧偶老年人中女性居多，缺失了配偶之间的互相扶持的时候，女性老年人可能就会倾向于选择入住养老机构，把机构当作"类家庭"减轻子女的照料负担，缓解自己的孤独和寂寞。

## （二）家庭因素中代际支持作用明显

从表26－1可以看出，家庭代数与入住意愿成负相关关系，即同吃同住的家庭代数越多，城市老年人越不愿意入住养老机构；是否需要帮子女带孩子做家务与入住意愿呈负相关关系，即不需要帮子女带孩子做饭、做家务的城市老年人入住养老机构的意愿更强。

对于离退职场的城市老年人而言，家庭支持是一种全方位的支持，同吃同住的家庭的代数多，能在大家庭中尽享儿孙绕膝的天伦之乐是每位老年人的莫大追求，是影响老年人生活质量的重要因素。同时，老年人还可以在家庭中贡献自己的力量，展现自己的智慧，满足自我实现的需求。家庭的支持为老年人带来了精神和情感的慰藉。因此，家庭代数多的老年人自然更愿意选择家庭养老，而不是机构养老。

随着现代社会的发展，大多数女性告别了单纯的家庭生活而投入职场，妇女对家庭所投入的时间和精力发生了巨大的变化，加上生活成本提高，老年人帮子女做家务、带孩子成为家庭中重要的代际支持。西方学者倾向于从经济交换的角度理解家庭中老一代与年青一代的资源交换机制，在他们看来，这是一种"互惠"，正是基于互惠互助的原则，家庭成员之间会以各种形式提供帮助和支持。代际支持就是一种交换行为，父母对未成年子女的抚养可以视为"投资"，而成年子女对老年父母的赡养可以视为"回报"，从这个角度来看，代际支持是家庭养老的基础，自然也就成为阻碍城市老年人选择入住养老机构的重要因素。

### （三）生活能自理、生活很孤独，是城市老年人选择机构养老的两大关键因素

我国社会的急剧变迁，家庭规模的小型化，家庭结构的核心化，人口流动的加速等都对传统的家庭养老模式发起了挑战[1]，多数家庭无法承担照料老年人的重任。生活能不能自理，生活是不是孤独，是城市老年人选择机构养老的两个关键变量。养老机构可以提供专业化照料，为生活不能自理、家庭又无力照顾的老年人提供帮助；养老机构还可以为城市老年人提供一个群居和社交的平台，这在一定程度上缓解了老年孤独。[2]

理论上讲，老年人身体状况越差，越是生活不能自理，越倾向选择入住养老机构，然而，从表26-1模型结果看，老年人的身体状况越好越愿意入住养老机构，身体状况越不好越不愿意入住养老机构。这又做何解释？我们

---

① 刘红：《中国机构养老需求与供给分析》，《人口与经济》2009年第4期。

② 穆光宗：《我国机构养老发展的困境与对策》，《华中师范大学学报》（人文社会科学版）2012年第2期。

认为这与养老机构的"污名化"有关。社会学家埃利亚斯指出,"污名化"即一个群体将人性的低劣强加在另一个群体之上并加以维持的过程。它反映了两个社会群体之间一种单向"命名"的权力关系,体现为群体特性与另一群体加诸该群体之上的刻板印象之间的一种特殊关系。这种特殊关系即具污名的一方(身负污名的属性)和不具污名的一方(对具污名一方有刻板印象)之间的互动,而"污名化"就是这一互动关系不断发展最后成为凝固现实的过程。[①] 养老机构的"污名化"是一个动态过程,它是社会公众将养老机构偏向负面的特征刻板印象化,使其成为在本质意义上与养老机构特征对应的"指称物",并由此掩盖其他特征,在这个过程中,社会公众为养老机构"贴标签"。这个标签最初可能只与养老机构中的某一个体相连。随后,这一标签可能被更多人接受用来指称所有的养老机构。养老机构"污名化"的过程,有几种因素在起作用。其一,养儿防老的观念根深蒂固,没有儿女的才入住养老机构,入住养老机构是家庭养老功能弱化背景下老年人"最后的选择"。其二,养老机构发展中乱象丛生。养老机构的管理问题、安全问题、照料问题、护理员的素质问题,使得"进了养老院,离去那边就不远了"几乎成了老年人的共识。其三,老年人对养老机构不了解。在不了解的情况下,人们更容易被媒体报道、公众舆论所引导,渐渐地更加排斥机构养老。调查显示,身体状况差和较差的城市老年人中有一半以上表示对养老机构并不了解。

从模型中看,心里越感到孤独烦闷越倾向于选择入住养老机构。养老机构里基本上是同龄人,在那里可以减少孤独、排解烦闷、舒缓寂寞。这一点与前人的研究是吻合的。

### (四)医疗因素中就医便捷度直接和间接地影响着城市老年人入住养老机构意愿

从模型中看,就医的便捷度越高,老年人越愿意入住养老机构。老有所

---

[①] 唐魁玉、徐华:《污名化理论视野下的人类日常生活》,《黑龙江社会科学》2007年第5期。

医，是老年人物质和精神需求的基本保障。以就医的便捷度为自变量，身体健康程度为因变量，得出相关系数为0.214（ $P < 0.05$ ），而身体健康程度又是影响老年人入住意愿的因素。由此可以看出，就医便捷度越高，老年人身体状况越好，身体状况越好，老年人越愿意入住养老机构，从某种程度上讲，就医便捷度也在间接地通过身体健康状况影响着城市老年人入住养老机构的意愿。

### （五）生活满意度直接和间接地影响着城市老年人入住养老机构的意愿

从模型中看，生活满意度越高，越不愿意入住养老机构。当我们以城市老年人生活满意度为因变量，以是否离退休、与子女的关系、居住状况、身体状况、经济状况等为自变量，将所有的变量进行量化处理后，进行多元线性回归分析，结果如表26-2所示，这里仅列出通过检验的变量（ $P < 0.05$ ）。表26-2中城市老年人生活满意度影响因素的多元线性回归分析结果显示，整个模型的 $P$ 值为0.000，通过了显著性检验（ $P < 0.05$ ），因此我们可以认为这个模型是有解释效力的，根据调整 $R^2$ ，我们得知整个模型的解释力为54%，该模型对城市老年人养老机构入住意愿的解释能力较强。从模型中看，城市老年人的生活满意度主要来源于居住、医疗、健康以及幸福感几大方面。

表26-2　河南城市老年人生活满意度影响因素的多元回归分析

| 模型 | 通过检验的变量 | 非标准化回归系数 | 标准误差 | 标准化回归系数 | 检验值 $T$ | 显著度 | 模型检验值 |
|---|---|---|---|---|---|---|---|
| 城市老年人生活满意度 | 生活幸福感 | 0.165 | 0.032 | 0.174 | 5.155 | 0.000 | R = 0.738 $R^2 = 0.545$ 调整 $R^2 = 0.540$ F = 116.760 Sig. = 0.000 |
| | 居住满意度 | 0.107 | 0.029 | 0.113 | 3.676 | 0.000 | |
| | 收支平衡度 | 0.107 | 0.027 | 0.125 | 3.954 | 0.000 | |
| | 身体状况 | 0.131 | 0.022 | 0.150 | 6.084 | 0.000 | |
| | 经济状况满意度 | 0.121 | 0.031 | 0.130 | 3.952 | 0.000 | |
| | 医疗费用承受力 | 0.147 | 0.029 | 0.140 | 5.040 | 0.000 | |
| | 对医疗保险的评价 | 0.177 | 0.023 | 0.191 | 7.593 | 0.000 | |

### （六）机构养老的高额费用让城市老年人望而却步

从表 26 - 1 中可以看出，收入应付日常开支绰绰有余的城市老年人比入不敷出的更愿意入住养老机构，仍有需要经济支持的成年子女的城市老年人更愿意入住养老机构。

与家庭养老和社区养老相比，机构养老的费用使得不少城市老年人望而却步。当问及"如果您愿意入住养老机构，您的经济承受能力是多少"时，有 31.4% 的城市老年人选择了 500 元以下的标准，17% 的城市老年人选择了 500～599 元的标准，12.9% 的城市老年人选择了 600～699 元的标准，即六成以上的城市老年人选择了 700 元以下的标准。当问及"不愿意入住养老机构的原因"时，15.9% 的城市老年人选择了经济承担不起。城市老年人主要的收入渠道是退休金，而调查中有 30.7% 的城市老年人是没有退休金的，没有退休金的城市老年人的经济来源则主要是子女供给和最低生活保障。在问到"您是否希望政府出钱为您提供一些服务"的时候，有 81% 的老年人选择了"是"。这从多方面印证了机构养老所需的费用是城市老年人所无法承受的。

然而，家庭中仍有需要经济供养的成年子女的话，老年人则更倾向于选择入住养老机构养老，这可能的解释是：对子女的经济供养，让他们体会不到家庭对老年人的照料功能，使得他们倾向于选择养老机构去寻找生活的照料和集体的快乐。调查数据显示，在有经济上需要供养的子女的城市老年人中，选择愿意入住养老机构的前两大理由就是"家里无人照料"和"寻找集体的快乐"。

### （七）对养老机构的知晓程度越高城市老年人越倾向于选择入住养老机构

从模型中看，对养老机构知晓程度越高的城市老年人，越倾向于选择入住养老机构。而调查数据表明，对养老机构了解程度高的城市老年人中有 60% 的认为自己愿意入住养老机构的理由是"家里无人照料""家里寂寞孤单""集体生活快乐"。而这些方面正是机构养老与家庭养老相比的优势所在。

# 四　结论与讨论

通过分析发现，河南省城市老年人入住养老机构的意愿并不强。影响河南省城市老年人养老机构入住意愿的因素主要有：个人特征、家庭状况、经济状况、身心状况、医疗状况、对养老机构的知晓程度和生活满意度。具体来讲，个人因素中性别和是否有配偶对城市老年人入住养老机构意愿的影响较强，家庭因素中代际支持作用明显，机构养老的高额费用让不少城市老年人望而却步，生活能自理、生活很孤独是城市老年人选择机构养老的两大关键因素，对养老机构的知晓程度越高城市老年人越倾向于选择入住养老机构，医疗因素中就医便捷度直接和间接地影响着城市老年人入住养老机构意愿，生活满意度直接负向地影响着城市老年人入住养老机构的意愿，而生活幸福感、居住满意度、经济收支平衡度、身体健康状况、经济状况满意度以及医疗保障状况又通过生活满意度间接地对城市老年人的入住意愿产生影响。

从研究结果看，我们认为其中反映出了不少值得养老机构反思的问题。

第一，物质需求和精神需求要齐头并举。从调查结果看，家庭在城市老年人心目中占据着重要的地位。而家庭和养老机构的区别何在？无外乎就是家庭能够给老年人提供更多的心理上的支持和精神上的慰藉。因此，养老机构的发展必须摆脱单纯地满足老年人的物质生活需要，而要在此基础上寻求满足"老有所学""老有所乐""老有所为"这些心理的需要。如何满足这些需要？一方面要提高护工的素质，另一方面可以引进专门的社会工作人才，通过专业的技巧满足老年人的精神需求，同时也可以通过社会工作人才对护工的理念灌输和心理疏导而舒缓护工情绪，从而使其怀揣善心和亲情为老年人服务。

第二，加大宣传，改变老年人对养老机构的认识。从研究结果看，养老机构的"污名化"使得身体状况不好的城市老年人不愿意接受机构养老。机构养老本应该是家庭照料功能不足情况下不错的选择，却因发展过程中的种种乱象，使得身体状况不好的城市老年人宁愿选择在家"被疏于照顾"，也不愿意选择养老机构的"被悉心照顾"。政府应在规范养老机构的过程中，加大对养老机构的正面宣传，为养老机构创造社会认可、公众支持的氛围，改变养老机构在老年群体中的负面形象，引导老年人根据自身的需要选择机构养老。

第三，加大扶持力度，建立不同层次的养老机构。从研究结果看，高昂的机构养老费用是阻碍城市老年人选择机构养老的一大因素。政府应对民办养老院建立规范化服务标准，根据居住空间面积、享受服务内容的不同将养老院评估为不同的等级，进而建立统一的收费、服务标准，满足不同层次老年人的需要。同时，落实优惠扶持政策，加大财政对养老服务的投入，给予大型养老院床位补贴，鼓励和支持更多的社会力量加入机构养老服务行业。

第四，"老无所医"成过去式，"医养结合"是大趋势。服务质量偏低、服务能力有限是大多数养老院入住率偏低的原因。老年人处于生命周期的最后阶段，有独特的生理变化和特征，养老院针对逐渐衰老的老年人的身体状况，做出相应的回应和服务，使他们延长健康期，减少疾病带来的痛苦，这是提高个人、家庭和社会福祉的事业。而调查中近30%的城市老年人有高血压，近20%的有心脏病和冠心病，还有10%的有糖尿病。老年人，尤其是身体健康状况不好的老年人，选择入住养老机构可能首先考虑的就是是否方便及时就医的问题。

# 第二十七章 河南省农村老年人机构养老意愿研究

## 一 农村老年人入住养老机构的意愿

当问到"您是否愿意（现在或将来）入住养老机构"时，有11.6%的农村老年人回答"非常不愿意"，54.1%的回答"不愿意"，19.4%的回答"无所谓"，13.7%的回答"愿意"，仅有1.2%的回答"非常愿意"（见图27-1）。

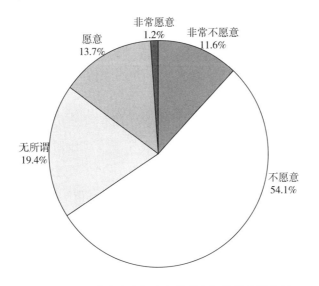

**图 27-1  河南农村老年人入住养老机构的意愿分析**

从图27-1中可以看到有65.7%的农村老年人不愿意入住养老机构。那么农村老年人的养老状况到底如何呢？有哪些因素制约着他们选择养老机构养老呢？

# 二 农村老年人的养老状况

**1. 子女状况**

农村老年人的传统观念是"养儿防老",那么我们首先看看他们的子女情况。调查结果表明,农村老年人的孩子数平均为 3. 52 个,儿子数平均为 1. 87 个,女儿数平均为 1. 65 个,而真正在农村老年人身边的子女数平均为 1. 33 个。

当进一步问及老年人与子女的关系时,回答"很好"的占到了 15.7%,"较好"的占到了 48.7%,"一般或说不清"的占到了 25.8%,"较差"的占到了 8.4%,"非常差"的为 1.4%。在农村老年人看来,与子女关系还不错的占到了 60%多。

**2. 居住状况**

农村老年人的居住方式主要为独居、与老伴儿同住,分别占到了 57% 和 43%。不管是自己居住还是与老伴儿同住,都是没跟子女住在一起。

进一步问到不与子女同住的原因时,回答"子女不愿意"的占到了 14%,"分开住自由"的占到了 18%,"子女忙没时间照顾"的占到了 12%,"怕给子女添麻烦"的占到了 33%,"子女不在身边"的占到了 12%,"房子小"和"子女在城市,自己不习惯城市"的分别占到了 4% 和 7%。详细情况见图 27 - 2。

从图 27 - 2 中可以看出,未与子女同住有子女的主观态度,也有老年人的心理原因,更与子女不在身边有很大的关系,那么这样的居住模式对农村老年人的养老有什么帮助呢? 这值得我们深思。

**3. 经济状况**

从月收入上看,20.3% 的农村老年人没有收入,12.6% 的农村老年人收入在 100 元及以下,15.2% 的农村老年人收入在 101~200 元,20.4% 的农村老年人收入在 201~500 元,即 68.5% 的农村老年人的月收入在 500 元及

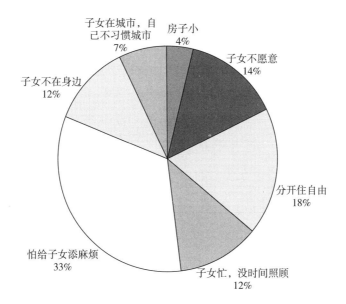

**图 27 - 2　河南农村老年人不与子女同住原因分析**

以下，可见，农村老年人的生活基本上是没有保障的。

在经济生活的承担者上，33.5% 的农村老年人选择了"自己承担"，48.7% 的选择了"由已婚儿子儿媳承担"，"配偶承担"的占到了 10%，可见，从经济上看，"养儿防老"依然是农村养老的主流模式。然而，当问到有没有能力应付日常开支的时候，52% 的农村老年人都回答了"应付日常开支很难"。据我们了解，农村老年人的日常开支也就是买点油、盐等日常必需品，粮食和菜都是自己动手种的，基本生活都满足不了，何谈其他开支呢？也足见"养儿防老"养老方式的不足。

在问到农村老年人是否需要经济上抚养子女的时候，有 14% 的回答了有这种情况。

**4. 健康状况**

农村老年人健康自评情况见表 27 - 1，认为自身状况非常差的老年人有 3.8%，17.3% 的老年人认为自身状况较差，38.5% 的老年人觉得自身状况一般，较好和非常好的老年人仅有 40.4%。

表 27 - 1　河南农村老年人健康状况自评

单位：人，%

| 健康自评 | 频数 | 有效百分比 |
|---|---|---|
| 非常差 | 54 | 3.8 |
| 较差 | 244 | 17.3 |
| 一般 | 545 | 38.5 |
| 较好 | 480 | 33.9 |
| 非常好 | 91 | 6.4 |
| 合计 | 1414 | 100.0 |

有47%的农村老年人认为自己基本能做家务活儿，11.2%的农村老年人认为自己不能做家务活儿，41.6%的农村老年人认为自己能做家务活儿。

62.2%的农村老年人没有去医院检查过身体，37.8%的农村老年人去医院检查过身体。可见，农村老年人对自己的身体状况的评价仅仅是凭自己感觉。问起能不能承担起日常的医疗费用的时候，32%的农村老年人表示有困难或完全不能承担，47.8%的农村老年人表示基本可以承担，可见基本的医疗费用对于农村老年人而言还是比较困难的。

据调查显示，12.8%的农村老年人选择了自己患有"脑出血、脑血栓"，42.3%的农村老年人表明自己患有"高血压"，14.3%的老年人表示自己患有"气管炎、哮喘"，19.8%的农村老年人表示自己患有"肠、胃、肝、肺、胆疾病"，13.2%的农村老年人表示自己患有"糖尿病"，12.6%的农村老年人表示自己患有"心脏病、冠心病"（见表27 -2）。

表 27 - 2　河南农村老年人患病情况调查

单位：人，%

| 疾病状况 | 响应 | | 个案百分比 |
|---|---|---|---|
| | 频数 | 百分比 | |
| 脑出血、脑血栓 | 176 | 8.6 | 12.8 |
| 高血压 | 586 | 28.8 | 42.3 |
| 气管炎、哮喘 | 198 | 9.7 | 14.3 |
| 肠、胃、肝、肺、胆疾病 | 274 | 13.4 | 19.8 |
| 糖尿病 | 182 | 8.9 | 13.2 |

续表

| 疾病状况 | 响应 | | 个案百分比 |
| --- | --- | --- | --- |
| | N | 百分比 | |
| 前列腺肥大 | 47 | 2.3 | 3.4 |
| 心脏病、冠心病 | 175 | 8.6 | 12.6 |
| 恶性肿瘤 | 15 | 0.7 | 1.1 |
| 没有以上疾病 | 385 | 18.9 | 27.8 |
| 合计 | 2038 | 100 | 147.3 |

结合还有一部分农村老年人没检查过身体，所以其自身健康状况不得而知。而脑出血、高血压等病往往发病急，不及时救治很容易落下后遗症，直接造成老年人的生活不便，生活质量直线下降。而农村老年人基本上都不跟子女住在一起，独居或者与配偶居住都为自己的生命埋下了安全隐患。

**5. 生活娱乐状况**

总体上农村老年人对自己的生活还算满意，不满意和极不满意者仅占13.5%，一般和比较满意者占到了82.5%。

当提及农村老年人生活中的困难时，其最担心的还是自己子女的疾病、教育和就业等，其次是自己经济上的困难，再次是自己的身体不好、活动不便（见表27-3）。

表27-3　河南农村老年人生活中最大的困难

单位：人，%

| 困难 | 频数 | 百分比 |
| --- | --- | --- |
| 没人照料 | 185 | 13.3 |
| 经济困难(包括没钱看病) | 215 | 15.5 |
| 住房困难 | 35 | 2.5 |
| 身体不好,活动不便 | 178 | 12.8 |
| 有病治不好 | 96 | 6.9 |
| 孤独 | 127 | 9.1 |
| 家庭不和睦 | 63 | 4.5 |
| 家务工作重 | 31 | 2.2 |
| 为子女困难担心 | 330 | 23.8 |
| 没有困难 | 129 | 9.3 |
| 合计 | 1389 | 100.0 |

对于农村老年人的日常生活家务活儿，有44%的农村老年人选择自己承担家务活儿，近30%的农村老年人选择儿媳妇承担家务活儿，16%的农村老年人选择老伴儿承担家务活儿。对于生活的照顾，结果与之前的经济支持基本吻合，主要由自己、配偶、已婚儿子儿媳妇等照顾自己的生活，64%的农村老年人是由自己和配偶照顾，31%的农村老年人是由已婚儿子儿媳妇照顾。可见农村老年人的生活主要靠自己和配偶。

从农村老年人的精神生活来看，近60%的农村老年人偶尔感到孤独、烦闷，18%的农村老年人经常感到孤独、烦闷（见图27-3）。农村老年人的精神状态同样需要关注。这对农村老年人的子女也是个提醒，不能仅仅关注老年人的物质生活。

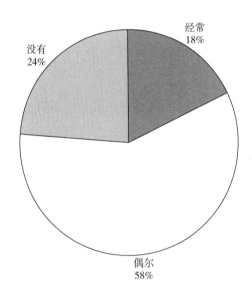

图27-3 河南农村老年人孤独感、烦闷感状况

**6. 社会支持状况**

农村老年人对养老机构的认知上，调查表明仅有2.8%的农村老年人没有听说过养老机构，有40%的农村老年人听说过养老机构但不了解养老机构的情况，48.9%的农村老年人听说过，8.4%的农村老年人表示非常了解

养老机构。

那为什么农村老年人不愿意入住养老机构呢？调查表明，认为只有没有子女的才入住养老机构的占到了 20.2%，怕对子女影响不好的占到了 17.7%，经济承担不起的占到了 15.6%，认为去了不自由的占到了 13.5%。子女因素占到了近 50%（见表 27 - 4）。

表 27 - 4　河南农村老年人不愿意入住养老机构的原因

单位：人，%

| 不愿意入住的原因 | 频数 | 百分比 |
|---|---|---|
| 不自由 | 177 | 13.5 |
| 条件差 | 120 | 9.2 |
| 服务不好 | 120 | 9.2 |
| 经济承担不起 | 204 | 15.6 |
| 怕对子女影响不好 | 232 | 17.7 |
| 只有无子女的才住 | 264 | 20.2 |
| 子女反对 | 125 | 9.5 |
| 其他 | 68 | 5.2 |
| 合计 | 1310 | 100.0 |

最希望政府帮忙解决的问题主要是看病难（28%）、经济生活困难（25.9%）、子女不在身边（21.7%）、生活无人照顾（12.8%）（见表 27 - 5）。由此可见，看病难是首位。

表 27 - 5　河南农村老年人希望政府解决的困难

单位：人，%

| | 频数 | 有效百分比 |
|---|---|---|
| 生活无人照顾 | 177 | 12.8 |
| 看病难 | 386 | 28.0 |
| 经济生活困难 | 357 | 25.9 |
| 子女不孝 | 72 | 5.2 |
| 子女不在身边 | 299 | 21.7 |
| 其他 | 90 | 6.5 |
| 合计 | 1381 | 100.0 |

进一步问起农村老年人看病方便程度的时候，31.4%的农村老年人认为不方便，38.5%的农村老年人认为一般，仅有三成农村老年人认为看病还算方便。

同时88.5%的农村老年人希望政府出钱提供一些服务，只有11.5%的农村老年人不需要政府出钱提供服务。如果由政府出钱提供社会支持的话，53.6%的农村老年人希望政府直接给钱，15.5%的农村老年人希望得到村委会照顾，10.9%的农村老年人希望政府直接给物。由此看来，对于农村老年人来讲最缺的还是钱。

## 三 影响农村老年人入住养老机构的因素

从上面分析可以看出，农村老年人"养儿防老"思想严重。调查结果显示，在经济支持上和生活上获得儿子和儿媳妇的支持相对其他重要的人要多一些。因此，我们将农村老年人入住养老机构意愿作为因变量，将儿子数、居住方式、生活满意度、健康状况等变量进行量化处理后作为自变量进入多元线性回归模型，发现总模型的解释力为9.4%（见表27－6），解释力有限，可见影响农村老年人入住养老机构与否的因素还有很大的挖掘潜力。

表27－6 影响河南农村老年人入住养老机构的多元回归分析

| | 非标准化系数 | | 标准系数 | $T$ | Sig. |
|---|---|---|---|---|---|
| | $B$ | 标准误差 | 试用版 | | |
| （常量） | 2.621 | 0.234 | — | 11.190 | 0.000 |
| 儿子数 | －0.078 | 0.030 | －0.090 | －2.558 | 0.011 |
| 居住方式 | －0.139 | 0.055 | －0.087 | －2.549 | 0.011 |
| 有无钱应付日常开支 | －0.080 | 0.036 | －0.084 | －2.190 | 0.029 |
| 老养小 | 0.154 | 0.077 | 0.060 | 1.997 | 0.046 |
| 生活满意度 | －0.138 | 0.048 | －0.122 | －2.904 | 0.004 |
| 听说过养老机构否 | 0.208 | 0.040 | 0.154 | 5.181 | 0.000 |

注：模型检验值 $R = 0.306$，$R^2 = 0.094$；调整 $R^2 = 0.075$，$F = 5.047$，Sig. $= 0.000$。

从模型中可以看出，儿子数越多，农村老年人越不愿意入住养老机构，结合前面的数据分析，农村老年人的经济和生活上的支持主要依靠儿子和儿媳妇，儿子和儿媳妇越多，农村老年人得到照顾的可能性就越大，就越不愿意入住养老机构。

从居住方式上看，越是独居或者与配偶居住，越不愿意入住养老机构，结合前面的调查结果，可能的解释是这样的生活使农村老年人觉得很自由、很方便，养老机构毕竟没有自己家方便，正如俗语所讲的"金窝银窝不如自己的草窝"。

越有钱应付自己的日常开支，越不愿意入住养老机构，这又做何解释呢？我们将生活满意度和是否有钱应付自己的开支进行相关分析发现，两者存在相关关系，生活满意度与是否入住养老机构存在负相关关系，生活越满意越不愿意入住养老机构，可见应付日常开支的能力通过生活满意度间接地影响着农村老年人入住养老机构的意愿。

对养老机构的了解程度影响着农村老年人入住养老机构的意愿，越了解，越愿意入住。据我们调查，在农村老年人中流传的话语是这样的："别送老年人去养老院，到那里意味着离去那边儿就不远了。"为什么会有这样的话语，值得我们反思。但是为什么越了解养老院的人，越愿意入住呢？这还需要进一步挖掘。

## 四　小结

通过分析发现，河南省农村老年人机构养老的需求并不旺盛。影响河南省农村老年人机构养老需求的因素主要有：儿子数、居住方式、应付日常开支的程度、老养小、生活满意度、听过机构与否。儿子数量越多，越不愿意入住养老机构；越是独居或者与配偶居住，越不愿意入住养老机构；生活越满意越不愿意入住养老机构。

# 第二十八章　河南省养老服务体系的
理论模型设计

养老服务体系属于老年福利制度的范畴，福利制度说到底是对人类需要的回应。因此，老年人需要满足，是社会养老服务体系建设的价值目标与归宿；社会养老服务体系则是老年人需要满足的制度工具与手段。本章将依据老年人需要理论，以及河南省城乡老年人需要状况，对河南省现有养老服务体系进行评析，并对基于需要的养老服务体系理论框架进行探讨。

## 一　现有社会养老服务体系设计的不足与问题

前已述及，现有社会养老服务体系的概念界定和框架设计，主要是由政府提出的，并得到了大多数学者的认同，在实践中也极大地促进了我国社会养老服务事业的发展。但是，这种主要从居住角度定义和布置的社会养老服务体系，也表现出诸多局限和不足，并在某种程度上限制了老年服务的供给和服务质量的提高。主要表现在以下几个方面。①

### （一）核心功能不够明确

养老服务的本质——为老年人提供有质量的服务，是社会养老服务体系的核心功能。但现有体系只是反映了老年人的居住方式——是在家庭还是在机构，而没有对"养老服务"这一基本问题做出解释，明确其核心功能，致使养老机构发展缺乏分类，居家养老服务浅表化，由此模糊和淡化了养老

---

① 董红亚：《我国社会养老服务体系的解析和重构》，《社会科学》2012 年第 3 期，第 70 ~
71 页。

服务体系的建设目标。由于没有明示养老服务的本质,围绕养老服务的供给主体、方式、性质、标准、资金给付等各要素,就失去了为之努力的目标,并进而导致体系内各要素的离散和紧密性的降低。

## (二)目标人群较为模糊

现有体系看起来是为全体老年人服务的,但又是不清晰的。在实践中出现了两种偏向。其一,把服务目标定在10%的老年人,置90%的于不顾。一些地方提出的"9073""9064"的养老服务格局,使90%的老年人在家自主养老,由家庭提供服务;7%的或6%的由社区提供养老服务,即由政府购买服务;其余3%的或4%的到机构养老。有的还据此提出了居家、社区、机构三种养老服务方式。如果这样的提法能够成立,那就意味着政府和社会不需要解决90%的老年人的养老服务问题。这不仅有违积极应对人口老龄化的原则,也不符合社会利益和社会发展规律。其二,直接导致机构福利反导向。比如,公办机构目标人群入院率低。即公办的福利院、敬老院本来是为无依无靠的城镇"三无"和农村"五保"对象,以及家庭无力照料的老年人提供的,但实际上,仅有极少一部分"三无"对象和"五保"老人能进入福利机构。

## (三)内部诸要素呼应性较差

现有体系安排中,服务主体、服务对象、服务内容、服务方式以及保障措施等各要素大多交代不清,特别是国家、社会和家庭三个供给主体职责不够明晰,或者说基于此的家庭、社区和养老机构三大平台缺乏呼应,甚至相互之间有隔阂。具体表现为由政府推动的机构服务和居家服务,因为主管部门的不同,有各自的服务对象,政策相互隔绝,服务对象和内容层次定位不清,也表现为家庭成员提供的照护服务得不到支持或支持很少,致使体系整体有效性不足。落实到具体实践中,"以居家养老为基础",只说明了绝大部分老年人住在家的现实情况,其服务要"以社区服务为依托",由此把居家养老服务转化成了社区服务,实际上混淆了在社区接受服务和由社区提供服务。居家养老的核心是老年人就地养老,养老不离家、养老不离社（村），强调的是在社区接受服务，并不是说，养老资源也来自社区，由社区提供服务。

### （四）运行机制开放性不足

现有体系，实际上把居家老年人的服务限定在社区的地域内，由社区居委会或社区居家养老服务站提供，排除了市场化机制。尽管有不同的理解，但基本的共识是：社区服务是依托街道和居民委员会，发动社区力量开展的具有社会福利性质的居民服务业。[①] 从其发源来讲，社区服务的供给主体都是一些便民服务店，具有规模小型化、管理人员就近弱势化、经营简单化等特点，若把养老服务的供给主体限制在社区，就难以实现专门化和专业性。在现代社会，市场化不足，意味着资源不能得到有效整合，服务质量难以提高。可以说，把养老资源局限在社区内，是目前社区养老服务浅表化、无法深入的重要原因之一。一方面，社区工作人员辛苦组织、提供的服务内容主要集中在简单的保洁、文化娱乐方面，广大老年人需要的社区照料、康复等福利服务严重匮乏[②]；大批居家的失能、半失能老人得不到专业的服务，有效需求没能得到满足。另一方面，养老机构自成一体，比较封闭，既不对居家养老服务提供支持，又不和社会进行充分的资源和信息交换，服务质量也就无法提高。封闭有余开放不足的运行机制，不能利用市场机制配置养老服务资源，结果必然是服务质量差。

## 二　基于需要的社会养老服务体系设计[③]

基于上述社会需要理论特别是老年人养老服务需要的特征，以及当前政府关于社会养老服务体系的界定、设计存在的不足和问题，我们认为，有必

---

① 邓伟志、李一主编《中国社区建设的实践与探索》，浙江教育出版社，2009，第 91 页。
② 王振耀主编《社会福利和慈善事业》，中国社会出版社，2009，第 135 页。
③ 董红亚：《我国社会养老服务体系的解析和重构》，《社会科学》2012 年第 3 期，第 73 ~ 75 页。

要重构社会养老服务体系。在未来一个时期,为适应人口老龄化和老年人服务需求的变化,应着力构建以有效照护服务为核心,以居家为基础、机构为支撑、社区为平台、社会服务为依托,制度、设施、标准、补贴、队伍等各要素相互支持、互为补充,政府主导、社会参与、全民关怀的社会养老服务体系,切实提高老年人的生活质量和生命质量。其体系构造如图 28 - 1 所示。

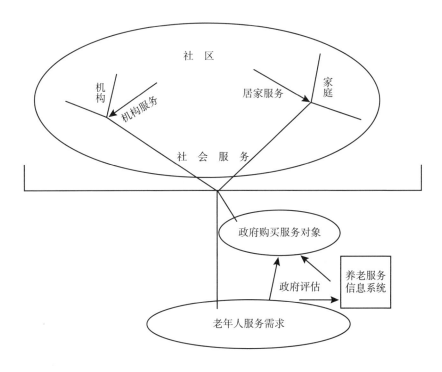

图 28 - 1　社会养老服务体系构造

这一体系是对原有体系的进一步完善,既是对养老服务本质特征的回应,也是对实践困境的破解。其特点有以下几个方面。

（一）揭示照护是养老服务的核心

照护,即日常生活照料和专业护理。老年服务需求包括生活照料、护理、教育、文化娱乐、法律咨询等内容,但就最急迫和必需的服务而言,是正常生活所需的照料以及家庭照料所缺乏的专业护理,尤其从政府职责来说，承接的是家庭无法又无力承担的服务内容，确保的是老年人及家庭的基本服务需求。明确社会养老服务内容的核心是照料护理，有利于重组各类服务提供主体，形成新的基础、支撑、平台和服务机制，有利于整合服务制度、设施、标准、资金、队伍等要素，在新的目标下形成各个部分所不具有的整体力量。在此目标导向下，可以建立养老机构分类扶持政策，大力发展护理型机构，并加强社区日间照料中心的建设，由此夯实居家服务的基础地位。

### （二）前置养老机构的支撑作用

随着人口老龄化程度加深和高龄化趋势，养老服务发展初期的粗放型模式已难以为继。要实现有效照护，必须发挥机构的作用，通过养老机构，提高照护服务的技术含量，增加有效性。肯定养老机构的支撑作用，并把它的位置提前，是要明确机构不仅直接承担着部分特定对象如失能（智）老人的服务，还必须承担对居家老人养老服务的支持，进而对整个体系起到支撑作用。这一作用的发挥建立在观念解放、深刻理解社会发展、再造机构职能的基础上。

首先，从社会现代化高度看待机构在家庭养老服务社会化中的作用。工业革命后，社会进入现代化，出现并不断强化了家庭小型化、住房板式单元化和就业异地化等[①]，家庭养老服务难以为继，需要进行创新。这种创新，从社会化角度看，有两类形态：一类是彻底社会化，即家庭不再承担养老服务，由社会全面完成，表现为老人到专业的养老服务机构接受养老服务；另一类是一般社会化，即老人仍然居住在自己的住房里或和家庭成员同住，他们所需服务部分由家庭成员提供，部分由社会提供，也可能全部由社会提供。在社会提供服务的背后都有机构的影子。在现代社会，服务的组织化是重要特性之一，不存在单纯地由家庭独自承担社会服务的情况。

其次，从社会服务高度大力发展各种性质多种形态的养老机构。养老服务是社会服务的重要组成部分，也遵循着社会服务的基本规律。在社会服务

---

领域，机构无所不在，有多种形态。落实到养老服务，不但要建设综合性住养和专业化照护并存的传统养老机构，还要发展以专业化照护为主的养老机构，它们可以是企业，也可以是民办非企业单位、社区日间照料中心等，特别是要发展企业性质的养老机构。缺乏养老服务企业，是导致养老服务领域竞争不激烈、服务质量不高、活力不足的重要因素。

最后，要从职能再造高度扩大机构服务范围和提升服务质量。机构要从远离社区逐步向社区靠近，直至融入社区，成为社区型养老院。20 世纪 70 年代后，西方国家深感机构远离社区的弊端，开始"去机构化"，实行 aging-in-place，在老人居住地附近设立各类养老设施或机构，为生活能够自理或部分自理的老人提供住养或日托。[1] 此类"社区照顾"模式，机构存在于社区内，是居家养的组成部分。要一改以往养老机构雷同化模式，分类管理，提高服务质量。要着眼于入住老人身体状况，把养老机构分为护理型、助养型、居养型机构，分别专门照护失能、半失能和自理老人，重点支持发展护理型机构。通过分类管理和专门化服务，不断提高机构养老服务质量。

### （三）明确社区是综合性照护服务展开的平台

老年人长期居住在社区，环境熟悉、生活便利，他们更愿意在社区接受相应的服务。作为一个地域概念，社区又能放置各种养老服务设施，设立养老机构，提供各种各类服务。因此，无论对老年人，还是各类机构，社区都是一个重要的服务平台。在这一平台里，设施、服务、资金、队伍能够得以整合，老年人能够从中获得综合性的连贯服务，有利于提高他们的生活质量。要逐步实现"星光老年之家"向居家养老服务站及综合社区照料中心的提升发展，整合社区各类设施和服务机构，提供综合服务。

---

[1] 王思斌：《英国的社区照顾与中国的社区服务之比较》，载夏学銮主编《社区照顾的理论、政策与实践》，北京大学出版社，1996，第 30 页。

## （四）引入社会服务以发挥市场机制配置资源优势

在市场经济条件下，服务是一种产品，也是一种商品。养老服务虽有其特质性，但同样具有服务的共同特性。引入社会服务，使得居家养老服务不再局限于过去的社区及其服务，也不再局限于过去由社区仅对居家老人进行支持，使得养老机构走上集团化、连锁模式，或外包部分职能，如和医疗机构合作，将专业医护交由医院完成，将清洁卫生等任务交由家政服务公司完成。原有体系设计尽管也强调市场化，但由于分隔了居家和机构，实际上相当于用行政手段进行指令性配置，切断了市场对资源的配置。尊重市场，还表现在尊重机构之间的竞争。已有公办机构由政府部门直办、直管，投资是政府的财政性资金，收养对象却为全社会的老人，建设成本较低，收费价格也低，客观上造成民办机构无法按市场形成价格收费。换句话说，养老机构的收费对市场价格不敏感，缺乏弹性，因而造成资源配置的不合理和浪费。养老机构床位总量不足和空置率较高并存的问题即其表现。

## （五）强调服务传递的载体是资金和设施

服务既是物质的，又是精神的。对养老服务来说，这一点尤为重要。老年人得到服务，满足了其因身体机能衰退而必须借助他人的需要后，他们的心理就会得到极大的满足。这种依他性，有两个重要而具体的载体：资金和设施。资金用来购买服务，其来源既可以是个人的、社会的，也可以是政府的。政府的资金既可以直补供方，也可以直补需方。以往的体系建设，资金比较多地源于政府，在传递途径上一般由政府到机构，多用于设施建设，特别是养老机构的建设。这往往造成低效益。新的体系要建立服务补贴制度，改过去暗补机构为明补老年个人，由老年人根据自己的身体状况自主选择服务方式，可以用于居家，也可以用于机构服务。同时，明确政府购买的服务是基本服务。服务的另一传递者是设施。从严格意义上说，服务一般不以实物形式出现，而是满足他人某种特殊需要的劳动形式。但在现实生活中，服务是与实物紧密结合的。这种实物从广义讲，包括养老院、居家养老站、老年食堂、无障碍通道、老年学校、老年活动中心、信息服务平台、一键通呼叫器等一切与老人相关的东西。没有这些实物支持,服务就难以提高质量。

通过这些要素引入和重新组合,全新的社会养老服务体系将更加明确以老年人的服务需求提供服务,一改以往主要根据服务供给提供服务(见图28 – 2)。

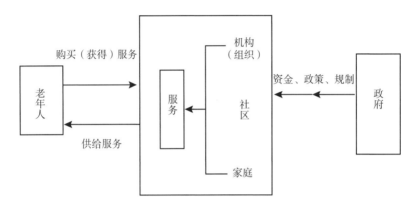

**图 28 – 2 社会养老服务供需示意**

# 第二十九章 河南省养老服务体系建设路径研究

社会问题是社会政策的前提，社会政策是对社会问题的回应。老年福利政策是对老龄化问题的一种积极回应，是满足老龄社会需求、增进老年人福利、保障社会公平的重要工具。就河南而言，冲破现有养老服务体系设计框架的桎梏，推进新型的基于需要的养老服务体系建设，其关键内容与核心任务在于老年福利政策的转型。

## 一 理论基础：老年福利政策属于不断变化的连续体

福利，古已有之，其最早可追溯到史前阶段。随着福利活动的日常化、程序化和规范化，福利制度的雏形渐渐形成。从历史的视角看，福利制度始终是一个变化着的连续体，紧紧围绕人类所面临的风险和需要的变迁而调整和发展，"直接和间接地回应人类的需要"。在前工业社会，基于较恶劣的生存环境以及极其落后的生产力水平，为了应对各种天灾（如旱灾、涝灾、瘟疫、疾病等）和人祸（如战争等）所带来的危机和风险，人们逐步建立了以家庭和互助为主、慈善组织为辅、政府作用时有时无的传统福利制度。进入工业社会后，工业生产渐渐取代了农业生产，人们从种地为生转变为出卖劳力为生。工业化和城市化带来的巨大社会变迁，使失业、贫困、工伤、残疾、衰老等风险剧增，并形成了巨大的社会需求。为此，发达工业国家逐步建立了国家主导的以社会保险、社会救助等为主体的，民间慈善、家庭支持等为辅助的"福利国家"（welfare state）制度。在后工业社会，随着经济、人口、家庭结构的转变，出现了"兼顾工作与家庭生活的问题，单亲家庭、照顾老龄或身心障碍亲属的问题，低技术劳工，以及社会安全保障不足的问题"等新的社会风险，"福利国家"也逐渐向"使能国家"（enabling state）发展。在这个新的架构下，福利制度逐渐走向鼓励人们工作，以及鼓励私部门扩展福利功能的方向。可见，风险与需要是福利制度存在的基石，新风险、新需要是福利制度前进和发展的动力。因此，老年福利政策也应随着人口老龄化的发展而转型。

## 二　现实基础：河南人口老龄化的新发展

### （一）河南人口老龄化发展现状

#### 1. 人口老龄化程度及发展

统计数据显示，2015 年河南省 60 岁及以上老年人口占其常住人口比重为 15.71%，2010 年第六次全国人口普查结果为 12.72%，2000 年第五次全国人口普查结果为 10.18%。与 2010 年和 2000 年相比，2015 年分别提高 2.99 个和 5.53 个百分点。从 65 岁及以上老年人口看，2015 年河南老年人口系数为 9.60%，2010 年为 8.36%，2000 年为 6.96%。同 2010 年和 2000 年相比，2015 年依次提高 1.24 个和 2.64 个百分点（见图 29-1）。

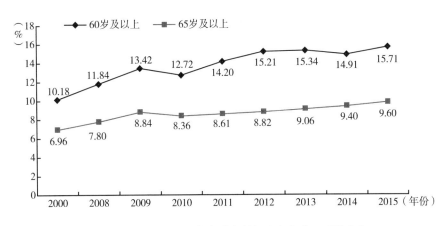

**图 29-1　2000~2015 年部分年份河南老年人口系数变化**

从老少比指标来看,以60岁及以上老年人口算,2010年河南人口老化指数为60.61%,2000年为39.31%,十年提高21.3个百分点。以65岁及以上老年人口算,2015年河南人口老化指数为45.4%,2010年为39.8%,2000年为27.44%,与2010年和2000年相比,2015年依次提高5.6个和17.96个百分点(见图29-2)。

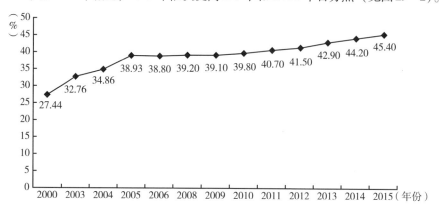

**图29-2  2000~2015年部分年份河南65岁及以上老年人口老少比**

**2. 老年人口养老负担及变动**

统计数据显示,以65岁及以上老年人口算,2015年河南全省老年抚养系数为13.9%,2010年第六次全国人口普查时为11.8%,2000年第五次全国人口普查时为10.6%。与2010年和2000年相比,2015年分别提高2.1个和3.3个百分点(见图29-3)。

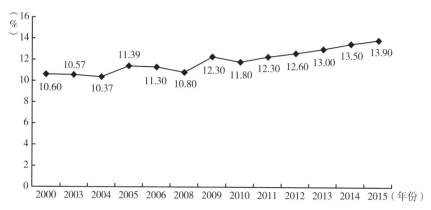

**图29-3  2000~2015年部分年份河南65岁及以上老年人口负担系数**

若以 60 岁及以上老年人口算，2010 年河南老年抚养系数为 19.21%，2000 年时为 15.92%，十年增长 3.29 个百分点。整体看，2000 年以来，河南老年人口负担系数保持持续上升状态（见表 29 – 1）。

表 29 – 1　2000 年与 2010 年河南老年人口负担系数及变化

单位：%，个百分点

| | 60 岁及以上老年人口负担系数 | | | 65 岁及以上老年人口负担系数 | | |
|---|---|---|---|---|---|---|
| | 2000 年 | 2010 年 | 增长 | 2000 年 | 2010 年 | 增长 |
| 全省 | 15.92 | 19.21 | 3.29 | 10.60 | 11.83 | 1.23 |
| 城市 | 12.76 | 14.57 | 1.81 | 7.75 | 9.28 | 1.53 |
| 镇 | 13.44 | 16.04 | 2.60 | 8.67 | 9.83 | 1.16 |
| 乡村 | 16.92 | 22.00 | 5.08 | 11.47 | 13.42 | 1.95 |

## （二）河南人口老龄化的特征

### 1. 人口老龄化快速发展

河南 60 岁与 65 岁及以上老年人口系数在 2015 年已分别达到 15.71% 和 9.60%，比 2000 年依次上升了 5.53 个和 2.64 个百分点。其 60 岁及以上老年人口老化指数，在 2010 年达到 60.61%，比 2000 年时提高了 21.3 个百分点；其 65 岁及以上老年人口老化指数，在 2015 年达到 45.4%，比 2000 年时提高了 17.96 个百分点。

### 2. 老年人口养老负担急剧加重

以 65 岁及以上老年人口算，其抚养系数 2015 年已达到 13.9%，比 2000 年增长了 3.3 个百分点；若以 60 岁及以上老年人口算，其抚养系数 2010 年时已高达 19.21%，比 2000 年增长了 3.29 个百分点。

### 3. 农村老龄化问题较城市和镇更为严峻

2010 年河南 60 岁与 65 岁及以上老年人口系数，乡村依次为 13.87% 和 9.10%，分别高于城市（10.74% 和 7.17%）3.13 个和 1.93 个百分点，高于镇（11.07% 和 7.17%）2.8 个和 1.93 个百分点，与 2000 年相比，其增长幅度也均高于城市和镇。2010 年河南 60 岁与 65 岁及以上老年人口负担系数，乡村依次为22%和13.42%，分别高于城市（14.57%、9.28%）7.43个和4.14个百分点，高于镇（16.04%、9.83%）5.96个和3.59个百分点，与2000年相比，乡村依次提高5.08个和1.95个百分点，均高于城市（1.81个和1.53个百分点）和镇（2.6个和1.16个百分点）。

**4. 不同地市人口老龄化差异较大**

从60岁及以上老年人口看，2010年河南老年人口系数最高的信阳、驻马店和漯河，均超过了14%，而鹤壁和郑州却只有10.66%左右；若从65岁及以上老年人口看，2010年信阳、驻马店、漯河和商丘的老年人口系数均超过了9%，而济源与鹤壁却不足7%，郑州也只有7.16%。另外，各地市老龄化的发展速度也有很大不同，与2000年相比，2010年信阳60岁及以上老年人口系数提高了4.57个百分点，而郑州则仅提高了0.61个百分点；2010年信阳65岁及以上老年人口系数提高了2.97个百分点，而济源和郑州则分别只提高了0.04个和0.2个百分点。

# 三 新形势、新风险与老年福利政策的转变

面对日趋严重、快速发展的人口老龄化趋势，政府制定了一系列政策措施来保障老年群体的基本福利和权利，并取得了巨大成就。但是，现有老年福利政策，同当前快速发展的人口老龄化相比，明显滞后，存在诸多不足。在新的人口老龄化背景下，面对新形势、新问题、新风险，现行老年福利政策必须以建立基于需要的养老服务体系为目标进行新的调整和转型，以更好地应对老龄化带来的新问题、新挑战。

## （一）宏观战略层面

### 1. 老年福利责任主体：从"补缺"到"普惠"

"补缺型"福利，是指过分强调家庭和市场在满足个人福利需求方面的首要性，而国家只有在家庭和市场都失去保护能力且难以提供个人必要的福利待遇时才会承担相应的责任，即过度强调国家福利责任的有限性。与此相

对，"制度型"福利则重视国家和政府在个人福利供给中的作用，认为国家对满足个人的福利需求具有不可推卸的责任，主张国家和政府通过一整套完善的法规制度体系，提供公民所需的社会福利。"普惠型"福利，是制度性福利的一种表现，旨在通过一种面向全民的社会政策来提升整个群体的福利水平。发达国家应对人口老龄化的实践表明，老年服务同教育、医疗等一样，属于基本公共服务，政府在老年福利服务供给中发挥着主导作用，保障老龄群体的基本福利权利是国家和政府义不容辞的责任。我国改革开放的经验也表明，政府在基本公共服务领域的"盲目退却"或"缺位"，会引发一系列社会问题，甚至导致部分群体的基本福利危机，政府必须在公民基本福利供给中发挥"兜底"作用。我国《宪法》第二章第四十五条也指出："中华人民共和国公民在年老、疾病或者丧失劳动能力的情况下，有从国家和社会获得物质帮助的权利。"总之，城市化、个体化、家庭小型化，以及快速发展的人口老龄化，要求政府在老年福利供给中发挥更大作用，担负更多责任，"补缺型"福利愈来愈难以同快速老龄化引发的老年福利需求相适应。

**2.老年福利政策目标：从"生存"到"发展"**

新中国成立后，由于受经济发展水平的制约或基于经济发展的需要，我们的老年福利政策目标更多地偏重于"维持老龄群体的最低（基本）生活水平（水准）"，即保障其生存权，属于"事后补救"型福利。经过近40年的改革开放，经济社会发展取得了巨大进步，2014年河南人均GDP已达到37116.84元（约合6042.33美元）。与新的经济社会发展水平相适应，面对新形势下人口老龄化表现出的新趋势、新特征，我们的老年福利政策目标也应该由"生存型"向"发展型"做出相应调整。发展型福利政策的基本要义有二：一是通过提升老年人的个体能力，增进其社会参与，来减少不公平和歧视，进而推进机会的公平；二是突出强调消除或减少那些会使老年人陷入不幸或困境的因素，而不仅仅局限于将资源用于减轻老年人的不幸或困境，使其维持基本生活水平。显然，它属于"事前预防"型福利，而不是在风险成为事实后再向他们提供生活保障。发展型老年福利政策目标，也更符合联合国提出的"成功老龄化""健康老龄化"的理念要求。

### 3. 老年福利分配原则：从"身份"到"需要"

根据福利分配的原则和基础，可以将老年福利政策划分为基于"身份"的普遍型和基于"需要"的选择型两种类型。前者常常将年龄、性别、职业等身份属性作为福利享受的条件，而不考虑是否"需要"，比如高龄老人津贴、女性 55 岁可享受退休待遇、干部的特殊福利待遇等。后者福利的享受则主要是根据个人需要（通常是通过家计审查）来决定的，与其身份属性无关，比如最低生活保障。普遍型福利政策，由于将显而易见的身份作为享受条件，故具有容易操作、方便执行的特点，其缺点是大量没有"需要"的人也享受了福利，势必造成福利资源的巨大浪费。选择型福利政策，将复杂难辨的"需要"作为福利享受的条件，特别是家计审查通常要耗费大量的人力物力，因此，操作起来费时费力，难度较大，但同时，由于能将有限的福利资源给予最需要的人，提高了福利供给的效率，也避免了大量不必要的浪费。在人口老龄化初期老年人口规模相对较小、老年福利需求不甚大、老年福利资源相对充足的情况下，普遍型老年福利政策比较适用。但随着老龄化速度的加快、程度的加深，在老年人口规模迅速扩大、老年福利需求急剧膨胀、老年福利资源相对紧张、政府财政极度困难的情况下，选择型福利政策的优势将变得愈加明显。经过十余年的发展，河南的人口老龄化已经进入加速发展期，再加上全球金融危机影响下经济发展下行压力的加大，河南老年福利政策由普遍型向选择型转型已成为必然趋势。

### 4. 老年福利政策路径：从"二元"到"一体"

城乡二元结构是中国社会的一个显著特点。无论是在计划经济体制时期，还是在市场经济体制时期，政府在处理老年福利问题时，都是分城乡进行考虑的：城市老年福利主要靠政府财政来提供，而农村老年福利则主要靠家庭或集体经济来提供。于是，就出现了老年福利上的城乡二元结构：城市老年福利相对全面且水平要高于农村老年福利；农村老年福利残缺不全且水平远远低于城市老年福利。这就是老年福利发展的"二元"路径（或称之为"双轨制"）。当然，随着近年来科学发展观和构建和谐社会理念的提出，政府提出了建立覆盖城乡、统筹城乡的社会福利制度的政策目标设想，并加快了以改善民生为重点的社会建设进程，使这一状况有所改变：新型农村合作医疗制度得以建立，农村最低生活保障制度全面铺开，农村老人养老补贴（包括高龄补贴）政策开始落实，农村老人福利状况有所改善。但是，基于户籍分割的城乡老年福利二元格局并没有被彻底打破。随着城市化、市场化背景下大量农村青壮年劳动力的外出流动，农村的老龄问题尤为严重。截至2010年，河南农村高龄老人已达到97.25万人，空巢老人家庭户161.34万户，失能老年人口27.3万人。统筹城乡协调发展，打破二元格局，建立城乡一体化的新型老年福利制度，促进农村老年人口的合理流动，是新的老龄化背景下面临的一项重要任务。

**5. 老年福利保障内容：从"收入"到"服务"**

从"收入"到"服务"，是老年福利保障发展的两个阶段。前一阶段，旨在通过基本收入，来保障老年人口维持生存所必需的生活资料，解决基本生活问题，并提供安全预期。随着经济和社会的发展，老年人的基本生活得到有效保障后，其服务问题开始突出，迫切要求体系化、制度化的社会服务，即步入服务保障阶段。现代社会福利保障制度的发展历程充分说明了这一发展规律。经过改革开放以来特别是近10年的努力，我们相继建立了城镇居民养老保险制度、城乡最低生活保障制度及新型社会救助体系、城镇居民基本医疗制度、新型农村合作医疗制度等，并逐步实现制度全覆盖，保障标准也持续提高，使老年人口的基本生活得到了切实保障。旨在提高生活品质的社会服务需求开始突出，迫切要求社会大力发展养老服务。此外，老龄化程度的全面加深，高龄化、空巢化、少子化、家庭规模小型化的空前发展，以及失能老年群体规模的迅速扩大，也促使老年社会服务从个体性、局部性需求迅速演变为普遍性、整体性的时代需求。党的十七届五中全会顺应了这一趋势，强调要"优先发展社会养老服务，培育壮大老龄服务事业和产业"。党的十八大及十八届三中全会报告继续体现了这一思想，要求"积极应对人口老龄化，加快建立社会养老服务体系和发展老年服务产业"。这表明我们的老年福利保障正经历着由收入保障迈入服务保障的新时代。

### 6. 老年福利服务政策重心：从"机构"到"家庭"

改革开放初期，民政部提出了"社会福利社会化"的工作思路，随后制定了一系列政策措施来推动社会化养老服务的发展。就河南省而言，仅2010年以来就先后制定并出台了《河南省人民政府关于加快推进社会养老服务体系建设的意见》《河南省社会养老服务体系建设规划（2011～2015年)》等一系列政策性文件，有力地推动和指导了河南社会养老服务业的发展。但是，总体来看，机构养老突飞猛进，取得快速发展，而居家养老发展相对缓慢。机构养老虽然具有社会化程度高、专业性强、集中供养效率高、安全系数较高等优势，但同时也具有前期投入大、交易成本高、精神支持度低、自由度差、隐私保密难度大、不符合传统养老意愿等缺点。居家养老则具有支出少、收益大、自由度高、整体花费低、隐私受保护、住在熟悉的环境符合老人意愿、精神支持度高等优势。在人口老龄化快速发展、全面加深的情况下，老年福利政策的重心应进一步向居家养老转移，特别是要加大家庭养老政策支持力度，强化家庭养老的造血功能，通过劳务性支持、心理性支持、经济性支持、就业性支持、设施性支持等，鼓励配偶、子女、亲属等承担更多的养护责任。我国新修订的《中华人民共和国老年人权益保障法》，也首次明确了"国家建立健全家庭养老支持政策……为家庭成员照料老年人提供帮助"的规定。

### 7. 老年福利政策对象：从"一般"到"特殊"

高龄、失能老人是弱势群体中的弱势群体。高龄、失能老人的养老照料服务问题应该成为社会重点关注的问题，更应该成为老龄工作的核心议题，毫无疑问，它还是养老问题的关键、老龄服务的核心。然而，长期以来，社会关注的焦点都放在了养老金的积累和替代率上，老龄政策的重点往往都放在一般（或整体）老年人的需要满足和福利供给方面，针对高龄、失能老人长期照料的政策至今缺乏应有的关注，长期照护服务体系的建设尚未正式摆上政府部门的议事日程。目前整个社会防范老年期失能的风险意识还比较淡薄，长期照护服务设施和机构发展普遍滞后，服务费用缺乏制度性保障，尽管一些民办养老机构的长期照护服务逐渐受青睐，但其服务价格大多偏高，且服务功能相对有限。面对当前人口老龄化日益表现出来的高龄化、空巢化、失能化趋势，对依托有效的老人长期照护政策为失能老人提供人性化服务应给予足够的重视。其中，探索建立包括长期照护社会保险制度、长期照护补贴制度等在内的老年人长期照护保障制度是其基本前提，应该给予高龄失能老人更多的政策关注。

### （二）微观操作层面

#### 1. 政府角色由"直接生产方"向"服务购买方"和"监管方"转变

政府从市场竞争领域退出，实现政事分开、政企分开，将老年服务发展纳入经济社会发展整体规划，制定实施支持、优惠政策和准入、退出及监管制度，将服务的生产和递送环节交给民间组织或私人部门运作，通过购买服务等形式履行对"三无""五保""低保"等特殊困难老年群体的服务保障责任，同时加强市场监管，营造公平的市场竞争环境，鼓励并规范社会力量参与。

#### 2. 老年服务发展由"供方"驱动向"需方"驱动转变

要尽快转变政府对老年服务的资金投入方式，实现政府投入重点由"补供方"向"补需方"的转变，变直接补贴老年服务机构为补贴老年人，拓展老年人的有效服务需求，推动老年服务业走向内需驱动的发展道路。为此，要大力发展老年社工机构，有效开展老年需求评估，尽快推出政府购买老年服务，根据老年人的切实需求来设置老年服务项目或岗位，进行资金投入。

#### 3. 养老机构建设重点由单一的"生活供养型"向"医护康复型"转变

通过改扩建等形式提高现有养老机构的医疗、护理、康复功能，扶持并重点兴建医护康复型机构，发展以失能、半失能老年人为重点对象的机构服务模式。比如，洛阳逸康老年公寓与洛阳第一中医院合作，开创了洛阳"医养"结合老年服务机构发展的先河，其发展模式与经验值得学习和推广，同时也值得政府给予更多的支持与帮助。

**4. 老年服务的运营由"零散"经营向"规模"经营转变**

大力培育发展老年服务组织，逐步改变民办老年服务机构"个体经营"的状况，推动社会专业机构以输出管理团队、开展服务指导等方式，参与老年服务机构运营，引导老年服务机构向专业化、连锁化、规模化、集团化方向发展。

# 第三十章 河南省机构养老
## 服务模式研究

## 一 导论

### (一)问题的提出

蓝皮书指出,2012 年和 2013 年是中国人口老龄化发展过程中具有重要意义的两个年头。一是新中国成立后新出生的人口,也就是 1952 年和 1953 年出生的人口进入老年期,形成第一个老年人口增长高峰。二是劳动年龄人口进入负增长的历史拐点,从 2011 年的峰值 9.40 亿人下降到 2012 年的 9.39 亿人和 2013 年的 9.36 亿人,劳动力供给格局开始发生转变。三是底部和顶部老龄化相叠加,推动人口机会窗口逼近关闭。少儿人口抚养比从 2012 年的 23.96% 提高到 2013 年的 24.36%,老年抚养比从 2012 的 20.66% 上升到 2013 年的 21.58%,推动社会总抚养比从 2012 年的 44.62% 上升到 2013 年的 45.94%。与此同时,老年人口内部变动将进一步加剧人口老龄化的严峻性。一是高龄老年人口继续增长,从 2012 年的 0.22 亿人上升到 2013 年的 0.23 亿人,年均增长 100 万人的态势将持续到 2025 年。二是失能老年人口继续增加,从 2012 年的 3600 万人增长到 2013 年的 3750 万人。三是慢性病老年人口持续增多,2012 年为 0.97 亿人,2013 年突破 1 亿人大关。四是空巢老年人口规模继续上升,2012 年为 0.99 亿人,2013 年突破 1 亿人大关。五是无子女老年人口和失独老年人口开始增多,由于计划生育一代陆续开始进入老年期,加上子女风险事件的发生等因素,无子女老年人口越来越多。2012 年中国至少有 100 万个失独家庭,且每年以约 7.6 万个的数量持续增加。

机构养老具有"支撑"地位而不仅仅是"补充",这个定位是富有远见的。中国社会的急剧变迁导致社会化养老服务需求量逐步增大,并且多层次、多元化的机构养老市场也在逐步扩大。家庭规模小型化、家庭结构核心化、人口流动的加速等都对传统的家庭养老模式发起了挑战,传统不能适应河南省当前经济社会发展现实的需要,机构养老成为一种日趋重要的选择。然而,在机构养老发展方面,我国属于"未备先老",机构养老起步晚、底子薄,相关政策法规不健全。机构养老的发展面临很多困难和问题,主要表现为机构养老供不应求但资源利用率不高,养老机构自我发展能力不强,养、护、医、送四大功能分离,专业护工和管理人才短缺,农村养老机构的非规范化发展等几大方面。要想更好地发挥养老机构在养老服务体系中的作用,必须厘清养老机构发展的方向问题,思考选择什么样的模式发展,这是一个系统工程。

## (二)研究方法

本研究采取问卷调查的方式进行。

### 1. 调查对象

主要对城市、农村老年人以及养老机构三类调查对象进行调查。调查内容分别为:第一,城市老年人的养老需求调查;第二,农村老年人的养老需求调查;第三,养老机构的供给状况调查。

### 2. 资料收集方法

结构式访问。结构式访问是按照事先设计的、有一定结构的访问问卷进行的访问,是一种高度控制的访问方法。因为调查对象为 60 岁及以上的老年人,他们大多受文化程度不高、眼睛看不清楚等客观条件限制,结构式访问更能保证调查资料的质量。访问员为训练有素的社会工作专业学生。

### 3. 资料分析

调查资料全部录入计算机,采用社会统计软件进行数据分析。

## (三)研究目的

总体目标是从需求与供给的角度分析机构养老服务的发展现状,针对现有机构养老服务需求和供给研究中的薄弱环节和空白点，分析机构养老服务的需方、供给方和外部支持环境的现状，以及需求与供给之间的差距，探讨影响机构养老服务需求的可能因素，分析养老机构的服务质量，从而为政府应对人口老龄化带来的养老难题、促进机构养老服务发展提供科学依据和政策建议。

具体目的包括以下三个。

第一，系统调查城市和农村老年人对机构养老服务的需求，分析影响老年人机构养老需求的关键因素。

第二，对养老机构的养老服务供给和利用情况进行全面调查，全面分析影响老年人养老机构入住意愿的因素。

第三，分析老年人对养老机构服务的需求和养老机构的实际供给之间的差距。

在系统分析老年人养老服务需求和养老机构供给情况的基础上，进一步提出促进河南省机构养老服务的对策和建议。

## 二　河南省老年人机构养老服务需求—供给状况

### （一）河南省老年人机构养老服务需求分析

#### 1. 老年人需要养老机构物质服务和精神服务齐头并举

从愿意选择机构养老的因素中可以看出，生活孤独的老年人更愿意选择养老机构养老，可能的解释是，在老年人看来，养老机构能够缓解其心理问题。

老年人的儿子数越多越不愿意入住养老机构，即使他们的生活实际上并不好，日常生活入不敷出，精神生活空虚，多是自己居住或者与老伴儿同住，身体状况也不好，有突发情况并不能得到儿子的及时照顾，他们依然会选择家庭养老，这是需要养老服务机构考虑的。也许众多老年人待在一起，并不能带来家庭的温暖。老年人传统的"养儿防老"的观念不会轻易改变，家庭在老年人心目中占据着重要的地位。而家庭和养老机构的区别何在？无外乎就是家庭能够给老年人提供更多的心理上的支持和精神上的慰藉。因此，养老机构的发展必须摆脱单纯地满足老年人的物质生活需要，要在此基础上寻求"老有所学""老有所乐""老有所为"这些心理的需要的满足。如何满足这些需要？一方面要提高护工的素质，另一方面可以引进专门的社会工作人才，通过专业的技巧满足老年人的精神需求，同时也可以通过社会工作人才对护工的理念灌输和心理疏导而舒缓护工情绪，从而使其怀揣善心和亲情为老年人服务。

### 2. 老年人需要养老机构提供更多的医疗服务

从前面了解到的老年人的身体状况可以发现，老年人基本上都患有一定程度的疾病，尤其是身体越健康越不愿意入住养老机构的研究结果，意味着身体不好的老年人更愿意选择机构养老，相应地要想提升这些老年人的生活质量，首先需要让他们有病能及时得到救治。实际上，服务质量偏低、服务能力有限是大多数养老院入住率偏低的原因。老年人处于生命周期的最后阶段，有独特的生理变化和特征，养老院针对逐渐衰老的老年人的身体状况，做出相应的回应和服务，使他们延长健康期，减少疾病带来的痛苦，这是提高个人、家庭和社会福祉的事业。而调查中近30%的老年人有高血压，近20%的老年人有心脏病和冠心病，还有10%的老年人有糖尿病。老年人，尤其是身体健康状况不好的老年人，选择入住养老机构可能首先考虑的就是是否方便及时就医的问题。

### 3. 老年人需要养老机构提供多层次的养老服务

高昂的机构养老费用是阻碍老年人选择机构养老的一大因素。政府应对民办养老院建立规范化服务标准，根据居住空间面积、享受服务内容的不同将养老院评估为不同的等级，进而建立统一的收费、服务标准，满足不同层次老年人的需要。同时，落实优惠扶持政策，加大财政对养老服务的投入，给予大型养老院床位补贴，鼓励和支持更多的社会力量加入机构养老服务行业。

### 4. 老年人需要更多地了解机构养老服务

养老机构的"污名化"使得身体健康状况不好的老年人不愿意接受机构养老，机构养老本应该是家庭照料功能不足情况下不错的选择，却因发展过程中的种种乱象，使得身体健康状况不好的老年人宁愿选择在家"被疏于照顾"，也不愿选择养老机构的"被悉心照顾"。政府应在规范养老机构的过程中，加大对养老机构的正面宣传，为养老机构创造社会认可、公众支持的氛围，改变养老机构在老年群体中的负面形象，引导老年人根据自身的需要选择机构养老。

## （二）河南省机构养老服务供给状况分析

### 1. 养老机构的服务供给

（1）硬件设施

我们调查走访了24家养老机构。从性质上看，其中3家国有，11家是乡镇办，10家是民办。

从提供的床位来看，平均规模在124张，但大部分都没有住满，只有3家机构住满了，空缺床位数最高的达到70张，24家机构中，平均床位空缺数达到22张。

从机构的硬件设施看，拥有医疗室的占到了79%，其中基本上是中低档的医疗室，只能满足老年人的一些最基本的医疗服务；拥有健身房的有16家，占到了67%，也均处于中低档行列；有活动室的占到了83.3%，仅有一家自评自家机构拥有高档的活动室，79.17%的机构认为活动室处于中低档水平；在供老年人散步休闲的花园方面，有4家机构没有，9家有低档的花园，11家有中档的花园；图书馆或阅览室是满足老年人精神生活的重要的场所，然而，调查中发现近37.5%的机构根本没有图书馆或者阅览室，29.2%的机构拥有中档的图书馆或阅览室，33.3%的机构拥有低档的图书馆或阅览室；民以食为天，食堂是保证老年人饮食的重要场所，其中75%的机构拥有中档的食堂，有一家机构有高档的食堂，21%的机构拥有低档的食堂；值班室是保证老人安全的重要措施，58.3%的机构有中档的值班室，还有2家机构根本没有值班室。总体上来看，机构的硬件设施基本处于中低档水平，满足老人精神生活的设施更是少之又少。

老年人居住的室内设施主要有空调、电视机、卫生间、报警器、电话等，这些设备都是最基本的保证老年人生活和及时求助的。电视机基本上成了普及品。报警器拥有的比例比较低，这一点值得担忧，老年人活动不便，有什么需要帮助的按一下报警器是很方便的，但是大多数机构并不能满足这点需要，老年人的生活状态并不在机构服务人员的监控之下。空调是保证老年人适宜的生活温度的，过低的温度和过高的温度，老年人的身体均会产生不适，然而只有 63.6% 的机构安装有空调。轮椅是生活不便的老人必备的，只有 72.7% 的机构拥有这样的设施（见表 30-1）。

表 30-1　河南养老机构老人房间内设施情况

单位：%

| 室内设施 | 个案百分比 | 室内设施 | 个案百分比 |
| --- | --- | --- | --- |
| 空　调 | 63.6 | 报警器 | 54.5 |
| 电视机 | 95.5 | 电　话 | 77.3 |
| 卫生间 | 72.7 | 轮　椅 | 72.7 |

（2）养老机构的业务管理

从接受人群来看，从身体状况较好的完全自理老人到最差的需要临终关怀的老人，身体状况越差，接受的机构越少，如表 30-2 所示。然而，越是身体状况不好的老人，越需要照顾，而家庭照顾功能的衰弱，需要机构的有力补充，实际上从调查结果来看，机构并没有发挥这方面的功能。

表 30-2　河南养老机构接受人群

单位：%

| 接受人群 | 个案百分比 |
| --- | --- |
| 接受完全自理的老人 | 83.3 |
| 接受半自理的老人 | 79.2 |
| 接受基本不能自理的老人 | 62.5 |
| 接受完全不能自理的老人 | 33.3 |
| 接受临终关怀的老人 | 29.2 |

从养老机构的业务管理来看，87.5% 的机构都会与老年人或者其代理人签订服务协议，82.6% 的机构在老年人入住前会对老年人的身体状况进行评估，69.6% 的机构会根据老年人的生活自理能力实施分级分类服务，82.6%

的机构会对老年人的活动场所和物品进行消毒和清洗，73.9%的机构会考虑老年人的营养平衡进行配餐服务，只有一半的机构有医疗部门或者合作的医疗机构为老年人提供医疗服务，老人病危时会及时通知家属的达到了95.7%，78.3%的机构会根据需要为老年人提供情绪疏导、心理咨询、危机干预等精神慰藉服务，同样78.3%的机构会开展适合老年人的文化、体育、娱乐活动，丰富老年人的精神文化生活（见表30-3）。

表30-3　河南养老机构的养老业务管理

单位：%

| 业务管理 | 是 | 否 |
| --- | --- | --- |
| 老人入住前,我们机构会与老年人或其代理人签订服务协议 | 87.5 | 12.5 |
| 老人入住前,我们机构会对老年人的健康状况进行评估 | 82.6 | 17.4 |
| 入住后,我们机构会根据服务协议和老年人的生活自理能力实施分级分类服务 | 69.6 | 30.4 |
| 我们会定期对老年人活动场所和物品进行消毒和清洗 | 82.6 | 17.4 |
| 我们会考虑老年人的营养平衡进行配餐服务 | 73.9 | 26.1 |
| 我们有自己的医疗部门或者合作的医疗机构为老年人提供医疗服务 | 52.2 | 47.8 |
| 老年人突发危重疾病时,我们会及时通知代理人或者经常联系人并转送医疗机构救治 | 95.7 | 4.3 |
| 根据需要为老年人提供情绪疏导、心理咨询、危机干预等精神慰藉服务 | 78.3 | 21.7 |
| 我们会开展适合老年人的文化、体育、娱乐活动,丰富老年人的精神文化生活 | 78.3 | 21.7 |

可见，在国家要求的养老机构服务标准下，大部分机构是不能完全达到标准的，根据老年人的生理能力分级分类服务、医疗服务、情绪疏导、文体活动等方面都需要加强。而这些恰恰是家庭养老服务无法提供的方面。

从收费标准方面看，平均水平在1300元，这远远超出了老年人的支付能力。

（3）养老机构的服务人员水平

从调查的24家机构来看，58.3%的机构服务人员都在10人以下，79.2%的机构护理人员在10人以下，护理人员的年龄集中在50岁往上，且女性居多，专业化的服务更是谈不上。

**2.养老机构服务供给情况分析**

养老机构在硬件建设方面差别较大，大部分能够为入住老人提供基本的食宿、娱乐以及日常活动的空间和场地。总体上看，养老机构设施简陋、服务水平低。养老机构设施规模小、档次低、功能少，只能提供简单生活服务，护理、康复、精神慰藉、文化娱乐等服务功能亟待加强。

工作人员中老年护理人员所占比重最大，总体上存在护理人员数量不足的问题。养老机构多倾向于招聘下岗职工或农村务工人员作为老年护理员，年龄多为50岁以上，未接受过正规专业教育，学历层次低。专业人才匮乏，大部分护理员没有执业证书，缺乏专业护理知识，养护人员工资和福利待遇偏低，服务收费制度不健全，行业服务标准欠缺，因老年人意外伤害带来的运行风险大，整体缺乏活力和发展后劲。

养老机构的管理人员大多有服务质量意识，但实际上入住老人及其家属对护理人员的工作态度存在不满。

养老机构床位数量存在较大缺口，服务水平、专业化程度与老年人的需求存在较大差距。老年人的平均收入水平较低，总体上看养老机构的入住费用与城市地区老年人的平均收入水平基本相适应，但是远远高于农村老年人的平均收入水平。农村老年人利用机构养老面临极大困难。这也与前面的调查相吻合，问到农村老年人最需要政府做些什么的时候，绝大多数的回答是"直接给钱"。

## （三）机构养老服务需求与供给之间的差距

**1.入住需求与床位供给之间的差距**

从前面的调查数据看，不管是城市老年人还是农村老年人选择机构养老的比例均不高，但实际上进一步分析发现，老年人所持有的"养儿防老"的那种观念，并不能保证老年人的晚年生活质量。调查中发现老年人生活主要是独居，无经济来源，基本入不敷出，大多患有不同程度的疾病，疾病突发能够得到及时照顾的可能性极小，精神生活匮乏，常常感到孤独烦闷，并且越是孤独烦闷，越愿意选择机构养老。实际上老年人的机构养老需求不小。然而，目前大部分机构都没住满，尚未达到供不应求的状态，另外，在走访中发现，个别机构需要排队甚至排到两三年之后，似乎又存在供给不足的情况，一方面是闲置，一方面是争抢，这种矛盾的存在与养老机构的服务水平、服务质量有密不可分的关系，说明养老机构在服务方面并不能达到老年人的需求。前面我们的调查也印证了这一点。这样就使得老年人虽有入住养老机构的需求但并未选择入住养老机构，所以政府部门在对养老机构进行规划和评估的时候，不仅要关注硬件设施，更应该加强对养老机构的监管，促使养老机构投入更多的精力进行服务质量的管理和提升，开展护理人员专业培训，提升服务的内涵和水平，满足老年人对机构养老服务的不同层次的需求。

### 2. 机构养老服务种类的需求与供给之间的差距

中国的家庭传统是"养儿防老"，老年人的愿望是能够和子女、孙子女共同生活，以享天伦之乐。即使社会福利事业充分发展，老年人的传统观念仍然是希望生活在家庭中。从前面的调查结果看，促进老年人选择机构养老的因素主要有机构能提供家庭不能提供的便捷的医疗服务，能够排解自己的孤独苦闷等，主要是精神生活方面的。然而，养老机构提供的服务的调查结果显示，养老机构只能提供基本的日常生活照料，甚至连基本的康复训练都无法提供。尽管从养老机构的业务管理中看到大部分机构会考虑到老年人的情绪疏导和文体活动的安排，但是实际上从它们的人员结构就能看出来，这方面的需求是很难被满足的。这是因为养老机构的水平、质量和专业化程度在需求和供给之间存在一定程度的差距。

我国养老机构发展时间不长，管理水平和服务质量不十分令人满意。其原因主要有两点。第一，市场观念没有能够深入各个社会福利机构。在社会福利社会化的进程中，任何所有制的社会福利机构都必须遵循市场运行规律参与市场竞争，由市场信号来代替政府命令发挥调节市场的作用。在市场竞争中，通过调查了解潜在的市场需求，抓住市场机遇，用市场的方法来解决机构发展中遇到的问题。特别是一些国有养老机构应该抛弃计划经济年代等待政府拨款和下达计划的传统习惯，转变为市场导向、客户导向的养老机构。第二，专业化的服务概念没有能够完全贯彻到实践中。目前我国养老机构从业人员资质审查不够严格，专业性不强。发展为老服务事业需要的不仅仅是爱心和热情，还应该有比较系统的专业知识作为基础。

目前我国的专业人员比较匮乏，限制了养老机构的迅速发展。养老机构中医生、护士的配备情况不一，养老机构的护理人员大多未接受过正规的培训。有关数据表明，河南全省现有约1.7万养护人员，其中90%以上的没有执业证书，只是高年资的护理人员向低年资的护理人员传授护理技巧，缺少系统的学习。随着年龄的增长，老年人身体健康状况和活动能力都呈现下降趋势，适应环境的能力降低，对他人照料的依赖程度越来越高，同时随着年龄的增长，老年人的精神状况、性格脾气也可能发生变化，需要更为专业的生活护理、医疗护理和心理护理等。但养老机构中护理人员在数量上不足，并且专业化、职业化程度低下，难以满足老年人不同层次的需求。

**3. 老年人的收入水平与养老机构的收费之间的差距**

"需求"是经济学的基本概念，需求形成要具备两个条件：一是消费者有购买的意愿，二是消费者能够支付商品或服务的价格。没有支付能力的需要不能够成功转化为需求。在对城市和农村老年人机构养老选择意愿的多元回归分析中发现，高额的养老院费用成为阻碍老年人选择机构养老的一大因素。老年人的经济主要来源于退休金、子女资助和个人的劳动收入，普遍缺乏机构养老服务的支付能力，如果得不到子女或者其他渠道的资金支持，老年人很难利用机构养老服务进行养老，尤其是农村老年人。

目前养老机构的收费多是由养老机构本着自主经营、自主定价的原则，根据机构设施条件、服务内容等设立收费项目，进行自行定价，然后报物价部门审核，并没有相应的养老机构收费标准的指导价格。养老机构之间存在市场竞争，收费高低也是他们竞争的一个手段。但是允许养老机构自行制定收费标准的同时也要考虑到保护入住老年人利益的问题。如果养老机构乱收费，由于没有关于收费标准的相应文件规定，老年人将缺乏维权依据，势必会侵害入住老年人合法权益。

## 三　河南省机构养老模式选择

家庭结构的变迁导致老年人养老的责任已非家庭子女所能够承担，需要多元化力量的整合与协助。在一个国家或地区老龄人口出现高比例的状况时，社会制度要针对问题做出回应和安排。随着现代社会经济的发展和人们生活水平的提高，老年人进入养老阶段的需求已不仅仅局限于物质方面的满足，还会在心理、精神、康复等方面提出更高的要求并出现多元化的态势。特别是在老年人问题的压力所带来的诸多社会问题同时出现的时候，仅仅依靠传统的居家养老已经不能满足老年人的福利需求，它需要政府在制度设计及政策安排方面做出有效而及时的回应。要在评估老年人需求的基础上整合多种资源进行有效服务，并帮助老年人解决问题，协助其成功老龄化并提高福利水平。这种情况下机构养老模式的产生与发展就成为必然的选择。

借鉴一些发达地区的经验，我们发现，早期的老年人正式照顾指的主要为机构养老，即把有日常生活照顾需求但没有家庭照顾的老年人，或者虽有家庭但家人无力提供照顾的老年人送入机构实施照顾。经过多年的实践，机构养老模式的效果并不能令人十分满意，同时也引致了不少批评。学者认为，机构养老容易造成社会疏离、非人性化和科层制的管理，也不能帮助老年人实现过有意义的生活和达成适应其环境的目的。除此之外，机构养老给政府造成沉重的财政负担，政府也想利用一种替代方式来舒缓经济压力。再者，由于退休金收入和生活水平提高，老年人亦希望留在自己家里养老。但毋庸置疑，机构养老在为那些长期需要照顾而无家人或家人无力照顾的老年人提供照顾中确实起到了巨大的作用，问题的关键是如何完善和改进这些机构养老的模式与服务方法。

机构养老有自身的一些特点。由于老年人养老的长期性和艰巨性，居家养老难以承受各个方面的压力，机构养老能为极度衰弱的老年人提供高密度技术性的服务内容，为老年人提供长期和积极的治疗性服务，为老年人提供居住、膳食和有限度的日常生活照顾及社交活动，降低家属在照顾方面的压力，等等。另外，机构养老具有较稳定的服务质量保证和长期的老年社会政策。随着各国政府日益重视老龄化问题，养老机构的建设也有很大程度的改善。在硬件设备上，各个养老机构更加注重类家庭氛围的构造，让老年人生活在机构中有更多家庭的温暖和感觉。在软件设计上，养老机构更加强调老年人的社会参与和主体性发挥。有些学者也呼吁要让老年人成为机构养老的真正主人，充分调动老年人在机构照顾中的积极老龄化。在这个过程中，各个国家的政府对老年人的养老政策有所转向，如将养老院从政府包办转向民间介入，允许民间组织或个人承办老年人养老机构，政府再用财政补贴的方式支持这些从业者。但这种情况也给政府的管理带来一些压力和挑战，一方面是政府对老年人养老责任的承担会受到来自社会多方面的指责，另一方面是民间机构的利润成本与老年人养老质量的平衡问题。

针对目前养老机构存在的诸如政府扶持与监管缺位、养老机构规模小型化、养老机构照顾品质低下、民间资本进入养老产业积极性不高、机构养老专业化程度低下、机构养老服务的品种单一等一系列问题，我们认为，要想发挥好机构养老的补充作用，必须进一步强调政府的责任与增加经费投入，鼓励更多民间资本进入养老产业，提升机构养老的专业水平与照顾品质，构建多元化发展的机构养老模式。

### （一）强调政府责任和增加经费投入

从发达地区的机构养老照顾体系建构与发展历程看，政府扮演着非常重要的角色。具体地说，政府在机构养老照顾中的职责包括规划机构养老照顾相关制度，研定机构养老相关法规与健全工作体系，推动多层级的机构养老照顾模式，建立社区化的机构养老照顾体系，组织高校培养与机构养老相关的应用研究人才，建好养老机构交由民间机构委托办理，切实担负起养老机构行业监督责任。在政策的实施中，要对养老机构从各个政策层面给予补贴，这些扶持和补贴包括在养老机构的开办时期给予土地、基建和规划设计上的政策扶持、在养老机构运行中给予养老床位的政府补助，以及对机构中的一些专业人才如社工和护工等给予适当津贴。在养老机构的行业监管上，为提升养老机构的养老品质和行业自律，政府规定各个养老机构都要在政府进行立案注册，并且有明确的准入条件，同时规定养老机构的年检制度，所有的养老机构每三年进行一次年检，合格者才能重新领取执照，并且有一整套养老机构违纪惩罚条例。

我们走访了 24 家机构，询问政府是否给予了补贴，发现有 20.83% 的机构回答"已经拿到补贴"，62.5% 的机构回答"拿到了部分"，回答"尚未拿到补贴"的占 16.67%，进一步询问政府补贴力度怎么样的时候，70.83% 的机构都回应"不合适"。针对河南省的养老机构，政府的财政投入应该进一步增加，应该从养老机构的规划与立项、土地征用、基建、税收等方面给予政策扶持优惠，同时政府财政应该设立专项资金补贴机构中的养老床位和专业人员，鼓励更多的社工、护工等专业人士乐于服务老人。这里必须强调的是，政府对养老机构的监管也是必需的。政府要在注册养老机构的门槛设置上有详细的规定，规范准入，同时执行严格的养老机构年检与违纪惩处制度，建立行业协会，使养老机构在行业的发展中自律发展。

## （二）分层次建立满足不同需求的养老机构

从调查中发现，老年人的养老需求可以划分为三种：生存需求、普遍需求和高端需求。针对大多数老年人往往不愿意离开家庭，应推动建立养老机构"社区化照护网络，使失能者得以获得连续性照护"，活化现有的社会资源，引导医院、安老机构提供居家护理及日间照护服务，落实"在地老化"，希望发展"在地"的服务，照顾"在地"的老年人，避免老年人因需要照顾而迁移，离开熟悉的人、事、物。

目前城市近郊区以及农村养老设施偏少，要在城市近郊区及农村地区有计划地多兴建养老机构，以满足城市近郊区及农村老年人的入住需要。养老机构当前应以中档设施建设为主，以适应大部分老年人的支付能力。同时，可适当建设一些房屋布局合理、服务项目多样化的高档老年公寓，以满足部分收入较高、身边无子女的空巢家庭中的老年人入住。近期农村养老机构应把资金投入改善设施条件、提高服务水平上，并创造条件安排定期往返于城乡的班车，方便老年人及其家人返家、探视，以吸引一部分城市老年人自费入住养老。

积极创造条件在社区中建设服务中心和日间照料中心，以满足不愿离开家的老年人的养老需要。虽然河南省不同地区也尝试了日间照料中心等，但在实际的运作中发现，垄断现象严重，缺乏竞争，必然造成服务质量下降，服务的内容也仅仅限于经济实惠的物品供应和饭菜供应，对老年人的身体和心理的关怀远远不够。每家日间照料中心工作人员两名，主要的时间都用在买菜做饭上。建议多层次考虑日间照料中心的发展，即形成一个与老年人失能程度及需求相适应的日间照料服务体系。应重点建设能够为日常起居自理困难、身体不够健康的老年人提供日间照料服务的日间照料中心，因为这种老年人无论主观上还是客观上都急需日托养老服务。日间照料中心不仅要为入托老人提供必要的生活照料，还要尽可能为入托老人提供更多的人际交往和社会参与的机会。

（三）鼓励更多的民间资本进入养老产业，达到"福利"与"产业"相互制衡和协调

究竟是把机构养老定位为"福利"还是"产业"，一直是困扰世界各国和地区的一大难题，目前我国大多数人认为养老应该更多的是"福利"，主要由政府承担大部分的机构养老责任与功能。然而，发达国家和地区的经验告诉我们，这不仅加大了政府的财政负担，也制约了养老机构的自身发育，现有机构根本无法承担庞大的养老需求群体，同时机构养老的品质也相当受人诟病。因此，我们认为，养老机构的发展应该采取一种"福利"与"产业"相互制衡与协调的模式，一方面，强调机构养老的福利性质，具体体现为利用政府的政策支持与监管来提升机构养老的品质；另一方面，鼓励各方尤其是民间力量将养老做成产业，如老人住宅公寓及社区产业，老人安养、养护、医疗及营养品产业，老人健康食品及抗衰老餐饮产业，老人化妆品、衣饰品产业，老人教育课程及法律支持产业等。这种制衡与协调将能够使机构养老的从业者在实施政府老人福利的同时，致力于挖掘和创新养老产

品和提升养老品质，也可以从中获得必要的经济利润及丰厚回报。

在养老机构模式上，可以尝试政府出资兴办养老机构，然后由社会团体或个人经营，政府只起到监督作用；可以政府支持、多方参与、民间操作，在老人家中和社区两个层面建立互助养老点和互助养老中心，形成以老人家庭为基础的家庭式互助养老和以社区养老设施为依托的社区式互助养老。在该模式中，由政府负责为互助养老点购买娱乐设施、补贴水电费等，并加强引导扶持、组织开展活动，条件宽裕的老人家庭提供活动场所，社区内企事业单位提供闲置场所或提供赞助，这样可以有效整合政府、社会和家庭资源。

在鼓励更多的民间资本进入养老产业的时候，政府应该制定更多的优惠政策让利于民，让民间资本在从事养老福利行业的同时有利润空间，引导民间资本投资养老产业，同时增进他们开发研究优质养老产品的积极性。这样的话，人口加速老龄化在给河南省经济社会发展带来严峻挑战的同时，还带来了巨大的消费市场。

**1. 在保障福利性质的基础上可适当引入市场竞争机制**

在社会福利化的背景下，公办养老机构面临社会化和市场化的问题，但并不意味着政府举办的福利性质的养老机构要改变其福利性，完全市场化。公办养老机构在改革的同时要继续履行其社会职责，保障城乡困难老人的生活，根据老人的经济状况向他们提供低偿或无偿的服务，不改变其福利性质，不降低服务质量。政府部门应承担自身的责任，负责监督养老机构的服务状况，保障困难老人得到优质低价的服务。

不断摸索公办民营的发展模式，着重推进养老服务机构在用人用工、内部管理方式以及利益分配机制方面的改革。改变现行的委任政府内部工作人员直接任职养老机构领导的做法，从社会上选拔优秀人才，推进机构管理方式上的改革创新，提高机构的运营效率，降低非公有制经济进入公立养老机构经营方式和产权制度改革的准入门槛，将经营权以委托经营、承包、租赁等方式转给社会组织、企业及个人等市场主体，由市场主体按照自负盈亏、自主经营、自我约束和自我发展的原则为老年人提供服务。

**2. 从追求硬件设施高档化转变为追求服务质量优质化、人性化**

要从观念上改变过去那种盲目追求硬件设施高档化的思维模式，对养老机构的发展方向重新进行定位。通过学习其他发达地区的服务经验，积极探索符合现实要求的养老服务模式，本着服务专业化、优质化、人性化的理念，积极引进专业服务人员，尊重专业人士的服务方法，充分发挥专业人员的积极性，提高服务质量。比如，在养老机构的建筑和具体的硬件设施中，养老机构考虑最多的一方面是老年人的具体需求，另一方面就是机构养老的社区回归。比如在电梯的设计中彰显老年人需求的特点，每一部电梯都设计有为老年人量身定做的椅子，电梯的门都装有透视玻璃，他们坚信这样的设计可以降低老年人在电梯运行中产生的恐惧感和孤独感，甚至电梯的关门系统也可考虑老年人行动缓慢的因素，设计关门速度的很多障碍感应装置，以适应老年人进门与出门的速度。

民政部门作为监督部门，要建立一套科学合理的考核机制，探索一种完备的、科学的服务质量考察方法，加强对服务质量的监督和评估，引导养老机构朝着注重服务质量的方向发展。

**3. 引进高素质的专业人才，尤其是护理和社会工作专业人才**

制约养老机构发展的主要瓶颈之一就是专业水平与照顾品质的低下，很多养老机构缺乏社工、护工等专业人士，在实施养老照顾中伤老损老现象屡屡发生，使得很多老年人望而却步。必须加大针对养老产业的专业人才培养力度，鼓励高校设置和培养老年社工和老年护工等专业人才，同时培训养老机构的主管及各类从业人员，实行持证上岗。只有提升机构养老的专业化水平和照顾品质，才能吸引更多的老年人进入机构安享晚年。

养老机构可以与高校护理和社会工作专业建立常态化的互动机制，把机构作为学生的实习基地，为学生提供社会实践的机会，同时机构也得到了专业的服务理念和服务方法，有利于机构服务质量的提升。另外，要在服务队伍中配备一定数量的专业人才，在为老服务中起到示范和督导作用，加强对非专业服务人员的指导。

目前相当一部分养老机构属于政府兴办的事业单位，"行政主导"的管理模式比较常见，一般情况下，工作人员都会一边倒地服从机构的要求，而忽视老人的需求。但是这种通行的、看似非常合乎规章和常理的做法，实际上却在很大程度上违背了社会工作的专业理念，因为"案主为本"或称"服务对象为本"是社会工作中的基本理念之一。于是，兼顾服务对象和机构的双重要求，对于许多工作人员来说，是一个非常困难的问题。有许多基本的社会工作技巧和工作手法可以帮助工作人员进行平衡和协调。例如新入住老人对养老院生活习惯以及人际关系等的适应性问题，如果我们能够引入小组社会工作的理念与手法，利用老人相互之间的动力和工作人员的辅导，对新入住的老人进行适应性和发展性的训练与协助，将能够很好地帮助老人顺利度过适应期。

那些传统的、缺少专业理念和专业人员的福利机构，往往会将机构的价值置于案主的价值之上，更多地表现为一种"问题解决型"的工作方式，只要机构内没有严重的冲突和问题，工作就算是比较有成效了。而"案主为本"的服务取向，关注的是是否切实改善了案主的生存状态，是否有效地关照了案主的真实需求，以及是否使案主以全新的视角了解自己的问题和困惑，从而发生实质的改变等。这样两种截然不同的主导价值与工作方式所产生的实际工作效果，就可想而知了。因此，对于那些以不断提升服务水平、改善工作作风为目标的养老机构来说，倡导社会工作的价值理念，注重社会工作的工作手法，无疑是冲出当前服务瓶颈的一个重要突破口。

**4. 从生活照料的照顾转变为生活照顾与维护精神和心理健康并重**

在调查中，老年人不愿意选择入住养老机构的一大因素就是养老机构不自由，尤其是农村老人，即便在家得不到应有的照顾，也不愿意选择去养老机构，其中除了金钱因素之外，就是家里环境熟悉，不愿意离开家庭。

养老机构内的老人由于子女不在身边更容易感到孤独，有的老人性格内向不善于交流，很容易产生抑郁症，这就需要专业服务人员具备老年心理学方面的知识，经常陪老人聊天、谈心，加强对老人心理的疏导。同时，养老机构要创造条件，尽量满足老人兴趣爱好上的需求，提供各种必备设施，并开办多种多样的活动，比如鼓励老人参加文体比赛、念老年大学等，鼓励老人树立积极老龄化观念，发挥余热，实现自己年轻时没有实现的梦想。

**5.培育养老机构内活泼、乐观、向上的氛围**

养老机构可以从名称上改变"夕阳红"之类的称谓，创设一个积极向上、乐观自信的名称，如美国亚利桑那州的"太阳城"等，从名称上就可以给老人一个心理暗示，暗示他们这里不仅是晚年生活的地方，更是发挥余热、实现自己理想的地方。另外，把开展娱乐活动落到实处，身体好的老年人可以参加交谊舞等比赛，身体欠佳的可以参加晚会等，调动老年人的生活热情，增强其对机构的归属感。可以与志愿者团队建立合作关系，让志愿者们经常到机构陪老人聊天等，但要注意这些活动要尊重老年人的意愿且要常态化，忌形式主义。

# 第三十一章　河南省老龄产业发展研究

## 一　引论

### （一）研究背景与意义

21世纪是人类老龄化的时代，河南作为第一人口大省，1998年已进入老龄化。截至2015年底，全省60岁及以上的老年人口已达1498万人，占全省总人口的15.8%，预计到2030年老年人口将增至2490万人，其比重将升至24.03%。[①] 老龄化对拥有9402万（2017年数据）总人口的河南经济社会发展的压力已经凸显，做好老龄工作，解决老龄问题，是21世纪河南经济社会发展中无法回避的重大课题。

做好老龄工作是全面建成小康社会的客观需要，是构建社会主义和谐社会的重要内容，更是民生保障的重要举措。而老龄产业，是为满足老年人的特殊需求而为他们提供产品和服务的产业，发展老龄产业是老龄工作的重要内容。

关于河南老龄产业发展的研究，既为老龄问题的解决提供了新的思路，大大丰富了老龄问题研究的领域，又为民生保障提供了新的路径，大大加快了和谐社会建设进程。

### （二）研究现状述评

伴随着中国人口老龄化的到来和进一步加剧，老龄问题的研究也由

---

① 河南省统计局、国家统计局河南调查总队编《河南统计年鉴2016》，中国统计出版社，2016，第94、96页。

起步、全面发展阶段逐步走向深入,其内容主要包括以下方面:"其一,人口老龄化研究,包括人口老龄化的衡量标准、形成原因、发展趋势、中国特色等;其二,老年人口问题研究,包括三个层次(老年人口基本概况分析,如老年人口结构、特征等;老年人口社会行为特征分析;老年人口生活状况的综合性分析)、八个方面(老年人口的分布状况、健康状况、婚姻状况、家庭状况、经济状况、生活照料、人际关系、生活质量等);其三,养老问题研究,主要包括养老方式和社会养老保障制度两方面。"20多年来,我国老龄问题的研究,可以说取得了可喜的成绩,但由于历史条件和政策需要的限制,许多方面的研究还基本上处于讨论性、实感性状态,未能从理论上建立研究框架,尤其是定量化研究力度不够,致使提出的建议、对策,缺乏可供操作的参数,研究成果难以社会化。

学术界对河南老龄问题十分关注,其中省老龄委与省老龄学学会曾先后5次召开大型学术研讨会,并先后完成了《论人口老龄化对河南省经济与社会发展的影响及对策》《关于社会主义市场经济下的老年管理体制研究》《试论我国老年文化工程建设的初步构想》《关于河南省人口老龄化过程中家庭养老与社会照料的研究》《河南省人口老龄化与发展老年产业问题研究》等课题;此外,还有叶川的《河南省农村老龄化程度调查与思考》[①]、王振华的《河南人口老龄化趋势及社会养老保险体系构建》[②]、张卫平的《河南省农民老龄化暴露出的问题及对策》[③]、刘笠萍的《河南省人口老龄化的现状、特征及对策》[④] 等论文;另外,马力、叶川的《河南省老龄事业现

---

① 叶川:《河南省农村老龄化程度调查与思考》,载焦锦淼主编《2006 年:河南社会形势分析与预测》,社会科学文献出版社,2006,第 165 ~ 170 页。

② 王振华:《河南人口老龄化趋势及社会养老保险体系构建》,《经济经纬》2004 年第 5 期,第 78 ~ 80 页。

③ 张卫平:《河南省农民老龄化暴露出的问题及对策》,《郑州经济管理干部学院学报》2005 年第 2 期,第 67 ~ 70 页。

④ 刘笠萍:《河南省人口老龄化的现状、特征及对策》,《河南商业高等专科学校学报》2004 年第 3 期,第 73 ~ 75 页。

状与展望》[1]一文，对河南老龄事业现状进行了总结，对老龄工作存在的困难和问题进行了剖析，对老龄事业发展的目标进行了论述。

总体来看，对河南老龄问题的研究力度还不够，不能适应河南省老龄化形势的发展，无论是在研究范围上，还是在研究深度上，都有待进一步加强，前者体现在许多重要领域（比如老龄工作与社会和谐发展的关系）还未研究或深入研究，后者表现在研究缺乏系统性、前瞻性、定量化（比如，在探讨社区服务时，就很少有人去详细分析和估计与社区服务体系相关的财政问题），导致一些建议、对策的实践性、可操作性不强，不能立足河南特色，有效地解决一些重大现实问题。再者，在河南老龄问题研究方面，虽然也完成了一些课题，但是缺少能公开发表的高质量的成果。

## （三）研究方法与数据

### 1. 文献研究法

文献研究法就是对有关老龄产业与和谐社会建设的文献进行搜集、整理和分析。和谐社会建设中的老龄产业发展问题研究，是一项跨学科的综合性的研究，因而，本课题大胆借鉴国内外有关老龄产业发展与和谐社会建设的理论成果和成功经验，并运用社会学、经济学、人口学、哲学等学科的理论，结合河南的实际，来分析河南老龄产业发展与和谐社会建设的现状与问题，探讨河南和谐社会建设中的老龄产业发展战略问题。

### 2. 统计资料与实地调研相结合的方法

充分利用1990年、2000年、2010年第四次、第五次、第六次全国人口普查和近几年出版的《河南统计年鉴》中的有关数据，以及课题组对洛阳、开封、濮阳等地市城乡老年人的生活需求进行的抽样问卷调查的有关资料，通过统计、归纳、比较，来分析河南老龄产业的供需矛盾与前景，河南和谐社会建设的现状与问题。

---

① 马力、叶川：《河南省老龄事业现状与展望》，载焦锦森主编《2005年：河南社会形势分析与预测》，社会科学文献出版社，2005，第202~207页。

## 二 老龄产业的含义、内容与特征

### （一）含义

老龄产业，又称银色产业或老年产业，它是由于老龄问题越来越突出，而过去对老年产品和劳务又很不重视，为了特别强调发展满足老年人需求的产品和劳务而提出来的。

简单地说，老龄产业是指为老年人提供产品或服务，满足老年人衣、食、住、行、用等各方面特殊消费需求的各种行业、部门的通称，包括生产、经营和服务三个方面。

老龄产业不是传统意义上的一个独立的产业部门，也不能简单归属三大产业中的哪个产业，它是由老年消费市场需求增长带动而形成的新兴的综合性产业。从老龄产业的实践上看，老龄产业体系基本涵盖了第一、二、三产业，既包括为老年人提供特需的农副产品，也包括为老年人服务的设备，还包括社会服务业等新兴行业；从长远看，发展老龄产业是为了最大限度地满足老年人的精神需求和物质需求以及其他特殊需求，以利于老年人晚年健康生活，提高其整体生活质量，并通过这些进而实现盈利的市场价值，因此，它具有经济和社会的双重属性。

### （二）内容

老龄产业，作为一种综合性的新兴产业，涵盖了多个领域，包含了丰富的内容。借鉴国外老龄产业发展实践，结合我国老龄产业发展的实际，我们认为，它主要包括以下行业。

第一，老人生活用品业，包括专门为老年人设计开发的服装、食品、生活用品等。

第二，家政服务业，如老年人饮食派送服务、代购生活用品服务、家庭护理服务、日间生活照料服务、家务劳动服务等。

第三，医疗保健护理业，如生产特定药品、保健品、医疗器具等。

第四，旅游娱乐业，如旅游服务与陪同、老年棋牌、运动、曲艺等。

第五，老年房产业，如老年住宅公寓、老年护理医院、托老所、养老院、敬老院、老人活动中心等。

第六，老年教育业，如老年学校、老年职业培训、老年职业介绍等。

第七，老龄保险业，如人寿保险业、健康保险业、养老保险业等。

第八，老龄咨询服务业，如购物咨询、投资咨询、医疗咨询、法律咨询、旅游咨询、心理咨询、婚姻介绍等。

第九，其他特殊行业。

另外，从经济学角度，根据老龄产业各部门所提供的产品的"性质"，在理论上可将老龄产业的内容划分为老龄公共品行业、老龄私人品行业，老龄准公共品行业。简单地说，老龄公共品行业是指由政府财政和民政等部门免费给老年人提供产品和服务的行业；老龄私人品行业是指老年人需通过市场，按照市场价格而获得产品和服务的行业；老龄准公共品行业是指老年人以低于"市场价格"获得由特定组织或团体提供的产品和服务的行业。当然，在实践中，常常很难将某一具体行业，严格界定为公共品行业、准公共品行业或私人品行业，而是兼而有之，甚至有时候，某一产品或服务起初主要是政府投资、免费提供的，属于公共品行业，后来，逐渐走向市场化、社会化，由企业、社会组织来投资，有偿提供或低偿提供，从而变成私人品行业或准公共品行业。

## （三）特征

从以上关于老龄产业含义和内容的分析，我们可以看出，老龄产业包括以下特征。

### 1. 特殊性

老龄产业的特殊性是指老龄产业服务对象的特殊性，即从年龄阶段上划分，老龄产业的目标对象锁定为 60 岁及以上的老年人口，尽管老龄产业提供的产品、劳务或就业机会并不排斥非老人。[1]

---

[1] 汪雁：《对老龄产业内涵及性质的再思考》，《市场与人口分析》2004 年第 3 期。

### 2. 综合性

老龄产业的综合性主要表现在两个方面：第一，它是一个横跨第一、二、三产业的综合产业体系，如农业部门中专门为老人提供副食的企业，属于第一产业，工业部门中为老人生产日用品的老年服装公司、老人助听器公司等属于第二产业，老人婚姻介绍所等属于第三产业；第二，老龄产业是一个综合性的大市场体系，在这个市场体系中，包含众多专门为老人服务的子市场，具体地说，老龄产业的市场体系涵盖老龄日用品市场、为老服务市场和老龄经济实体等众多领域。①

另外，值得特别强调的是，尽管老龄产业具有综合性，涵盖第一、二、三产业，但其侧重点是不同的，更多的是包含在第三产业之中。首先，这是由于老年人的生理和心理特点决定他们更多地需要第三产业创造直接服务于他们的各种劳务，而不是第一、二产业提供的一般消费品；其次，这是由于第一、二产业提供的产品中部分只要适当加以改进就可以满足老年人的需求，而直接服务于老年人的第三产业中的一部分则需要根据老年人的特点去大力发展，以满足老年人日益增长的服务需求；最后，在我国现有三大产业体系中，第一、二产业发展相对比较充分，而第三产业相对滞后，发展缓慢，与日益增长的老年人的服务需求很不协调。这一点从前面所述老龄产业的内容中也可以明显看出。

### 3. 微利性

老龄产业的微利性是指从事老龄产业的企业在老龄市场的单项产品或单项服务的平均利润率与从事其他产业相比相对较小。老龄市场服务对象——老人的现实消费水平的低下性和老人的消费特征的理智性，决定了从事老龄产业的企业的价格战略应该实行低价位，市场战略应该瞄准规模效应，这决定了老龄产业的微利性。此处需要指出两点：第一，老龄产业的微利性是就单项产品或服务的平均利润率而言的，这与从事老龄产业的企业的高利润总额并不矛盾，原因在于老龄市场容量的巨大；第二，微利性并不排斥老龄产

---

① 汪雁：《对老龄产业内涵及性质的再思考》，《市场与人口分析》2004年第3期。

业的市场性，也并不等于主张老龄产业福利化，这恰恰表明了老龄产业在市场中不同于其他产业的特殊性。①

# 三　河南老龄产业发展现状与问题

伴随着老龄化社会的到来和老龄化程度的进一步加深，河南老龄产业在政府推动下获得了较快的发展，但是，同迅速增加的老年人口的消费需求相比，还有相当大的差距，还存在诸多问题。本节重点探讨近年来河南老龄产业的发展成就和目前存在的主要问题。

## （一）发展成就

### 1. 老龄产业逐步引起政府部门的高度重视

对老龄产业的认识是一个渐进的过程。1990 年 5 月 1 日起施行的《河南省老年人保护条例》，虽然没有直接提"老龄产业"，但围绕"老龄产业"的相关内容提出了"各级人民政府应逐步发展、建立和完善老年人所必需的社会保险、社会救济、医疗保健和文化教育事业"，"各地应积极创造条件，逐步兴办福利院、敬老院、老年公寓、老年人活动中心，提倡和鼓励单位或个人兴办老年人生活福利和文化设施"，并为此对医疗、工业、公共、城建等部门提出了相应要求。

在河南省政府办公厅转发的《关于围绕党的中心任务积极推进我省老龄工作的意见》中，又强调要"抓住机遇，大办老年经济实体"，并且在一年多时间，"已批准经济实体 300 多家，部分已获效益"。

在省政府办公厅转发的《关于进一步加强老龄工作的报告》中再次强调："各级政府要从政策上鼓励、扶持单位和个人兴办老年福利事业，动员社会力量，分层次、多渠道地兴建老年福利设施。"

在省政府转发的《中共中央、国务院关于加强老龄工作的决定》中，

---

① 汪雁：《对老龄产业内涵及性质的再思考》，《市场与人口分析》2004 年第 3 期。

进一步将"坚持政府引导与社会兴办相结合,按照社会主义市场经济的要求积极发展老年服务业","逐步建立比较完善的以老年福利、生活照料、医疗保健、体育健身、文化教育和法律服务为主要内容的老年服务体系"作为老龄工作的重要原则和目标之一,并用将近1/5的篇幅,就政府各部门和社会力量兴办老年服务设施,发展老龄服务业,进行了较具体的论述。

《河南省老龄事业发展"十五"计划纲要(2001～2005年)》和《河南省老龄事业发展"十一五"规划》更是将老龄产业中的照料服务、医疗保障、精神文化生活等内容,作为老龄工作的重要任务和措施做了较具体的要求。

《河南省老龄事业发展"十二五"规划》提出了"初步建立结构合理、门类齐全、管理规范的老龄产业发展体系"的总体目标,确定了以下工作任务:①围绕老年人需求,遵循市场规律,研究建立扶持老龄产业发展的政策措施,积极引导和鼓励社会力量投资老龄产业,促进老龄产业快速、健康发展;②构建包括养老设施、生活照料、卫生保健、康复护理、文化教育、体育健身、老年用品、老年食品、老年旅游、各种商业养老补充保险等在内的老龄产业体系;③重点扶持社会养老设施建设、老年保健康复服务和老年特殊用品的开发,帮助打造老年产品和养老服务知名品牌;④培育行业中介组织,充分发挥行业协会作用,加强行业监管。

《河南省民政事业发展第十三个五年规划》进一步强调,要"完善市场准入制度,全面放开服务市场,鼓励社会力量、民间资本参与养老服务业,支持各类主体增加养老服务和产品供给,鼓励开发各类养老服务业保险产品……"。

另外,为加快和规范养老机构建设,河南省还专门成立了省级养老服务机构委员会,制定了《河南省养老服务机构质量标准》《河南省养老服务机构服务质量星级划分与评定标准》《河南省养老服务合同参照文本》《河南省养老服务机构委员会工作规则》等。这些政策文件的出台,不但大大促进了全省老龄产业的兴起和发展,其内容和要求还为今后老龄产业的发展指出了方向。

**2. 养老服务设施和老年活动设施建设获得较大发展**

近年来，为满足逐步加深的老龄化社会的发展要求，针对大量老年人日益增长的社会需求，河南省各级政府和社会各界十分关注养老服务设施和老年人活动设施建设，并给予了大量的投入，使河南省养老服务设施和老年活动设施建设获得较快发展。截至 2015 年，河南已经拥有提供住宿的养老服务机构 862 个，有床位 9.55 万张，其中城市有 314 个，床位 3.87 万张；农村有 548 个，床位 5.68 万张；有不提供住宿的社区养老机构和设施 1753 个，其中城市 520 个，农村 1233 个，拥有床位 20.79 万张，其中城市 5.03 万张，农村 15.76 万张；有老年医疗护理机构 219 所，床位 5263 张，其中老年医院 200 所，床位 4822 张，老年临终关怀医院 19 所，床位 441 张。此外，还有老年活动中心、老年学校、社区互助型养老设施等。[①]

**3. 市场化和社会化相结合的老年社会服务业快速发展**

河南省老龄产业在政府主导、主办，各方社会力量积极参与、支持、协办下，以国家集体兴办的社会福利机构为主导，以社会力量兴办的社会福利机构为新的增长点，以社会照料服务为依托，以居家供养为基础，以志愿服务为补充的老年社会服务业得到快速发展，养老服务社会化体系即将初步形成。据统计，截至 2015 年，河南提供住宿的养老服务机构职工人数已达 8833 人，其中城市有 4842 人，农村有 3991 人；年收入城乡总计达到 20801.4 万元，其中城市为 13201.8 万元，农村为 7599.6 万元。[②] 另外，老年服务社会化步伐也明显加快，继 2003 年 11 月，河南省首家老年服务社会团体——郑州社康老年综合服务中心成立之后，安阳社康、新乡社康、开封社康、洛阳社康也相继成立，并得到较快发展，他们为老年人提供日托照料、健身康复、休闲娱乐、社区医疗、管家登门、配送到户、异地养老、异地旅游、异地疗养等多项服务项目，仅洛阳社康"暖巢管家"，一年多时间就为老

---

[①] 中华人民共和国民政部编《2016 中国民政统计年鉴》，中国统计出版社，2016，第 320 ~ 324、330 ~ 333、338 ~ 341、494 ~ 497、521 ~ 523 页。

[②] 中华人民共和国民政部编《2016 中国民政统计年鉴》，中国统计出版社，2016，第 321、329 页。

人登门服务累计两万余次。社康老年综合服务中心的发展，标志着河南老年服务社会化迈出了关键性的一步，翻开了河南老龄产业发展史上新的一页。

## （二）目前存在的主要问题

河南省老龄产业的发展尽管取得了显著的成绩，但目前仍然存在许多问题，主要表现在以下方面。

### 1. 发展水平的滞后性

发展水平的滞后性，是指河南老龄产业的发展，同广大老年人日益增长的对老龄产品和服务的需求相比，明显滞后，供求差距显著。以近年来发展较快的养老机构为例，2015 年河南有 60 岁及以上老年人口 1498 万人，其中 65 岁及以上老年人口已达 913 万人[1]，根据年龄与性别双因素模型推算，养老机构需要提供床位 14.6 万张[2]，而河南老年人养老服务机构仅能提供床位 9.55 万张[3]，尚有 1/3 的缺口。另根据河南省民政厅提供的数据，2015 年河南每千名老人拥有床位 32.2 张，与《河南省民政事业发展第十三个五年规划》提出的 35 张的目标还有很大差距。[4] 另外，2015 年 7 月，我们对河南省郑州市、濮阳市老年人口生活及需求状况进行的问卷调查也表明了这一点，两地共发放问卷 1000 份，收回有效问卷 910 份，通过分析处理显示，两市无论在老年产品开发、老年市场建设还是在社区老年服务建设上，都远远不能满足老年人的需求。其中老年人对服装鞋帽的需求为 50.1%，得到满足的为 10.34%；对医疗保健品的需求为 46.89%，得到满足的为 8.39%；对健身用品的需求为 38.23%，得到满足的为 7.38%；对文化娱乐用品的需

---

① 河南省统计局、国家统计局河南调查总队编《河南统计年鉴 2016》，中国统计出版社，2016，第 94、96 页。

② 相关知识参见张良礼《应对人口老龄化——社会化养老服务体系构建及规划》，社会科学文献出版社，2006，第 157、177 页。推算时所用数据来源于河南省统计局、国家统计局河南调查总队编《河南统计年鉴 2016》，中国统计出版社，2016，第 91、96 页。

③ 中华人民共和国民政部编《2016 中国民政统计年鉴》，中国统计出版社，2016，第 330～333、338～341 页。

④ 《河南省民政事业发展第十三个五年规划》，河南省民政厅网站，http://www.henanmz.gov.cn/system/2016/11/29/010686623.shtml。

求为 34.48%，得到满足的为 6.71%。可见，河南老龄产业发展水平异常滞后，与广大老年人对老年产品和服务的需求有很大差距。

### 2. 发展领域的不平衡性

发展领域的不平衡性，是指河南老龄产业的发展无论是在其内部各行业，还是在地域之间、城乡之间，都存在较大差异。

第一，在老龄产业内部，整体来看，老年公寓、敬老院、托老所、老年活动中心等养老机构发展较快，也发展最好，而专门为老年人设计的普通住宅，专门为老年人提供的居家养老生活、医疗护理服务、出外旅游服务、人寿保险服务、咨询服务等发展相对较慢，专门为老年人提供服务的老龄医疗保健业专门化程度低，专门为老年人开发的科技含量较高的老年人专用品较少，比如吃的方面，除了保健品，老年人还根本没有属于自己的"专利"商品。总之，在老龄产业内部各个方面的发展上，表现出极大的差异性。

第二，在地域上，城乡差距较大。总体来看，河南乡镇、农村老年人对老年服务产品和服务设施的人均占有量高于城市老年人。比如，2010 年河南建制市有 60 岁及以上老年人口 196.9 万人，村镇有 999.92 万人[1]，城市拥有收养性老年生活福利机构 215 家，床位 1.65 万张，每千位老人拥有 8.38 张床位，而村镇则拥有收养性老年生活福利机构 2445 家，床位 23.26 万张，每千位老人拥有 23.26 张床位。[2]

### 3. 发展项目的盲目性

发展项目的盲目性，是指老年产品、服务项目、服务设施的投入，缺乏全面而深入的市场调查，多靠感观印象，有的甚至是为了"政治任务"作为"形象工程"而进行投资兴办，带有极大的盲目性，导致老龄产业的发展存在整体发展滞后下的供求结构性失衡，即"供"非所"需"、"需"非所"供"现象。主要表现为一方面有市场需求的产品和服务满足不了需要（例如老年医疗护理机构少、条件差、定位不准确、管理落后，从业人员素

---

① 国务院人口普查办公室、国家统计局编《2000 年人口普查资料》，中国统计出版社，2002。

② 河南省统计局、国家统计局河南调查总队编《河南统计年鉴 2011》，中国统计出版社，2011。

质较低，难以满足大多数老年人的需求），另一方面不适用的产品和服务又相对过剩（例如养老院不是奢华、收费高，就是配置低、服务差）。

### 4. 发展阶段的初级性

发展阶段的初级性，是指河南老龄产业的发展，同发达国家相比，尚处于起步阶段，用中国老龄协会调研部主任程涌先生的话说，就是真正意义上的老龄产业还未形成。主要表现为进入老龄市场的企业偏少，专门开发生产老年用品的企业更是凤毛麟角，老年产业的发展缓慢，导致适合老年人生理特征的产品品种少，主要集中在老年保健品等少数几种商品上；为老年人开发和提供的服务项目少且质量低，不能满足广大老年人的需要；老年公寓、老年活动设施远远不能满足老年人需求；等等。以商业为例，各大商场老年商品难觅踪影，衣着类柜台设有男装部、女装部、童装部，却唯独没有老年部，各种保健器材多如牛毛，但专门为老年人设计的寥寥无几，有的商家想开设老年人专柜，却常为难觅货源而尴尬。与此相反，西方发达国家，老龄产业的发展早已具有相当的规模，老年人所需要的吃、穿、用、玩等商品和服务应有尽有，而且科技含量也很高。例如法国，老年人成了市场的"宠儿"，其总消费力已占到20%多。河南老龄产业的发展，与其相比，还只能说处于初级阶段或起步阶段。

### 5. 发展政策的欠缺性

微利性是老龄产业的一项重要特征，因而，在老龄产业发展初期，政府的政策支持与帮助，对老龄产业的发展起着非常关键的作用。虽然省政府在加强老龄工作、发展老龄事业的各种文件中，也明确指出，"要落实各项优惠优待政策"，"对社会力量投资兴办的福利性、非营利性的老年服务机构和有关捐款，要按有关规定实行减免税等优惠"，并要求"金融机构按照信贷通则加大贷款支持力度"[1]，且早在2000年11月，财政部、国家税务总局就联合出台了《关于对老年服务机构有关税收政策问题的通知》，但

---

[1] 全国老龄工作委员会办公室编《老龄工作文件选编（地方卷）》，华龄出版社，2002，第327、335页。

是，都是些原则性的要求，过于笼统，缺少具体配套的政策措施，再加上老龄产业涉及生产、流通、经营、消费等各个环节，牵扯到民政、财政、劳动保障、工商、计委、国税、地税、银行等不同部门，难以统一协调，致使已有的政策也很难贯彻执行。老龄产业发展政策的不力和缺失，导致老年产品企业、民办养老机构融资困难，税费负担重，层层设卡、处处刁难的情况时有发生，严重阻碍了老龄产业的发展，制约了老龄产业社会化、市场化进程。

### 6. 发展主体的单一性

党、政府及其各部门一直是老龄产业发展的主体。《老年人权益保障法》明确将"建设老年福利设施"与"实施照料服务"作为发展老龄事业的两个重要方面，另外，其他文件也多次强调，各级发展计划部门在制订投资计划、安排投资项目时，要加大对老年服务设施的投入，要鼓励社会力量兴办老年福利服务设施。在实际工作中，党和政府也确实一直将兴建养老设施、发展老年社会服务作为老龄事业的一部分，作为福利事业来定位，也提出社会福利社会化的理念，但对老龄产业的社会化、市场化，至今仍缺乏具体的政策措施。这些因素直接导致河南老龄产业的发展，始终是政府主办、社会协办，某些时候，特殊方面甚至是政府独办。以养老机构为例，目前河南能为老年人和残疾人提供住宿服务的养老机构有1075家，其中编制登记的有582家，民政登记的有488家，还有5家是一个机构多块牌子。可见，尽管民办机构有了较快发展，但是官方性质的机构仍占多数。老龄产业发展主体的单一性，导致老龄产业发展资金的严重不足和发展领域的不全面性，严重影响了老龄产业的发展。

### 7. 发展眼光的短浅性

在新闻媒体和政府文件中，我们一向强调"老龄事业""老龄工作"，而"老龄产业"一词，则更多地出现在学术探讨层面，致使至今一些决策部门和不少人对"什么是老龄产业，如何发展老龄产业"缺乏足够的科学的认识，要么认为老龄产业就是老龄事业，等于党强调的老龄工作；要么认为老龄产业是其他产业的一部分，可有可无，没必要单独强调，更没有必要制订统一的发展规划；还有人认为老龄产业的发展涉及诸多领域、部门，老龄部门孤掌难鸣，难有作为；还有人对老龄产业过于乐观，导致一些项目盲目上马，甚至一哄而上；也有人对老龄产业过于悲观，认为投资大、风险高、回报低，不值得投入。由于社会各界对老龄产业缺乏正确的、全面的、深刻的认识，因此一些政府决策部门和企业不能用长远的科学的眼光审视它、规划它、发展它，进而造成老龄产业的发展政策支持度低、企业参与度低的局面，严重影响了河南老龄产业的发展进程。

综上所述，河南老龄产业在省委、省政府的领导、推动下，在各部门和社会力量的努力参与下，取得了前所未有的辉煌成绩，但同日益加深的老龄化社会提出的要求相比，明显滞后，还有较多不足和问题。这些不足和问题，不仅影响了老年人物质、文化、精神生活水平的提高，还制约着和谐中原建设进程和全面小康社会目标的实现，需引起我们的高度关注。

## 四 河南老龄产业的发展前景

老龄产业，作为专门满足老年人的特殊消费需求而为他们提供产品和服务的产业，尽管在河南的发展还比较落后，并且存在诸多问题和困难，但是，我们仍然认为，老龄产业是大有可为的，前景是十分广阔的，是一项亟待开发的朝阳产业。

### （一）人口老龄化的加速推进将进一步加大老龄产业发展的基础动力

老龄产业是为老年人口提供特需产品和服务的行业、部门的通称。只有当老年人口达到一定规模，占到一定比重，才可能有商家、企业介入，专门生产、设计其特需产品，专门提供其特需服务。如果老年人数量太少、比重太小，则产品、服务需求量小，成本效益高，利润小，甚至零利润或赔本，商家、企业就不愿意介入，即使有商家和企业生产，也难以形成市场规模。而人口老龄化就是指老年人口占总人口的比重不断上升，老年人口规模不断扩大的过程。可见，人口老龄化是老龄产业形成和发展的外在基础条件，是其进一步发展的基础动力，同时，又为老龄产业的形成、发展提出了客观要求，而老龄产业的兴起和发展，是人口老龄化发展的必然结果。

据统计，1982 年，河南 65 岁及以上人口占总人口比重为 5.23%，属于成年型年龄结构，2000 年则上升为 6.96%，进入老年型年龄结构，从成年型到老年型仅用了 18 年，而发达国家这一过程通常要经历七八十年，甚至上百年时间。[①] 2000 年，河南省 60 岁及以上人口占总人口比重为 10.18%，2003 年为 10.93%，2005 年为 11.96%，2010 年为 12.72%，2015 年则上升到 15.71%，预计到 2030 年河南老龄化高峰期时，可能高达 24.03%。河南老年人口比重，2000～2010 年，平均每年约提高 0.25 个百分点，2010～2030 年，预计将年均增长 0.57 个百分点。可见，未来 20 年，不仅河南老龄化程度在加深，而且老龄化速度也在迅速加快（见图 31－1）。人口老龄化的加速推进，将为河南老龄产业的发展提供强劲的基础动力。

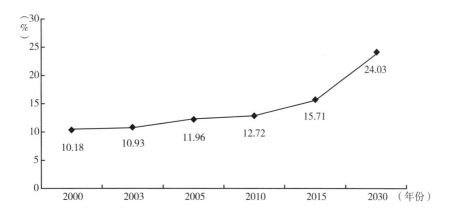

**图 31－1　2000～2030 年河南 60 岁及以上老年人口比重增长**

　　资料来源：2000 年与 2010 年数据源于第五次、第六次全国人口普查；2015 年数据源于《河南省老龄事业发展"十二五"规划》；其余数据源于《河南省老龄事业发展"十一五"规划》。

---

① 焦锦森主编《2006 年：河南社会形势分析与预测》，社会科学文献出版社，2006，第 65 页。

## （二）巨大的老龄市场消费需求将日益成为刺激河南老龄产业持续、高速发展的外驱力

所谓"产业是指由所有具有某种同一属性，并从事营利性经营活动的企业或企业群所组成的集合体"，市场性是其重要特征，一个产业就是一个市场，一个产业体系就是一个大市场，凡是进入某一产业或产业群中的主体均不得不遵循市场规律。① 老龄产业作为一种产业，也是企业或企业群的集合体，也具有市场性，尽管它拥有"微利"特征。马克思指出，需要是同满足需要的手段一同发展的，并且是依靠这些手段发展的。而作为老年消费者需求的对象，往往是以价值形式表现的，而表现需求价值的交互活动点只能是市场，于是，市场需求就成为推动生产发展的直接动力，而市场需求结构，就成为产业结构变动的直接根据。② 可见，老龄市场需求是老龄产业发展的外在驱动力。

市场学理论认为，市场是在一定时间、一定地点，具有对某种商品或劳务的购买欲望和购买力的消费者群，它是由人口、购买力、购买欲望三个主要因素构成的，三个要素密切相关，缺一不可，并和一个市场的规模和容量成正比。人口因素是前提，没有人的地方就没有市场，人口多少是决定市场大小的根本条件。当然如果人口多，收入水平很低，市场也不会大；相反，人口不多，但收入很高的地区或人群，其市场也可能会大些。只有人口多而收入高的地区或人群，才是一个真正大的和有潜力的市场。而且，有了人口和收入，还必须使商品能符合消费者的要求，能够引起消费者的购买欲望，否则，还不会形成现实的市场。③ 因此，老龄市场需求大小，主要是由老年人口数量的多少、收入水平的高低、购买欲望的强弱三个因素决定的，用公

---

① 汪雁：《对老龄产业内涵及性质的再思考》，《市场与人口分析》2004 年第 3 期，第 63 页。
② 杨中新主编《中国人口老龄化与区域产业结构调整研究》，社会科学文献出版社，2005，第 38 页。
③ 刘同昌：《老龄社会的消费需求与老年人消费市场的开拓》，《青岛海洋大学学报》（社会科学版）2000 年第 4 期，第 87 页。

式表示为：

$$老龄市场需求 = 老年人口数量 × 购买力水平 × 购买欲望$$

可见，只要我们分析未来老年人口规模、购买力水平、购买欲望，就能判断老龄市场需求的潜力，进而推算老龄市场消费需求为老龄产业发展提供外在驱动力的强弱。

**1. 老年人口规模**

河南是中国第一人口大省，也是第一老年人口大省，2000 年人口普查时，60 岁及以上老年人口为 928.64 万人，2003 年约为 1056 万人，2005 年约 1122 万人，2010 年为 1196.82 万人，2015 年则达到 1498 万人，预计2030 年将达 2490 万人，约占全省总人口的 1/4。[①] 可见，河南老年人口规模不但庞大，而且在未来 10～20 年，其还在加速度增长。如此庞大的老年人群无疑是一个相当大的消费群体，其市场规模的容量可想而知。

**2. 购买力水平**

老龄产业的发展在很大程度上受制于老年人口的购买力水平，而购买力水平是以收入做保证的。老年人口的收入主要来源于退（离）休金、再就业劳动所得、子女赡养费、个人储蓄、社会福利与社会保障、投资收入、遗产等。众所周知，改革开放以来，河南经济一直持续、健康、快速发展，2015 年国内生产总值已达 23092.36 亿元，跃居全国第五位。各项社会事业也取得新进步，人民生活明显改善。近年来，全省城乡居民收入保持快速增长，2015 年城镇居民家庭人均可支配收入达 25575.61 元，与 2014 年相比，增长 8.04%；全省农村居民家庭人均纯收入也已达到 10852.86 元，比 2014年增长 8.9%。[②] 以养老保险、医疗保险、失业保险、最低生活保障等为主

---

① 国务院人口普查办公室、国家统计局编《2000 年人口普查资料》，中国统计出版社，2002；河南省统计局、河南省人口普查办公室编《河南省 2010 年人口普查资料》，中国统计出版社，2012；河南省统计局、国家统计局河南调查总队编《河南统计年鉴 2016》，中国统计出版社，2016，第 94、96 页。

② 河南省统计局、国家统计局河南调查总队编《河南统计年鉴 2016》，中国统计出版社，2016，第 277 页。

要内容的社会保障体系进一步完善，企业离退休人员养老金大幅度提高。经济的发展，社会的进步，将使老年人共享社会发展成果的政策得到进一步落实，老年人的收入水平将不断提高，购买力将逐渐增强，必然会带动老年市场消费需求的增加，从而刺激河南老龄产业的发展。

**3. 购买欲望**

购买欲望，这里主要指老年人口购买老年产品和服务的动机、希望和要求，是由老年人的生理和心理需要引起的，是老年人口潜在购买力变为现实购买力的主要条件，是老龄市场消费需求的主要的决定因素。

艰苦朴素、勤俭节约是中华民族的传统美德，重积累、轻消费，重子女、轻自己是中国人的传统观念，更是中华文化发祥地之一的河南老年人口的重要特征，这些传统观念严重地压抑着老年人自我满足的欲望和消费意愿。但是，正如马克思所说，经济决定政治，物质决定意识。随着经济的发展，社会的进步，文化素质的不断提高，人的思维方式和生活方式也在不断改变，老年人的价值观、消费观也在不断更新。当今越来越多的老年人已经认识到，自己辛苦了大半辈子，抚养子女的任务已经完成，该是自己挣钱自己花的时候了，因此，在当今老年人，尤其是城市老年人中，勇于赶潮流、追时髦、求享受的也越来越多，保健、娱乐逐渐变成老年人新的消费热点，近年来，河南老年旅游市场的兴起就证明了这一点。伴随着河南经济的腾飞，信息社会的到来，社会将变得更加开放，老年人口的消费观念也将会进一步由生存型向发展型、享乐型转变，消费欲望将变得更加强烈，必将大大促进老年市场需求的增长。

由此可见，无论从老年人口规模上看，还是从老年人购买力水平、购买欲望上看，他们对河南老龄市场消费需求都起着正向推动作用。因此，可以断定，将来巨大的老龄市场需求必将刺激和带动老龄产业持续、高速、健康发展。

## （三）养老社会化、市场化将成为推动老龄产业发展的又一强劲动力

我国传统的养老模式是家庭养老，即由子女向自己年老的父母提供

经济支持、日常生活照顾以及精神上的慰藉。但是，随着经济的发展，社会的转型，城市化、现代化、工业化的推进，以及计划生育政策的实施，生活成本在上升，个体流动性在增强，家庭小型化在加快，老年人口抚养负担在加重，家庭养老将面临越来越严峻的挑战，实现养老功能由家庭向社会、社区的部分转移，即养老社会化、市场化，是社会发展的一种必然趋势。

河南尤其如此。2010 年其平均家庭户规模为 3.47 人/户[①]，到 2015 年则下降到 3.39 人/户。与此同时，2015 年河南省 65 岁及以上老年人口系数和老年抚养系数却分别上升到 9.6% 和 13.9%，最高的是驻马店市，两项指标已分别达到 12% 和 18.6%。[②] 由此可见，河南省家庭养老负担在持续加大，家庭养老功能也在不断弱化，家庭养老面临愈来愈严重的困难，再加上老龄化速度加快，老年人口规模急剧上升，仅仅靠福利形式的社会服务和家庭服务将难以适应养老新形势的客观需要，通过社会化、市场化、产业化运行机制，不断满足老年人日益增长的养老需求，是一种历史的必然选择，而养老市场化、社会化又必然会作为一种强大的内驱力，来推动河南老龄产业的发展。以照料服务业为例，随着年龄的增长，老年人身体活动能力、自理能力和健康状况在下降，一些日常家庭事务将不能独立完成，特别是 80 岁及以上的老年人，更需要有人来协助完成家务或者予以照顾，而家庭规模日益小型化，家庭照料人力资源在减少，这就对发展家庭照料服务业提出了客观要求，有技术专长的陪老工、钟点工、护理工、临时保姆等家政服务人员将大受老年人欢迎，为独居老人和空巢老人提供的紧急呼叫系统、社会综合服务呼叫网络等将有广阔的发展空间。

---

[①] 河南省统计局、河南省人口普查办公室编《河南省 2010 年人口普查资料》，中国统计出版社，2012；国家统计局社会科技和文化产业统计司编《2016 中国社会统计年鉴》，中国统计出版社，2017，第 42 页。

[②] 河南省统计局、国家统计局河南调查总队编《河南统计年鉴 2016》，中国统计出版社，2016，第 95 页。

### （四）老年人需求多样性的增长将进一步推动老龄产业的全面发展

老龄产品和服务市场需求与老龄企业有密切的关系，没有市场需求就没有企业，也就没有企业的集合体——产业，市场需求的多样性决定了企业的异质性。随着生活水平的不断提高和受现代文明的影响，老年人口的消费观念开始转变，消费层次也逐渐由生存型向享受型、发展型过渡，因而对老年产品和服务的需求也日益多样化。2015 年 7 月，我们对河南省郑州市、濮阳市老年人口生活及需求状况的调查表明，两市要求提供身心健康、医疗保健咨询，文化、娱乐、旅游等服务的老年人日益增多。58.45% 的老年人要求提供定期体检服务，38.85% 的老年人要求提供应急服务，32.11% 的老年人要求提供法律、健康、医疗咨询服务，18.73% 的老年人要求设立家庭病床，40.34% 的老年人要求提供钟点家政、饮食服务，18.95% 的老年人要求设老年公寓、托老所、敬老院。由此可见，作为老年人群体，虽然他们有共同的需求特征，但由于年龄、性别、文化程度、经济状况、身体状况、职业等各不相同，他们又有各自特殊的需求。老年人对产品和服务需求的多样性，要求老龄产业根据他们的不同需要设计、生产、提供不同类型、不同层次的产品和服务，这必将推动老龄产业内部各个行业的全面发展。

### （五）市场经济的进一步发展与完善将为老龄产业发展提供可靠的制度保障

制度的建立与规范是任何产业健康发展的基础。随着经济体制的改革和调整，社会主义市场经济体制将逐步发展和完善，产业与市场管理将逐步规范，市场经济条件下的与老龄产业发展相关的政策法规也将先后出台和逐步完善，这必将为老龄产业的健康发展营造一个良好的环境，并提供可靠的制度保障。

由此可见，老龄产业作为一门新兴产业，随着老龄化社会的加速发展，老年人口消费需求的日益膨胀和多样化，以及养老社会化、市场化的日益逼近和市场经济的发展完善，必将得到空前的发展。

# 五 老龄产业发展与和谐社会建设

## （一）老龄产业发展现状制约和影响着社会的和谐

当前，河南老龄产业的发展尚处于起步阶段，其发展水平同广大老年人日益增长的对老龄产品和服务的需求相比，明显滞后，并且同时具有发展领域的不平衡性、发展项目的盲目性、发展政策的欠缺性、发展主体的单一性、发展眼光的短浅性等特征。

目前，河南和谐社会建设，也可谓任重道远，尤其是经济社会发展和谐度偏低。由部门结构、城乡结构、区域结构、阶层结构、人口结构等社会结构性问题，与社会事业发展问题和社会管理与安全问题相互影响、共同作用造成的社会发展滞后问题，已成为河南和谐社会建设中的最突出问题，是现阶段河南社会发展中最不和谐的因素。

江泽民指出："老龄问题越来越成为一个重要的社会问题。""老龄事业是社会主义现代化建设事业的重要组成部分。""是社会发展的重要内容，也是社会发展的窗口和重要标志，老龄事业发展了，就是直接推动了社会发展。"[1] 李岚清曾说，老龄事业是一项新型的社会事业，也是一项大有可为的新兴产业，即当老龄产品和服务的提供主要由政府承担时，我们称之为"老龄事业"，当这些产品和服务主要通过市场提供时，我们称之为"老龄产业"，"老龄产业"是"老龄事业"适应市场经济的表现形式。目前，政府大力提倡、鼓励发展老龄产业，把老龄产业作为老龄事业的一个重要组成部分，也可看作由"老龄事业"向"老龄产业"发展的过渡时期，其目的是通过老龄产业的发展来解决原本应该政府出面解决而又无力解决的老龄问题。[2] 因此，老龄产业也是一项福利性事业，是社会事业的重要组成部分，

---

[1] 赵宝华：《老龄工作——新范式的探索》，华龄出版社，2004，第30页。

[2] 翟德华、陶立群：《老龄产业若干理论问题研究》，《市场与人口分析》2005年第S1期，第44页。

是社会发展的重要内容，老龄产业发展的滞后，在很大程度上影响了河南社会事业的发展，进而进一步拉大了其与经济社会发展的差距，加大了社会的不和谐程度。

## （二）发展老龄产业，积极推进和谐社会建设

老龄产业是社会事业的重要组成部分，老龄产业发展是社会发展的重要内容和标志。发展老龄产业不仅是河南和谐社会建设的现实要求，而且是其内在的本质要求和重要途径。

### 1. 老龄产业发展是和谐社会建设的本质要求

老龄产业发展是和谐社会建设的题中应有之义，是其内在的本质要求。从社会关系视角来看，和谐社会是人与人之间、人与社会之间、人与组织（或群体）之间、组织（或群体）之间、人与自然之间各方面关系得到协调的社会，正确处理和协调不同年龄群体之间的关系，是和谐社会建设的重要内容，建立不分年龄、人人共享的社会，即在互惠和公平原则指导下让老年人和其他年龄层次的人共同享受社会发展和改革的成果，是和谐社会建设的重要目标。因此，发展老龄产业，满足老年群体需求，促进代际关系的和谐，是社会主义和谐社会建设的重要任务和内在要求。

从社会结构视角来看，和谐社会是一个部门结构、城乡结构、区域结构、阶层结构、人口结构、就业结构、家庭结构等社会结构合理的社会。通过社会改革调整社会结构是社会和谐的结构性前提，是社会主义和谐社会建设的首要任务。老龄产业是专门为老年人提供产品和服务的行业，老年人口的规模及其发展是老龄产业发展的基础和前提，同时，老年人口的时空分布，又影响着社会结构，尤其是人口结构、就业结构、家庭结构、阶层结构（因为通常情况下，老年人是弱势群体），老年产业又是横跨第一、二、三产业的综合性行业，但其重点是二、三产业，尤其是第三产业，它是老龄产业发展影响最大的领域，产业结构的调整和优化，是经济持续、健康、快速发展的基础，而经济结构的调整又必然引起社会结构的变化。因此，老龄产业的发展最终将直接或间接地对社会结构产生重要影响，进而又制约和影响社会的和

谐。调整社会结构，建设和谐社会，必将对老龄产业发展提出新的要求。

**2. 发展老龄产业是和谐社会建设的重要途径**

发展老龄产业是和谐社会建设的客观要求，更是和谐社会建设的重要途径，加快老龄产业发展，将大大推进和谐社会建设进程。

发展老龄产业将为和谐社会建设奠定坚实的经济基础。生产力是社会发展的最终决定力量，决定着社会面貌的变化、社会结构的更新、社会文明的进步。[①] 和谐社会建设也要以经济发展为前提，要由经济发展的总体进程来决定，没有经济的高度发展来支撑，和谐社会建设就是无源之水、无本之木，构建和谐社会就只能是空中楼阁。老龄产业是一种新兴的产业，是由人口老龄化背景下老年产品和服务需求的增加带来的庞大的老年消费市场的刺激而形成和发展的，老龄化程度的加剧，老年人口数量的增多，老年人需求范围的扩大、需求层次的提高，将使老龄产业的市场份额不断上升，并使其成为国民经济新的增长点。因为，一方面，发展老龄产业增加了商品的种类，扩大了服务的领域，促进了市场的繁荣，增加了社会的财富，推动了经济的增长；另一方面，老龄产业的关联效应和连锁效应，又促进了其他产业的发展，比如说要发展老年教育，需要有教育设施，要发展老年医疗，需要有医疗卫生设施，这刺激了生产资料市场对生产资料的需求，给经营生产资料的厂商带来了商机，促进了生产资料生产的发展。总之，发展老龄产业能够刺激需求，增加供给，并促使产业结构优化，进而促进国民经济发展，为和谐社会建设奠定物质基础。

发展老龄产业能增促社会公平和正义。"公平正义，就是社会各方面的利益关系得到妥善协调，人民内部矛盾和其他社会矛盾得到正确处理，社会公平和正义得到切实维护和实现。"[②] 它是人类社会文明进步的重要标志，是社会主义和谐社会的重要内容和基本特征，更是和谐社会建设的关键环节

---

① 辛鸣主编《十六届六中全会后党政干部关注的重大理论与现实问题解读》，中共中央党校出版社，2006，第74页。
② 《构建社会主义和谐社会学习读本》编写组编《构建社会主义和谐社会学习读本》，中共党史出版社，2005，第237页。

和本质要求。老年人是一个特殊的社会群体，他们为人类自身的繁衍增殖和社会发展及历史进步做出了巨大的贡献，是社会历史和事业的开拓者和奠基人，没有老年人过去的业绩，就没有社会历史发展今天的局面，老年人是一个应当受到尊重和爱戴的群体。因此，发展老龄产业，满足老年人对产品和服务的需求，维护老年人的权益，保证他们同其他社会成员共享改革开放和现代化建设的成果，是老年人过去支付与积累的回收，是老年人的社会价值、社会奉献理应得到的报答，是社会公平和正义的体现。加快老龄产业发展，能增促社会公平和正义。

发展老龄产业，能有效缓解就业压力，有助于社会的安全与稳定。安定有序是社会主义和谐社会的基本特征和题中应有之义，维护社会安全，保持社会稳定，是和谐社会建设的前提和环境保障，尤其在当前社会深刻变动时期，维护社会的安定团结、和谐有序具有特别重要的意义。体制转轨、社会转型是当今社会的基本特征，风险共生、各种社会问题层出不穷是目前的实情，就业问题以及由其引发的失业风险，是威胁社会安全与稳定的最重要的因素之一。而发展老龄产业，有助于扩大就业领域，能创造大量的就业岗位，可以在一定程度上缓解就业压力。一是因为老年市场需求大，老龄产业涉及领域广，能吸纳的就业人员从总体上来说将是一个很大的数字；二是因为老年服务业是老龄产业的重要组成部分，具有第三产业的属性，第三产业是劳动密集型产业，具有吸纳劳动力强的特点，同时，由于第三产业内部差异比较大，对劳动力素质要求的弹性也比较大，比较适合下岗人员文化技术素质参差不齐的状况，有利于解决各种素质下岗人员的就业问题；三是因为老年服务业主要是以社区为基础进行的，社区老年服务的特点是就近、方便，多由社区内成员参与服务，不需要很复杂的机构和设施，投资较少，这样，单位投资所能解决的就业人数就较多，从而有利于解决更多人的就业问题。总之，发展老龄产业有助于解决目前严峻的就业问题，有利于社会的安全与稳定。

发展老龄产业，有利于增强全社会的创造活力。和谐社会是一个充满活力的社会，是创造活力得到充分激发的社会，充满活力是和谐社会的又一个基本特征和基础条件。它要求一切有利于社会进步的创造愿望得到尊重，创造活力得到支持，创造才能得到发挥，创造成果得到肯定，要求充分调动所有社会成员为经济社会发展贡献力量的积极性，充分涌流一切创造社会财富的源泉，要求全体人民各尽其能、各得其所、和谐相处。而不同利益群体的需要能得到满足，是不断增强全社会的创造活力的重要条件，只有切实保证不同利益群体享有各项权力，千方百计维护他们的实际利益，使他们从发展中得到实惠，才能使发展这个主题转化为人民群众的自觉行动，才能调动他们支持发展、参与发展的积极性。老年人是一个重要的社会利益群体，2015年河南 60 岁及以上老年人口已达到 1498 万人，约占河南总人口的15.8%[①]，河南的经济社会发展离不开老年人的继续贡献，和谐社会建设更离不开老年人的积极参与。大力发展老龄产业，满足老年人的各种需求，维护老年人的各项权益，能调动广大老年人口参与发展、贡献社会的积极性和主动性，能增强全社会的创造活力，进而促进社会的和谐。

**3. 和谐社会建设为老龄产业发展提供了重要机遇**

老龄产业的发展将大大促进和谐社会建设进程，与此同时，和谐社会建设的大力推进，又为老龄产业的发展提供了前所未有的机遇和条件，积极地推动着老龄产业的发展。

胡锦涛曾指出，我国社会总体上是和谐的，但是也存在不少影响社会和谐的矛盾和问题，其中城乡、区域、经济社会发展很不平衡和就业、社会保障、收入分配、教育、医疗、安全生产等关系群众切身利益的问题比较突出是两个重要问题。和谐社会建设是一个不断化解社会矛盾的持续过程，我们要始终保持清醒头脑，居安思危，深刻认识我国发展的阶段性特征，科学分析影响社会和谐的矛盾和问题及其产生的原因，更加积极主动地正视矛盾、化解矛盾，最大限度地增加和谐因素，减少不和谐因素，促进社会和谐。[②]

---

[①]　河南省统计局、国家统计局河南调查总队编《河南统计年鉴 2016》，中国统计出版社，2016，第 94 页。

[②]　《构建社会主义和谐社会的伟大纲领》编写组编《构建社会主义和谐社会的伟大纲领》，人民日报出版社，2006，第 3 页。

老龄产业是社会事业的重要组成部分，老龄产业发展滞后问题是河南经济社会发展不和谐的重要制约因素之一，是当前老龄社会的一个重要特征，是构建和谐社会的"拦路虎"和"绊脚石"，正如《中共中央关于构建社会主义和谐社会若干重大问题的决定》中所强调的，构建社会主义和谐社会，我们必须"发展老龄事业，开展多种形式的老龄服务"。可见，和谐社会建设为老龄产业的发展提供了良好机遇和环境保障。

《中共中央关于构建社会主义和谐社会若干重大问题的决定》在强调构建社会主义和谐社会的指导思想时指出，构建社会主义和谐社会，必须坚持以科学发展观统领经济社会发展全局，按照民主法治、公平正义、诚信友爱、充满活力、安定有序、人与自然和谐相处的总要求，以解决人民群众最关心、最直接、最现实的利益问题为重点，着力发展社会事业、促进社会公平正义、建设和谐文化、完善社会管理，增强社会创造活力，推动社会建设与经济、政治、文化建设协调发展，并且将"人民的权益得到切实尊重和保障，社会就业比较充分，和谐人际关系进一步形成，全社会创造活力显著增强，社会管理体系更加完善，全体人民各尽其能、各得其所而又和谐相处"作为到2020年构建社会主义和谐社会目标和主要任务的重要内容。可见，发展老龄产业，保障老年人权益，是贯彻构建社会主义和谐社会总指导思想的客观要求，也是构建和谐社会的重要目标和任务，和谐社会建设的强力推进，必将大力推动老龄产业的发展。

另外，《中共中央关于构建社会主义和谐社会若干重大问题的决定》中还专门对"坚持协调发展，加强社会事业建设；加强制度建设，保障社会公平正义；完善社会管理，保持社会安定有序；激发社会活力，增进社会团结和睦"做了具体的论述。总之，随着和谐社会建设的推进，社会事业的发展问题将会得到高度重视，公平正义将会得到切实维护，各项法律、制度将会更加健全和完善，全体人民将会各得其所、各尽其能，共享发展成果的局面将逐步形成。同时，老龄产业发展中的种种困难和问题也将逐渐得到解决，老年人的合法权益将得到切实保障。因此，和谐社会建设过程，在某种意义上，也可以说是老龄产业的发展过程，和谐社会建设将成为老龄产业发展的强劲推动力，并为老龄产业的发展提供前所未有的机遇。

综上所述，河南老龄产业发展的现状与问题制约和影响着社会的和谐，发展老龄产业是和谐社会建设的本质要求和重要途径，而和谐社会建设又为河南老龄产业发展提供了重要机遇和条件。因此，要推进和谐社会建设进程，必须加快老龄产业的发展，同时，也只有将老龄事业放在和谐社会建设的整体规划中，当前河南老龄产业发展问题才能得到根本解决。

# 六　和谐社会建设视域下的老龄产业发展战略

老龄产业发展的滞后制约和影响着社会的和谐，制定老龄产业发展战略，加快老龄产业发展，既是和谐社会建设的本质要求，又是和谐社会建设的重要内容和途径。构建社会主义和谐社会，必须加快老龄产业发展，进行和谐社会建设，必须制定科学的老龄产业发展战略。

## （一）老龄产业的发展离不开政府的强力推进

在和谐社会建设中，加快老龄产业发展，离不开政府的政策支持和强力推进，政府必须制定科学、合理、正确的老龄产业发展战略。

第一，只有制定科学、合理、正确的老龄产业发展战略，才能克服当前老龄产业发展的观念障碍和认识障碍。

一是观念障碍。人的经济地位和价值是由其在生产力与生产关系中所扮演的角色所决定的。在工业社会，机器化大生产使老年人在家庭中地位下降，在劳动力市场中成为弱者，于是，一些厂商认为老年人的消费在家庭支出中的比例下降，不值得开发老年市场。另外，传统观念认为老年人节俭，消费观念落后，消费欲望低，在家庭消费中，少儿消费比重大，老年人消费比重小，故一些商家不愿开发老年市场。

二是认识上的障碍。购买力是组成市场的三个必要条件之一，而购买力则是以收入来做保证的。发达国家老年人的购买力在社会各年龄段群体中是比较强的，我国老年人所具有的购买力，不仅无法与发达国家的老年人相比，而且与国内在职人员相比也较低。因此，很多企业认为，由于老年人的收入水平较低，所以整个老年市场的潜力不够，目前还不值得开发这一市场。

第二，老龄产业是微利性行业。老年人的现实消费水平的低下性和老年人的消费特征的理智性，决定了从事老龄产业的企业的价格战略应该实行低价位，决定了老龄产品的微利性。另外，老龄产业服务对象的特殊性又使它特别强调社会效益，企业除了必须考虑自身利益外，还要重视所提供产品和服务的公益性，这就进一步导致开发成本上升，而经济回报更加有限，如果没有政府的政策支持，企业无利可图，就难以为继，产业的发展就会止步不前。尤其是在老龄产业发展初期，老龄产品刚刚推出时，各项费用高、成本高，企业利润低，政府的优惠政策支持和强力推进显得更为重要。

## （二）制定和谐社会的老龄产业发展战略的指导思想与原则

在和谐社会建设中制定科学、合理、正确的老龄产业发展战略必须坚持以下指导思想和基本原则。

### 1. 指导思想

在汲取发达国家经验教训的基础上，从和谐中原建设的实际出发，顺应社会主义市场经济体制的需要，探索出一条具有河南特色的老龄产业发展道路，即坚持政府宏观调控与市场调节相结合，与国民经济总体发展规划和产业结构调整相适应，与社会主义市场经济运行机制相协调，通过制度创新、法律规范和政策调整，以积极的态度和科学的方法，充分利用市场，引进竞争机制，全面推进老龄产业持续、快速、健康发展，以满足老年人口日益增长的物质和文化生活需要。

### 2. 基本原则

（1）政府宏观引导与社会力量兴办相结合的原则

河南是中国第一人口大省，老年人口众多，老龄产业的需求量大，但目前河南的经济尚不足够发达，因此，完全依靠政府的资金投入来发展老龄产业是不现实的，需要各种社会力量的参与，包括省内外各种社会组织、志愿团体和个人的投入，多渠道、多层次、多形式地解决资金来源问题。政府还要从政策、法律和规划上发挥其职能作用，为社会各方面投资老龄产业提供一定的政策支持和发展空间。

（2）借鉴外国（或外省）有益经验为我所用的原则

老龄产业是一个国际性的话题，世界上各个国家都在积极探索发展老龄产业的有效途径，发达国家老龄产业的发展已有较悠久的历史和较丰富的经验。我国经济发达省份（比如上海）进入老龄社会也已有几十年的历史，他们在发展老龄产业，尤其是构建养老服务体系等方面，也积累了较丰富的经验。而河南是中部地区的人口大省，属于经济欠发达省份，刚刚进入老龄化社会，老龄产业还处于起步阶段，有必要借鉴发达国家和发达省份的经验，同时也要注意不能照搬照抄，必须从本省实际出发，走适合省情的、具有河南特色的老龄产业发展之路。

（3）老龄产业的发展速度与人口老龄化进程相协调的原则

老龄产业的开发是为了满足老年人口区别于其他年龄段人口的特殊需要，因此，必须根据老年人口的规模、需求特点及其变化趋势来发展老龄产业。河南省老龄产业发展较晚，尚不能满足老年人口的需求，今后会有较大的发展，这是一种趋向。随着时间的变化，老年人口的规模会发生相应的变动，并由此引起老年人口需求的变动，因此，要注意根据人口老龄化的客观发展态势，不断调整老龄产业发展规划，有计划、有步骤地建设老龄产业体系，以便在不同历史阶段承载不同规模老年人口群体所带来的不同需求，根据不同时期、不同规模老年群体的不同特点，灵活地调整老龄产业的结构，解决不同层次老年人的物质和精神需要，促使老龄产业稳步健康发展。

（4）统筹规划、突出重点的原则

老龄产业涉及的内容十分广泛，需要统筹规划，同时又要抓住广大老年人迫切的、带有普遍性的需求，分轻重缓急，突出重点，分阶段推进。而老年人的消费需求又具有多样性和差异性的特点，需要分层次积极开发适合不同老年人的产品和服务，以满足不同层次老年人口的消费需求。

（5）因地制宜地发展老龄产业的原则

河南城乡之间、地区之间的经济发展水平和人口老龄化进程极不平衡，差别很大，老年人的消费水平和消费需求也因此而各不相同。所以，应当因地制宜，考虑到经济发展的阶段性，遵循客观经济规律，在不同地区有先有后、有缓有急、科学地、有序地推进老龄产业的发展。

## （三）基于社会和谐的老龄产业发展战略

### 1.战略目标

总目标：用近十年的时间，初步形成适应社会主义市场经济体制和人口老龄化社会的科学化、规范化、法制化的老龄产业运行机制，并开始步入良性发展轨道；创造出老龄产业可持续发展、适应健康老龄化社会的良好环境，逐步建立老年社会保障体系、老龄产业政策法规体系、多元化的老龄产业投资体系；构筑政府、企业和非营利组织相结合的老龄产品供给体系；建立一支适合老龄产业发展的、具有较高水平的经营队伍；逐步培育老年市场要素，初步形成涉及内容广泛的、满足老年人物质和精神文化等特殊需求的、资源合理配置的、多层次的老龄产业体系，使老龄产业逐步成长为国民经济新的增长点。

具体目标有以下四点。

第一，体制改革目标。十年之内，逐步建立适合河南省情的社会养老保障体系、老年照顾服务体系和老龄政策法规体系；形成符合社会主义市场经济规律和人口老龄化社会特点的市场化、科学化、规范化、法制化的新的老龄产业运行机制，并最终确立起满足"以人为本、健康老龄化、可持续发展"目标的、实现良性循环的老龄产业发展机制。

第二，老龄产业发展目标。在发展速度方面，老龄产业必须以较高的速度实现超常规的增长。其发展速度应该既要快于它以往的增长速度，又要快于老龄人口需求的增长速度。只有这样，才能与河南省正在加速发展的老龄化进程相适应，才能更好地为老年人口服务，实现社会的和谐。

第三，产业结构目标。必须兼顾老年物质产品的生产和精神产品的生产，兼顾老年消费品的生产和老年服务的供给，针对不断变化的、多层次的、多样化的老龄需求，灵活地调整老龄产业的生产结构，提供更多品种、更多档次、更多形式的产品与服务。

第四，效益目标。必须兼顾社会效益和经济效益。当然，在不同的领域，可以有不同的侧重。比如，在满足老年人基本物质和文化需要方面，应主要注重社会效益；在满足老年人口更高的发展和享受需求的方面，则可以在不影响社会效益的同时，追求合理的经济效益。

**2. 战略重点**

根据老龄产业的市场状况和发展前景，战略重点应包括以下几个方面。

（1）满足低收入老年人口的基本需要的产业份额

老年人口的需要可分为老年人口的基本需要、发展需要和享受需要三个部分。应首先满足老年人口的基本需要，特别是要对较低收入的老年群体的基本生活需要提供必要的保障，以体现社会公平。政府可以采取直接提供，或通过补贴、减免税收由私人部门提供，或命令私人部门采取行动等办法，来实现这一战略重点。

（2）老年服务产业

目前专为老年人提供服务的设施严重不足，服务的项目和内容不全，服务人员的素质参差不齐，老年服务的数量和质量都远远不能满足市场需要，是"短线"之中的"短线"。因此，老年服务产业应作为老龄产业发展的重点，其中又以为老年人提供生活照料、健康维护和精神慰藉的老年服务产业为重中之重，它主要包括照料服务、家政服务、文娱服务、集中养老服务和紧急援助服务等行业。

（3）社区老年服务产业

社区是联系政府、社会和家庭、个人的桥梁与纽带。社区成员由亲朋、邻里、社交等关系结成天然的社会支持网络。社区这些宝贵的无形资源和优势条件，使它成为落实政府老龄服务产业发展战略的最佳阵地。我们可以以社区服务为依托，充分利用现有机构和人员、现有条件和设施，针对老年人口的特殊需求，适当投资弥补短板，将包括家政服务、日常照料、医疗保健、文体娱乐、教育发展等各个环节的老年服务体系尽快建立起来，为社区老年人提供全方位的服务，并对家庭养老提供必要的支援和帮助，实现社区养老和居家养老的有机结合。从河南省省情和现实情况来说，以社区为基地发展老年服务产业，是一个投入少、见效快、事半功倍的发展思路，应成为未来一段时间内，政府重点扶持和鼓励的方向。

**3. 战略步骤**

老龄产业作为一个刚刚起步的新兴产业，其发展必然要经历一个长期的过程。根据不同时期的发展特点，老龄产业的发展应该经历如下阶段。

（1）兴起阶段（2000～2015年）

这是老龄产业的快速扩张阶段。这个时期的特点是，在老龄产业的发展思路上，明确了在政府宏观调控的引导下，深化体制改革，充分发挥市场机制的作用，激发市场活力，实现老龄产业空前的快速增长，突破瓶颈，弥补短板，基本满足老年人口的物质和文化生活需要。

（2）充分发展阶段（2016～2025年）

这一时期的制度变革和法规建设基本完成并日趋完善，政策环境将更为宽松、协调。因此，在巩固、提高前一阶段发展规模的基础上，为老年人口提供更丰富、更优质、更高效、品种多、档次全的产品与服务，成为老龄产业发展的新的增长点。整个老龄产业将实现从规模到结构、从速度到效益、从产品到服务的更加充分、全面的发展。

（3）稳步发展阶段（2026～2050年）

经过前两阶段20多年的发展和积累，老龄产业的规模、结构和水平将不可同日而语，强大、坚实的物质技术基础，完全可以应对河南省人口老龄化的高峰期，实现"以人为本、注重实效、稳健发展"的良性循环。

**4. 战略对策**

多年以来，老龄产业涉及的许多领域均具有社会福利的色彩，长期处于市场外循环的真空地带，如今将其纳入市场经济轨道运行，必然需要一些制度、法律、政策的调整。同时，老龄产业作为相对薄弱的新兴产业，在发展的起步时期，更需要政府的大力扶持。从目前来看，政府应主要采取四个方面的对策。

（1）制度对策

制度对策是指建立和完善促进老龄产业健康发展的体制和机制。为此，一方面，要建立和完善社会保障制度，这是形成老龄产业市场需求的重要基础；另一方面，要改变"排斥市场，国家包揽"的传统观念与管理方式，转变政府职能，建立一套以政府间接调控为指导，以市场机制为主体的资源配置体系，推动老龄产业的社会化、市场化，建立新型老龄产业管理体制和运行机制。

（2）法律对策

法律对策是指建立和完善促进老龄产业发展的法律制度和法规体系。老龄产业的发展既要遵守一系列老年社会保障的法律，积极维护老年人口的合法权益，又要为维护自身利益和规范自身发展寻求必要的法律制度保障。政府的宏观管理与调控，也应有法可依。因此，应尽快出台诸如《老龄产业发展管理条例》《老龄产业行业规范条例》等法规，并辅之以相关部门和产业的有关法律法规，为老龄产业的发展提供法律依据，使老龄产业的管理步入法制化的轨道。

（3）政策支持

政策支持是指建立和完善促进老龄产业发展的经济政策。这些政策主要包括财政政策（专项拨款、补贴、减免收费等）、税收政策（优惠与减免等）、信贷政策（贷款的规模、期限、利率等方面的优惠）、价格政策（价格保护、价格限制等）、外资政策（鼓励和吸引外资的进入等），此外，政府还可以通过设立老龄产业基金、发行社会福利彩票、发行老龄产业的股票和债券、接纳社会捐赠等方式，为老龄产业的发展筹措资金。针对一些与老年福利和老年救助有关的老龄产业，还可以根据具体情况，采取一些特殊的支持政策。特别需要注意的是，为了避免政出多门可能导致的各项政策的相互抵触和冲突，政府在政策的制定和实施过程中，应该由专门机构进行统一协调，形成政策合力，并将其纳入老龄产业发展的专项规划中，以保证政策支持的有效性。

（4）综合对策

综合对策是指老龄产业各项战略对策的互促与互补。在制度和法规建设尚不完备、市场化发育尚不充分的情况下，老龄产业应以政府的宏观政策调控为主要指导。随着改革的推进，制度和法规的不断完善，市场的基本规则和必要政策均已纳入制度和法规中而被固定下来，将长期、规范、客观地发挥作用，这时的政策则更多是针对一些具体情况而实施的较为灵活的、应变性的、临时性的调控手段。

依据一定的发展战略，尽快启动老龄产业，不仅适应我国人口老龄化的发展需要，而且有利于推动当前的经济增长，调整产业结构和扩大就业。经过10~20年的努力，老龄产业将逐渐从一个国民经济的新增长点，发展壮大为推动整个经济和社会持续、健康发展的国民经济的重要组成部分。

# 第三十二章　河南民间养老服务
　　　　　组织发展探索

　　进入 21 世纪以来，伴随着城市化浪潮，中国正在以前所未有的速度经历着老龄化。目前，中国是世界上老年人口最多的国家，约占世界老年人口的 1/5。据估计，到 21 世纪中叶，我国 60 岁以上的人口将达到 4 亿左右，届时，每四个人中就有一个老人。①

　　随着人口老龄化程度的不断提高，我国老年人口数量日益庞大，养老问题日益突出，并且逐渐成为当今社会关注的热点。解决老龄化社会问题，需要全面的、系统的政策，更需要建立完善的社会化养老服务体系。然而构建完善的社会化养老服务体系，民间组织的力量往往被忽视，因此，探讨民间组织在社会化养老服务体系中的地位和作用，就成了亟待解决的一项问题。

　　20 世纪后半叶西方发达国家的历史经验表明，民间组织在公共服务中的地位越来越重要，它不仅弥补了政府公共财政支出的不足，而且克服了政府直接提供公共服务所产生的问题。

## 一　相关概念的界定

### （一）民间组织

　　现代意义上的民间组织是资产阶级革命和工业革命的产物。资产阶级的民主意识、市场经济引发的单靠政府不能解决的社会问题，催生了各种各样

---

① 张文范：《中国人口老龄化与战略性选择》，《光明日报》1999 年 4 月 6 日，第 6 版。

的社会服务机构，这些在西方国家被称为非营利组织、非政府组织的社会组织形式，即我们所说的民间组织和社会团体。

"民间组织"是中国官方使用的概念，这体现了政府希望"政社分开"的改革取向，但民间组织并不完全等同于非政府组织。在中国，民间组织是区别于政府和企业的社会组织类型，是一种中介性组织，具有非政府性和非营利性的特点。如果仅从法律形式来看，我国的民间组织只有三类：社会团体、民办非企业和基金会。[①] 而本章则特指民间组织中的一些非政府性和非营利性的社会养老服务机构。

## （二）社会化养老服务体系

社会化养老服务体系指的是以家庭、市场、国家、民间组织四个方面为支撑的立体的老年社会保障系统。这是以福利多元主义或混合福利经济的理论为基础的服务体系。[②]

本章所研究的个案基本上在我国城市社会化养老服务体系的框架内，但已经有服务范围扩大到农村的计划，因此本课题并没有特别指明只是针对城市社会化养老服务体系的意义而言，而是在我国社会化养老服务体系的范畴内探讨研究本个案。

## （三）柔性机制

本章所讲的"柔性机制"概念，是在自动化制造系统的柔性机制的意义基础上引申过来的，指的是在国家与政府只提供社会化养老服务的基础设

---

① 《社会团体登记管理条例》（1998 年）规定："社会团体，是指中国公民自愿组成，为实现会员共同意愿，按照其章程开展活动的非营利性社会组织。"《民办非企业单位登记管理条例》（1998 年）规定："民办非企业单位，是指企业事业单位、社会团体和其他社会力量以及公民个人利用非国有资产举办的，从事非营利性社会服务活动的社会组织。"《基金会管理条例》（2004 年）规定："基金会，是指利用自然人、法人或者其他组织捐赠的财产，以从事公益事业为目的，按照本条例的规定成立的非营利性法人。"

② 〔丹麦〕考斯塔·艾斯平 - 安德森：《福利资本主义的三个世界》，郑秉文译，法律出版社，2003。

施、资金来源，市场只提供老年产品服务的这种刚性的服务体系下，介入一种提供日间生活照料、精神慰藉等人性化服务的灵活性很强的服务形式，它在国家和市场之间起到一种中介的作用，以适应不同地域、不同文化类型的社会化养老服务要求。

## 二　社会化养老服务体系与民间组织

### （一）我国社会化养老服务体系的发展现状

#### 1. "以家庭养老为主，以社会养老为辅"的既有体系

在中国对社会保障制度进行一系列改革之后，老年人特别是城镇老年人的经济供养状况有了较明显的改观，这更多地得益于社会统筹与个人账户相结合的养老金制度。但养老问题的另一个方面——老年人的生活照料与精神慰藉问题却日益突出。尽管我们目前的提法是"以家庭养老为主，以社会养老为辅"，但越来越多的家庭在养老功能上面临严峻的挑战。事实上，特别是在城镇，核心化的家庭已不可能完全保障老年人的生活质量，养老服务需要政府与社会承担更多的责任。而社会养老，也仅仅是停留在社会承担部分经济供养和市场提供老年产品的阶段，老龄化带来的社会问题并没有引起足够的重视。

#### 2. 构建新型的社会化养老服务体系

旧的养老服务休系的诸多缺点，使其无法解决老龄化社会到来所产生的种种问题。而社会养老更多地侧重于养老资金供养由政府及单位承担，以及养老机构的扩张，这根本无法解决老龄化所面临的困难。养老问题中的生活照料与精神慰藉问题，作为最重要的问题，并没有得到很好的解决。一种新的养老制度安排，成为亟待解决的首要问题。

就养老服务体系而言，根据中国国情，建立一个由个人、家庭、政府和社会共同组成的社会化养老服务保障体系，以居家养老为基础、社区养老服务为依托、机构养老为补充是未来养老服务保障的主导模式。而居家养老并

不同于传统的家庭养老，它是一种社会化意义上的养老模式。以社区养老服务为依托，也不仅仅是社区提供的种种机构设施，而是以社区为空间的满足老年人一切物质和精神生活需求的综合服务系统。

因此，从生活照料和精神慰藉上讲，传统的个人和家庭的养老模式，已经呈现功能弱化的趋势。而国家在养老资金供养方面具有无可比拟的优势，但在直接提供养老服务方面，却有心无力。那么，政府通过购买第三方的服务或者直接让第三方加入社会化养老服务体系中来，参与管理与服务，是一种可行的选择。因此，在最大限度地增进公共利益的前提下，"政府与公民社会对公共事务的合作管理，是政治国家与公民社会的一种新颖关系，是两者的最佳状态"。① 非营利组织专家萨拉蒙提出了第三方管理理论，认为政府应主要是筹资和指导的角色，而不是服务的传递者，在提供具体的公共服务（如养老服务）时，政府应更多依靠大量的非营利组织来实施其服务职能，从而实现精巧的"第三方管理"模式。②

由此，无论是从福利多元主义思想上、从养老服务的性质特点上，还是从第三方管理理论上来说，都必须有一种介于国家和个体之间的第三方服务者出现，这种第三方服务者就是一种中介组织，一种既不属于官方的非政府组织，又不属于市场的营利性组织，这就是所谓的民间组织。

## （二）我国社会化养老服务体系中的民间组织

社会化养老服务体系中的民间组织，作为个体、家庭与国家之间的中介性组织，或者说第三方力量，已经有举足轻重的地位。它将替代政府完成政府所无法完成的任务，政府与民间组织的关系问题也必然体现在社会化养老服务体系的具体实践中。社区养老服务组织作为民间组织中的重要一员，尚处于起步阶段。在资金、政策的支持下，社区养老服务组织将会得到快速发

---

① 〔英〕格里·斯托克等：《作为理论的治理：五个论点》，《国际社会科学杂志》（中文版）1999 年第 2 期。

② 〔美〕莱斯特·M. 萨拉蒙等：《全球公民社会——非营利部门视界》，贾西津等译，社会科学文献出版社，2002。

展,成为社区养老服务的主要传递者、政府的强力支持者和合作者。社区养老服务民间组织在居家养老服务中扮演着不可或缺的角色。

因此,在我国社会化养老服务体系中,民间组织的优势与缺点都体现得很明显。在人口老龄化日益严重、社会对老年服务需求日益增加的情况下,政府由于力量不足而难以提供多样化的老年服务。在此条件下,发动社会力量,采取政府资助由非营利组织营办的办法,成为解决社区养老服务需求的重要思路。本课题基于此,以 S 公司为个案,研究分析 S 公司在社区养老服务中的具体实践,并深入探讨民间组织作为社会化养老服务体系中的柔性机制所起的作用。

## 三 民间养老服务组织的实践探索:以 S 公司为例

### (一)公司的性质、发展历程

S 公司性质及发展状况。S 公司成立于 1994 年 1 月 15 日,最初它是一家以登门为老年人配送产品为主业(即产品代购),同时为老年人尤其是空巢老人提供无偿和低偿服务的公司。2003 年 S 公司成立了 D 市 S 区 S 老年综合服务中心,这是一家专门为老年人配送日常生活用品、提供各种无偿或低偿服务的福利机构。随着公司的发展,逐渐扩展为集高科技产品研发、生产、销售,老年服务,老年用品超市等为一体的综合性集团公司。2007 年与大连玉璘海珍品集团公司强强联合,并于 2008 年 1 月与大连环岛海参集团进行资产重组,并购了大连环岛海参集团,成为一家集老年综合服务、保健品销售、海参专卖为一体的多元化企业。"S"的寓意是社会和谐,人人安康。历经十多年的发展,S 公司已初具规模。

S 公司发展模式。S 公司采取加盟连锁的形式,在全国 18 个省份 140 多个城市建有分支机构。每个分支机构享有独立经营权,但每个月的销售收入必须上缴总公司,然后根据分公司的开支再返回,包括分公司经理和员工的工资。销售的产品由总公司统一发放。分公司除财政权、分公司经理和财务人员任免权归总公司管理外，享有一切独立经营的权力，比如招聘员工的权力、培训员工的权力，当然总部也会派培训师及时培训新的管理方法，企业文化以及销售技巧。总部也会定期派巡视员进行督导，检查分公司财务状况、产品销售情况、管理模式、发展状况等，并及时反馈给总部。而总部定期在全国设点召开销售经验交流会，分为四个大片区，这个会议是交流销售经验、比较销售业绩的业务会。然后在年终有个总结大会，在 D 市 S 公司总部召开。这次会议是个销售业绩大会，对各个分公司全年的销售业绩进行排行，对销售业绩靠前的公司和个人进行表彰，并商讨来年销售计划与发展方向。

S 公司的运作模式主要分为两种：一是总部的下属子公司，即主打产品生产公司如大连玉璘海珍品集团公司、大连环岛海参集团等；二是产品的销售端 S 老年综合服务中心。但由于种种原因，总部的 S 老年综合服务中心并不是以保健品作为主打产品的公司，而是一家为老人提供日用产品配送、健康咨询、健康促进、中介、托老等无偿和低偿服务的福利机构。而真正承担保健品销售任务又兼具为老人提供日用产品配送、健康咨询、健康促进、中介、托老等无偿和低偿服务的却是遍布全国的 S 老年综合服务中心的分公司。因此，要了解 S 公司的运作模式，必须从了解 S 公司的 S 老年综合服务中心总部和它的分支机构的运作模式开始。本章分别以河南 D 市 S 老年综合服务中心总部和 K 市 S 老年综合服务中心分支机构为例，具体而深入地分析 S 公司真正的内部运作模式。

## （二）D 市 S 老年综合服务中心运作模式（中心总部）

2003 年，伴随着中国人口老龄化的浪潮，一些率先步入老龄化社会的城市，在党和政府及民政部门的大力支持下，大力兴办公助民办社会化助老养老服务机构，S 老年综合服务中心就在这个背景下成立的。S 老年综合服务中心是 S 公司投资三百万元建成的。它位于 D 市 S 区 L 街 2 - 5 号，基础设施有 S 老年综合服务中心、S 星海托老所、星海社区卫生服务中心和休闲娱乐厅，集休闲娱乐、老年日托、健康促进、社区医疗等为一体。另外，还有棋牌室、休息区、阅览室等。D市S老年综合服务中心在S区各社区下设暖巢管家服务站和服务窗口，并逐步向D市各社区辐射，主要的服务有老人日用产品配送、健康咨询、健康促进、中介、托老等，都是无偿和低偿的服务。

S老年综合服务中心的性质为养老服务中介机构。D市S老年综合服务中心是民政局认可的民办养老机构，因为它独创的"暖巢管家"新型养老模式，所以归类在民政局福利机构的养老中介服务机构中。

其服务内容主要包括以下几个方面。

第一，日托照料。行动方便的空巢老人白天到星光老年之家，在S公司员工照料下休闲、娱乐、健身、交友。

第二，健康咨询。聘请医院知名医学专家提供健康咨询以及由经过专业医学保健知识培训的S公司员工为老人进行量血压等一些基本医学检查。

第三，健康促进。由经过专业医学保健知识培训的S公司员工为老人照料饮食起居，合理营养配餐，传授正确锻炼身体的方法。

第四，老年生活用品代购和日用产品配送。其配送流程为暖巢管家领取邮报、介绍邮报及商品、形成当日预订、16：00时前上传当日预订、总站汇总预订、16：30时前传真至麦德龙、次日采购、配送车10：00时到麦德龙、配送到各管家站点、暖巢管家分送各家同时回款。其配送工作由暖巢配送中心完成，D市S老年综合服务中心暖巢管家专业配送麦德龙D市西岗商场商品的业务始于2005年9月，为此专门购置的江铃凯运厢式货车现已安全运行8000多千米，10多个管家站为D市沙河口区、中山区、西岗区、甘井子区等5000余名老年人提供优质服务，共配送了麦德龙商品近万件，有洗衣机、服装、大米、白面、蔬菜、水果等，方便了老人生活。

第五，休闲娱乐。行动方便的老人可以到社区的S老年综合服务中心服务站做免费的医疗保健，也可以看电视、唱歌、唱戏、读书、读报等，并和S老年综合服务中心的员工及社区里的老人聊天。行动不便的老人由暖巢管家登门提供上述服务，陪老人聊天，为老人读书读报，并且定期开展异地养老、异地旅游服务，由专门的医护人员陪同，S老年综合服务中心员工随同照料老人生活起居。

第六，暖巢管家。① 暖巢管家是一种新型养老模式。这是一种专门为空巢老人提供养老服务的养老模式。针对空巢老人的特点，引入"管家"概念，让老人做主人，为他们配管家。老人只需在暖巢管家服务站登记，就可以免费配上管家。生活上需要什么，向服务站打个电话，管家就给送到家。晚上如果身体不适，老人按一下与托老所连通的呼叫通，社区卫生服务中心的救护车很快就会开到家中进行救治。管家每月至少 1 次到低龄老人家、至少 10 次到高龄老人家，为他们测量血压并填写家庭健康跟踪提醒档案、送健康杂志、陪他们聊天、做家务活儿等。从这些老人退休开始，暖巢管家就把他们的日常生活照料、身体健康监护、生活用品代购和配送、健康指导和咨询、休闲娱乐等承担下来，由专门的配送车辆和专业人员上门为老人提供服务。此种模式由 D 市 S 区 S 老年综合服务中心首创，目前 D 市已有 10 个暖巢管家服务站。S 老年综合服务中心在全国均有服务站点。这些既可以免费为老人购物，又可以当老人"健康助理"且随叫随到的人，被老百姓亲切地称为"暖巢管家"。

S 老年综合服务中心的营利模式。D 市 S 老年综合服务中心主要通过为老人代购日常生活用品来获利。因为有一个庞大的服务对象群体，所以每一个商家都愿意接受这样的大客户群体，产品的价格自然就因为量大而从优，该服务中心就是通过这样的方式来获取利润以维持机构自身的运转的。当然仅仅依靠这样的利润远远不够，S 公司总部成立的这个 S 老年综合服务中心本身就是一个福利机构，所以在投资以后，也会继续投资以维持这个福利机构的正常运行。另外一种资金来源是政府，政府对全市老年人以代金券的形式发放福利，这种代金券只能在 S 老年综合服务中心消费，这样既给了老人

---

① 2003 年，D 市 S 老年综合服务中心的 W 主任在与有关部门沟通后，开始探讨一个养老概念，最早想叫"空巢管家"，但一个"空"字让孤独的老人更空荡，于是便用了"暖"字。暖巢管家的诞生，与一封信有关，其时，大连老教授协会的 3000 多名退休老教授上书有关部门，大意是，还能发挥余热，生活上的大部分问题也能自理，但由于子女绝大多数在外地生活和工作，生活上的小问题让他们无奈，比如灯管坏了无法换、子女寄来的包裹拿不动、购买粮油上楼比较难等，他们希望能够有一个机构，帮忙解决这些小问题。就这样，暖巢管家诞生了。

以福利补助，又让 S 老年综合服务中心有一个稳定的服务群体。

D 市 S 老年综合服务中心总部的运作模式基本上是以老年用品代购和提供低偿、无偿服务为主，但其遍布全国的分支机构却并不是这样，它们虽然都叫 S 老年综合服务中心，却兼具 S 公司的保健品销售和提供老年日用品代购服务两种功能，虽然从某种程度上说，代购保健品也是老年用品代购。下面以 K 市 S 老年综合服务中心为例，来分析其真正的运作模式。

### （三）K 市 S 老年综合服务中心的运作模式（中心分支机构）

K 市 S 老年综合服务中心是 S 老年综合服务中心在河南省 K 市的分支（从一种意义上说，全国各个 S 老年综合服务中心分支机构，都属于 D 市 S 老年综合服务中心总部，从另一种意义上说，全国各地的像 K 市这样的 S 老年综合服务中心属于 S 公司总部。这种复杂的关系，并不是没有理由的，后面将深入分析），对 K 市的老年人开展日托照料、健身康复、休闲娱乐、社区医疗、管家登门、配送到户等服务项目，并与 K 市第一人民医院、K 市老百姓大药房、龙象旅行社等单位合作共建老年服务网络。

1.S 老年综合服务中心的员工业务培训及员工薪酬

K 市 S 老年综合服务中心成立于 2006 年 9 月，至今已有业务员工 20 人，后勤 1 名，财务 1 名。其中有四个分中心，每个分中心 5 人。

（1）员工基本知识掌握

主要需要掌握的基本知识有疾病知识、产品知识、老年人心理知识对答等。

疾病知识：各种老年常见疾病，如高血压、糖尿病、冠心病、前列腺肥大等，以及每种疾病的定义、成因、非药物治疗和药物治疗等。

产品知识：美乐托宁、海刺参劲肽胶囊、鱼油、螺旋藻、钙片、卵磷脂等，其中重点掌握美乐托宁和海刺参劲肽胶囊的作用原理，以及它们与各种疾病治疗的关系，另外，还有其他代购产品比如保健床、保健枕的使用及功效等。

老年人心理知识对答：如有病的不舍得花钱就讲病的危害，怕上当就讲媒体的正面报道，怕儿女反对就讲病在自己身上，售后服务保证可与老客户交流等。

除此之外，员工还要了解其他保健品，如天狮、安利、脑白金、银杏滴丸等。

（2）员工薪酬

员工带一个老人体检，有 5 元的补贴。S 分公司有两套薪酬体系。

薪酬 1：600 + 业绩乘以提成。提成是业绩乘以 0.05。

薪酬 2：业绩乘以提成。按产品种类、业绩的多少来定提成点。拿美乐托宁来说，业绩在 5000 元以下工资是业绩乘以 0.24，业绩在 5000～10000 元工资是业绩乘以 0.25，业绩在 10000 元以上工资是业绩乘以 0.26；拿海刺参劲肽胶囊来说，工资是业绩乘以 0.17；拿副产品来说，工资是业绩乘以 0.6 乘以 0.24。

**2. 服务条目**

①建立健康跟踪提醒档案，进行健康跟踪提醒。

②宣传普及健康知识。

③陪老人到医院体检、就医、取药。

④指导老人做简单易学的健身操。

⑤定期组织老人体检。

⑥配送日常生活用品到户。

⑦陪老人聊天，增进感情，进行精神慰藉。

⑧组织老人进行休闲娱乐活动（琴棋书画、插花、茶艺等）。

⑨陪行为不便的老人散步。

⑩帮老人做零星家务。

⑪为老人读书、读报，丰富他们的文化生活。

⑫每月为老人赠送一本健康期刊。

⑬保姆、保洁中介、培训及管理。

⑭法律援助和咨询中介。

⑮本地养老院及异地养老中介。

⑯近地和外地旅游中介。

⑰家电维修、下水道疏通等中介。

⑱纠正老人不良的生活习惯。

⑲提供文艺排练、交友、学习和健康促进场所。

**3. 营利模式**

K市S老年综合服务中心现有4条盈利渠道。第一，K市S老年综合服务中心与K市第一人民医院合作为老年人进行优惠体检，与其分成。第二，K市S老年综合服务中心与龙象旅行社合作为老年人开辟中老年休闲养生游路线，与其分成。第三，K市S老年综合服务中心替老年人代购自己厂家的保健产品及其他生活日用品，收取代购费用，与总部分成。自己厂家的保健产品有美乐托宁、海刺参劲肽胶囊等，副产品有钙片、鱼油、卵磷脂、螺旋藻等。第四，K市S老年综合服务中心员工向老人销售1元1本的社康杂志和健康跟踪档案以及其他资料。

**4. 营销模式**

K市S老年综合服务中心有它的特色。它通过社区走访、宣传旅游或体检、老客户转介绍收集有效数据，再通过体检咨询会让有效数据接触、了解代购的主要产品，最后为那些感兴趣或有购买需求的老人专门开一场名为"实话实说健康大家讲"的销售会。

有效数据都具有这几个标准：有购买力，最好的就是自己有退休工资，退休工资自己能自由支配；有保健意识，愿意服用保健品；服用保健品，儿女起码不反对。

（1）社区走访

员工带上社区证明、工作证到社区里以办120急救卡为名来收集数据。一般一个完整流程要7天，分一访、二访、三访三个步骤。

一访时间为一天，员工向社区老人出示社区证明和工作证说明情况，要登记社区50岁及以上中老年人，主要登记他们的姓名、性别、年龄、住址、电话、退休单位，并讲清社区会专门为一部分老人免费办理120急救卡以及卡的作用。要办就准备好一张一寸照片，并定好时间来取照片。一访一般要登记20户，一访一户要5分钟左右。

二访时间为三天，收照片的同时要填写 120 急救卡，并讲一些 S 老年综合服务中心的服务项目。填写的资料有利于切入主题，即了解老人的儿女状况，如几个儿女、儿女的工作怎样，老人的健康情况，如有没有体检、身体情况、吃的啥药和保健品等。填卡时可为老人量血压，了解他血压如何。卡填完后告诉老人为了他保存和携带方便，要为卡过塑，要等一天才能给他。二访一户要 30 分钟左右。

三访就是送卡。三访要两天，从中判断哪些老人是有效数据，哪些不是。送卡的同时要通过跟老人聊天来增进感情，而不是简单把卡送给老人。

（2）宣传旅游和宣传体检

宣传旅游。主要工具是"龙象旅行社中老年休闲养生游报名点"的条幅、旅游景点宣传册等。登记那些对此感兴趣的老人的姓名、性别、年龄、住址和电话。要去家里一趟了解老人吃的药、血压、血糖及儿女反对不反对。收钱和办保险，然后带去旅游。旅游完后，去老人家里了解老人的感想，如是否认同 S 公司。

宣传体检。主要工具是"K 市第一人民医院体检流动报名点"的条幅、血压计、体检套餐表格。登记那些要去体检的老人的姓名、性别、年龄、住址和电话，并收 4 元钱的制表费。带去体检。体检完后去老人家里一趟，了解老人的经济状况、儿女情况、保健意识，决定是否给其发放体检咨询会的名额。

（3）老客户转介绍

老人把 S 公司介绍给其他老人，希望其他老人加入 S 公司。对这样转介绍过来的老人，员工可以很轻松地了解到他的健康状况、购买力等，并决定是否让其参加体检咨询会。

可以看出，对这些有效数据，要让其对产品感兴趣，而后参加体检咨询会让其更详细了解 S 公司和产品。

（4）体检咨询会

体检咨询会，就是请个专家为体检后的老人讲体检报告。其实也是为了更好地宣传 S 公司和它的产品。体检咨询会的流程主要有三步。第一步：先确定哪些老人会来，事先了解他们最关心哪一块。第二步：开始先由公司负责人讲 S 公司和 S 公司的老年服务，重点讲 S 公司的产品代购，如代购的东西保质保量，而且比市场价低，目的是薄利多销。再由专家讲解大家最关心的疾病知识和产品知识即美乐托宁和海刺参，重点讲产品对疾病的预防和治疗作用。第三步：按照老人到会的先后顺序来进行一对一的专家咨询，不咨询的可以离去。

（5）会后工作

体检咨询会后，员工基本上就可以把客户进行分类。

第一类：认可产品，认可 S 公司。

第二类：认可产品，不认可 S 公司。

第三类：不认可产品，认可 S 公司。

第四类：不认可产品，不认可 S 公司。

对于前两类，要让其产生代购行为，对于第三类，要让其宣传 S 公司。

（6）销售会

销售会，又称"实话实说健康大家讲"，是通过一些老客户的现身说法来宣传如美乐托宁和海刺参等产品，并使到会的老人购买产品的会议。

工作流程有以下三个方面。

第一，会前工作。邀请那些有购买意向或者对产品效果持怀疑态度的老人，确定到会人员；了解他们的病情，并根据情况每个员工负责几名老客户，确定他们到会并安排他们中的一些人发言，以两人为一组。

第二，会中工作。由主持人讲一些 S 公司的基本服务，并组织一些活动来调动氛围；老人按安排好的顺序一组一组进行发言，以主持人问、老人讲的方式，让大家了解老客户服用产品的时间、效果及儿女对此的看法等，每组发言后由专家补充一下产品为什么会引起如此的效果，并讲一下产品；主持人宣布厂家与 S 公司为了惠及老人而专门赞助开了这场促销活动。每位员工都有本场活动的促销单，老人可以咨询负责自己的员工，而员工根据老人的具体听会情况，本着少买变多买、不买变少买的原则替老人"算账"。

第三，会后工作。对买产品的老人，去家里讲明产品的服用方法和在改善过程中可能出现的效果，并尽量说好货款收回的时间。在老人刚刚服用的一周内，去老人家不少于 3 次，要服务起来，为老人建立健康档案、送杂志、量血压、测血糖等。

对不买产品的老人，要看他们将来有没有买产品的意愿，以此确定是否继续送杂志、量血压、测血糖等。

**5. 代购的产品**

代购的产品范围很广，基本上只要老人有需求的产品，公司都会尽最大能力予以满足。但工作的重点当然还是本公司的主打产品。

（1）优惠体检

其特点是便宜，有合作医院的专家对每个老人的体检报告进行一对一讲解，详细地为老人讲解其目前的身体状况。

（2）中老年休闲养生游

组织中老年人出游，由公司负责车辆安排、住宿安排、路线设计、景点宣传等全程旅游事项。旅游过程中有专门员工陪同，随车跟有专业医生及急救设备，以防老人在旅游过程中发病或出现意外。旅游路线适合中老年人。在旅游的过程中增进员工与老人感情以及老人们之间的感情。公司从组织老人旅游中获得利润，但旅游住宿及门票等费用依然低于专门旅行社收取的费用。

（3）代购公司保健产品

产品主要有美乐托宁、海刺参劲肽胶囊；副产品主要有钙片、鱼油、卵磷脂、螺旋藻等。主要产品价格见表 32 - 1。

**表 32 - 1　产品价格规格**

单位：元

| 产品 | 价格 | 规格 |
| --- | --- | --- |
| 钙片 | 59 | 一瓶装 1000mg × 200 粒 |
| 鱼油 | 59 | 一瓶装 1000mg × 200 粒 |
| 卵磷脂 | 59 | 一瓶装 1000mg × 200 粒 |
| 螺旋藻 | 75 | 一瓶装 250mg × 2000 片 |
| 海刺参劲肽胶囊 | 876 | 一盒装 300mg × 10 粒 × 12 板 |
| 美乐托宁 | 1998 | 一年装 3mg × 30 粒 × 12 盒 |

资料来源：S 公司内部促销单。

其中主要向老人推荐美乐托宁和海刺参劲肽胶囊，因为这两种产品的代购费用高。

### 6. 公司企业文化

S 公司分公司的企业文化总体上与总部的企业文化保持一致，但也因为各分公司的独立经营理念而各自有其特点。K 市的 S 老年综合服务中心因其负责人做过保险行业的经理，对员工培训有自己独特的一套，他很看重公司独立经营人才的培养，以使其能够独立从事销售以及领导小团队。

公司的经营理念有以下内容。

面对百姓——不是客户，而是上帝、父母和老板。

面对父母——不忘养育恩，看谁最孝顺。

面对工作——永远比昨天做得更好。

面对同事——互创心情舒畅的环境。

面对学习——打造真刀真枪的 MBA。

面对未来——争做融入家庭的沃尔玛。

S 就是以社会安康为己任。

S 人从事的是奉献爱心的事业。

S 公司必将是一个令人尊敬的公司。

S 的歌曲和舞蹈：感恩的心、赞歌。

公司的管理理念有以下内容。

K 市 S 公司的口号：只有不怕死的人才配活着，只有不怕苦的人才配富有，我们是 K 市 S 公司的开拓者，我们的语言准则，要么不说，说到就要做到；我们的行为准则，要么不做，做就做到更好；我们的团队准则，要么服从，要么走人；我们的创业准则，要么修身成人，要么杀身成仁；有智慧的献出智慧，有力量的献出力量，没有智慧，没有力量，我们还有流不尽的青春血汗。

抬头看天，低头走路。

耐心成就事业，细节决定成败。

团队文化：S 公司是一个团队，但又分成四个小团队，每个小团队都有自己的队名、队呼、队歌；团队之间是竞争和合作的关系。

可以看出，老人在 S 公司排第一位，老人是 S 公司的衣食父母，员工对待老人细心、贴心、耐心、有爱心；员工有上进心、感恩的心，更有不怕苦、不怕累的精神；S 公司要做大做强，要做融入家庭的沃尔玛。

## 四 民间组织：社会化养老服务体系的柔性机制

### （一）公司与民间组织的双重性质—— 一种悖论式的本土化实践

S 公司从 1994 年创立以来，虽然是一家集高科技产品研发、生产、销售、老年服务、老年用品超市等为一体的综合性的集团公司，但其主打产品依然是保健品，尽管它自称是以登门为老年人配送产品为主业，同时为老年人尤其是空巢老人提供无偿和低偿服务的公司，但这个配送产品里面的主要产品其实就是 S 公司的主打产品美乐托宁、海刺参劲肽胶囊。2007 年与大连玉璘海珍品集团公司合并，2008 年 1 月并购了大连环岛海参集团后，更是将原先发展强大的销售网络扩展到产品的生产端，力求打造一个集产品研发、生产、销售为一体的保健品企业。

而事实上，在全国的各个分公司里，员工们并不讳言自己是做保健品的。K 市 S 公司的员工小张说："当老人们问我们是做什么的时，我们虽然不直接说我们是卖保健品的，而是说我们是替老年人做代购服务的，但实际上最终我们还是对老人们说，我们替他们代购的产品最能够保证他们身体健康的，就是美乐托宁和海刺参劲肽胶囊。"[①]

在 S 公司对员工的培训内容里，从基本的医学知识，到和老人的心理对答，也处处显示出他们的营利性质，比如老年人心理知识对答：如有病的不舍得花钱就讲病的危害，怕上当就讲媒体的正面报道，怕儿女反对就讲病在自己身上等。除此之外，员工还要了解其他保健品，如天狮、安利、脑白

---

① 根据我们对 K 市 S 公司的员工 ZDY 的访谈资料整理。

金、银杏滴丸等。

员工薪酬也是按照推销保健品的数量来严格分成的。无论是底薪＋业绩，还是无底薪完全按照业绩，都督促员工以追求销售数量为目的。

而其众多的为老人服务的条目也是为了和老人建立感情，进而达到产品代购的目的。

S公司的营利模式虽然有四种，但在与K市S公司负责人L的交谈中，他说："与医院合作的优惠体检这一项几乎是无偿或者低偿的服务，医院对我们能够组织数量众多的人群进行体检表示欢迎，价格远远低于平时老人独自去医院进行体检，而我们在替老人的服务中赚取少量的跑腿费用；组织老人休闲旅游项目亦是如此，旅游景点对我们这种大规模的旅游团队非常欢迎，门票当然以团体票价格收取，而我们对老人收取的费用也远远低于老人参加旅行社的组团旅游，而且我们有医生和员工带队，路线经过严格设计，安全医疗都有保障，同时我们也不掩饰我们从中获取了一部分利润；向老人销售的杂志基本上没有什么利润，而主要的利润就来源于保健品的销售。"[①]

办120急救卡、体检咨询会、销售会整个工作流程就更是为销售保健品做铺垫，在办卡的过程中，收集了基本的社区内老人的资料，在体检咨询会中开始正式宣传S公司的保健品，并通过医学专家的权威来证明保健品的功效，以取得老人的信任。

在公司的企业文化里，处处显示出以感情获得老人的信任，从而最终达到销售的目的。在访谈中一位最终退出S公司的员工Z说："我之所以退出S公司，是因为我无法摆脱精神压力，我在与老人的接触过程中与老人建立了深厚的感情，但我无法直接向他们销售公司的保健品，因为老人一辈子省吃俭用，积攒下一笔积蓄，我不忍心让他们一下子花几百甚至上千元来买保健品，虽然我知道这个保健品确实对老人有好处，但究竟有多大作用却无法证实。我实在不忍心那样做。我在工作的数月之中为老人付出了很多，但我

---

① 根据我们对K市S老年综合服务中心的负责人L的访谈资料整理。

干不了这个工作。"①

因此 S 公司是个名副其实的保健品销售公司，但 S 公司公开的网站上以及对外宣传上，从来都是以替老人代购产品作为主业，以低偿或无偿为空巢老人服务作为公司的立身之本的。所以，对最初以做老年产业起家的 S 公司来说，做保健品既是一种被动的行为，又是一种主动的行为。S 公司的总裁 W 有独特的背景，从 1994 年一开始创办 S 公司，就有为老年人服务的历史背景。所以在 2003 年 S 公司成立了 D 市 S 区 S 老年综合服务中心，成为一家专门为老年人配送日常生活用品、提供各种无偿或低偿服务的福利机构，并独创了"暖巢管家"这一新型居家养老服务模式，也是顺理成章的事情。而 S 公司的总裁 W 也当然就是 D 市 S 区 S 老年综合服务中心的主任。这个投资三百万元的老年综合服务中心，实际上就是一个无偿或低偿为老年人服务的福利机构。在这个老年综合服务中心，员工是不允许推销保健品的，除非老人自愿要求员工为其代购。由于其主任 W 的特有的历史背景，这个老年综合服务中心的影响非常大。D 市经济发达，老龄化程度很高，养老社会化一直走在全国的前列。而 S 老年综合服务中心不仅为老年人提供代购服务，还独创了"暖巢管家"这种新型居家养老的社会化养老模式。民政部举办的养老社会化会议就在 D 市的 S 老年综合服务中心召开。

所以，D 市的 S 老年综合服务中心在 D 市的民政局网站上是这样描述的：由于"暖巢管家"为新生养老方式，国家没有具体的归类措施，所以暂时把"暖巢管家"归类在"福利机构"的"中介机构"中，"暖巢管家"在 D 市民政局网站养老机构中排第 208 位。

而 S 公司在全国的 70 多家分公司中，这种双重身份就变得十分暧昧。在公开的宣传中所看到的，没有一家分公司称自己为 S 公司的分公司，而是都冠以"S 老年综合服务中心"。但这是合法的，他们确实从事老年用品代购，保健品代购只是他们代购的产品中的一种，这并不与总部所说的从事老年用品代购冲突。中心大都是在工商局注册为公司，称为 S 公司，这也是为

---

① 根据我们对 S 公司员工 ZHQ 的访谈资料整理。

了更好地从事保健品的销售，因为如果注册为民政部门的民间组织，从事保健品销售就变得困难重重，但如果只是从事老年日用品代购，基本上就不可能存活下去。但各个分公司在与政府部门打交道的时候，民政部门对其的支持也是必不可少的。

S公司或者叫S老年综合服务中心有营利性公司与非营利性民间组织的双重身份，不能不说是民间组织在中国的一个特色的悖论式的本土化实践。这种暧昧的身份是中国特殊国情的产物，实际上许多民间组织在中国都或多或少地面临这个问题，要么成为半官方的民间组织，比如中国红十字会、中华慈善总会，要么干脆注册为营利性公司。S公司如果完全按照民间组织性质去运行，根本就无法发展。

所以，存在才是前提，S公司的这种看似无奈的本土化实践，实际上也是在政府的睁眼闭眼之间存在。民政部对其的支持，注入的引导资金，也正是对其的认可。事实上，中国"正宗"的民间养老组织很难发挥柔性机制的作用，而正是像S公司这样的"民间组织"，在实实在在地发挥着柔性机制的作用。

## （二）柔性机制：中国本土化的民间组织在社会化养老服务体系中的积极意义

西方意义上的民间组织在中国的局限性非常明显，它虽然发挥着一定的作用，但首先它存在的合法性就变得异常艰难。政治的合法性必须取得政党和国家的承认、政府职能的转变和权力空间的让渡，这样民间组织才有一定的生存基础；行政的合法性，民间组织往往通过工商局来注册，因为民政局注册往往需要所属的业务主管单位，但没有单位愿意为这些民间组织承担风险。资金来源又是一个制约民间组织发展的问题。那些依附于政府的民间组织倒是不愁吃喝，但也就等于无所事事，没有内生的驱动力，也不可能在社会化养老服务体系中发挥应有的作用。

但民间组织天然的特点又使它本应该在社会化养老服务体系中发挥应有的作用，S老年综合服务中心为民间组织提供了一个"另类"的模式。它是中国特色政治体制下的产物。第一，它取得了一定的政治上的合法性，在一定程度上得到了国家民政部门的认可。第二，它也解决了最大的瓶颈——资金来源的问题，尽管这是它作为民间组织的原罪。而尤其重要的是，它实实在在地在发挥着社会化养老服务体系中的柔性机制的作用。对生活照料和精神慰藉这两大养老难题，政府官办养老机构实际上是无能为力的，根本不可能承担老龄化浪潮所带来的压力，何况不仅有数量上的压力，还有质量上的压力。政府没有能力提供给个体细致入微的人性化的养老服务。我们在官办养老机构里看到太多问题，它不仅无法做到生活照料和精神慰藉，甚至连设施良好的星光老年之家、老年公寓、老年福利院也是冷冷清清的，无论是受传统社会文化影响，还是因为生活质量要求，都很少有老人愿意住在那里，而居家养老模式，就只能依靠民间组织来完成。S 老年综合服务中心的具体实践表明，让老人直接享受到贴心的服务，安度晚年，才是解决老年问题的正确路径。

## 五　研究结论

总的来说，民间组织在构建社会化养老服务体系中将会起到柔性机制的作用，但基于中国的国情和老龄化进程现状，如何使民间组织摆脱其对政府的路径依赖，如何解决自身的资金来源问题，成为一个任重道远的难题。S 老年综合服务中心是个名副其实的民间组织，也确实在 D 市的社会化养老服务体系中起到了柔性机制的作用。而 S 老年综合服务中心在全国的众多分支机构，却并没有像 S 老年综合服务中心总部那样"不走样"地完成它的使命。这种"走样"，是由 S 公司的复杂性质决定的。它一方面在做老年产品代购，这种代购从生存的策略来看，只有代购利润高的产品才能更好地生存，那么代购保健品就成为一种现实选择；而另一方面，为老年人服务的公司宗旨又让他们必须履行为老人服务的使命，这也是 S 公司始终叫自己"S 老年综合服务中心"的理由，也是其企业文化里始终贯彻着对待老人要细心、贴心、耐心、有爱心的缘由。选择保健品作为其主打代购产品为老人服务，获取高额利润，既是一种它能够容纳遍布全国的服务人员的基础，又是一种使这些高素质服务人员提供给老人精到的人性化服务的基础。这种服务，在中国半官方的民间组织里，在官办的养老机构里，很难做到。

因此，从 S 公司的发展历程来看，首先，存在是民间组织在社会化养老服务体系中发挥其柔性机制的根本，也只有存在，才有可能在未来的发展中逐步修正其出身的困境；其次，从西方话语下移植过来的民间组织概念本身就值得商榷，中国社会主义体制下的民间组织也许注定就跟政府有一种藕断丝连的关系，这种关系在多大程度上进行剥离，是解决我国社会化养老问题的关键所在；最后，S 老年综合服务中心遍布全国的服务网络已经表明，这在中国社会化养老服务中，是独一无二的，没有任何一家其他民营老年产业、民间组织能够做到，这本身就是一个值得继续深入研究的问题。

另外，在构建社会化养老服务体系的本土化实践中，民间组织所起到的柔性机制的作用毋庸置疑，但中国民间组织的学理合法性仍然是个有争议的问题。如何在发挥社会化养老服务柔性机制的作用和正确处理好民间组织与政府、民间组织与营利性企业的关系之间获得平衡，是本章有待论证解决的问题。

# 第三十三章　个案：洛阳市社会养老服务事业发展研究

洛阳已经迈入老龄化社会。截至 2015 年，65 岁及以上老年人口已达到 68 万人，占人口总数的 10.1%。[①] 2012 年，洛阳市有百岁老人 310 人（男性 35 人，女性 275 人），同 2007 年（174 人）相比，增加了 136 人，增长 78.16%；同 2011 年（237 人）相比，增加了 73 人，增长 30.8%。[②] 洛阳已成为河南省老年人口最多的城市之一，其老龄化呈现出老年人口规模大、增长速度快、高龄化趋势明显等突出特点。随着人口老龄化的快速发展，洛阳市老年人生活服务、医疗康复、长期照料、精神文化等需求日益凸显，社会养老负担越来越重，养老服务问题日趋严峻。如何应对人口结构变化带来的养老压力，不仅成为每个人和每个家庭都要面临的问题，也成为政府必须面对的社会问题。

党的十七大确立了"老有所养"的战略目标，十七届五中全会又提出了"优先发展社会养老服务"的要求。十八大报告再次强调，要"积极应对人口老龄化，大力发展老龄服务事业和产业"。加快推进养老服务事业，既是贯彻落实科学发展观、积极应对人口老龄化、全面建设和谐洛阳的客观要求，也是改善民生、重在为民的重要内容，更是促进基本公共服务均等化、推进社会事业全面发展和实现"福民强市"战略目标的重要举措。

---

[①] 河南省统计局、国家统计局河南调查总队编《河南统计年鉴 2016》，中国统计出版社，2016，第 94 页。

[②] 《我市百岁老人增至 310 人》，《洛阳日报》2012 年 10 月 23 日，第 7 版。

# 一　洛阳养老服务事业发展概况

## （一）突出成绩

### 1. 养老服务事业发展政策法规逐步完善

自 2011 年以来，洛阳市不断加大政策法规创制力度，养老服务事业发展扶持政策体系逐步完善。先后制定并出台了《洛阳市人民政府关于加快社会养老服务体系建设的意见》《洛阳市社会办养老服务机构管理暂行办法》《洛阳市资助社会办养老服务机构实施办法》《洛阳市老龄事业发展"十二五"规划》《2012～2015 年洛阳市养老服务机构设施建设任务分解意见》《洛阳市创建星级养老服务机构活动实施方案》《洛阳市养老机构设施建设"十二五"发展规划》等 10 个法规性文件。这些文件对洛阳市"十二五"老龄事业发展规划、养老服务体系建设、养老服务设施建设、养老机构规范化建设以及养老服务行业运营资助等方面进行了系统规范，初步形成了指导性强、操作性实、覆盖面广的政策配套体系，有效促进了全市养老服务体系建设快速发展。

### 2. 各类养老服务机构快速发展

近年来，在洛阳市委、市政府的领导下，在相关部门和社会各界的积极配合和支持下，洛阳市不同类型的养老服务机构均得到快速发展。据不完全统计，2009 年，洛阳市正常营业的社会办养老服务机构仅有 30 所左右，到 2012 年，已发展到 63 所，3 年时间，翻了一番。仅 2012 年，就有涧西区的"河南省健康一生养老院""洛阳市颐康苑养老院新院""金茹阳光福利院"，洛龙区的"洛阳市九九老年公寓"，伊滨区的"思亲养老院"，偃师市的"鸿昌老年公寓"，宜阳县的"温馨老年公寓"等 7 个项目按要求年底前竣工。另有瀍河区的"洛阳市逸康老年服务中心逸乐园"、高新区的"昕光源老年公寓"，龙门园区的"颐乐园老年休闲养护中心"和"今世缘老年养护中心"等4个项目按计划年底前开工。[①] 截至2011年底，洛阳市收养性老年福利机构已经发展到203个，床位12796张，其中城镇有8个，床位601张；农村有195个，床位12195张。[②] 由市政府主导的市级示范养老机构——"洛阳市养老康复中心"在2012年底已开工建设。

**3. 信息化居家养老服务稳步推进**

构建以"居家养老为基础，社区照顾为依托，机构供养为支撑"的社会养老服务体系，是养老服务事业发展的重要内容。其中，建立和完善居家养老服务体系，有望解决90%的老年人的养老问题。为此，洛阳市于2010年底启动了居家养老服务工程，并于同年12月29日开通了洛阳市居家养老服务中心养老服务热线"12349"，利用现代化的呼叫中心服务平台，整合社会养老服务资源，结合老年人特点，为老年人提供生活照顾、家政服务、心理慰藉、医疗康复、紧急救援、代购代办代缴费、文体娱乐、教育培训、法律援助等方面的服务。目前，平台已覆盖7个区，9个县（市），48个办事处148个社区，入网登记老人已6万人，先后为全市老年人提供各类服务达3.6万人次，接听老人电话6.49万人次，通过热线系统语音外呼170多万人次，同时为申请电子保姆手机老人每天免费发送天气预报语音短信、人工呼出电话7万人次，为老人进行医疗咨询转接1500多人次，受到老年人的普遍欢迎。[③] 政府相关部门已经提出了"以12349居家服务平台为依托，逐步建立覆盖县（市、区）、乡镇（街道）和社区（村）三级居家养老服务网络"的战略目标，即时将实现居家养老服务网络全覆盖，全面掌握老年人及其家庭成员的基本情况、老年人健康状况和服务需求等信息，完成服务平台的构建。

**4. 社区照顾服务取得新突破**

对老年人实现社区照顾，是社会养老服务体系建设的重要任务。洛阳在

---

① 《2012～2015年洛阳市养老服务机构设施建设任务分解意见》，载洛阳老龄工作委员会编《洛阳市养老服务体系建设资料汇编》，2012，第19页。

② 洛阳市统计局编《2012洛阳统计年鉴》，中国统计出版社，2012，第542页。

③ 《打造12349居家养老服务信息平台，构建没有围墙的养老院》，载洛阳老龄工作委员会编《洛阳市养老服务体系建设资料汇编》，2012，第249～250页。

大力推进信息化居家养老服务体系建设的同时，社区照顾服务方面也迈出关键性的一步，有了新突破。其中，涧西区养老服务中心的成立和发展，是最具有里程碑意义的标志性事件。该中心按照"政府引导、社会参与、民营公助、市场运作"的模式于2012年11月正式批准运行，现设有天津路办事处（厂前一社区）日间照料中心、武汉路办事处（武汉路社区）日间照料中心、长安路办事处（郑州路四社区）日间照料中心、郑州路办事处（西苑社区）日间照料中心、周山路办事处（周山社区）日间照料中心、南昌路办事处（南口社区）日间照料中心、湖北路办事处（联盟社区）日间照料中心等9个日间照料中心，重点为辖区内"三无"孤寡老人、失独老人、低收入家庭老人、高龄老人、独居老人等提供日间生活照料服务，并辐射社区其他老人服务。

**5. 养老服务队伍建设有了新思路**

养老服务队伍建设，是养老服务事业发展的一项重要任务和内容。养老服务人员不足，是制约各地养老服务工作有效开展的一个根本性因素。如何在不增加政府财政负担的前提下建立一支数量充足、敬业爱老的养老服务队伍，洛阳市社区老年工作者积极探索，勇破难题。那就是借鉴国外经验，建立社区"时间银行"。洛阳市第一家"时间银行"为洛龙区开元路办事处天元社区"时间银行"，成立于2011年9月。与传统银行不同，"时间银行"存取的不是金钱，而是"服务时间"和爱心，具体来讲，就是志愿者将自己做志愿服务的时间存储到"时间银行"的个人账户上，由社区专职或兼职人员来管理这些账户，等到志愿者自己需要服务的时候就可以在"时间银行"的账户里提取时间，获得他人的服务。目前，该银行已有近千名储户，范围不仅覆盖社区各个小区，甚至还有其他县区的居民前来注册登记。"时间银行"，一方面，通过建立一个居民互助平台，用制度的形式保障了志愿者的付出可以得到相应的回报，有效调动了志愿者参与的积极性，保证了社区互助养老的可持续发展；另一方面，以最小的成本获得了尽可能大的收益，以最节约资源的方式满足了社区居家养老的老年人的各种需求，提高了他们的生活质量。该模式既节约了政府的行政成本，又破解了社区养老服务人员不足的难题，很值得研究和推广。

### 6. 养老保障体系建设又有新进展

2011 年，洛阳市养老保险参保人数再上新高，达到 95.65 万人，同 2010 年（90.6 万人）相比，增加 5.05 万人，增长 5.57%；同 2007 年（76.8 万人）相比，增加 18.85 万人，增长 24.54%。其中，企业养老保险参保人数，2011 年（87.63 万人）同 2010 年（82.57 万人）相比，增加 5.06 万人，增长 6.13%；同 2007 年（69.56 万人）相比，增加 18.07 万人，增长 25.98%。[①] 特别是农村，截至目前，洛阳市所有县（市、区）已全部纳入新农保，覆盖城乡的社会养老保险体系建设取得新的突破。

老年人医疗保障进一步加强，2011 年洛阳离退休人员基本医疗保险参保人数为 28.3 万人，同 2010 年（27.3 万人）相比，增加 1 万人，增长 3.66%；比 2007 年（21.72 万人）增加 6.58 万人，增长 30.29%。[②] 在农村，一方面，大力推行新型农村合作医疗，全市参合农民已达到 470.8 万人，参合率达 97.5%，使农村老年人的医疗得到保障；另一方面，新建了 2982 个标准化村卫生室，现已全部投入使用，为农村老人提供了就医场所。此外，农村健康教育、重点人群保健、慢性病和重性精神疾病管理服务质量也逐步提升，采集老年人健康信息，目前已入网 7 万人，为老年人能及时得到紧急医疗救助奠定了基础。[③] 以上种种举措，使农村老年人的基本医疗保障能力和水平得到了显著提高。

老年人社会福利救助水平进一步提高。一方面，城乡低保、农村"五保"老人供养等社会救助制度得到进一步提升，全市城乡低保人均月补助标准提高到不低于 190 元和不低于 87 元的水平，农村"五保"供养对象分散供养标准提高到年人均不低于 1500 元，并出台了相关文件，使城市低保和农村"五保"供养工作规范化水平有了新的提高；另一方面，有效推进

---

① 洛阳市统计局编《2012 洛阳统计年鉴》，中国统计出版社，2012，第 72 页。
② 洛阳市统计局编《2012 洛阳统计年鉴》，中国统计出版社，2012，第 73 页。
③ 《洛阳市老龄事业发展"十二五"规划》，载洛阳老龄工作委员会编《洛阳市养老服务体系建设资料汇编》，2012，第 13 页。

高龄津贴制度，全市百岁老人每月享受 200 元的敬老补贴，部分县、区的高龄老人已按月领取高龄津贴，"十二五"时期，将积极推动各县、区逐步将本地 80 周岁以上老年人纳入高龄补贴保障范围，按月向符合条件的老年人计发高龄补贴，并不断提高其补贴标准，切实保障老年人基本生活，不断提高和改善其生命生活质量。此外，洛阳市还全面落实离退休老干部政策，切实保障离退休老干部的政治生活待遇。[①]

### （二）主要做法

#### 1.领导重视

洛阳市委、市政府及相关部门各级领导都高度重视老龄工作，多次召开专题会议研究解决市养老工作中存在的问题，积极推进养老服务事业发展。2012 年 10 月 16 日，洛阳市副市长王敬林亲自带领市发改委、市规划局、市国土局等部门，到老城区和瀍河区指导养老机构发展工作。调研组一行先后到老城区益康苑养老公寓、瀍河区舒心苑老年公寓和瀍河爱心托老院进行实地调研，认真听取相关单位汇报，向养老机构负责人详细了解机构运营发展中存在的问题和困难，要求各部门集中精力、全力以赴做好各项工作，为养老机构提供良好的发展环境，促进洛阳市养老服务体系建设。

#### 2.政策支持

洛阳市非常重视法规、政策在养老服务事业发展中的保障促进作用，仅 2012 年，市政府及相关部门就先后出台了 6 个政策、法规性文件，来指导、规范和推动养老服务事业，各区县也相应制定了本辖区内的老龄事业发展规划、社会养老服务体系建设规划（意见）、高龄老人生活津贴发放办法、社区养老补助金发放实施办法、支持服务养老事业的优惠政策等规划和政策。这些政策性文件不仅为洛阳市养老服务事业的发展指明了方向，还起到了保

---

[①] 《洛阳市老龄事业发展"十二五"规划》，载洛阳老龄工作委员会编《洛阳市养老服务体系建设资料汇编》，2012，第 12、14 页。

驾护航的作用，有力地保证了养老服务事业发展目标的实现。

### 3. 加大投入

为进一步加快社会办养老服务机构的发展，洛阳市通过多种方式和途径加大资金扶持力度。一是建设补贴。从 2012 年起，新建的符合补贴条件的社会办养老服务机构，自建用房的每张床位补贴城区 2000 元、市属县（市）1500 元，租用房且租用期 5 年以上的每张床位补贴城区 1500 元、市属县（市）1000 元。二是床位运营补贴。从 2012 年起，每年对城区内社会办养老服务机构进行达标评定，评定合格的，按照一定标准给予每张床位每月 80 元的床位运营补贴。有条件的县（市）也要执行这一政策。三是政府购买养老服务。凡社会资本兴建的养老服务机构、社区居家养老服务中心等，为孤老优抚对象、"三无"、"五保"等规定范围内的困难老人提供养老服务的，实行政府购买养老服务。另外，市财政每年按照居家养老服务预算安排经费，用于老年日间照料中心、社区托老所建设奖励补助，以及老年基本信息库建设、老年信息平台建设、居家养老工作人员培训等。四是实施以奖代补。对管理规范、老人满意度高，并获得省级以上政府或部门表彰的社会资本兴办的养老服务机构，由市级民政部门和机构所在地政府以"以奖代补"的方式，分别给予 3 万 ~ 5 万元的资金奖励。

### 4. 任务分解

为加快推进洛阳市社会养老服务机构设施建设，逐步建立起层次分明、全面发展的养老服务体系，2012 年 10 月 9 日，洛阳市老龄委专门印发了《2012 ~ 2015 年洛阳市养老服务机构设施建设任务分解意见》，从养老服务机构基础设施建设、社区（村）养老服务设施建设和居家养老服务网络建设三个方面，将各县（市、区）任务目标进行了分解，确定时间节点，稳步推进各项工作。为保证工作的有序开展和任务目标的严格落实，市老龄委要求各县（市、区）政府建立责任承包制度，指定专人负责监管，确保建设项目按规定时间节点完成。并规定每月 15 日和 30 日前向市老龄办上报建设项目和年度任务进展情况，定期督查，通报进度。对工作消极、进展缓慢或停滞的地方将给予通报批评，进行责任追究。[①] 任务分解机制，化整为零，化抽象为具体，其明确的分工、清晰的权责定位，有效地促进了洛阳社会养老服务机构设施建设的快速发展。

### 5. 督导推进

明察暗访、督促推进，是洛阳发展养老服务事业的又一重要举措。第一，制定洛阳市养老服务体系建设工作督查方案，建立督查工作机制。每个季度末，市政府都组建工作组，采取听、查、看、访的方式，对各市、县（市、区）有关部门和单位社会养老服务体系建设情况进行全面的专项督查，对工作推进迟缓、开展不力的责任单位，在全市范围内做通报批评，并下达整改通知单，各责任单位要按照整改通知单的要求和时限抓好整改，并将整改落实情况报告督查组。第二，召开养老服务体系建设工作推进会。2012 年 6 月 26 日，在洛阳市民政局召开了全市养老服务体系建设工作推进会，市政府副秘书长赵建洛主持会议，市委常委史秉锐做了重要讲话，提出了洛阳市养老服务体系建设工作的 48 字方针。10 月 26 日，在洛阳市政府四楼会议室再次召开推进会，会议由市政府办公室副主任郭德荣主持，市民政局局长于建庄通报了全市养老服务体系建设的总体情况，对工作中存在的问题进行了重点分析，并就下一步工作提出了具体的要求；市政府副市长王敬林做了重要发言，对全市养老服务体系建设提出了指导性意见。在定期的督导、检查和催促下，相关部门和单位人员变压力为动力，极大地促进了养老服务事业的发展。

### 6. 评比激励

为进一步激发全社会参与养老服务体系建设的热情，洛阳市组织开展了创建星级养老服务机构活动。该活动的时间为 2012 年 10 月至 11 月底，分为争创、评定和表彰三个阶段，采取统一组织、统一标准、实地检查、量化打分的方法，对全市养老服务机构的基础设施、服务质量、日常管理和市场

---

[①] 《我市印发 2012~2015 年养老服务机构设施建设任务分解意见》，载洛阳老龄工作委员会编《洛阳市养老服务体系建设资料汇编》，2012，第 252 页。

运营等情况进行星级考评。具体来讲，就是从设备条件、技术力量、经营能力、服务水平等方面对养老服务机构进行百分考核，将其划分为 1～5 个星级，星级越高表示服务机构服务质量越高和服务设施设备越完善。依据评定结果，市老龄委对各养老机构进行奖惩，并在媒体上公布。凡被评为星级养老机构的，授予相应星级服务质量标志，并颁发证书，对特别优秀的养老机构，可由市、县（市、区）政府给予以奖代补；凡因服务管理质量较差，没有达到星级养老服务机构标准的，限其在 3 个月内进行全面整改，整改完毕经市评审委员会检验合格后，补发相应星级服务质量标志和证书，仍不达标的，将取消年度床位运营补贴。一年内，对无力整改、拒不改正或整改后仍不达标的养老机构，撤销社会福利机构批准设置证书并予以取缔。① 通过组织养老机构星级创建活动，进一步规范了全市养老服务机构的管理，树立了服务机构星级形象，培育了服务品牌，促进了洛阳市养老服务事业的健康发展。

## 二 洛阳市养老服务事业的困境与问题

### （一）养老服务机构设施缺口大，融资困难

截至 2012 年末，洛阳市全市有老年人口约 93 万人，社会办养老机构 63 所，农村敬老院 147 所，总床位数 1.96 万张，平均每百位老人拥有床位 2.11 张。按照国家老龄事业发展"十二五"规划提出的每千名老人拥有 30 张养老床位目标要求，全市养老机构床位要达到 2.79 万张，需新增床位 0.83 万张。② 可见，洛阳市养老服务机构设施同快速发展的人口老龄化引发的养老服务需求相比，尚有较大缺口，其建设任务相当繁重。

另外，洛阳市养老服务机构设施建设还面临巨大的资金压力。一方面，

① 《我市组织开展创建星级养老服务机构活动》，载洛阳老龄工作委员会编《洛阳市养老服务体系建设资料汇编》，2012，第 253 页。
② 洛阳老龄工作委员会编《洛阳市养老服务体系建设资料汇编》，2012，第 2、8、18 页。

养老行业本身属于规模性行业，养老服务机构要步入良性运行轨道，需形成一定的规模经济，不论是新建还是改扩建基础设施，都需要巨额投入。若按建筑面积每平方米2000元计算（目前，洛阳新建商品房住房价格城区一般不低于5000元/平方米、县城一般在每平方米3000元左右），需要投入资金8.64亿元，平均每年投入2.16亿元。另一方面，养老服务机构的配套设施建设及其日常运营等也需要大量的资金投入。在经济下行压力增大，政府财政收入增长变缓的情况下，完全依靠政府财政拨款筹建养老服务机构设施显然不可能，而社会办养老服务机构又面临融资困境。目前，洛阳社会办养老服务机构解决资金问题的途径基本上只有"依靠自有资金、亲友借款和银行信贷"三种。由于前期资金投入（主要是房租、基本建设/设施设备改造）较大，在利用前两项融资方式上，养老服务机构基本上尽其所有，因此，机构未来滚动发展最现实的融资方式只有银行信贷。但是，银行信贷需有质押物，养老服务机构最大的资产是房屋、土地、设备等，然而相关政策规定："养老服务机构不得以该机构的房屋、土地、设备等作其他用途的抵押。"这又排除了养老服务机构以房屋等做抵押向银行贷款的可能。融资困境，限制了社会办养老服务机构的发展。

## （二）居家养老服务体系建设滞后，重视不够

不论是《洛阳市老龄事业发展"十二五"规划》，还是《洛阳市人民政府关于加快社会养老服务体系建设的意见》，都提出了到"十二五"末，在全市基本形成以居家养老为基础，以社区服务为依托，以机构养老为支撑的"9073"养老服务新格局的总体目标和任务，即90%的老年人通过自我照料和社会化服务实现居家养老，7%的老年人通过社区机构照料实现社区养老，3%的老年人入住养老机构集中养老。在现实实践过程中，3%的老年人的机构养老得到了足够的重视并成为工作的重点，先后制定了《洛阳市养老机构设施建设"十二五"发展规划》《2012～2015年洛阳市养老服务机构设施建设任务分解意见》《洛阳市社会办养老服务机构管理暂行办法》《洛阳市创建星级养老服务机构活动实施方案》《洛阳市资助社会办养老服务机

实施办法》等一系列政策法规性文件，进行规划部署和具体安排。相对而言，7%的老年人的社区养老和90%的老年人的居家养老，特别是后者，则显得重视不够，缺少具体的规划和部署。尽管洛阳市启动了居家养老服务工程，并开通了"12349"居家养老服务热线，但仅此一点，同居家养老服务在整个养老服务体系中的地位和作用相比是远远不够的。居家养老服务体系建设，应得到足够的重视和关注。

### （三）老年抚养系数不断增大，养老金压力日益凸显

随着人口老龄化的快速发展，洛阳市老龄人口迅速增多，年轻人口相对减少，老年人口占其总人口的比重不断提高，老年抚养系数也呈现递增趋势。2002年为10.66%，2006年上升到11.6%，此后几年虽有不同程度的下降，但到2010年时，仍达到11.3%，整体来看，一直呈现递增趋势，其递增系数为0.089（见图33-1）。

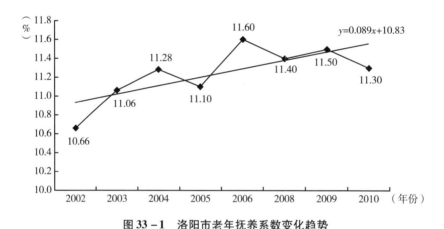

**图33-1 洛阳市老年抚养系数变化趋势**

资料来源：根据历年《河南统计年鉴》有关数据整理并制图。

老年抚养系数的不断提高，使养老压力持续增加，特别是养老金收支缺口不断增大。由图33-2可知，2003~2006年，洛阳市每年养老基金收支情况为收入大于支出，从2007年开始一直到2011年，其每年养老基金支出则超过了当年养老基金收入，并且二者（支出与收入）之差随年份的增加

一直呈扩大态势，2007 年支出超过收入还仅 40622 万元，到 2011 年时，其差距则已经拉大到 108242 万元。养老基金的长期入不敷出，使政府的养老金压力越来越大，财政负担也越来越重。

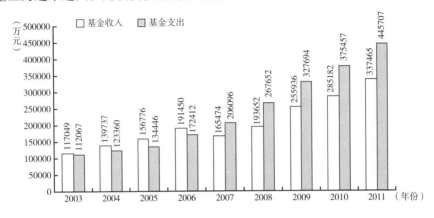

**图 33-2　洛阳市养老保险基金收支情况对比**

资料来源：洛阳市统计局编《2012 洛阳统计年鉴》，中国统计出版社，2012，第 72 页。

### （四）为老服务队伍建设滞后，专业性匮乏

为老服务队伍的建设和发展，是养老服务活动得以顺利开展的根本保证。然而，目前洛阳为老服务队伍的建设和发展现状与快速发展的人口老龄化和高龄化引发的对为老服务人员的需求相差甚远。第一，养老服务事业的主管部门级别低、人员少。截至目前，洛阳市（县、区）老龄办还只是市（县、区）民政局的一个内设科室，在同财政局、土地局、教育局、卫生局等部门进行工作沟通和协调时面临级别不对称的问题，其协调作用难以有效发挥，在基层街道办事处或乡镇，老龄工作机构大多有名无实，甚至连名也没有，老龄工作多由民政人员兼任，专职工作人员很少。第二，社区老年服务人员匮乏。在当前行政管理体制下，基层社区老年工作更多的是完成上级行政部门安排的各项任务，并且一般都是"一人兼多职"，很少有专职人员负责。有的社区尽管通过"时间银行"等方式，筹建了一支规模较大的老

年服务队伍，但其人员也大多为身体健康的低龄老年人、下岗职工等，文化素质较低，基本没有受过系统的业务培训，通常只能提供老年人所需的一般的生活照料及家政服务，难以满足不同层次、不同特点的老年人的多样化需求。专业化、职业化的老年社会工作者队伍建设滞后，已成为洛阳养老服务事业发展的一大瓶颈。

## 三 洛阳养老服务事业发展前景与建议

### （一）进一步加大政府投入，构建适度普惠型老年福利社会

20世纪80年代，随着中国经济体制改革的不断深化，为建立与市场经济相适应的福利机制，民政部门提出了"社会福利社会化"的社会福利发展模式。但是，"社会福利社会化"并不等于"社会福利社会办"，并不意味着政府福利责任的"萎缩"。从国外的发展来看，社会福利始终是政府追求和承担的重要政治目标，即使在福利国家面临突出危机之时，社会福利的基本价值取向也始终没有被否定，政府在社会福利领域中仍维持着较高的支出水平。养老服务事业属于社会福利事业，适度地增加投入，发展养老服务事业，是政府的一项基本职责和任务，也是弥补社会福利发展历史欠账、改善民生和提高国民生活质量的必要举措。

对于洛阳来说，在很长一段时间，和全国其他各地一样，老年人福利仍是一种"补缺型"制度。即在常规的社会机制不能正常运转或者不能满足一部分老年人的社会需求时采取的暂时性、补偿性应急措施。它更多的是对社会上最无法自助的老年人进行生活上的救助，缺乏常规性和普适性。随着经济发展和老龄社会的到来，该制度越来越不能满足老年人的养老服务需求，需要向适度普惠型方向转型。适度普惠型老年福利，是政府和社会基于自身经济社会发展状况，从社会公平、公正的视角出发，向全体老年人提供的、涵盖其基本生活主要方面的社会福利。这种社会福利是针对全体老年人的，因而是普惠的。同时，它又是基于一定的经济社会发展水平、基于有限

的福利资源而在一定程度上（而不是充分地）满足老年人需要的有限福利，因此，它又是适度的。实现老年福利由"补缺型"向"适度普惠型"转变，构建适度普惠型老年福利社会，是洛阳经济、社会发展到一定阶段的必然趋势，是有效应对人口老龄化、全面建成"不分年龄，人人共享经济发展成果"的小康社会的必然要求。

## （二）更加重视并加快发展社区居家养老服务

居家养老服务，是指政府和社会力量依托社区，为居家的老年人提供生活照料、家政、康复护理和精神慰藉等方面服务的一种服务模式。它是对传统家庭养老服务模式的补充与创新。传统家庭养老服务的提供者是老人的子女或亲属，家庭条件和服务者的素质对服务的内容和质量的影响很大。而居家养老服务实行的是社会化和规范化服务，由经过专门培训的社会组织或有关团体或企业的员工为老年人提供服务，有效弥补了传统家庭养老服务的不足。现阶段，大多数老年人仍然生活在自己家中，不愿离开自己熟悉的社区，因此，发展居家养老服务，让90％的老年人在家接受照顾，是"以人为本"的体现，应成为养老服务体系建设的重点和方向。要结合实际，把做好生活照料、家政服务、精神慰藉、医疗保健、应急救助等作为居家养老服务的重点内容，把社会孤老、企业孤老、空巢老人、高龄老人、不能自理或半自理老人以及经济困难老人作为居家养老服务的重点对象，立足社区实际，为老年人提供便利、优质、高效的服务。

当前，要在继续加大公共财政对居家养老资助力度的同时，重点在以下几方面进行探索。第一，尽可能为子女照顾老年人创造条件。可以借鉴荷兰政府的做法，给空巢家庭的子女一定的带薪假期以便其照顾年迈的父母，也可以由政府长期给照顾老年人的失业、下岗子女发放一定的生活补贴。第二，引导企业多为老年人提供上门服务。鼓励社会资本投资兴办以老年人为对象的老年生活照顾、家政服务、心理咨询、康复服务、紧急救援等业务，向居住在社区（村、镇）家庭的老年人提供养老服务，尤其要鼓励他们为生活困难的老年人提供无偿或低偿服务。第三，建立方便老年人居家生活的住宅制度。对于城市新建小区，应要求开发商提供老年人活动的场所和设施，鼓励年轻人购买靠近父母居所的房屋。还可以建设老年人集中居住的小区，美国的"退休新镇"、"退休村"、"自然退休社区"和"居家援助式"公寓以及荷兰的老年人集体住宅等，都值得我们借鉴。第四，发展面向居家老人的电子网络服务。要帮助老年人掌握电脑和网络使用技巧，学会接受网上电子社区的"为老服务"，享受信息社会的便利。第五，鼓励发展为老服务的公益性民间组织。引导和扶持各类公益性民间组织多为老年人直接提供公益性服务，对于那些直接为残疾老人、贫困老人和老年妇女等困难人群服务的民间组织，要落实和完善税收等方面的优惠政策。逐步实行政府向民间组织购买养老服务的政策，促进其增加服务资源、提高服务水平。要积极培育和发展各级养老服务行业协会，赋予其参与制订行业规范和标准、行业规划和准入、从业人员培训、服务质量评估等职能，加强行业自律。[①]

## （三）尽快建立和完善社区"时间银行"体系

从零到有，洛阳社区"时间银行"建设取得了重大突破，它为社区居家养老开辟了新方式，不仅缓解了居家老年人生活护理方面的人员缺乏和资金短缺问题，还显示了老年人自立自强、老有所为的强烈愿望，并填补了他们的精神生活。但目前，洛阳的社区"时间银行"建设尚处于试点和探索阶段，面临诸多不足和问题。

首先，运行管理中人员的不稳定问题。一方面，"时间银行"的管理人员往往都是由社区工作人员兼职的，他们的工作效率、工作态度以及经常性更换，常常造成"时间银行"账户记录管理混乱；另一方面，"时间银行"的参与人员也经常发生流动，若居民在本社区进行服务积累了时间，在其离开本社区而迁移到另一社区后，不能被及时提取和运用，他们参与"时间银行"的积极性就会受到严重影响。

---

① 朱耀垠：《中国老年福利政策：从社会救济向适度普惠转型》，载王振耀、王齐彦等主编《新时期中国社会福利制度转型理论探索获奖论文集》，中国社会出版社，2009，第126～127页。

其次，社区"时间银行"服务者的问题。从服务者数量方面看，由于老年人是"时间银行"参与度最高的群体，而年轻人相对参与较少，同时，接受服务的又主要是老年人，因此，在实际运作中很容易出现缺少服务人员的问题；从服务者素质方面看，参与"时间银行"的老年人的素质参差不齐，对医疗照顾等技术含量高的服务的提供，不一定很到位，很容易出现意外情况；此外，还经常出现服务者的服务提供与被服务者的服务需求之间的不对称、不协调的问题，社区越小，社区居民数量越少，"时间银行"的参与者越少，这方面的矛盾和问题就越突出。

最后，社区"时间银行"的信任问题，包括"时间银行"的参与者对组织者的信任问题、服务提供者与服务接受者之间的信任问题等。如果公信力和诚信度不高，社区"时间银行"就很难发展，参与者之间的互助关系也就无法形成。

要解决上述问题，充分发挥社区"时间银行"的积极作用和功能，必须加快洛阳市社区"时间银行"体系建设。

一是要争取政府支持，由洛阳市老龄委牵头尽快制定洛阳市社区"时间银行"建设发展规划。社区"时间银行"需要烦琐的日常管理、广泛的社区参与以及一定的制度保障，因此，政府的支持和统一规划，对"时间银行"的发展极为重要。这既使"时间银行"有了政策制度上的保障，使其运行更符合规范，也比较容易获得社区居民的信任，吸引居民参与。此外，其运行管理中的人员不稳定问题也能够得到解决。

二是要注意建立完整、系统的"时间银行"组织体系。社区"时间银行"要高效运作，真正满足社区老年人的各种需求，必须加强自身组织体系建设。该体系至少应包括以下几个部分：储户招募中心、储户信息管理中心、储户账户管理中心、时间储存和支取管理中心、信誉管理中心、运作资金管理中心、服务人员调度中心、合作机构管理中心以及总管理办公室等。①

---

① 袁修睿：《城市老年人社区互助养老方式："时间银行"》，载黄润龙、陈绍军主编《长寿的代价——老龄化对社会经济的影响研究》，社会科学文献出版社，2011，第350页。

三是要注重提高参与者的服务能力。退休老年人是社区"时间银行"的最主要参与者和服务者，受年龄和受教育水平的限制，其服务能力普遍较低。社区需要对这些服务人员进行简单的培训，如健康知识、护理知识、交流技巧等的培训，使他们的素质得到进一步的提高，以便更好地提供服务。

四是可考虑将"时间银行"发展为"家庭时间银行"。"家庭时间银行"模式，是指像义务献血一样，一个家庭中的任何一位成员在"时间银行"中积累了服务时间，他的家人就可以支取他的时间以获得他人的服务。该模式间接扩大了"时间银行"的参与范围和服务范围，能够使更多的人提供更多的服务内容，也使更多的人可以得到他人的服务，这就形成了更大范围内的社区互助。可见，"家庭时间银行"模式，在某种程度上能够有效缓解社区"时间银行"运行中可能出现的服务者数量不足、素质不高、服务供给与需求不对称等问题。

# 参考文献

## 中文参考文献

### 中文著作

Robinson JP，Shaver PR，Wrightsman 主编《性格与社会心理测量总揽》上册，台北远流出版社，1997。

陈功：《我国养老方式研究》，北京大学出版社，2003。

陈永杰等：《中国养老服务的挑战与选择——基于南海区的实证研究》，中山大学出版社，2013。

邓伟志、李一主编《中国社区建设的实践与探索》，浙江教育出版社，2009。

董红亚：《中国社会养老服务体系建设研究》，中国社会科学出版社，2011。

河南省人口普查办公室编《河南省 2000 年人口普查资料》，河南人民出版社，2003。

河南省统计局、国家统计局河南调查总队编《河南统计年鉴 2016》，中国统计出版社，2016。

河南省统计局、国家统计局河南调查总队编《河南统计年鉴 2015》，中国统计出版社，2015。

河南省统计局、河南省人口普查办公室编《河南省 2010 年人口普查资料》，中国统计出版社，2012。

焦锦淼主编《2006 年：河南社会形势分析与预测》，社会科学文献出版社，2006。

李晏伟等：《中国城市老人社区照顾综合服务模式的探索》，社会科学文献出版社，2011。

林宪斋、刘道兴：《2011 年河南社会形势分析与预测》，社会科学文献出版社，2011。

洛阳市统计局编《2012 洛阳统计年鉴》，中国统计出版社，2012。

彭华民等：《西方社会福利理论前沿：论国家、社会、体制与政策》，中国社会出版社，2009。

全国老龄工作委员会办公室编《老龄工作文件选编（地方卷）》，华龄出版社，2002。

苏保忠：《中国农村养老问题研究》，清华大学出版社，2009。

田雪原：《中国老年人口（人口）》，社会科学文献出版社，2007。

王树新：《老年社会工作》，中国劳动社会保障出版社，2007。

王振耀主编《社会福利和慈善事业》，中国社会出版社，2009。

温勇、尹勤主编《人口统计学》，东南大学出版社，2006。

邬沧萍主编《社会老年学》，中国人民大学出版社，1999。

杨中新主编《中国人口老龄化与区域产业结构调整研究》，社会科学文献出版社，2005。

赵宝华：《老龄工作——新范式的探索》，华龄出版社，2004。

郑希付等：《我们的幸福感》，暨南大学出版社，2008。

郑雪、严标宾等：《幸福心理学》，暨南大学出版社，2004。

周长城等：《主观生活质量：指标构建及其评价》，社会科学文献出版社，2008。

## 中文译著

〔丹麦〕考斯塔·艾斯平－安德森：《福利资本主义的三个世界》，郑秉文译，法律出版社，2003。

〔美〕凯瑟琳·麦金尼斯－迪特里克：《老年社会工作：生理、心理及社会方面的评估与干预》，隋玉杰译，中国人民大学出版社，2008。

〔美〕马斯洛：《动机与人格》，许金声等译，华夏出版社，1987。

〔美〕莱斯特·M. 萨拉蒙等：《全球公民社会——非营利部门视界》，贾西津等译，社会科学文献出版社，2002。

〔民主德国〕勒德雷尔主编《人的需要》，邵晓光等译，辽宁大学出版社，1988。

《马克思恩格斯全集》第 3 卷，人民出版社，1982。

《马克思全集》第 23 卷，人民出版社，1972。

## 期刊论文

艾景涵等：《新疆维吾尔族农村老年人主观幸福感及其影响因素》，《中国老年学杂志》2016 年第 2 期。

白素英、廖三秀：《农村"空巢老人"主观幸福感的现状调查》，《农业考古》2005 年第 6 期。

边馥琴、约翰·罗根：《中美家庭代际关系比较研究》，《社会学研究》2001 年第 2 期。

曹新美、刘翔平等：《赣州市老年人主观幸福感影响因素研究》，《赣南师范学院学报》2007 年第 2 期。

陈敏：《农村留守老人存在的问题及对策》，《现代农业科学》2009 年第 3 期。

陈铁铮：《当前农村留守老人的生存状况——来自 258 位农村老人的调查》，《湖北社会科学》2009 年第 8 期。

初炜、胡冬梅、宋桂荣等：《老年人群养老需求及其影响因素调查分析》，《中国卫生事业管理》2007 年第 12 期。

崔红志：《农村老年人主观幸福感影响因素分析——基于全国 8 省（区）农户问卷调查数据》，《中国农村经济》2015 年第 4 期。

董红亚：《我国社会养老服务体系的解析和重构》，《社会科学》2012 年第 3 期。

范灵璐、郑梓桢：《不能自理老年人照顾方式调查与养老服务体系的建构——以广东省为例》，《贵州社会科学》2008 年第 7 期。

冯海英等：《彝族地区老年人人格及心理健康与主观幸福感的关系》，《中国老年学杂志》2010 年第 13 期。

何英、江智霞、袁晓丽：《贵州省城市居民养老机构入住意愿及影响因素》，《中国老年学杂志》2013 年第 21 期。

贺志峰：《代际支持对农村老年人主观幸福感的影响研究》，《人口与经济》2011 年第 S1 期。

胡军生等：《江西农村老年人主观幸福感及影响因素》，《中国心理卫生杂志》2005 年第 5 期。

黄俊辉、李放：《生活满意度与养老院需求意愿的影响研究——江苏农村老年人的调查》，《南方人口》2013 年第 1 期。

贾金玲：《河南省老龄人口的空间分布及变动》，《地域研究与开发》2015 年第 2 期。

蒋怀滨等：《老年人主观幸福感的影响因素及其调适的调查研究》，《中国老年学杂志》2008 年第 24 期。

蒋岳祥、斯雯：《老年人对社会照顾方式偏好的影响因素分析——以浙江省为例》，《人口与经济》2006 年第 3 期。

焦娜娜等：《农村空巢老人主观幸福感及影响因素分析》，《中国老年学杂志》2010 年第 1 期。

金双秋、曹述蓉：《完善养老服务体系的构想》，《社会工作》（学术版）2011 年第 1 期。

李朝智：《江苏养老服务体系建设研究》，东南大学硕士学位论文，2010。

李德明等：《中国农村老年人的生活质量和主观幸福感》，《中国老年学杂志》2007 年第 12 期。

李慧、利爱娟：《边疆地区农村老年人主观幸福感调查研究》，《湖南大学学报》（社会科学版）2012 年第 4 期。

李慧：《我国城市社会养老服务研究》，湖南师范大学硕士学位论文，2013。

李静：《基于 GIS 的重庆市人口空间分布研究》，《地理空间信息》2013年第 2 期。

李迎生等：《社会工作服务新农村建设：需要、模式与介入路径》，《学习与实践》2013 年第 1 期。

梁渊、曾尔亢、吴植恩等：《农村高龄老人主观幸福感及其影响因素研究》，《中国老年学杂志》2004 年第 24 期。

刘畅：《我国养老服务体系的构建——基于系统论的视角》，《兰州商学院学报》2010 年第 1 期。

刘红：《中国机构养老需求与供给分析》，《人口与经济》2009 年第 4 期。

刘露：《广东省社会养老服务体系建设研究》，华南理工大学硕士学位论文，2014。

刘娜：《我国人口老龄化时空分布特征研究》，陕西师范大学硕士学位论文，2012。

刘同昌：《老龄社会的消费需求与老年人消费市场的开拓》，《青岛海洋大学学报》（社会科学版）2000 年第 4 期。

刘益梅：《人口老龄化背景下社会化养老服务体系的探讨》，《广西社会科学》2011 年第 7 期。

穆光宗：《我国机构养老发展的困境与对策》，《华中师范大学学报》（人文社会科学版）2012 年第 2 期。

潘允康：《住房与中国城市的家庭结构——区位学理论思考》，《社会学研究》1997 年第 6 期。

乔晓春、黄衍华：《中国跨省流动人口状况——基于"六普"数据的分析》，《人口与发展》2013 年第 1 期。

秦安兰、徐奕俊：《中国老年人的幸福密码——国内老年人主观幸福感影响因素研究与展望》，《老龄科学研究》2004 年第 1 期。

曲海英：《新型城镇化中农村老年人主观幸福感的影响因素研究》，《中国卫生事业管理》2015年第7期。

宋宝安、杨铁光：《观念与需求：社会养老制度设计的重要依据——东北老工业基地养老方式与需求意愿的调查与分析》，《吉林大学社会科学学报》2003年第3期。

唐魁玉、徐华：《污名化理论视野下的人类日常生活》，《黑龙江社会科学》2007年第5期。

汪雁：《对老龄产业内涵及性质的再思考》，《市场与人口分析》2004年第3期。

王大华等：《亲子支持对老年人主观幸福感的影响机制》，《心理学报》2004年第1期。

王枫、况成云等：《农村老年人主观幸福感及其影响因素研究》，《中国卫生事业管理》2010年第5期。

王洪娜：《山东农村老人入住社会养老机构的意愿与需求分析》，《东岳论丛》2011年第9期。

王健等：《农村居民主观幸福感与健康的相关性》，《山东大学学报》（医学版）2008年第9期。

王丽娜等：《希望水平对农村空巢老人主观幸福感的影响》，《中国老年学杂志》2015年第20期。

韦云波：《贵阳市城乡老年人养老意愿及影响因素》，《南京人口管理干部学院学报》2010年第2期。

魏文斌、李永根、高伟江：《社会养老服务体系的模式构建及其实现路径》，《苏州大学学报》（哲学社会科学版）2013年第2期。

吴诺：《构建新型社会养老服务体系的研究》，《天津社会保险》2011年第6期。

席雯等：《影响农村老年人主观幸福感的因素分析与培养策略》，《江苏师范大学学报》（教育科学版）2014年第2期。

肖云：《高龄老人入住养老机构意愿的影响因素研究》，《西北人口》

2012 年第 2 期。

〔英〕格里·斯托克等：《作为理论的治理：五个论点》，《国际社会科学杂志》（中文版）1999 年第 2 期。

翟德华、陶立群：《老龄产业若干理论问题研究》，《市场与人口分析》2005 年第 S1 期。

张恺悌、孙陆军、牟新渝等：《全国城乡失能老年人状况研究》，《残疾人研究》2011 年第 2 期。

张晓霞：《江西基本养老服务体系建设的现状及完善对策》，《江西社会科学》2011 年第 2 期。

赵迎旭、王德文：《老年人对非家庭养老方式态度的调查报告》，《南京人口管理干部学院学报》2006 年第 4 期。

周健林、王卓棋：《关于中国人对需要及其先决条件的观念的实证研究》，载《中国社会科学季刊》，1999。

周宁：《构建政府主导下的社会化养老服务体系：以南京市鼓楼区为例》，《中国民政》2012 年第 2 期。

左冬梅、李树茁、宋璐：《中国农村老年人养老院居住意愿的影响因素研究》，《人口学刊》2011 年第 1 期。

# 外文参考文献

Bradshaw，J.，"The Taxonomy of Social Need，" in *New Society*，（1972）.

Branch，L. G，A. M. Jette，"A Prospective Study of Longterm Care Institutionalization among the Aged，" *American Journal of Public Health* 12（1982）.

Chalise H. N.，Saito T.，Takahashi M.，et al.，"Relationship Specialization amongst Sources and Receivers of Social Support and Its Correlations with Ioneliness and Subjective Well-being：A Cross Sectional Study of Nepalese Older Adults，" *Arch Gerontol Geriatr* 44（3）（2007）.

Diener, E. , "Subject Well-being: the Science of Happiness and a Proposal for a National Index," *American Psychologist* 55 （1） （2000）.

Doyal, L. &Gough, I. , *A Theory of Human Need*（Basingstoke: Macmillan, 1991）.

Evashwick C. , G. Rowe, P. Diehr, et al. , "Factors Explaining the Use of Health Care Services by the Elderly, " *Health Services Research* 8（1984）.

Harrington C. , Swan J. H. , "The Impact of State Medicaid Nursing Home Policies on Utilization and Expenditures," *Inquiry.* 24 （2） （1987）.

Ife, J. , " The Determination of Social Need. A Model of Need Statements in Social Administration," *Australian Journal of Social Issues* 15 （1980）.

Kinney Jennifer M. , "Home Care and Care Giving," *Encyelopedia of Gerontology*, Vol. 667, No. 12, 1996.

Macarov, D. , *Social Welfare: Structure and Practice*（Thousand Oaks: Stage Publications, 1995）.

Maslow, A. H. , *Motivation and Personality* （New York: Harper &Row, Publisher, Inc. , 1970）.

Taylor-Gooby, P. &Dale, J. , *Social Theory and Social Welfare* （London: Edward Arnold, 1981）.

UNDP. , *Human Development Report* 2000 （Oxford: Oxford University Press, 2000）.

Wolf, R. S. , "A Social System Model of Nursing Home Use" Health Services Research 8（1978）.

## 图书在版编目（CIP）数据

人口老龄化与养老服务体系建设：来自河南省的调查分析／卢守亭等著．－－北京：社会科学文献出版社，2018.11

ISBN 978 - 7 - 5201 - 3111 - 7

Ⅰ.①人…　Ⅱ.①卢…　Ⅲ.①人口老龄化 - 调查报告 - 河南 ②养老 - 社会服务 - 调查报告 - 河南　Ⅳ.①C924.24 ②D669.6

中国版本图书馆 CIP 数据核字（2018）第 161671 号

# 人口老龄化与养老服务体系建设
## ——来自河南省的调查分析

著　　者／卢守亭　贾金玲　等

出 版 人／谢寿光
项目统筹／祝得彬　王小艳
责任编辑／王小艳　程丽霞

出　　版／社会科学文献出版社·当代世界出版分社（010）59367004
　　　　　地址：北京市北三环中路甲 29 号院华龙大厦　邮编：100029
　　　　　网址：www.ssap.com.cn
发　　行／市场营销中心（010）59367081　59367083
印　　装／三河市尚艺印装有限公司

规　　格／开 本：787mm × 1092mm　1/16
　　　　　印 张：30　字 数：458 千字
版　　次／2018 年 11 月第 1 版　2018 年 11 月第 1 次印刷
书　　号／ISBN 978 - 7 - 5201 - 3111 - 7
定　　价／138.00 元